2018 中国保险科技发展报告

中国保险行业协会 编著
INSURANCE ASSOCIATION OF CHINA

支持单位：招商信诺人寿保险有限公司

中国财经出版传媒集团
中国财政经济出版社

图书在版编目（CIP）数据

2018 中国保险科技发展报告 / 中国保险行业协会编著 . —北京：中国财政经济出版社，2018. 11

ISBN 978 - 7 - 5095 - 8602 - 0

Ⅰ. ①2…　Ⅱ. ①中…　Ⅲ. ①科学技术 - 保险 - 研究报告 - 中国 - 2018　Ⅳ. ①F842. 6

中国版本图书馆 CIP 数据核字（2018）第 250010 号

责任编辑：胡　懿　谷兴华　　　　责任校对：黄亚青

封面设计：春天设计

中国财政经济出版社 出版

URL：http：//www. cfeph. cn

E - mail：cfeph @ cfeph. cn

社址：北京市海淀区阜成路甲 28 号　邮政编码：100142

营销中心电话：010 - 88191537　北京财经书店电话：64033436　84041336

北京时捷印刷有限公司印刷　各地新华书店经销

710 × 1000 毫米　16 开　25. 75 印张　380 000 字

2018 年 11 月第 1 版　2018 年 11 月北京第 1 次印刷

定价：118. 00 元

ISBN 978 - 7 - 5095 - 8602 - 0

（图书出现印装问题，本社负责调换）

本社质量投诉电话：010 - 88190744

打击盗版举报热线：010 - 88191661　QQ：2242791300

编委会名单

前　言

2017年是保险科技的元年。这一年，保险科技逐渐成为驱动行业变革的基本力量。从后台技术的优化升级起步，保险科技已经延展至产品创新、模式创新以及内部运营管理创新，进而对市场、机构和服务方式产生重大影响。保险与科技的结合，从深度来看，大致可以分为3个阶段：一是互联网保险阶段，此阶段保险业主要依赖于互联网进行渠道和业务模式创新；二是保险科技阶段，此阶段信息技术开始在保险各领域、各环节全面赋能；三是科技保险阶段，此阶段主要表现为科技已经成为所有保险公司的基础设施和核心竞争力。随着保险和科技发展融合的深入，当前开始进入第二阶段，即保险科技阶段。

中国保险行业协会（以下简称为“中保协”）以“服务行业、服务会员”为己任，持续高度关注我国保险行业和信息技术的深度结合态势，开展相关统计分析和行业研究工作。中保协自2014年以来连续发布的《中国互联网保险行业发展报告》已成为我国互联网保险行业研究领域权威、深入、专业的研究成果，受到社会各界的广泛关注。鉴于保险科技对行业发展趋势及市场格局的持续、重大影响，中保协历时半年，整合行业内外多方资源完成了《2018中国保险科技发展报告》，作为历年《中国互联网保险行业发展报告》的延续，希望基于对我国互联网保险创新实践的持续跟踪和研究，梳理保险科技最新发展动态以及保险科技对保险行业发展趋势的影响，为中国保险机构探索数字化转型之路作一次有益的尝试。

基于“梳理保险科技发展前沿、聚焦保险行业数字化”的目的，《2018 中国保险科技发展报告》全书分 3 篇，共 14 章，其中第一篇包括 4 章。第一章通过对经济、社会、技术、政策行业环境基本特征的概括以及互联网保险经营数据分析，全面梳理保险科技在我国发展应用的环境特征；第二章、第三章和第四章分别基于经营数据、创新实践以及问题和挑战 3 个角度对我国互联网财产保险、互联网人身保险以及第三方平台实践进行深入分析。第二篇包括 3 章，分别对保险科技主要领域技术特点、应用案例、技术难点以及发展趋势进行深度解析，最后对现阶段保险科技战略实施进行了具体分析。第三篇包括 7 章，主要从技术成熟度和未来保险市场所产生的创新应用价值潜力两个维度对互联网与移动技术、大数据、云计算、人工智能、物联网、区块链以及基因诊疗等保险科技进行概述。

本书在撰写过程中力求适度前瞻，着眼路径，全书集中展示了诸多反映行业在保险科技领域的创新案例、针对行业创新实践的深度思考以及对保险行业数字化转型的路径分析，全书内容主要呈现如下特点：

关注前沿，突出战略。保险科技作为金融科技细分行业的技术创新应用，正进入高速兼高质的发展阶段，其中八大创新技术的应用场景已深入从产品到理赔的整个保险价值链。互联网与移动技术，以数据为纽带连接用户与服务；大数据，基于客户画像实现精准营销和智能风控；云计算，低成本提升保险业务支撑系统可延展性；人工智能，基于数字化运营优化保险全流程；区块链，基于价值互联网构建全新业务模式；物联网，以数据为纽带构建跨产业生态；基因技术，疾病筛查提供差别化保障方案；虚拟现实，浸入式体验强化客户风险意识。八大核心技术在保险行业的数字化转型当中均发挥着重要的催化和推动效用，但其成熟度和未来保险市场所产生的创新应用价值潜力各不相同。保险企业应该通过制定长期性、突破性的数字化战略定位，将数字化战略与经营战略挂钩，两个战略的协同开展是保险机构获得长期成长空间的理性选择。

强调创新，兼顾融合。数据是互联网时代一切行业与产业生存和发展的基础，是互联网时代的本质特征，但大数据的有效使用并不以数据的绝对数量为必要条件，而是对数据内容和业务流程的匹配程度提出更高要求。只有获得足以覆盖业务流程上下游关键业务环节的主要数据才有可能基于数据分析对实际经营决策提供支撑，并建立全新的业务模式。在数字经济背景下，以风险管理为核心功能的保险行业需获得对风险形成和发展发挥关键作用的业务环节的基础数据，才可能为风险管理决策提供支撑，而与产业链的合作才有可能通过数据共享获得数据来源的保障，并为数字化经营创造空间。在经营路径选择方面，保险机构要根据自身情况在自建生态体系或者和其他企业结盟特别是和互联网企业的合作中进行选择，和互联网公司以及初创企业的融合发展成为构建数字保险产业链的重要内容。

立足趋势，谋划路径。保险科技为行业带来重大机遇，同时也产生了一系列风险，在把握保险科技发展趋势的同时密切关注相关风险具有重要的现实意义。一方面，大型互联网平台通过不断的产业整合和用户积累，在部分重要领域逐步具备了准金融基础设施的功能和作用，这类平台一旦出现风险事件，很容易引发系统性风险，造成灾难性影响。另一方面，在数字经济条件下，数据作为基本的生产要素而存在，但数据因其特殊的产生途径和使用方式使得隐私保护与数据利用、利益分享成为数字经济中需要重点关注的命题。欧盟 GDPR 的出台对当前金融企业利用大数据技术评估客户需求并提供有针对性的金融产品和定价安排的业务模式提出了挑战。此外，一些机构借金融科技之名，行金融欺诈之实，依托互联网巨大的传播效应，对保险消费者权益造成的损害也需重点关注和防范。

感谢中国银行保险监督管理委员会（以下简称“中国银保监会”）对中保协开展保险科技研究工作的大力支持，并为《中国保险科技发展报告（2018)》提供相关政策内容支持，体现了监管部门对于行业创新发展的高度关注。

本书在撰写过程中得到各会员单位的鼎力支持，全书的主要观点、立意主旨、结构框架及大量案例均来源于行业支持。各单位凝智聚力、集思广益，推动保险科技研究迈上新的台阶，使得本书内容更加丰富、视野更加开阔、观点更为深入。

感谢本书课题组参与机构和相关人员，特别感谢中国银保监会在本书写作过程中提供的指导和支持。课题组核心参与单位还包括跨联元焕（第一篇第一章)；太保产险、人保财险、泰康在线、平安产险、国寿财险、安盛天平、阳光产险、华泰财险、众安在线、艾瑞咨询、众安科技研究院（第一篇第二章)；平安人寿、泰康人寿、弘康人寿、国华人寿（第一篇第三章)；蚂蚁金服（第一篇第四章)；麦肯锡（第二篇)；波士顿（第三篇第一章、第六章)；普华永道（第三篇第二章、第三章、第四章)；华大基因（第三篇第五章)；腾讯（大数据专题）等机构。上述单位及相关人员在课题研究期间付出了大量时间和精力，在课题的分析、讨论、案例选取、观点提炼方面精益求精，使得本书得以呈现给大家。

由于我们水平有限，加之时间仓促，本书难免存在不妥、疏漏之处，恳请各方专家不吝赐教。

本书编委会

2018年9月

目　录

第一篇　中国互联网保险行业概览——实践篇

第二篇　保险与科技——综合篇

第三篇　保险科技——专题篇

第一篇

中国互联网保险行业概览

——实践篇

第一章

中国互联网保险发展概况

第一节 行业环境

一、宏观经济增速回升，数字经济纵深发展

2017 年，我国经济社会发展主要目标任务全面完成并好于预期。国内生产总值增长 6.9%，经济增速实现回升；全年全国居民人均可支配收入同比增长 9.03%，增速均比 2016 年有所加快；城镇新增就业 1 351 万人，年末城镇登记失业率为 3.90%，比 2016 年末下降 0.12 个百分点；全年规模以上工业企业实现利润 75 187 亿元，比 2016 年增长 21.0%；全年全社会固定资产投资 641 238 亿元，比 2016 年增长 7.0%；全年社会消费品零售总额 366 262 亿元，比 2016 年增长 10.2%；全年货物进出口总额 277 923 亿元，比 2016 年增长 14.2%。① 经济运行呈现稳中有进、稳中向好、好于预期的态势，经济社会保持平稳健康发展。

2017 年，我国经济发展新旧动能转化明显，包括电子商务和互联网金融等形态的数字经济持续向纵深发展。电子商务规模不断扩大，业务模式呈现多

---

① 资料来源：《中华人民共和国 2017 年国民经济和社会发展统计公报》，www.tjcn.org。

样化趋势，网络零售渗透不断深化。电子商务业态下的消费从实物消费扩展至服务消费，消费品质从低端向中高端升级。近年来，中国电子商务发展品牌化、移动化、智能化特征显著。

数字制造业总体规模快速扩张，创新能力不断提升，产业占比持续增长。为落实“中国制造 2025”，突破制造业发展的瓶颈和短板，抢占未来竞争制高点，国家制造强国建设领导小组完成了“1 + X”规划体系的编制工作。“1”是指“中国制造 2025”，“X”是指 11 个配套的实施指南、行动指南和发展规划指南，包括国家制造业创新中心建设、工业强基、智能制造、绿色制造、高端装备创新五大工程实施指南，发展服务型制造和装备制造业质量品牌两个专项行动指南，以及新材料、信息产业、医药工业和制造业人才四个发展规划指南，通过加强政府引导，凝聚行业共识，汇集社会资源，着力突破制造业发展的瓶颈短板，抢占未来竞争制高点。

数字金融帮助社会大众享受普惠金融服务。科技对金融逐步反客为主，由效率工具的被动角色转变为驱动变革的基本力量。金融机构内部服务产品化，金融产品设计场景化，金融业务运营智能化趋势明显。从国际上看，全球金融业监管趋严，海外传统金融机构纷纷布局金融科技，如高盛领投比特币公司，德银在智能投顾领域的表现，这些均表明传统金融机构正加紧运用新技术开展金融科技业务，金融科技已经成为传统金融机构业务转型的方向。

生活和文化领域的交通、医疗、出版、教育等行业全面拥抱数字化转型，创新业态不断涌现。数字经济给劳动力市场带来新的变化。与数字经济强相关的技能、职业，其就业趋势将会得到持续加强，而数字技术可以替代的工作岗位将减少甚至消失。这就要求劳动者提升学习能力，具备跨行业、跨领域的专业能力，保持终生学习的意识和习惯。

数字化转型之路已经在全球范围展开。在英国，《数字化战略》于 2017 年 3 月发布，《数字经济法案》2017 年 5 月正式生效。2017 年 7 月，俄罗斯政府正式批准《俄罗斯联邦数字经济规划》。在美国，国家网络安全促进委员会于 2016 年 12 月发布了《加强国家网络安全——促进数字经济的安全与发展》报告，继续将网络安全置于美国国家安全的优先位置。同时，数字经济成为

“二十国集团”（G20）、“金砖”国家领导人会晤、亚太经合组织（APEC）、经济合作与发展组织（OECD）、世界银行（WB）、世界经济论坛（WEF）、全球移动通信协会（GSMA）等国际组织关注的重大议题。

二、数据保护全球关注，数字生态重新构建

数字经济条件下，数据作为基本的生产要素而存在。同时，数据因其特殊的产生途径和使用方式使得隐私保护与数据利用、利益分享成为数字经济中需要重点关注的命题。2018 年 5 月 25 日，欧盟《一般数据保护条例》（The General Data Protection Regulation，GDPR）正式实施，（以下简称《条例》）。在个人数据滥用趋于恶化的情况下，GDPR 通过明确个人数据所有权的具体方式来加强隐私保护，力图让个人真正成为数据的“主人”，并延续了欧盟结合个人数据保护促进数据流动的一贯思路，对于个人数据流动以及个人数据在欧盟范围外使用规范建立了明确的规则。

GDPR 的主要内容涉及个人数据权利的具体内容、企业使用个人数据的规范，以及国际机构使用欧盟居民个人数据应该遵循的原则等几个方面。其中，在个人数据的适用范围和适用场景方面，GDPR 提出了“个人数据指任何已识别或可识别的自然人相关的信息”且“适用于全自动个人数据处理、半自动个人数据处理，以及形成或旨在形成用户画像的非自动个人数据处理；个人的数据控制权包括数据收集时的知情权、个人数据处理情况的查询权、个人数据使用时的许可权，以及数据遗忘权等新型权利类型，即用户可以随时撤回对数据利用的同意，而且当用户依法撤回同意或者数据控制者不再有合法理由继续处理数据时，数据控制者不仅要删除自己所控制的数据，还要求数据控制者负责通知其他第三方停止利用并删除数据。”

在企业使用个人数据规范方面，GDPR 明确了企业获得和使用个人数据的基本条件为必须取得用户的同意，且有关个人数据使用许可的条款需要区别于其他服务条款，应当以容易识别、通俗易懂的形式表现出来，不得不适当地与其他服务条款捆绑同意，也不能以沉默、不作为等默示方式认定为“同意”。

国际范围内欧盟居民数据权利保护方面，GDPR 将适用范围扩大至一切与欧盟居民个人数据相关的控制者和处理者，并对欧盟个人数据向境外流动提出了严格要求，除非可以证明个人数据能在欧盟境外某一地区得到充分保护，否则禁止控制者和处理者将欧盟居民个人数据转移至该境外地区。GDPR 详细规定了对境外信息保护水平的判断标准，包括人权和基本自由保护的法律制度情况，公共机构获取该被转移数据的情况，是否存在数据保护执法机构及其执法有效性，有关个人数据保护的国际承诺和其他国际义务情况。

GDPR 的颁布再次引起全球范围各国对于数字经济新规则的关注和讨论，日本、哥伦比亚、韩国制定或者修改了数据保护方面的法规，加快提高数据保护水准。我国实施了《信息安全技术个人信息安全规范》，数据保护相关命题的探讨有助于为数字经济的持续发展建立基本规则。此外，GDPR 的实施提高了企业运营成本，企业需要花费较大开支来遵守相关规定，无法满足《条例》的企业可能面临遭受行政处罚与侵权诉讼的风险。根据报道，微软公司已经投入大量资源执行法规，如分派 1 600 多个工程师从事与《条例》相关的工作。仅清查公司数据信息，重新获取用户同意，便需要花费工作人员几个月的时间。

金融科技以数据和技术为核心，大数据、人工智能和区块链等技术创新无不以数据使用为前提。以大数据为例，金融企业广泛利用大数据技术评估客户需求和信用等级，从而提供有针对性的金融产品和定价安排，而 GDPR 明确规定，如果为了直接营销目的而处理个人数据，数据主体有权在任何时候反对。此外，GDPR 还要求数据控制者应当为数据主体提供自动化决策的相关信息。云计算和人工智能都基于复杂的自动化算法，算法涉及商业秘密和知识产权保护等一系列问题，能否以及如何向数据主体提供，仍需商榷。

GDPR 对于不同数据技术的影响可能存在差异，如区块链作为一种全新的数据存储与管理模式，本质上是在多点分布存储的去中心化数据库，借助于去中心化的隐私保护技术实现数据价值在个人和商业机构之间的分享并提升隐私保护效果正在成为诸多区块链创业项目的新的尝试。

三、技术运用日新月异，商业模式不断创新

信息科技经过60余年的发展，已经渗透到社会治理、经济运行的方方面面，数字社会形态逐渐形成的背后是数据技术的不断进化。

首先，得益于互联网和移动互联网的迅速普及，个人和企业活动的数据化程度大幅提升。根据国际数据公司（IDC）的监测统计，2011年全球数据总量已经达到1.8 ZB，而这个数值还在以每两年翻一番的速度增长。预计到2020年，全球将总共拥有35 ZB的数据量。也就是说，近两年产生的数据总量相当于人类有史以来所有数据量的总和。

其次，围绕数据收集、存储、使用、分析等领域不断细分，云计算、人工智能、物联网、区块链、基因诊疗等领域成熟度不断增强，产业化趋势明显。各类数据技术逐渐临近应用状态为数字经济纵深多元发展打下坚实基础。中国信息通信研究院发布的《云计算发展白皮书（2018年）》显示，2017年我国云计算整体市场规模691.6亿元，增速34.32%。其中，政务行业是云计算应用最为成熟的领域，工业云则是推动工业化和信息化深度融合、发展工业互联网的关键抓手。根据江瀚咨询发布的《全球人工智能行业发展趋势与投资前景分析报告》，2006—2016年，全球人工智能专利申请量由1.5万件增长到4.6万件；近5年，全球人工智能的投资热点集中在"AI+"、视觉、大数据及数据服务领域，其中"AI+"领域的重点是商业和医疗健康；基础算法、智能驾驶、视觉、基础硬件是科技巨头的重点布局领域。物联网领域，因相关技术的成熟和智能化带来便捷体验，智能家居正处在一个爆发式增长阶段并带动了人工智能、语音识别、语义分析、机器视觉、无线通信、云平台等产业的发展；RFID技术的成熟推动了智能制造和流通领域的创新，新零售、新制造也广泛应用了RFID技术；NB-IOT技术的完善促进了智慧城市的推进。尽管区块链技术发展尚处于早期阶段，但其作为互联网底层架构的升级已经被更多人关注，价值互联网的构建将有望产生全新的商业模式。

最后，数据科技和实体经济的结合向纵深发展。以保险业为例，通过将保

险科技与客户旅程中销售、承保定价、理赔服务 3 个环节相对应，已经在渠道、产品及服务方面产生诸多创新实践。在渠道创新方面，由于涉及客户的信息分析与智能报价，应用的核心技术包括大数据、人工智能、区块链、物联网等。在承保定价环节，更多的是通过大数据和人工智能来优化自动化承保流程。此外，物联网技术的运用也为财产险和健康险产品创新打开广阔空间；在理赔客服环节，则是通过人工智能和物联网来提供实时、准确、优质的服务体验。

四、监管政策更趋严格，风险防范持续加强

党的十九大报告、2016 年底召开的中央经济工作会议、2017 年召开的第五次全国金融工作会议等多次传递控制金融风险的要求，金融业全面进入严监管时代。对于保险业而言，2017 年，回归主业、落实保障成为全年主线，强化了监管定位，严监管重锤接连落地，处罚力度同比大幅提升。

2018 年 4 月 8 日上午，中国银行保险监督管理委员会（以下简称中国银保监会）正式挂牌。中国银保监会的成立有利于强化综合监管，优化监管资源配置，提升银行和保险业的监管力度和水平。对于互联网保险的经营主体而言，必须在多年来高速增长的基础上合规有序经营，在监管允许的尺度内创新，在合规合法的基础上稳步发展。

2017 年，中国保险监督管理委员会（以下简称中国保监会）积极引导保险业顺应新形势，加快运用新技术，探索新模式，推进互联网保险快速健康发展。在积极鼓励互联网保险创新发展的同时，中国保监会非常重视互联网保险经营行为的规范和相关风险的防控，陆续出台多项措施严格规范互联网保险业务，牵头开展互联网保险风险整治，互联网保险持续健康发展，服务社会经济水平进一步提升。

（一）总体监管原则

中国保监会坚持鼓励创新、防范风险、保护消费者合法权益的基本原则，

在有效控制风险的前提下支持各市场主体运用互联网技术创新产品、服务和模式，提高经营管理水平，带动行业整体转型升级。

1. 鼓励健康发展。近年来，互联网保险快速发展。保险科技的运用改善了保险消费者体验，提高了保险普惠水平，拓展了保险的深度和广度。中国保监会以规范发展为前提，支持各类从业机构创新模式，促进互联网保险业务健康发展。从机构发展看，2017 年，中国保监会支持众安在线在香港联交所主板上市，批准腾讯公司成立微民保险代理公司，继续引入互联网企业参与市场创新；从业务范围看，支持专业互联网保险公司拓展业务领域，同意众安在线增加再保险业务，支持安心和泰康在线逐步扩大互联网车险试点经营地区范围。从产品管理看，中国保监会鼓励保险机构应用互联网、大数据、人工智能等新技术创新保险产品、改善保险服务。2017 年，太平洋保险上线“阿尔法”智能保险顾问，利用大数据和机器学习算法，为客户提供个性化的家庭保险保障组合规划。

2. 强化风险管控。中国保监会坚持维护金融稳定和防范风险，聚焦互联网保险业务特点，明确监管规则。在统筹风险防控上，2017 年，中国保监会发布“1 + 4”系列文件，进一步加强监管，整治市场乱象，补齐监管短板，坚决守住不发生系统性风险底线，筑牢行业稳定健康发展的根基。在防范销售误导上，互联网保险业务主要是通过消费者自主选择、在线投保，监管部门着重要求保险机构进行更为全面的信息披露，并多次就互联网保险经营的有关问题进行风险提示。在风险整治上，为贯彻落实党中央、国务院关于互联网金融风险专项整治的部署要求，中国保监会会同人民银行等十七部门联合印发通知，要求持续做好互联网保险风险专项整治工作，指导各保监局做好互联网保险从业机构状态分类，依法开展处置工作。

3. 保护消费者权益。互联网保险对消费者保护提出了更高的要求，中国保监会坚持保护消费者权益的立场，重点加强产品开发、信息披露、信息安全、落地服务，以及第三方平台等方面的监管，增强互联网保险业务的透明度，切实保护消费者的知情权、自主选择权、个人信息安全；同时根据舆情监测情况，及时向社会公众发布风险提示信息，提升消费者风险识别防范能力；

强化保险知识的宣传普及，教育消费者全面了解保险特性，正确认识保险消费过程中的权利义务。

（二）现有监管政策

2017 年，中国保监会继续按照《互联网保险业务监管暂行办法》及其他相关监管文件要求指导保险机构规范开展互联网保险业务，稳步探索创新的发展方式，同时针对互联网保险发展过程中出现的突出问题及时出台监管政策，完善监管制度体系，提高行业风险防范能力，推动互联网保险持续健康发展。

1. 规范信用保证保险业务。2017 年 7 月，中国保监会发布《信用保证保险业务监管暂行办法》，加强对信用保证保险业务监督管理，规范信保业务经营行为，防范金融交叉风险，促进信保业务持续健康发展。其中，明确规定保险公司开展网贷平台信用保证保险业务的禁止性行为、网贷平台资质准入条件和信息披露等内容，防范互联网金融风险跨领域交叉传递。

2. 规范中短存续期保险产品。2017 年 3 月，中国保监会下发《关于规范中短存续期人身保险产品有关事项的通知》，将 3—5 年产品纳入中短存续期业务加强监管，并将中短存续期业务规模与公司资本金挂钩；2017 年 5 月，印发《关于规范人身保险公司产品开发设计行为的通知》，对市场上多种可能“异化”为中短存续期产品的险种的开发设计行为进行规范，提高保险产品保障功能属性，确保“保险姓保”。

3. 发布互联网保险风险提示。针对互联网保险风险隐蔽的问题，中国保监会陆续发布互联网保险风险提示文件，提示广大保险消费者更好地维护自身合法权益。2017 年 8 月，中国保监会发布《关于购买航班延误险的消费提示》，提示消费者区分航班延误险和航空意外险、阅读“保险责任”与“责任免除”条款、区分理赔方式；2017 年 9 月发布《关于在互联网平台购买保险的风险提示》，明确指出当前互联网保险宣传方面的问题和假借保险名义的非法金融活动风险，提示消费者警惕产品宣传不实与不法行为。

4. 整治互联网保险违规行为。2017 年 4 月，中国保监会印发《关于进一步加强保险业风险防控工作的通知》，要求各保险机构防范互联网跨界业务风险，避免风险向保险领域传递；2017 年 7 月发布《关于整治机动车辆保险市场乱象的通知》，明确规定财产保险公司可以委托第三方网络平台提供网络链接服务，但不得委托或允许不具备保险中介合法资格的第三方网络平台在其网页开展保费试算、报价比价、业务推介、资金支付等保险销售活动；2017 年 12 月发布《关于组织开展人身保险治理销售乱象打击非法经营专项行动的通知》，重点整治不具有合法资质的第三方网络平台等组织和机构非法经营保险业务。

（三）未来政策思考

互联网金融的本质是金融，金融活动必须由持有牌照的金融机构经营。互联网保险是信息化时代的新生事物，是一种创新的业态，但是这并没有改变它作为保险活动的本质。未来，监管部门将继续加强对互联网保险发展规律和风险特征的研究，重点做好两方面工作：一是继续以包容审慎的态度，坚持市场导向，支持和鼓励创新，为这类新业态发展创造良好环境；二是进一步明确互联网保险的经营边界，加强风险管控，坚守不发生系统性风险底线，更好维护金融稳定。

1. 抓紧完善监管制度。互联网市场新情况、新问题层出不穷，监管制度需要抓紧细化，进一步提高监管政策的适应性和协调性，推动互联网保险业务健康发展。

一是明确业务边界。明确互联网保险参与主体资格，互联网保险业务坚持持牌经营，规范发展。明确产品创新规则，明确创新边界，保护创新实践。明确第三方网络平台参与保险活动的边界，即第三方平台应做什么、不应做什么，进一步厘清合法与非法的界限。

二是搭建监管框架。《互联网保险业务监管暂行办法》施行两年多以来，互联网保险业务发展迅速，不断涌现出一些新情况、新问题，有关监管规则需要进行修订以适应市场发展和监管要求。从各领域看，消费者保护、财产险监管、人身险监管、中介监管等都对互联网保险有了新的认识和要求，且要求之间存在较大差异，需要在各自领域形成个性化的制度性解决方案。

三是鼓励“互联网 + 保险”的创新实践。支持保险机构坚持风险保障和管理主业，结合自身特点统筹发展互联网保险，不断提升前、中、后台的互联网化水平。支持保险机构加快科技能力建设，提高业务经营管理的数字化、网络化、智能化水平，促进行业提质增效、转型升级。

2. 研究建立长效机制。

一是提升监管技术水平。互联网保险风险具有跨区域性、传染性、隐蔽性等特点，随着发展不断深入，不同业态间风险交叉传导趋势愈发明显，暴露出的问题和风险越来越多，必须加以正确引导，及时采取有效的风险防范措施。监管机构要加强监管技术创新，充分发挥信息技术在监测、识别、预警互联网保险风险过程中的作用，建立现代化的风险监测预警常态化机制，切实提高监管应对新形势、新问题的能力和水平。

二是积极构建监管合力。要积极加强与其他金融监管部门、宏观调控部门、司法部门、地方政府的沟通协作，完善监管协调机制，构建对跨界互联网金融保险活动的监管合力，共同打造风险防控大格局；配合国家互联网金融风险技术平台建设，推动信息共享、数据互联互通，完善互联网保险风险识别、风险监测等业务规则，提升风险防范与处置能力，促进互联网保险健康发展。

三是加强行业基础设施建设，不断提升技术支撑能力。应发挥行业数据基础建设作用，研究依托行业信息技术平台，建立保险业务各类风险数据库。加强部委合作，切实推动跨行业、跨地域互联网大数据的开放共享，打破数据壁垒；加强人才队伍培养，支持保险行业协会等自律组织建立互联网保险人才行业培养体系，搭建互联网保险人才交流平台。

第二节 经营概况

2017 年，伴随着人工智能、大数据、云计算与区块链等多种科技蓬勃发展，我国保险业正经历着深入的变革，传统保险公司、新兴的互联网保险公司与保险科技公司针对保险产品种类设计、保险营销模式与保险投保—核保—承保—理赔流程均做出了一系列变革。中国互联网保险行业的诸多变化显示了科技的发展给互联网保险带来了颠覆性的影响。本节基于中国保险行业协会数据，聚焦2017年互联网保险市场经营成果，立足行业整体，全面呈现我国互联网保险行业发展的整体状况和内在特性。

一、经营主体保持稳定，行业参与率略有提升

根据中国保险行业协会数据，截至2017年底，我国共有131家保险公司经营互联网保险业务，比2016年的124家增加7家，同比增长5.64%。其中，经营互联网财产保险业务的公司70家，同比增加10家，经营互联网人身保险业务的公司为61家，同比减少3家；在经营互联网财产险业务的公司中，开展互联网车险业务的保险公司42家（见表1-1-1）。

基于以上数据，全国保险行业已经有超过75%的保险公司通过自建网站、与第三方平台合作等不同方式开展了互联网保险业务。2013—2017年，我国经营互联网保险业务的公司数量持续增加。2017年，互联网保险经营主体是2013年（60家）的2.18倍。

表1-1-1　　2013—2017年互联网保险经营主体发展情况

年份	互联网保险参与主体（个）	保险业参与主体（个）	互联网保险参与主体占保险业参与主体的占比（%）
2017年	131	169	77.51
2016年	124	156	79.49
2015年	110	147	74.83
2014年	85	136	62.50
2013年	60	133	45.11

二、收入规模呈现负增长，行业集中度小幅下降

（一）互联网保险保费收入首次下降

2017年中国互联网保险保费收入达到1 876.49亿元，同比减少422.51亿元，增幅为-18.38%。相较于2013—2015年3位数的高速增长，2017年保费增长出现近年来的首次负增长。与此形成对照的是，2017年中国保险业整体累计实现保费收入36 581.00亿元，同比增长5 622亿元，增幅为18%（见表1-1-2）。主要原因是2017年互联网人身保险市场规模发展势头放缓，全年累计实现规模保费1 383.2亿元，同比下滑23%。尽管保费和渗透率呈现下滑态势，但随着保险保障功能的凸显、保险科技的广泛应用，行业风险防控能力持续增强，业务结构得到调整。从长远看，这将为互联网保险创造更为有利的发展环境。2017年，互联网财产保险累计保费收入493.49亿元，同比负增长1.75%。其中，车险保费收入307.19亿元，同比负增长23.00%，占比62.25%；非车险保费收入186.30亿元，同比增长80.25%，占比37.75%。

表1-1-2　　2013—2017年中国互联网保险增长情况

年份	互联网保险保费收入（亿元）	保费业总收入（亿元）	互联网保险保费收入占比（%）
2017年	1 876.49	36 581	5.13
2016年	2 299.00	30 959	7.43
2015年	2 234.00	24 283	9.20
2014年	859.00	20 235	4.25
2013年	318.00	17 222	1.85

（二）互联网保险行业集中度略有下降

行业集中度即是对整个行业市场结构集中程度的测量，显示了市场的竞争和垄断程度。CRn指数是指行业内前n家最大企业的销售额在市场总体所占的

份额，CRn 值越大，说明该行业的集中度越高，市场越趋向垄断；反之，集中度越低，市场越趋向竞争。

2017 年，互联网保险保费排名前十位的公司累计实现保费收入 1 394.46 亿元（见表 1－1－3），在全部互联网保险保费中占 74.31%，即 CR_{10} 值为 74.31，同比减少 4.82 个百分点。在 2017 年互联网保费规模前十位的保险机构中，财产险公司和健康险公司分别为 2 家和 8 家，和 2016 年持平。总体来看，2017 年我国互联网保险的市场集中度略有下降。

表 1－1－3　　2017 年互联网保险行业集中度

排名	公司名称	保费收入（亿元）	在总互联网保险保费中占比
1	建信人寿	273.90	14.60
2	工银安盛人寿	264.60	14.10
3	国华人寿	229.20	12.21
4	平安财险	148.39	7.91
5	农银人寿	111.80	5.96
6	光大永明人寿	80.30	4.28
7	国寿股份	79.80	4.25
8	平安人寿	77.40	4.12
9	弘康人寿	69.80	3.72
10	众安保险	59.27	3.16
	总计	1 394.46	74.31

三、财产险保费降幅收窄，人身险保费首次下降

根据产品结构的划分，互联网保险包括互联网财产险和互联网人身险两种。2017 年，我国互联网财产险和人身险分别实现保费收入 493.49 亿元和 1 383.20 亿元，互联网财产险保费同比负增长 1.75%，而互联网人身险保费收入高出财产险保费收入 889.71 亿元（见表 1－1－1）。

2017 年，我国保险行业财产险和人身险分别实现保费收入 9 834.66 亿元和 26 746.35 亿元，分别占保险保费总收入（36 581.01 亿元）的 26.88% 和 73.12%。

表 1-1-4　2013—2017 年互联网保险保费收入和保险行业保费总收入

项目		2013 年	2014 年	2015 年	2016 年	2017 年
保险行业汇总情况	财产险保费收入（亿元）	6 212.26	7 203.38	7 994.97	8 724.50	9 834.66
	财产险保费收入占比（%）	36.07	35.60	32.92	28.18	26.88
	人身险保费收入（亿元）	11 009.98	13 031.43	16 287.55	22 234.60	26 746.35
	人身险保费收入占比（%）	63.93	64.40	67.08	71.82	73.12
	保费总收入（亿元）	17 222.24	20 234.81	24 282.52	30 959.10	36 581.01
互联网保险业务情况	互联网财产保险保费收入（亿元）	263.92	505.77	768.36	502.29	493.49
	互联网财产险保费收入占比（%）	82.88	58.88	34.39	21.85	26.3
	互联网人身险公司保费收入（亿元）	54.50	353.20	1 465.60	1 796.7	1 383.20
	互联网人身险保费收入占比（%）	17.12	41.12	65.61	78.15	73.7
	互联网保险保费总收入（亿元）	318.42	858.97	2 233.96	2 298.99	1 876.69

2013—2015 年保险行业人身险保费总收入和财产险保费总收入占保险总收入的比例基本保持在 65% 和 35% 的水平。自 2016 年起人身险占比开始提升。2017 年，人身险所占比重从 63.93% 上升至 73.12%。

在互联网保险业务方面，互联网财产险保费收入占互联网保险整体保费收入的份额逐年降低，从 2013 年的 82.88% 下降至 2017 年的 26.3%；与此对应，互联网人身险保费收入占互联网保险整体保费收入的份额逐年上升，从 2013 年的 17.12% 上升至 2016 年的 73.7%。

四、第三方平台优势明显，销售占比高位提升

互联网保险的销售渠道包括保险公司自营平台和第三方平台两种形式。其中，保险公司自营平台包括官网、微信、App 等；第三方平台包括专业中介类网站、互联网平台和兼业代理类业务平台等形式。

2017 年，互联网保险在自营平台实现保费收入 306.80 亿元，通过第三方平台实现保费收入 1 536.60 亿元，其中通过自营平台实现的保费在总的互联网保费中占 16.64%，这一比例在 2016 年为 17.98%。由此可见，互联网保险官网平台保费占比下降趋势依然持续（见表 1－1－5）。

表 1－1－5　　互联网保险各渠道发展趋势

年份	自营平台（亿元）	第三方平台（亿元）	合计（亿元）	自营平台占比（%）
2014	495.86	363.11	858.97	57.73
2015	746.66	1 487.29	2 233.95	33.42
2016	413.45	1 885.75	2 299.20	17.98
2017	306.80	1 536.60	1 843.40	16.64

第二章

中国互联网财产保险实践

第一节
经营数据分析

在新经济市场中，风险保障需求日益增加，但在多重因素叠加下，互联网财产险保费规模稳中有降，结构出现深度调整。互联网车险市场合规监管逐步加强，互联网非车险业务持续高速增长，互联网保险跨界合作成为趋势，移动互联技术应用更加深入，市场主体从资源营销型向服务营销转型发展。

一、经营主体显著增加，内部架构持续优化

（一）市场主体参与率进一步提升

2017年以来，众安保险、安心保险、泰康在线、易安财险4家专业互联网保险公司稳定经营，众安保险作为“保险科技第一股”登陆港交所，众惠财险、汇友建工两家财产险类相互保险公司正式开业，专业保险公司的发展迈上了新台阶。

截至2017年12月，在中国保监会官网公布的84家财产险公司中，共计70家公司开办了互联网业务，较2016年末增加了10家，在整体财产险公司中的占比为83.34%，同比提升9.27个百分点，超越财产险市场主体的整体增

速。其中中资保险公司 54 家，较 2016 年同期增加 7 家，外资保险公司 16 家，较 2016 年增加了 3 家（见表 1－2－1）。

表 1－2－1　　财产险公司互联网业务参与主体

主体性质	2013 年	2014 年	2015 年	2016 年	2017 年	较 2016 年同比增幅
中资公司	18 家	26 家	36 家	47 家	54 家	14.89%
外资公司	7 家	7 家	13 家	13 家	16 家	23.08%
合计	25 家	33 家	49 家	60 家	70 家	16.67%

（二）新型保险主体不断涌现

2017 年，保险科技公司的市场优势进一步凸显。蚂蚁金服控股后的国泰产险从传统产险公司向保险科技公司战略转型。众安保险、国泰产险等专业保险科技公司凭借独特优势，互联网业务经营表现不俗。

继 20 世纪 90 年代试点运营后，我国的相互保险搭乘互联网快车，迎来了新的发展机遇。2015 年中国保监会发布的《相互保险组织监管试行办法》明确相互保险是指具有同质风险保障需求的单位或个人，通过订立合同成为会员，并缴纳保费形成互助基金，由该基金对合同约定的事故发生所造成的损失承担赔偿责任，或者当被保险人死亡、伤残、疾病或者达到合同约定的年龄、期限等条件时承担给付保险金责任的保险活动。2017 上半年，众惠财险、汇友建工两家财产险类相互保险公司相继开业。

（三）内部组织架构优化

随着互联网保险市场的不断深入发展，保险公司积极进行全面创新，通过优化组织架构，提高组织工作效率、推动创新已成为保险公司强化核心竞争力的根本性措施之一。

1. 传统公司组织架构持续优化。为加快推动互联网业务发展，多数传统保险公司纷纷结合自身实际经营情况，积极完善互联网业务组织架构，包括搭建专业团队、强化互联网渠道销售能力、夯实基础设施等。2017年，为聚焦客户需求，阳光产险成立梦想客户事业部，创建了直接连接客户的互联网自营平台，并持续优化平台运营模式，为自营平台的用户提供精准、性价比更高的保险产品及服务；同时，利用大数据、人工智能等科技赋能，深入洞察客户需求，实现智能定价、智能推荐、精准获客、智能客服、持续优化运营效率、提升客户价值和客户体验。大地保险正式成立互联网事业部，并开设北京、深圳和杭州分部。安盛天平成立创新中心，由大数据部、平台应用部、创新运营部组成，充分整合内外部资源，开展数字化转型发展，探寻低成本数字化商业模式。中华联合配置互联网保险专属团队，推行阿米巴管理方式，全面落实“数字中华”和“智能保险”战略项目。

2. 专业互联网保险公司特色鲜明。相较传统保险公司，专业互联网保险公司组织架构更能体现互联网思维和互联网特性：高效、快捷、便利。以众安保险为代表的专业互联网保险公司，普遍采用较扁平化的组织架构和以产品为导向的事业部机制。

在扁平化组织架构下，总经理与产品经理能够直接沟通，产品、业务流程创新改善能得到及时响应，内部沟通成本显著减少，团队黏合力与反应速度得到强化，保险服务效率进一步提升。以产品为导向的事业部机制则以产品经理为核心，团队和人员架构围绕产品经理来搭建，将传统的产品经理个体转换成集开发、运营、销售、法务、技术等为一体的综合体，以此完成高效率的产品研发以及后续业务环节。这种机制使得各事业部在拥有经营自主权、独立核算的基础上能够积极发挥主动性和创造性，快速响应市场最新需求。

二、整体规模降幅收窄，非车险业务大幅增长

（一）非车险业务成为拉动互联网财产险业务增长的主要动力

2017年，互联网财产保险业务全年实现保费收入493.49亿元，同比下降

1.75%，占财产险公司累计原保费收入的4.68%，同比下降0.74个百分点（见图1-2-1），整体行业发展基本稳定。其中，互联网车险业务全年共实现保费收入307.19亿元，较2016年同比下降23.00%，在互联网财产保险业务中占比62.25%；非车险业务共实现保费收入约186.30亿元，同比增长80.25%，延续了近5年来的高速增长态势，在互联网财产保险业务中占比37.75%（见图1-2-2）。在非车险业务中，意外健康险保费收入89.31亿元，在互联网财产险业务中占18.10%，财产险20.13亿元，占比4.08%，责任险21.01亿元，占比4.26%，信用保证险18.57亿元，占比3.76%，其他非车险（主要包括退货运费险）37.28亿元，占比7.55%。互联网非车险产品不断创新，服务能力不断提升，促进行业转型升级和科技信息发展，对保障和促进整个互联网生态发展起了不容忽视的作用。

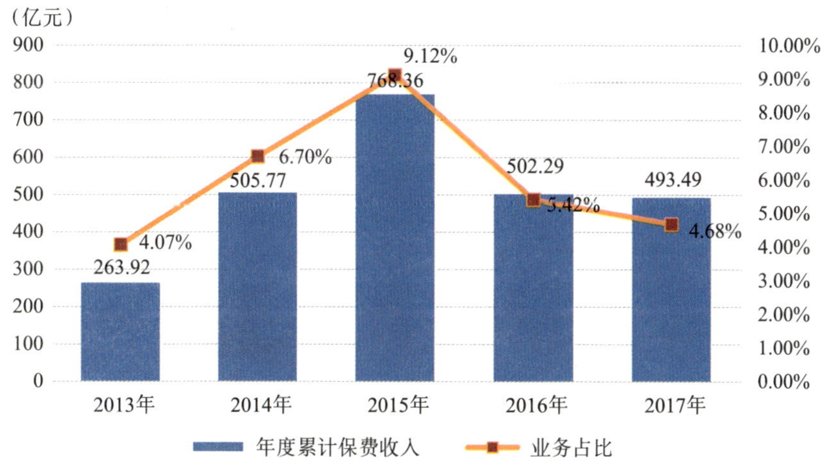

图1-2-1　2013—2017年互联网财产保险保费及行业渗透情况

（二）互联网财产险碎片化特征愈加明显

随着互联网财产保险的纵深发展，碎片化、海量、高频的趋势愈加明显。互联网财产保险年度保单数量从2013年的10.82亿单增长到2017年的130.79亿单，年均复合增长率为86.46%（见图1-2-3）。

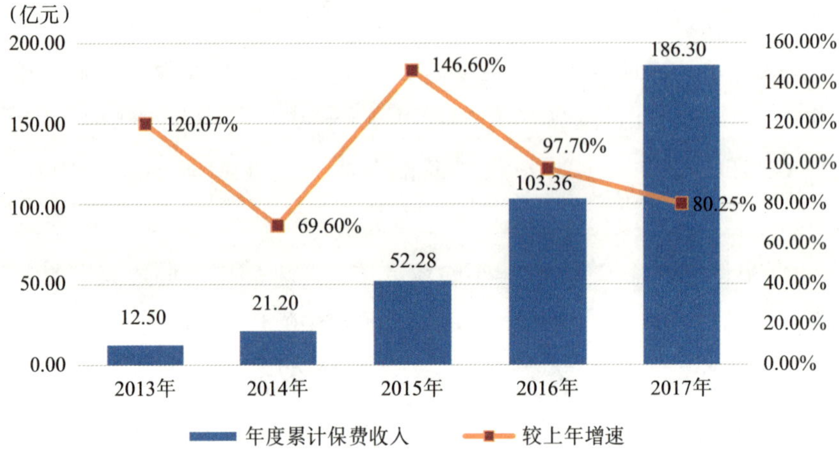

图 1-2-2　2013-2017 年互联网非车险保费收入

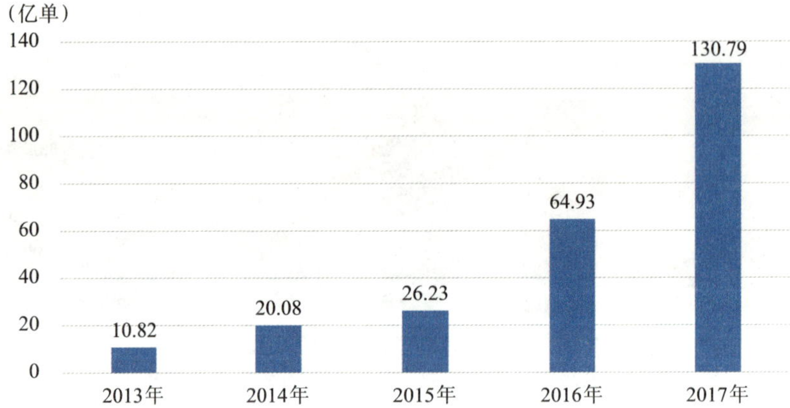

图 1-2-3　2013—2017 年互联网财产保险保单数量情况

（三）专业互联网保险公司偿付能力显著高于行业平均水平

2017 年，众安保险、泰康在线、安心保险、易安财险 4 家专业互联网保险公司实际资本合计约 191.21 亿元，最低资本约 20.49 亿元，偿付能力充足率为 933%。与 2017 年末财产险行业综合偿付能力充足率 251% 相比较，专业互联网保险公司偿付能力充足率显著高于财产险行业整体。究其原因，一方面专业互联网保险公司最低资本规模较低，另一方面，专业互联网保险公司在信用保证保险、责任险等领域创新型和高风险产品层出不穷，因此偿付能力充足率较高。

（四）互联网保险赔付率同比下降①

从行业各主体2017年经营情况看，互联网保险的整体赔付率为53.12%，同比下降5.48%，业务质量同比向好。在2017年统计到的36家有效数据中，人保财险、阳光产险、安联财险、美亚财险等约1/3的主体赔付率均有所下降。究其原因，一是随着互联网信息技术的深度运用，保险公司风控能力逐步增强，精细化管理能力逐步提升；二是"商车费改"无赔款优待系数的推广应用促使市场消费者的理赔行为发生转变，车险市场赔付率整体下降；三是2016年计提的未到期责任准备金在本年转回，2016年车险保费规模显著高于2017年车险保费规模，对2017年已赚净保费产生放大影响。

三、车险集中度略有下降，非车险专业公司"翻盘式"增长

2017年互联网保险保费排名前十名的财产险公司占比77.92%，较2016年下降9.14个百分点。专业互联网保险公司凭借非车险业务的快速拓展，市场份额得到快速提升。如众安保险和泰康在线，2017年市场份额分别达到12.07%和3.59%（见图1－2－4），分别跻身市场第二位和第六位。

（一）大型保险公司车险市场份额较高

车险市场大型保险公司规模优势明显，但集中度稍有下降。2017年互联网车险保费排名前十位的财产险公司所占市场份额合计88.57%，较2016年下降5.38%。其中，平安产险市场份额高达44.10%，人保财险市场份额9.81%，大地保险和太保产险市场份额分别为6.62%和5.55%（见图1－2－5）。

① 鉴于国内各综合性财产保险公司对互联网业务的管理模式不同，费用、成本、利润统计口径并不一致，2017年，共收集到36家公司报送的有效数据，囊括了主要大型保险公司以及4家专业互联网保险公司。

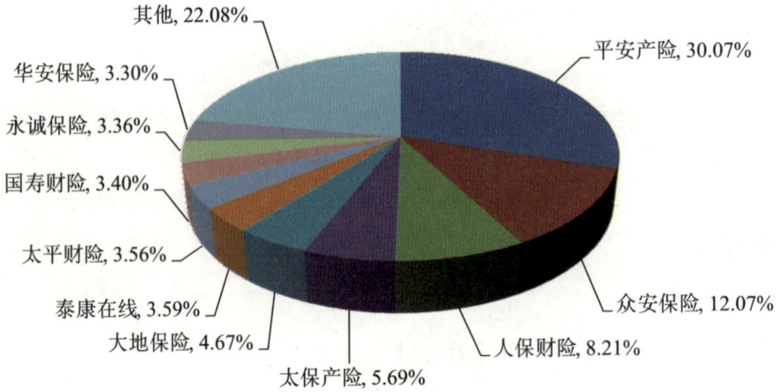

图 1－2－4　2017 年互联网保险市场份额

大型保险公司线下营业机构及理赔服务网点密集，线下服务资源的优势助力其车险线上业务的发展。

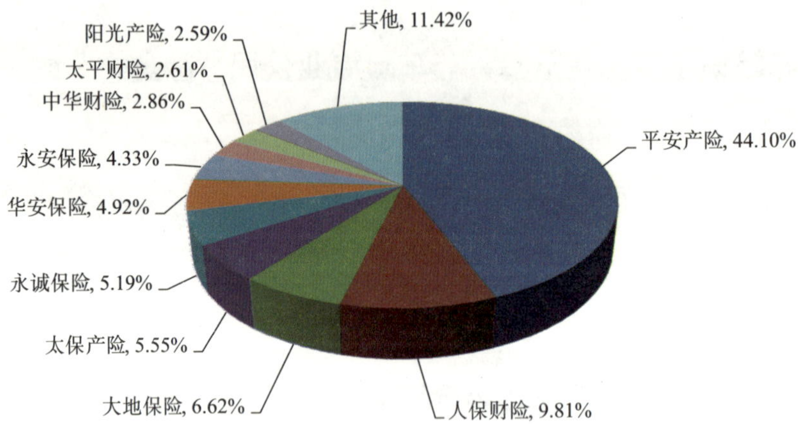

图 1－2－5　2017 年互联网车险市场份额

（二）专业互联网公司加速抢占非车险市场

非车险市场中小型保险公司发展迅猛，专业互联网保险公司弯道超车。中小规模保险公司利用互联网科技和渠道创新，充分发挥股东资源优势，近年来持续致力于互联网保险产品创新，实现“翻盘式”增长。2017 年，众安保险累计互联网非车险保费收入 58.79 亿元，占比 31.56%，连续稳居市场第一位。

泰康在线跃升至市场第二位，易安财险跻身前十。传统保险公司华泰财险近年来也致力于互联网非车险业务的发展，在互联网非车险市场的份额稳定、排名稳定（见图1-2-6）。

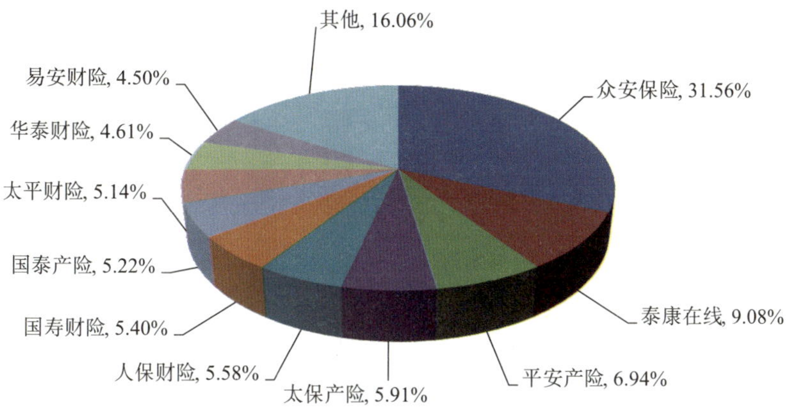

图1-2-6　2017年互联网非车险市场份额

四、车险市场地域特征明显，非车险创新产品贡献度大

（一）车险经济发达地区占份额较高

1. 东部显著下降，中西部地区快速增长。2017年，互联网车险业务分布集中于我国东部地区，累计保费收入为156.13亿元，占50.93%，同比下降36.97%。中西部地区互联网车险业务快速发展，其中中部地区累计保费收入占28.21%，同比增长7.65%，西部地区累计保费收入占20.86%，同比增长37.82%。

2. 保费及增幅粤、豫、鲁、徽省级排名前十。

（1）保费规模前十位。2017年，互联网车险分省保费收入前三位的地区分别为广东省、浙江省（不含宁波市）和河南省，分别为24.68亿元、23.91亿元和21.72亿元，其他7个地区分别为山东省、江苏省、云南省、四川省、安徽省、河北省和湖北省，上述10个地区东部占5席，中部占3席，西部占2

席，累计保费收入占总体保费规模的 62.93%（见图 1-2-7）。

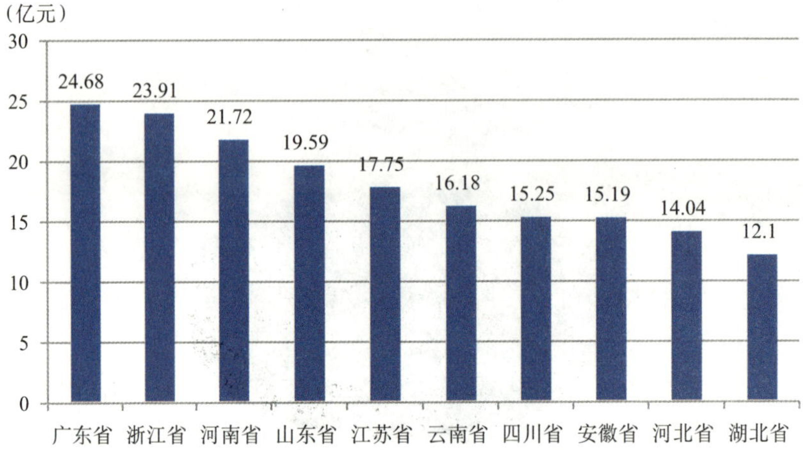

图 1-2-7　2017 年互联网车险地区保费收入前十

（2）增速前十位。2017 年，互联网车险保费收入同比增速前三位的地区为西藏自治区、河南省、广西壮族自治区，分别达 814.51%、177.64% 和 131.07%（其中西藏自治区保费收入仅第 34 位），其他 7 个地区分别为广东省、青岛市、安徽省、陕西省、内蒙古自治区、山东省和福建省。这 10 个地区东部占 5 席，中部占 3 席，西部占 2 席。广东省、河南省、山东省和安徽省 4 个地区的互联网车险保费收入及同期增长率均居于前十位（见表 1-2-2）。

表 1-2-2　2017 年互联网车险分地区保费收入分布

省、自治区、市	2017 年互联网车险保费收入（万元）	较 2016 年同比增速（%）
广东省	246 819	120.12
浙江省	239 067	-63.02
河南省	217 176	177.64
山东省	195 928	76.60
江苏省	177 476	-74.25
云南省	161 790	-9.55
四川省	152 517	10.00
安徽省	151 933	107.86
河北省	140 376	-25.90

续表

省、自治区、市	2017 年互联网车险保费收入（万元）	较 2016 年同比增速（%）
湖北省	120 982	9. 22
陕西省	115 814	98. 25
福建省	103 278	41. 68
湖南省	99 201	20. 32
广西壮族自治区	91 793	131. 07
山西省	82 061	-11. 87
贵州省	72 282	-0. 82
江西省	66 689	-36. 81
辽宁省	65 781	-54. 08
内蒙古自治区	64 101	81. 28
青岛市	59 280	119. 42
上海市	52 941	-31. 72
北京市	46 567	-26. 79
重庆市	41 701	-20. 51
黑龙江省	41 271	30. 31
宁波市	39 889	-59. 08
深圳市	39 716	-52. 39
甘肃省	33 956	-26. 51
新疆维吾尔自治区	30 847	28. 08
天津市	26 292	9. 80
吉林省	21 475	23. 82
海南省	16 381	-26. 94
宁夏回族自治区	13 378	9. 99
大连市	12 303	-68. 59
西藏自治区	9 479	814. 51
青海省	7 780	-16. 75
厦门市	7 459	-80. 60

3. 保费及增幅郑州、西安、福州、广州、济南、合肥城市排名前十。

（1）保费规模前十位。2017 年，互联网保险车险保费收入位居前三位的重点城市分别为郑州、西安和福州，保费收入分别为 11. 08 亿元、6. 80 亿元和 6. 19 亿元，其他 7 个城市分别为广州、成都、昆明、杭州、石家庄、济南和合肥。

（2）增速前十位。2017 年，互联网车险保费收入同比增速方面，位居前三位的重点城市为拉萨、郑州和西安，分别达 1 916. 79%、511. 38% 和

180.06%（拉萨保费收入仅居第 32 位）。其他 7 个重点城市分别为福州、广州、合肥、中山、南宁、济南和呼和浩特。其中，郑州、西安、福州、广州、济南和合肥 6 个重点城市，互联网车险保费收入和同期增长率均居前十位。

（二）非车险意外健康类产品领涨

保险需求不断培育和挖掘，产品创新、营销创新和商业模式创新不断涌现，消费者保险意识稳步提升，互联网非车险市场蓬勃发展。2013—2017 年，互联网非车险保费收入规模连续 5 年保持成倍增长，复合增长率达 101%（见图 1 -2 -8）。

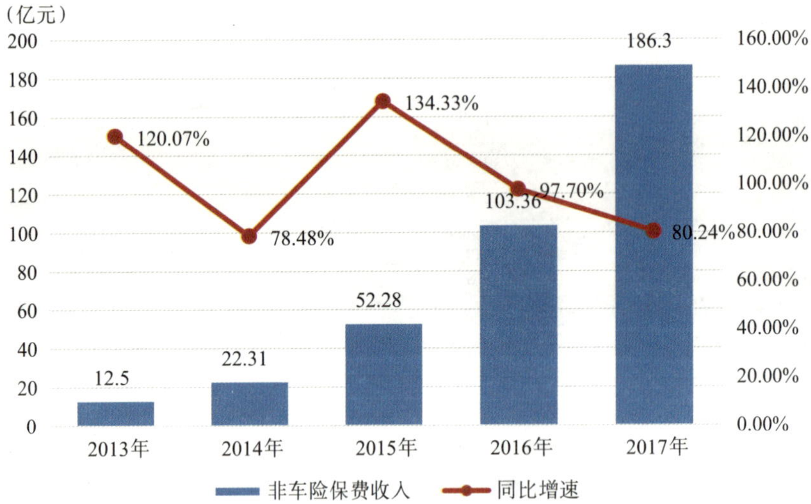

图 1 -2 -8　2013—2017 年互联网非车险保费收入

2017 年，意外健康险、信用保证保险等险种的创新产品不断涌现，非车险各产品线保费收入差距缩小。意外健康险产品以各保险主体的中高端医疗险为典型代表，单均保费较高，2017 年实现保费收入 89.31 亿元，在互联网非车险中占比 48%，跃居非车险业务首位；信用保证保险击中互联网金融行业痛点，保费贡献度迅速提升，占比 10%；其他类险种以退货运费险为主，退货运费险为行业稳定的热销产品，业务稳定，保费贡献度高，故其他类险种占比高达20%（见图1-2-9）。

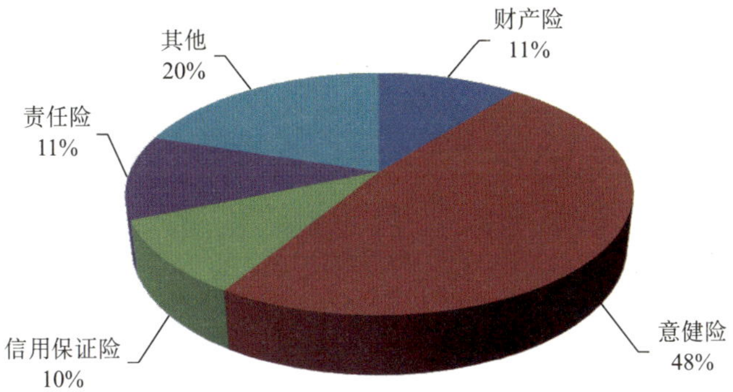

图1-2-9　2017年互联网非车险各险种保费结构

分析2016—2017年互联网非车险险种增速，财产险、意健险、责任险保费翻番，由此可见，随着社会公众法律意识、维权意识的觉醒，互联网经济、普惠金融的日趋发展，互联网保险在社会治理中的专业价值日益凸显（见图1-2-10）。

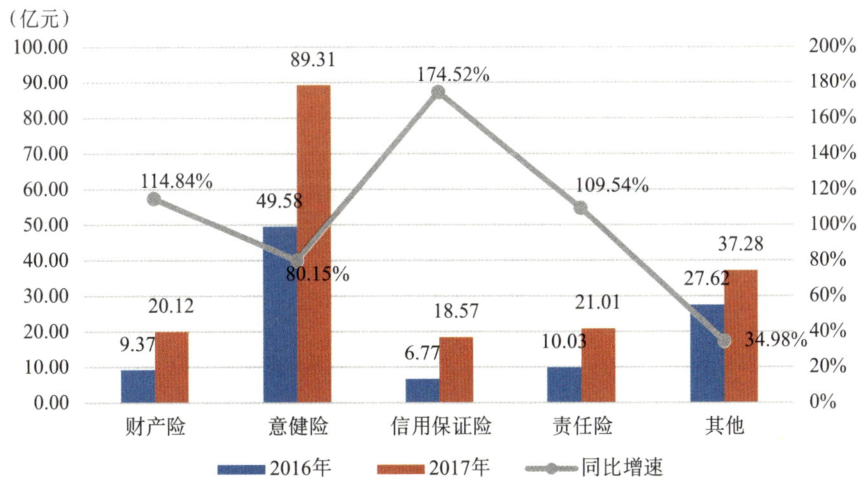

图1-2-10　2017年互联网非车险各险种保费及增速

2017年，互联网非车险热销产品以退货运费险、出行相关意外险为主（见表1-2-3）。2017年，众安保险的“网络购物退货运费损失保险”、人保财险的

“网络购物运费损失保险”、国泰产险的“个人意外伤害保险（单车专用）”位居累计保单数量销售前三位，分别达到19.86亿单、11.56亿单和10.49亿单。

表1－2－3　2017年互联网非车险业务热销产品（按保单量排名）

序号	公司名称	累计保单量位居行业前十位的产品
1	众安保险	网络购物退货运费损失保险
2	人保财险	网络购物运费损失保险
3	国泰产险	个人意外伤害保险（单车专用）
4	国泰产险	网络购物退货运费损失保险（卖家版）
5	华泰财险	网络购物运费损失保险
6	太平财险	网络购物退货运费损失险
7	太保产险	网络购物运费损失保险
8	众安保险	网络交易平台卖家履约保证保险条款（B款）
9	泰康在线	“放心淘”网络购物保障计划
10	众安保险	产品质量保证保险

众安保险的“网络购物退货运费损失保险”、国泰产险的“网络购物退货运费损失保险（卖家版）”、人保财险的“网络购物运费损失保险”位居累计保费收入规模前三位，分别达到10.33亿元、5.61亿元和5.02亿元（见表1－2－4）。

表1－2－4　2017年互联网非车险业务热销产品（按保费排名）

序号	公司名称	累计保费规模位居行业前十位的产品
1	众安保险	网络购物退货运费损失保险
2	国泰产险	网络购物退货运费损失保险（卖家版）
3	人保财险	网络购物运费损失保险
4	华泰财险	网络购物运费损失保险
5	众安保险	航空意外伤害保险
6	太平财险	网络购物退货运费损失险
7	太保产险	网络购物运费损失保险
8	泰康在线	交通工具意外人身伤害保险
9	众安保险	营运交通工具乘客意外伤害保险条款
10	众安保险	个人中高端医疗保险条款（2017版）

随着我国进入中国特色社会主义新时代，民生保障持续健全，普惠金融需求旺盛，居民线上消费加大与保险意识培养并行，市场互联网非车险需求将快速释放。汽车市场的发展重心将继续向中西部内陆省份及欠发达地区转移。这些地区消费潜力的逐步释放将推动我国私人汽车保有量进一步增长。因此，随着汽车消费梯度推进，县域和三四线城市家用车升级带来新的业务增长点。

五、第三方平台占比高位增长，移动端成为自营获客主渠道

互联网财产险渠道主要分为保险公司自营网络平台、保险专业中介机构和第三方网络平台。其中，车险业务多集中在保险公司自营平台，非车险业务更多依靠第三方网络平台的场景化平台实现快速发展。因此，随着车险、非车险业务占比的调整，各渠道对互联网保险保费的贡献度也出现较大变化。

（一）第三方网络平台保费占比较高

2017 年，保险公司自营网络平台（包括 PC 官网、App、移动官网和官方微信）累计实现保费收入 256.48 亿元，同比下降 29.31%，业务占比 51.97%，同比减少 20.26 个百分点（见图 1－2－11）。

第三方网络平台主要包括大型流量平台、在线旅行代理平台、垂直类网站等。淘宝网、支付宝、天猫等阿里系平台保费贡献度较高；在线旅行代理平台主要有携程网、同程网、去哪儿网等；滴滴出行、美团网等生活类平台成为互联网保险市场的重要参与者。2017 年，保险公司合作第三方网络平台实现累计保费收入 156.24 亿元，较 2016 年同比增长 67.94%，业务占比 31.66%，险种结构以非车险为主，保费贡献度高于专业代理机构。

（二）保险专业中介业务高速增长

2017 年，保险公司通过保险专业中介机构实现累计保费收入 61.34 亿元，年同比增长 87.86%，业务占比 12.43%。其中，非车险业务占比 82.25%，保险公司与专业中介合作业务以非车险为主。

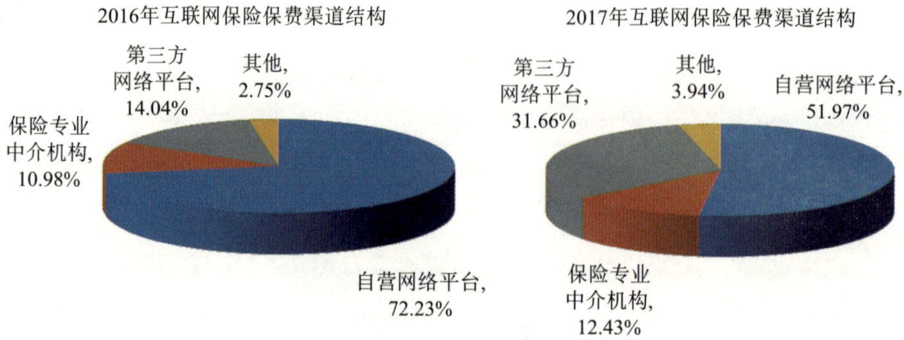

图 1－2－11　2016 年与 2017 年互联网保险保费渠道结构业务对比

（三）移动端发展势头强劲

移动端分为 App、移动官网和官方微信等。随着移动终端设备在生活中普及运用，各家保险公司纷纷将移动端作为业务重心。2017 年，财产险公司通过移动端（App、移动官网和官方微信等方式）实现累计保费收入 184. 62 亿元，同比增长 117. 28%，业务占比 37. 41%，同比提升 20. 49 个百分点。截至 2017 年，保险公司 App 安装量合计 241. 67 万台，较 2016 年同比下降 1 069. 1%。App 访问量约 152. 75 亿次，较 2016 年同比增长 95. 64%。微信关注数合计约 3 721. 96 万户，较 2016 年同比增长 0. 89%。App 独立访问数约 3 986. 42万次，较 2016 年同比增长 2. 89%。移动官网页面查看量约 3. 03 亿次，较 2016 年同比下降 23. 81%。移动官网独立访问数约 9 586. 536 万次，较 2016 年同比增长 5. 27%（见表 1－2－5）。

表 1－2－5　　移动端客户访问数据统计

统计平台	数据维度	2016 年统计量（次）	2017 年统计量（次）	2017 年同比增速（%）
移动端	App 安装量（台）	282 539 001	24 167 262	－1 069. 10
	App 访问量（PV）	665 704 639	15 274 937 928	95. 64
	App 独立访问数（UV）	38 712 577	39 864 238	2. 89
	移动官网页面查看量（PV）	375 213 192	303 064 568	－23. 81
	移动官网独立访问数（UV）	90 814 713	95 865 344	5. 27
	微信关注数（次）	36 886 640	37 219 596	0. 89

2017 年，保险公司通过 PC 官网实现累计保费收入 71.86 亿元，同比下降 74.14%，业务占比 14.56%，同比减少 40.75 个百分点。同期，自营网络平台中，50 家保险公司 PC 官网的网站页面访问量累计约 9.09 亿次，较 2016 年同比下降 44.72%。2017 年，独立访问数约 1.18 亿次，较 2016 年同比下降 77.95%。注册客户数 2017 年达到约 6 010.21 万次，较 2016 年同比下降 8.36%（见表 1－2－6）。

表 1－2－6　PC 官网客户访问数据统计

统计平台	统计区间	2016 年累计量（次）	2017 年累计量（次）	2017 年同比增长（%）
PC 官网	网站页面访问量（PV）	1 644 650 254	909 084 629	－44.72
	独立访问数（UV）	536 019 744	118 205 670	－77.95
	注册客户数	65 582 305	60 102 138	－8.36

（四）互联网保险向社交平台进一步渗透

随着互联网覆盖面及渗透率的快速提升，社交平台已成为保险公司与客户建立持续互动关系、了解客户需求并拓宽业务范围的重要渠道。就社交平台而言，高使用频次、强用户黏性有助于保险公司降低客户宣传维护成本，提升客户忠诚度及满意度；就消费者而言，人们愈发习惯于主动获取信息，选择社交网络、博客、手机应用等作为信息来源的客户人群数量正在快速增长。

随着“社交＋保险”经营形态的推广，多家保险公司致力于优化微信公众号、PC 官网、App 以及微信小程序等，以强化保险的社交属性，提升业务规模。众安保险、华安财险推出微信小程序功能，通过线上与线下的连接，抢占小程序流量入口及搜索关键词，并利用流量红利、深度绑定账户，简化投保流程。泰康在线携手腾讯微保针对微信客户端推出首款专属健康险产品——微医保。社交平台的广泛应用推动了保险市场的业务发展。2017 年，互联网财产险市场通过微信平台实现保费收入 34.58 亿元，较 2016 年保费收入同比增长 103.77%。微信平台保费规模在移动端（App、移动官网和官方微信等方式）中占比 18.73%，在互联网财产保险各渠道累计保费中占比 7.0%。

（五）互联网保险与新经济平台融合催生新业态

新经济平台已然成为互联网保险发展中越来越重要的一种新经济模式，主要表现在两个方面。

其一，互联网保险与传统商品流通领域深度结合，针对线上产生的生活消费、出行、健康以及固定财产的交易，对各场景下交易的财产以及相关利益的损失进行补偿。例如，退货运费险平台卖家履约保证责任险和聚划算平台责任险保障消费者权益、减少交易纠纷同时推进了电商平台健康发展。第三方网络订餐平台食品安全责任保险助力“舌尖上的安全”，突破传统的食品安全责任保险的保障范围，开辟了崭新的细分市场。互联网保险与电商平台的相互融合、共同促进不仅更好地满足消费者新需求，而且开辟了新业态，成为有力的经济发展新动能。据不完全统计，2017 年淘宝、支付宝、携程、去哪儿、天猫等电商平台保费收入位列互联网财产险合作机构前五名，占互联网财产险整体保费收入的 18.8%。

其二，互联网保险基于互联网平等、普惠的思想，较传统保险更易参与融入共享经济市场，一方面借助互联网技术实现产品碎片化，让每一位共享经济参与者都能获得风险保障；另一方面，保险本质即为风险共担，具有共享特性，有效地推动共享经济的可持续发展。以共享单车为例，据不完全统计，2017 年我国共享单车市场规模达到 102.8 亿元，用户规模达到 2.21 亿人，围绕共享单车经济圈，人保财险、众安保险、国泰产险等多家保险公司纷纷开发相应责任险、意外险产品，保障用户人身财产安全。

第二节
用户分析

一、已婚、高学历、中高收入的中青年人群构成互联网保险消费主要群体

根据对 iClick 社区进行的 5 008 份问卷调查结果，在购买过保险的 2 994 人中，保险用户主要集中在已婚、高学历、中高收入的中青年人群，这些用户资质较好，因此保险公司应该深入挖掘该目标人群的消费心理和消费需求，交叉营销其他金融产品和服务。

整体而言，学历和收入正相关，高学历高收入人群更重视精神品质和心理感受，因而保险项目和宣传应该更加侧重对精神层面的心理满足。

已婚人群是主要的保险人群，因此家庭因素应该是影响受众购买保险的核心因素之一。家庭是社会构成的基本连接点，影响人际关系和社会网络，因而在保险宣传时可以以亲情为卖点。

调研结果显示，保险用户年龄构成主要在 26—45 岁区间，这个年龄区间段的用户占比高达 79.9%。其中，36—55 岁的保险用户年龄段占比高于整体用户占比，这一年龄段人群投保意识和倾向相对更强势。与 2017 年相比，19—35 岁及 46—55 岁年龄段 TGI 指数①有所上升，其中 19—25 岁人群 TGI 指数由 79.1 增长为 93.5；26—35 岁人群 TGI 指数由 96.9 增长为 100；46—55 岁人群 TGI 指数由 97.7 上升为 108.1。在对互联网保险的宣传下，保险用户在年轻群体和年长群体中的接受度提高（见图 1－2－12）。

---

① TGI 指数，即 Target Group Index（目标群体指数），可反映目标群体在特定研究范围（如地理区域、人口统计领域、媒体受众、产品消费者）内的强势或弱势呈度。

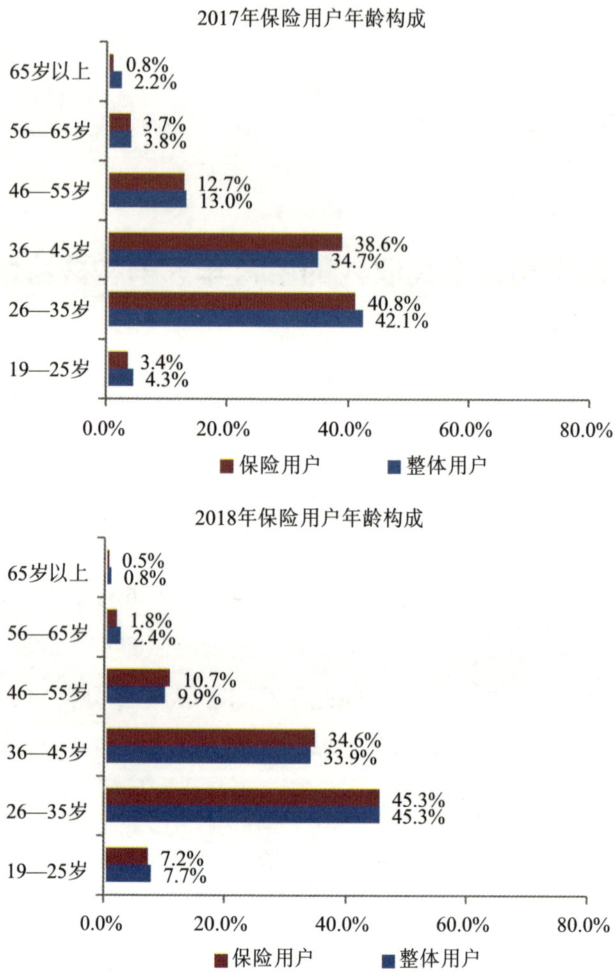

图1－2－12　2017年与2018年保险消费年龄构成对比

根据调查结果，保险用户中有车、喜欢旅游、有房、有孩子的占比分别高于整体用户8.6%、6.8%、6.5%和5.7%（见图1－2－13），保险用户的生活品质比较高。同时，面临的风险因素越多，投保率越高，表明用户对保险认知较为清晰、对其功能比较肯定。

保险用户中有社保的比例高于整体4.5个百分点，说明社保并不能完全满足用户的需求，他们选择用社保和商业保险的组合为自身提供保障。保险公司要积极开拓用户的潜在全方位需求，如教育、财产安全、医疗等，为客户规划好覆盖整个家庭全生命周期的保险计划。

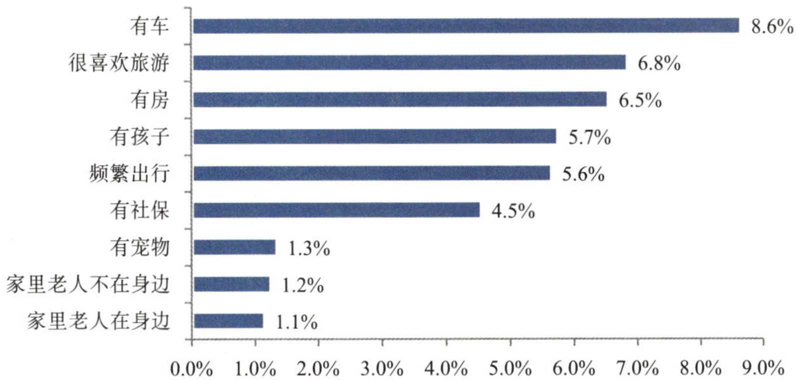

图 1－2－13　2018 年保险用户相对整体用户生活状态比重差值

二、交通意外、账户安全、健康类保险渗透率高

从保险用户曾购买的产品来看，意外健康类保险、汽车类保险、资金安全类保险占比排名前三。我国居民的健康意识逐渐增强，对健康类保险的需求不容忽视，如各家保险公司的中高端医疗险雨后春笋般地上市，并在续保条件、免赔额、保额、全家保、保险责任拓展及智能核保等方面创新，推动了意外健康险种的销售。伴随着新一轮的消费升级，汽车与普通消费者的日常生活联系更为密切，国家统计局数据显示，到 2017 年末，我国私人汽车保有量达到 18 695万辆，带来了车险的高度繁荣。互联网金融的快速发展使得账户安全险、资金安全险受到用户的欢迎，这一类险种在未来同样有着较广阔的前景。

与 2017 年比较来看，2018 年各个品类保险产品的购买比例均有所提高，保险的普及度提升（见图 1－2－14）。其中，手机类、住宿类、资金安全类、航空类保险产品涨幅居前四位，分别为 15.06%、12.67%、10.17%和 9.83%。

超过 97% 的保险用户购买过互联网保险产品（见图 1－2－15），交通工具意外险、资金账户安全险和中高端医疗险在保险用户中的渗透率分别高达 75.2%、64.3% 和 49.4%。艾瑞咨询《2017 年年度数据发布——电子商务》

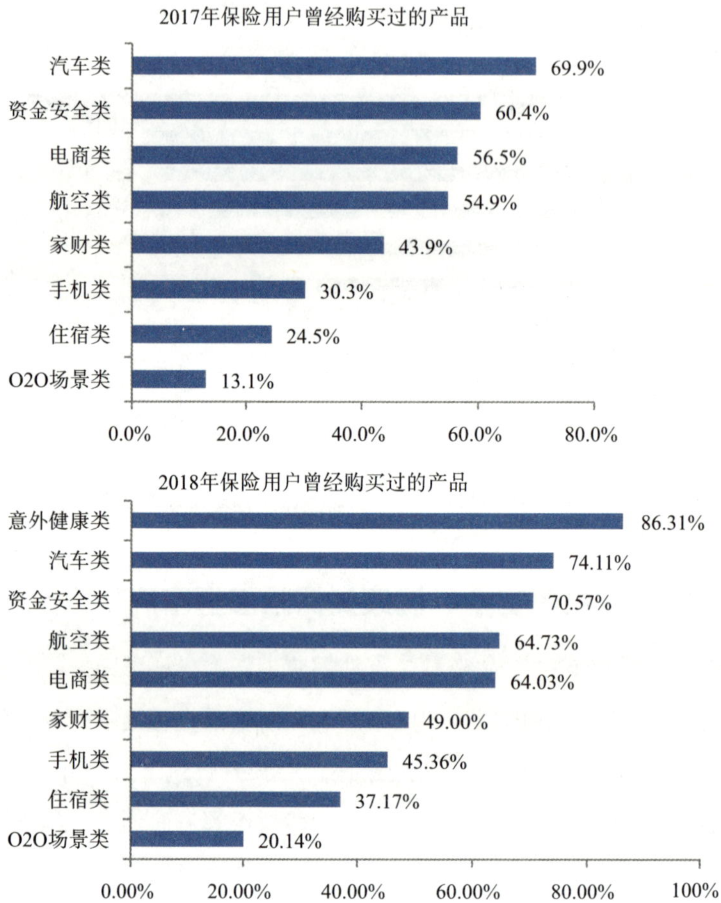

图 1-2-14 2017 年与 2018 年保险用户购买产品对比

显示，2017 年中国网络购物市场中 B2C 市场交易规模预计为 3.6 万亿元，退货运费险解决了从买家、卖家到交易和售后流程中的诸多风险。我国旅游业的快速发展使携程、去哪儿等线上旅游平台兴起，各种新型交通意外险等应运而生。相对于传统的航空意外险，新型交通工具意外险保障范围更大、保险期的弹性强，对用户有着较大的吸引力。互联网金融的发展，如居民的日常支付安全保障和 P2P 平台去担保后的履约安全，都推动着账户安全险、履约保证险、信用保证保险等险种的发展。

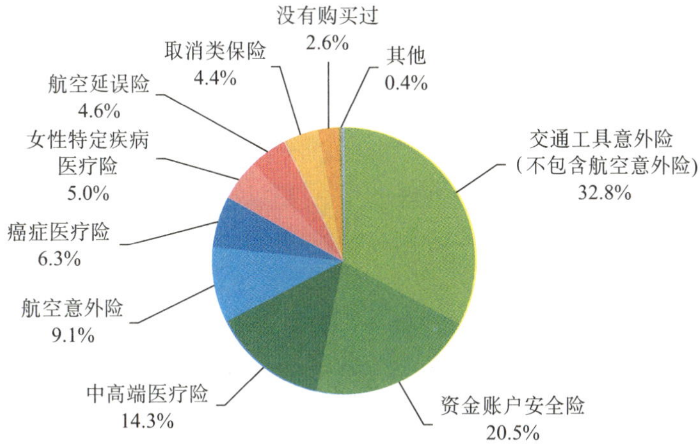

图1－2－15　保险用户购买的互联网保险产品一览

调研中还发现，保险公司不仅可以在到期日前主动提醒用户续保，也可以通过发展先进科技实现线上统一保单管理，运用大数据对不同用户偏向的投保时间进行个性化分类，有针对性地进行保险产品推荐。节假日期间投保比例较低，应减少推销活动。保险公司要继续积极把握互联网发展趋势，满足各行业互联网化进程中产生的投保需求。

保险公司应主动加强互联网保险信息披露，包括互联网保险产品信息，要加大对销售人员的业务教育，同时杜绝虚假不实或带有诱导性质的营销和产品宣传。

三、购买场景理赔、信息告知服务是客户关注焦点

当在保险公司以外场景中购买保险时，用户对现有的理赔渠道整体满意度较高，未来仍然希望保持现有理赔渠道的比重在75%上下。未来希望在购买场景理赔的比例略高于希望由保险公司理赔的比例，因此保险公司的理赔服务体验还有提高的空间。

在所调查的2 994名保险用户中，在其购买的场景下理赔的人数为1 487人。他们在保险公司以外场景中购买保险时，对保险公司的期待集中在必要信息的告知上，如理赔流程、保单信息、产品比价等（见图1－2－16）。

在保险公司以外场景购买时希望保险公司的作用

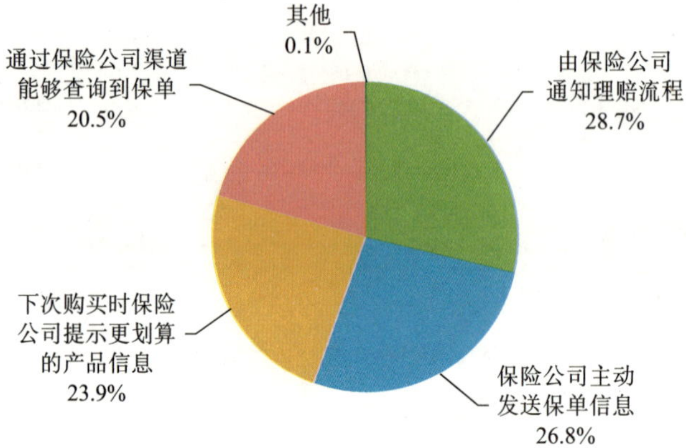

图 1－2－16　用户关于保险公司的需求分析

保险公司 App 建设需要重点关注保险服务功能、信息查询功能和投保功能。App 的层级架构不宜过于复杂、需预先充分告知各类事项且具备保单管家类似的功能、不断地优化理赔服务、完善加载速度和交互体验。

保险公司需充分发展金融科技提升理赔速度和理赔体验，还需要完善增值服务，并重视在其他场景下销售的保险产品，为用户提供及时贴心的售后服务。

第三节
创新实践

我国互联网财产保险在经历了前期的爆发式增长后，保费规模有所收缩、险种结构和渠道结构深入调整，行业发展迎来了“新常态”。面对这种形势，充分利用并发挥保险科技的技术驱动力不仅符合经济发展规律，而且势必成为保持互联网财产保险可持续发展的必由之路。互联网科技本身凭借其强大的行业嫁接和革新能力，正在并将持续对财产保险产业链各环节产生深远影响，推动财产保险实现整体革新。

一、保险科技应用逐步深入，产业链革新开始呈现

在现实层面，全面拥抱保险科技也已经由前期部分规模主体的自发性分散投入上升到行业共识。以产业链为切入点，科技驱动财产险变革主要体现在三大领域。

（一）产品开发领域

2017 年，互联网财产保险新产品开发继续维持蓬勃的发展态势。在深耕场景类保险、不断从新经济与消费模式中发掘潜在保险价值的同时，互联网财产保险新产品开发还呈现出深度融合互联网科技的趋势。

首先，保险科技工具促进产品开发模式转型。随着技术的不断进步，以芝麻信用、蚂蚁金服“车险分”等为代表的开放式保险定价与风控辅助工具被广泛应用于相关产品开发领域。如太保产险借助芝麻信用推出的“第三方网络订餐平台食品安全责任保险”等。面对“三次商改”，车险产品自主开发定制将进入快车道，势必需要利用成熟的保险科技工具辅助车险定价与风险防控。

其次，保险科技应用模式多样化。例如，太保产险的“太享飞·晚点保航延险”利用大数据实现了航延险“实时计算承保报价方案”；平安“好车主”App“一人一车一价”、众安保险“步步保”等实现了基于物联网的产品定价；安华财险基于区块链技术开发的公共交通意外保险亦是典型案例。

最后，产品开发理念保险科技化。通过积累、分析既有产品数据与实时动态数据，行业主体通过标准化、模块化的产品开发模式实现产品开发“速成”，以适应复合类场景保险产品在保险标的、保险责任、客户属性方面的复杂性——诚泰保险称之为“云”化保险产品，即像组装零件一样完成产品开发。此种理念必将丰富场景类保险产品、提高产品开发效率，不失为未来产品开发的方向之一。

总之，在行业监管的正确引导下，互联网财产保险产品开发已经走出了

“哗众取宠”的泥潭，正在借助保险科技切实践行保险基本原则，不断为市场与客户提供丰富的产品选择。

（二）产品营销领域

目前，互联网财产保险从前期“碎屏险”“网购退货运费险”等主要基于互联网C端分散性用户消费场景的开发销售模式，逐渐过渡到基于互联网行业B端流量入口的渠道定制式销售模式，并在短期内形成了保费规模新的增长点，如泰康在线与腾讯微保深度合作的“微医保”健康险产品，一经推出即获得了广泛关注和可观的保费规模。分析个中原因不难发现，此类产品能够异军突起，除了得益于互联网行业第三方平台的流量、支付优势，更是利用大数据、人工智能等保险科技将营销前置到产品开发流程，通过提高产品与特定渠道客户的适配精度，将“目标客户精准、定价智能匹配、理赔服务便捷”等产品、服务优势直接转化为提升销售效率与客户服务满意度的促进手段。此类产品由于从设计之初便蕴含保险科技基因，服务于特定第三方平台渠道，销售模式具有鲜明的互联网思维特征，更能够引起特定渠道网民客户的消费共鸣且客户黏性高。

应该说，第三方网络平台特别是互联网主体公司提高了我国网民保险意识，在营销效率方面具有天然优势，但是保险公司对于第三方平台的过度依赖会导致自身沦为“持牌产品孵化器”，而成为规模流量入口的稀缺性必然会导致行业整体费用率的提升，从长远来看不利于行业整体健康发展。

（三）客户服务领域

保险科技的目标具有一个共性，即“去中介化”。特别是人工客服、投保与质检、理赔单证采集与数据处理、风险识别与防控等，皆可借助保险科技简化烦冗流程、降低工作量、提升工作效率，从而实现提升客户体验的终极目标。在现实层面，保险科技在中后台应用较早、覆盖较广、发展较快、成果较多，以智能客服为例，业内已经出现能够应对10亿级日活用户的应用。各保险主体也集中力量持续在中后台发力，希望以保险科技为抓手取得市场主动权，具体案例在此不一一列举。在技术应用广度方面，除了行业内已经相对成熟的大数据、人工智能应用，诸如泰康在线的“反飞蛾”项目已经试水利用区块链技术达成前置风险识别的功能，并与众安在线的大数据平台“数据魔方”殊途同归，希望通过数据共享推动行业大数据创新发展。

综上所述，虽然保险科技的发展在某些层面将直接或间接对保险行业产生负面影响，如自动驾驶技术成熟导致的未来车险可保范围萎缩等，但是保险科技对于互联网财产保险行业升级转化已经由点及面、不可逆转且必将产生持久深远的影响。在充分肯定行业主体借助保险科技谋求转型升级所取得的成果的同时，也要清晰地认识到，保险科技的发展也存在一定短板。

首先，对于大数据等需要行业内跨单位协同应用的保险科技，亟待国家与银保监系统强化顶层设计与规划，加大对基础建设方面的投入，建立行业级的大数据、区块链应用平台。

其次，受制于市场集中度高、主体规模差异大等因素影响，行业内部对保险科技的应用还存在不平衡、不充分的情况。在纯技术层面，保险科技本身也在不断发展的过程之中，保险科技全面爆发的临界点仍未到来。基于以上内外部因素考虑，各类行业主体在应用保险科技方面也存在着与工业领域类似的“造不如买，买不如租”的发展路线分歧。为抢占先机，一些有实力的行业主体可考虑根据自身发展方向加大投入、先行先试，树立行业典范和模板；中小保险公司亦可借助后发优势，通过采取跟随策略完成自身升级，降低转型成本。

最后，由于互联网行业具备保险科技原生技术先发优势，如以蚂蚁金服为代表的拥有强技术输出实力与创新能力的互联网公司，一边借助流量、场景变现切入销售端价值链，一边凭借强大的技术开发能力，创新互联网保险工具与商业模式，向各行业主体输出技术产品，打出“流量＋工具”组合拳，谋求从产品销售端介入上游的产品开发端，同时凭借平台优势提供理赔服务入口，保险生态圈已经初步建立，对于保险行业的渗透力不断加大。应该清醒地认识到，保险行业关乎国计民生，保险科技更是把双刃剑，在借助保险科技完成产业革新的过程当中，要居安思危，警惕保险科技应用过程中的“降维打击”。保险业本身应该不断充实自身实力，做强做大自己的“老本行”，坚持“保险姓保”，以客户需求为导向，不断提升行业价值。

二、聚焦业务流程，保险科技在车险中深度应用

互联网车险是“互联网 +”在车险行业的创新运用，近几年无论是规模增速，还是市场活跃度，都备受瞩目。通过分析以往互联网车险发展成功经验不难发现，借助保险科技化解自身发展“痛点”是行业优势主体的共同发展路径。以下从模式、产品、服务、理赔四个方面，简要呈现行业保险科技应用水平与取得的进展。

（一）模式创新

“保骉车险”是由众安保险与平安产险通过共保模式联合开展的机动车商业车险业务，从上市之初即受到市场及业界广泛关注，其运行的“众安平安共保、平安理赔服务”模式对业界具有示范与借鉴意义。

首先，在由众安保险搭建的前端投保流程中，一是通过引入 OCR①、智能客服、埋点分析②和 A/B 测试③工具优化投保流程、提高转化率，并根据用户反馈加速系统版本迭代；二是运用科技手段实现双录和实名支付功能，在遵守监管要求的前提下确保用户投保体验流畅性；三是通过“智能客服”为用户打造保险管家式的贴心服务，引入自然语言处理的专业化工具，建立客户联络

---

① OCR（Optical Character Recognition，光学字符识别），是指电子设备（例如扫描仪或数码相机）检查纸上打印的字符，通过检测暗、亮的模式确定其形状，然后用字符识别方法将形状翻译成计算机文字的过程；即针对印刷体字符，采用光学的方式将纸质文档中的文字转换为黑白点阵的图像文件，并通过识别软件将图像中的文字转换成文本格式，供文字处理软件进一步编辑加工的技术。

② 埋点分析，是网站分析的一种常用数据采集方法，是一种良好的私有化部署数据采集方式。

③ A/B 测试，一种用于提升 App/H5/小程序产品转化率、优化获客成本的数据决策方法。

中心智能客服体系，从而显著降低经营成本、提高运营效率。

其次，在精算定价端，众安保险一方面通过引入多维度互联网行为因子、非车险承保理赔数据和机器学习算法精准刻画用户风险状况；另一方面，基于车险报价成功数据进行建模开展精准营销，根据成交率对名单进行评分，并配备客户画像工具，提高销售转化效率。

再其次，在理赔服务上，众安保险通过系统对接，借助平安产险的线下理赔网络开展理赔服务，不仅让众安保险实现理赔服务全国覆盖、保障了理赔服务质量，而且促进平安产险优化了理赔资源配置，有效降低了理赔公共分摊成本。

最后，在汽车生态方面，以车险为连接点、以大数据赋能为支点，众安保险致力联合多方共建汽车生态，通过整合保单生命周期各节点、众安保险内部行为信息及合作伙伴数据源，进行 LBS 及个性化推荐服务，通过“服务找人”为车主提供一站式智慧行车体验。众安 App、小程序、微信公众号已上线车辆管理、简易报价、“车宝宝”服务、违章查询、驾照查分、机场停车、洗车门店、定制化服务等功能，涵盖车险投/续保、车辆管理、驾驶行为管理及日常使用等各类场景。

（二）产品创新

随着“商车费改”的持续深入和市场发酵，一方面车险费率逐步下调、车险件均保费逐步降低；另一方面，车险行业亏损面达 75%，驱动车险产品发生变革。全面推行精准定价，“高风险客户多收费以覆盖风险，低风险客户少收费以扩展市场”成为互联网车险业务发展的必选项。为适应“商车费改”后新的市场竞争环境，各保险主体频出车险精准定价工具，改变了以往车险产品定价“千人一面”的局面。

1. 蚂蚁金服——“车险分”。一直以来，车险市场存在车主需求与车险供给之间的矛盾，具体表现为车主普遍反映车险品种单一，价格昂贵，保障水平低；保险公司则反映赔付率高企、承保利润下滑。市场矛盾折射车险市场供给侧改革之迫切，改革关键则要攻破“痛点”，精准定价便是突破口。蚂蚁金服在 2017 年向市场推出互联网车险创新产品“车险分”。该产品瞄准车险精准定价难题，基于大数据基础资源，通过人工智能和数据建模，量化驾驶者风险评分，让保险公司有能力精准识别风险，从而进行精准定价。“车险分”的问世是金融科技产品进入生活、解决车险精准定价现有问题的一个标志。

截至 2017 年末，已有人保财险、太保产险、阳光保险等多家保险公司入驻蚂蚁金服保险数据科技实验室。中小保险公司若使用“车险分”作为风险筛选主要工具，或可获得与大型保险公司相近的定价能力。

2. 平安产险——“一人一车一价”。“车险分”需要保险公司与其共享车险理赔数据，以平安产险等为代表的保险主体则坚持自主创新开发车险定价模型。平安产险基于旗下“平安好车主”App 提出“一人一车一价”的方案，建立新定价模型下的 UBI 车险，根据每一位车主的风险水平制定个性化的车险产品和费率。

平安产险通过在 App 内嵌入功能模块记录客户的行驶轨迹和驾驶习惯，对客户的风险状况进行评值、建模，大大降低了客户接受难度和落地成本。平安车险已能通过“好车主”App 判断车主的驾驶习惯、行驶里程、驾驶频率这些“常规数据”。但是，对车险的定价远远不止这些，平安产险正在研制将车主在日常驾驶中的性格特征、行为特征作为定价因子进行车险定价，真正实现“一人一车一价”。

总体而言，通过采集更多“从人”信息来提升车险定价的准确性，是未来互联网车险的发展方向，但无论是蚂蚁金服的“车险分”，还是坚持自我创新与突破，保险公司都有义务逐步提高风险筛选能力、运营管理能力及科技应用能力等综合经营水平。

（三）服务创新

当前，各保险主体通过加强官网、App、微信公众号等互联网自营平台的建设，谋求为互联网客户提供各种专业化车险服务，如车险报价、投保方案设计、查勘服务等，这也是保险公司提升互联网车险业务竞争力的一个基本方面。

1. 太保产险——“微信小程序视频理赔”。2017 年太保产险针对客户中途放弃传统微信端自助理赔的主要原因，诸如拍照步骤烦琐、车险理赔知识壁垒、后台人工指导不到位等，通过微信小程序创新 RTMP 视频推流模式，借助小程序原生的媒体拍照、数据缓存、获取地理位置等基础信息，以及小程序特色的定制二维码功能，打造出业内第一款视频微信小程序车险理赔产品。客户在出险后扫描内置于交强险静电贴上的二维码即可进入视频，按照座席指导对准车损部位，实时传导出险信息。此举简化客户操作，优化客户体验，将原有的根据静态照片自助理赔模式升级为动态视频模式，增强实效性和安全性，有效提高了风控水平。同时，太保产险与百度人工智能团队合作，启动 AI 智能定损项目研发。通过 AI 图像识别车损部位和程度，结合维修方案规则和零配件、工时数据实现车辆自动定损。根据测算，智能定损可覆盖 51% 的理赔案件，提升作业效率 50%，实现小额案件理赔无须人工干预，配以维修企业和维修方案的推荐选择、第三方身份认证、人脸识别、移动音视频服务等新技术，可实现客户全流程自助理赔操作和秒级赔付，缩短小额案件的理赔结案周期。

2. 永诚保险——“三位一体”查勘服务。针对中小保险公司网点少、运营成本高、效率低的问题，永诚保险依托新技术、新平台打造了“三位一体”查勘服务体系。“三位一体”视频查勘是指在前端查勘员智能手机上安装 App，通过前后端视频连线将事故现场查勘、事故损失核定、事故维修复勘等前端操作与后台核价、核损、风险管控等作业进行数据同步传输，是一种可实现“查定分离”的新型查勘作业方式。“三位一体”视频查勘服务体系不仅实现了查勘、定损分离，降低了前端查勘操作难度，而且将理赔流程简化为“客户报案、客户视频连线后台远程指导并获取照片、后台完成理赔”3 个步骤，降低了对前端查勘人员专业技术的要求，使非专业人员查勘成为可能，让客户、微店店长、代勘人员、代理公司等人员参与查勘，实现前端服务力量的多元化，有效提升查勘服务的时效性。

3. 阳光产险——智能人伤定损。阳光集团通过整合资源，融和医院资源，打通医疗和保险协作流程，与医院联合就车险人伤案件进行临床专业性判断，通过建立服务保险业的人伤理赔专家平台，结合临床及理赔专业数据库，对人伤案件实现模式化、规范化和平台化审批，有效实现风控前置及专业引领。

（四）理赔创新

车险理赔长期存在着时效慢、纠纷多、体验差、渗漏风险高等问题，随着互联网车险业务不断发展，各保险公司相继推出理赔类App或在线理赔，通过“互联网＋AI”技术实现理赔化繁为简。

1. 平安产险——“智能闪赔”。平安产险聚焦理赔“痛点”，运用6大AI核心技术、43项专利，推出“智能闪赔”。该产品聚焦车险理赔场景，运用图像识别和深度学习技术，可自动识别纯外观损伤；通过智能定型定件，自动判定损失项目和本地价格，完成“秒级定损”；通过风控模型控制定损渗漏，防范个人以及团伙车险理赔欺诈风险。具体功能如表1－2－7所示。

表1－2－7　“智能闪赔”产品功能一览

功能	解释
图像智能处理	利用图像处理引擎对查勘照片进行自动图像增强、图像规正，并有模糊提示和PS识别能力
智能定型定件	根据车型照片进行图片识别车型组别，结合VIN码智能定损关联锁定车型对应的配件信息
部件分割归集	根据受损图片，智能识别归集受损配件分类
损失程度识别	智能识别车辆损失程度，分23种外观件维修类型，100%覆盖外观件损失
自动精准定价	通过全国主机厂数据、九大配件采集地、生产数据自动回写建立全国各地6万多种车型、2 000多万种配件、500多万工时的基础数据库，实现分品类配件价格、分地区差异化价格、分修理厂工时价格自动精准定价
智能风险阻断	建立智能风险引擎，融合“500＋”风险因子、“30 000＋”风险规则、“100＋”风险模型，实现智能风控

未来，迭代版本还将结合视频技术、3D建模、大数据运算等处理涉及内部配件损伤更为严重的大额案件，甚至可以通过一张整体外观损伤照片自动给出车辆全损判断，更高效地向车主提供维修和保险定损方案。

2. 太保产险——“指尖系列App”。太保车险推出“指尖系列”App。指尖系列是太保产险推出的新一代理赔条线应用群组，其运用无线互联、人工智能、社交模式等新技术，整合再造线上线下流程，创新车险理赔服务供给和管理手段，打造手机移动理赔技术平台，实现服务效能提升、管控精准提升及客户体验提升。

指尖系列从2016年开始规划，通过定制小案界面、无缝对接理赔核心系统，实现核损、理算、核赔、支付等环节全程系统自动操作，最快15分钟内赔付，已实现十大工具即查勘、自助、通赔、回收、大案、专修、人伤、影像、直供、调度“十项全能”，实现员工端（E端）、消费者端（C端）与合作伙伴端（B端）全覆盖。

三、从定价到服务，非车险开始全流程优化

回顾2017年，非车险市场需求依然呈现出多样化、场景化、碎片化等特征，以技术创新为本的产品策略由于具备成本、效率、便捷等优势，依然是主导市场蓬勃发展的主要力量。从行业创新角度来看，产品端创新主要围绕以保险科技提升客户体验。运营端创新则关注以技术升级降低运营成本、提升运营效率。销售端通过继续优化微信公众号、官方网站、App以及微信小程序等提高投保便捷度；在理赔端则着力提升小额案件理赔速度。

2017年是互联网非车险以AI、云计算以及大数据等保险科技为基础的应用陆续落地并产生实质性成果的科技变革元年。纵观互联网非车险发展历程，如果用单个互联网保险产品实现1亿元保费收入的时间来衡量产品接受程度的话，淘宝“网红”退货运费险大约用了2年，支付宝账户安全险大约用了1年，而1年期中高端医疗险产品大约只用了4个月时间。就非车险行业未来发展而言，市场空间广阔，为各大保险企业创新实践提供了宝贵机会。

（一）技术升级：全面提升用户体验

1. 大数据应用。2017 年 9 月创新推出的新一代“太享飞 · 晚点保航延险”是保险业内首款利用天气大数据、航班大数据、结合保险客户行为等多个维度要素开发的移动互联网化保险产品。通过与专业数据公司合作，保险公司应用 3 年历史气象数据和民航数据开发了延误预测模型和动态报价模型，推出实时计算承保报价方案的航班延误险新产品。该产品已申报专利。该产品通过整合内外部数据资源，全新设计场景化客户页面，实现与 8 个系统的高效流畅交互与衔接，支持客户自助在线投保、客户身份验真、客票信息验证、移动在线支付（微信、银联等），保单实时生效并自动推送电子保单。通过与腾讯平台对接，产品理赔流程实现了无需客户报案、系统自动判定延误并主动进行微信红包赔付的全自动流程。

2. 微信小程序。众安保险、华安保险均推出了微信小程序功能，当用户走到某个特定地点，打开“发现—小程序—附近的小程序”，就能将自己附近的小程序“收入囊中”。从应用上来讲，小程序的优势在于线上与线下的连接，利用微信小程序流量红利、深度绑定账户，可简化投保流程，抢占小程序流量入口及搜索关键词，为基于该应用的保费规模爆发奠定了基础。

（二）产品创新：关注细分市场成长

2017 年，互联网非车险产品创新关注国家新经济、新政策热点催生的新兴保险市场，以及基于细分的高成长性市场，进一步促进了互联网非车险市场快速成长。此外，互联网非车险产品创新还体现在产品组合设计方面，以此提升用户黏性以及服务满意度。

1. 关注国计民生。为响应国家“一带一路”倡议，人保财险与跨境电商平台合作推出跨境电商货运险，用最契合的保险方案、最高效的业务模式和最优质的理赔服务，为中国产品“走出去”保驾护航。未来，在跨境电商平台从自营模式向跨境电商供应链转型的过程中，人保财险将深入分析跨境电商供应链中的保险需求，与合作伙伴在信用保证险、仓储险、货物运输延迟保险等更多更广的领域开展更深入的合作。

“精准扶贫”是国家实现全面建成小康社会的重要攻坚行动，保险业的创新参与有助于实现扶贫从“输血”到“造血”的转变，是扶贫方式方法的创新和拓展。人保财险与京东农村金融平台合作推出蛋种鸡保险，承保农村金融平台上的农民蛋种鸡养殖，根据疾病、疫病或者自然灾害造成的蛋种鸡死亡风险，预计2018年该险种投保规模将达百万只。未来，人保财险将充分发挥在农业产业链上的综合优势，延伸“三农”服务维度，在生猪等养殖保险、价格保险，以及物流、金融、互联网等重点领域开展深度线上合作。

安邦财险基于国家“二孩”政策放开释放的生育需求，对来自高收入、高龄产妇的家庭推出“二胎安”母婴安康保险，提供最高30万元的意外保障，对新生儿提供母亲保障额度10%的保险保障。

2. 关注共享经济。众安保险联合滴滴出行共同开发的“接单保”产品，将传统重大疾病保险责任和滴滴出行司机生态业务进行了深度的融合，让传统的保险产品在互联网生态下焕发了新的活力。

“接单保”的创新在于其独特的扣费和保额累积模式。滴滴车主通过在滴滴出行平台接单获得收入，在滴滴司机端App查看保障内容并加入计划，根据司机年龄的不同，滴滴平台会在司机的每一单的接单收入进入司机账户时自动扣除相应的保费，同时为滴滴平台司机即时生成一张1年期的重疾险保单。加入计划的滴滴车主在等待期30天后，若罹患中国银保监会定义的25种重大疾病中的一种或多种，众安保险会根据车主累积的保额一次性给付相应保险金。对于大部分18—40周岁年龄段的司机来说，每接一单扣除0.1元，即可享有100元保额为期1年的重疾保障。随着滴滴车主在滴滴出行平台上活跃接单，其积累的保额也会逐渐增加，最高可享有50万元的重疾保障。自2017年8月正式运行以来，已有超过80万滴滴车主选择加入该保障计划，并已有近百名车主获得赔偿，车主的健康保障水平大大提高。

3. 关注O2O经济。泰康在线与美团外卖合作定制“骑手意外险”，“骑手”每天执行送餐任务时自动投保，责任涵盖意外医疗、伤残死亡、第三者人伤以及财产损失等，为商家和“骑手”解决了后顾之忧。如有意外情况发生，“骑手”通过外卖 App 即可快捷提交理赔申请。此外，泰康在线结合外卖场景另一问题送餐延误，推出了“外卖延误险”。该产品全流程自动理赔，有效解决了因为送餐延误带来的消费者体验不佳、纠纷和投诉，实现了客户、商家和保险公司共赢。

人保财险为响应政府号召，切实保障“从农田到餐桌”的食品安全，与美团网合作推出食品安全责任保险，针对“美团外卖”商户需求定制了食品安全责任险保险方案，并通过系统对接实现商户登录美团网平台进行食责险在线投保；同时，通过分析理赔环节积累的商家客户数据，提出有效防范发生食品安全事故的风险点，帮助食品相关行业提高食品安全管理水平。人保财险还与美团外卖合作推出“跑腿保险”，为跑腿代购中的货物提供意外损失保障服务，有效提升广大用户对美团跑腿代购服务的信心。

4. 关注大健康产业。众安保险推出的“尊享 e 生旗舰版”是“国民医保”尊享系列的最新版本，保险责任分一般医疗保险金和恶性肿瘤医疗保险金，涵盖范围包括：住院医疗、住院前后门诊、急诊、特殊门诊、门诊手术“四大块”。一般医疗保险金 300 万元，保险期间首次确诊恶性肿瘤，保额翻倍至 600 万元，且免除 1 万元免赔额。产品集成了众安保险最新的保险科技“智能核保”和“在线理赔”功能，实现“家庭共享免赔额”“医疗费用垫付”和“重疾绿色通道服务”，扩展了“特需医疗”“质子重离子医疗”责任，为保险业充分发挥保障社会稳定和经济补偿功能做出了重要贡献。

泰康在线携手腾讯微保推出微信客户端首款健康险产品——微医保。该产品突破医保报销限制，保障范围除普通疾病以外，也涵盖了发病率最高、个人医疗负担较重的百种重疾，帮用户真正实现医疗无忧。同时提供优质的重疾快速就医服务、重疾住院押金垫付，以及直赔、闪赔、快赔等省心理赔服务。

人保财险推出的“人人安康”产品与市场同类中高端医疗险产品相比，不仅具有百万保额、癌症双倍保额、不限医保目录、一般医疗 1 万元免赔额、恶性肿瘤零免赔额、价格亲民友好等共有优势，更有住院天数无限制、无终身限额、无分项给付限额等差异化竞争优势。

（三）服务创新：全面智能化

众安科技在医疗健康领域推出众安健康医疗大数据服务平台。通过创新科技能力整合行业数据，实现医疗健康生态圈的创新服务模式，立足于大金融保险和大健康医疗，致力于健康医疗和金融保险的深度融合；通过连接医疗健康机构、商保公司，在用户信息充分授权的基础上，实现行业数据互联互通；基于区块链、大数据分析、人工智能及智能风控等前沿科技的探索，对医疗及保险行业大数据进行分析整合、价值挖掘，确保数据安全，并用数据价值反哺医疗健康及保险行业各方参与者；利用跨平台大数据联防联控理念，为保险企业提供与业务强结合的风险防范，提升理赔效率并降低保险赔付率，同时提高保险公司风险定价能力，拓展保险公司产品创新能力。

（四）模式创新：海外直付医疗服务，拓宽旅行保险服务边界

2017 年 6 月，众安保险与日本财产保险（中国）有限公司、日本专业救援公司 Prime Assistance，三方联合推出一款赴日旅游专属产品“飞享日本旅行保险”。该产品除为投保人提供在日本旅游期间的意外、疾病医疗、个人财产损失、航班延误等常规旅行险保障以外，还为投保人提供即时专业医疗直付服务、在线及当地翻译陪同就诊、紧急医疗运送等服务。

此外，国寿保险借助互联网平台积极探索与燃气公司、热力公司、电力公司、水务公司、通信公司、物业公司等新平台和新渠道开展互联网财产险业务合作；在责任险和意外险板块，推出创新性险种“店家一保通”，为餐饮、住宿、零售、服务四大类小微企业提供公众责任、雇主责任、食品安全责任保障。

可以说，2017 年是保险科技创新实质性落地和保险业服务回归的里程碑之年，互联网财产保险主体依托保险科技的支持，更好地展现了“保险姓保”“保险业以服务为本”的宗旨。未来，在前沿保险科技的支持下，互联网财产保险行业将实现更高层次的产品配置管理、理赔自动化、结算线上化，全面提

升服务质量及时效，降低人工成本及出错率，从而进一步激活非车险领域的市场潜力。

第四节 挑战与机遇

一、面临的挑战

（一）市场环境

1. 互联网保险的边界更加模糊，对监管体系提出新要求。随着新技术对保险业的渗透和改造，传统销售渠道与互联网保险的边界愈加模糊。个人代理、银行代理、专业代理等传统销售渠道都开始用新技术改造全业务流程，不断向互联网迁徙。不同渠道之间的差异仅在于客户了解公司产品的途径有所差异，承保方式、客户服务、核保核赔等方面均趋于同质化。

这种变化对于保险公司而言，将大幅提升管理效率和客户体验，节约成本；对于监管而言，则意味着需要快速适应，打造适合新业务形态的监管体系。当前的监管制度体系是多年来基于不同销售渠道、不同产品的风险特点分别拟定的，随着互联网保险内涵和外延的扩展，原有的制度体系需进行适当的调整和修订，以更全面地覆盖新业态呈现的新风险。

2. 互联网巨头加快保险布局，行业竞争更加激烈。阿里、腾讯、百度、京东、滴滴等互联网巨头都已经持有保险牌照，甚至控股多家保险公司。例如，阿里持股众安、国泰等保险公司，腾讯持股和泰人寿并成立了微民保险代理公司，京东持股安联财险等。

互联网公司既有场景和流量，又有新技术和保险牌照，这对于尚处于成长初期的互联网保险而言意味着更迅速的创新发展，但对于尚处于变革期的传统保险公司而言，流量和场景变得更加珍贵，互联网保险领域的竞争愈加激烈。

保险公司应发挥多年来积累的风险管理优势和服务能力，加快创新步伐，积极融入互联网生态，打造自身的核心竞争力。

（二）车险领域

1. 互联网车险业务需尽快适应“商车费改”等政策变化。随着“商车费改”的持续推进，以及《中国保监会关于整治机动车辆保险市场乱象的通知》等监管制度的落地，互联网车险近两年业务规模出现大幅缩水。

出现这一现象的主要原因是“商车费改”后网销渠道的车险产品失去了价格优惠的优势，且制度严格限制了行业惯用的利益返还机制，全流程信息公开透明的销售模式决定了互联网车险不能采用打折和送礼品等营销手段。

如何应对制度变革带来的经营思路变化，如何在产品创新、营销推广等方面利用好互联网和新技术的优势，打造更便捷实惠的互联网车险产品，是行业创新发展面临的重要挑战。

2. 无人驾驶技术对现有车险产品和业务模式的冲击。无人驾驶、车联网等新技术正在以超出想象的速度创新和改变出行模式。无人驾驶汽车虽然尚未全面投入使用，但多家车企和互联网公司正在加快研发进程，可以说无人驾驶汽车上路行驶指日可待。

理论上讲，无人驾驶的车辆因内部系统高度智能化，交通事故发生率较传统汽车而言大幅降低，且运营模式可能转向“共享”，导致全社会的汽车保有量和增量大幅降低，传统车险业务可能面临巨大的冲击。行业一方面面临传统车险业务萎缩的挑战，另一方面也面临无人驾驶汽车普及后新风险的承保挑战。无人驾驶汽车的生产厂商或运营商可能面临新的风险点，即车辆故障或系统故障导致的意外事故责任归属问题。

在数据积累不足的情况下如何定价也将考验行业提前布局和储备的能力。保险业应积极跟踪和收集无人驾驶行驶数据，探索无人驾驶汽车的保险模式，从制度、产品、风控等层面做好无人驾驶车辆保险的经营布局。

（三）非车险领域

1. 与传统渠道相比，逆选择风险在互联网非车险中暴露更加明显。互联网保险既包括场景化的保险产品，也包括传统产品的线上化。退货运费险等场景化产品基于大数据等技术定价和风控持续优化，形成了闭环的风控模式。

以传统产品线上化为主的平台型业务，在销售模式上是客户主动购买为主，但传统保险产品能够直接迁移到互联网上销售，无法适用线下风控手段，通常都是自动核保通过，导致此类产品的逆选择风险偏高，这已成为行业面临的普遍问题。如何将大数据、区块链等新型风控手段应用到在线销售的传统保险产品上，是行业亟待解决的重要课题。

2. 信保产品的需求与供应不匹配，风险识别能力尚需积累。互联网金融的兴起，特别是互联网理财平台的发展，为有资金需要的企业和个人搭建了便捷的桥梁，也因此衍生出互联网金融对信用保险和保证保险的强烈需求。

目前，信保产品的供应和需求之间存在巨大的鸿沟，供小于求的格局成为行业整体竞争激烈局面的特例。主要原因是保险行业对互联网金融领域的风险识别能力尚需积累和提升，能够承接的风险在类型和额度上都较为有限。

行业需要在优化风险识别能力的前提下加快大数据和区块链等新兴技术与互联网信保业务的融合，提升信用保证保险业务的覆盖能力。

二、面临的机遇

（一）互联网经济的创新发展为互联网保险带来业务增量

互联网经济的快速发展形成了丰富的场景和生态。互联网和电商、支付、出行、饮食、理财、医药等领域的不断融合衍生出丰富的互联网场景，为互联网财产险的创新提供了层出不穷的机会和空间，在行业原有业务基础上开辟了新的增量市场。

以支付场景为例，在线支付的日渐壮大和成熟，一方面基于场景“痛点”

衍生出了账户安全保险，另一方面因其与客户海量高频的互动，提供了保险产品转化的接触点，例如支付宝平台基于支付的健康险产品经营。

也就是说，新的互联网场景既能够形成前所未有的保险产品，也能够为已有传统产品提供新的销售平台，多方面为互联网保险的发展提供增长点和推动力。

（二）新技术重塑保险价值链为中小企业弯道超车提供机会

传统保险模式对线下销售和服务能力的依赖程度较高，经过多年的积累和机构铺设，大公司形成了强大的竞争壁垒，中小公司在市场竞争中处于弱势，短期内难以在销售、服务和风控等能力上超越大公司。

随着人工智能、大数据等新技术对保险价值链的改造，从销售到承保，从服务到风控，越来越多的环节可以被技术替代和改造，中小公司借助新技术和随之产生的新业务模式，大幅降低了销售端对线下销售渠道和人力的依赖，降低了对各地机构铺设和柜面服务的依赖。与此同时，中小公司可以借力人工智能、大数据、区块链等新技术，形成具有核心竞争力的销售、服务和风控等能力，实现快速弯道超车。

（三）新一代客户群体的变迁将使互联网保险成为趋势

中国互联网络信息中心（CNNIC）发布的第41次《中国互联网络发展状况统计报告》显示，截至2017年12月，我国网民达7.72亿人，以20—39岁群体为主，其中20—29岁年龄段的网民占比最高，为30.0%；30—39岁群体占比为23.5%。

这意味着，伴随着互联网成长起来的80后和90后人群既是主流消费群体，也是互联网的主要使用人群。衣食住行都与互联网绑定，无时无刻不在线的生活状态决定了互联网“原住民”一代的保险消费也与互联网紧密结合。

近年来，互联网用户在线主动购买保险产品的件均数量呈增长态势，从最初自主下单购买几元、几十元的出行意外险产品，到目前件均四五百元的爆款网红医疗险无需咨询即可购买，人们对通过互联网购买保险产品的接受程度越来越高。

泰康在线与新周刊联合发布的《90后保险态度报告》中提到：90后的“保险商”相对早熟、趋向理性且具有时代烙印，他们对于保险决不仅是出于“规避风险”这种浅显需求，保险已经成为他们进行人生规划、财务配置的一种理性认知。同时，90后对保险的认知和需求也在变化，他们希望保险更有趣，更具创新性，更加贴近生活。例如，大部分90后对宠物险、婚姻险、成就险表现出了期待。

随着互联网原住民一代成长为主流消费人群，在线购买保险产品的种类、件均数量和频率将持续提升。如何为这一群体提供满足需求的保险产品和服务，既是行业的挑战，也是重要的发展机会。

（四）“互联网+保险+X”或将创造新的业务模式

互联网保险发展初期实现了传统保险业务的线上化销售和服务。随着业务形态的成长演变，通过互联网销售和服务正在成为行业标配，甚至传统渠道也实现了全流程的在线化。

在互联网保险发展的新阶段，或将呈现“互联网+保险+X”的新模式，互联网保险与医疗健康、生物技术等多领域融合，逐步打造出新的保险生态体系。“互联网+保险+无人车”或将形成新的车险业态；“互联网+保险+医疗健康”或将打造新的健康险业态；“互联网+保险+生物技术”或将颠覆现有客户身份识别方式。

以“互联网+保险+医疗健康”为例，该模式将改变保险只能在客户出险后赔付的困境，通过疾病早筛实现风险精准化，进而实现产品定价的定制化和差异化；通过在线化健康管理手段，降低客户的患病概率和赔付风险；通过远程诊疗等方式，为客户提供更丰富、更便捷的客户服务。

把握新机遇，融入新生态，保险业必须以开放的心态为未来的新模式做好充分准备。

三、思考与建议

总体来看，保险科技将推动非车险业务更快发展，相较于车险而言，具有巨大的增长潜力，成为财产险未来增长的主动力。长期来看，随着无人驾驶技术的深入应用，车险的形态和服务模式将发生重大变革，保险主体需长期储备，通过战略统筹，把握历史性机遇。

（一）加快新技术在车险领域的应用，适应费率市场化进程

车联网、UBI、无人驾驶等新技术的快速发展为按里程和驾驶习惯等多种因素定价的车险产品创新提供了更广阔的空间。以往受车险产品标准化的局限，车险产品较为单一，与新技术结合的机会较小。

“商车费改”后，新的车险条款费率定价更加多元化。保险公司可以对不同风险水平的机动车和驾驶人厘定不同的商业车险费率，逐步实现公司自主定价、市场化定价，基于新技术的车险产品创新和服务创新将加速发展。

这意味着，“商车费改”的持续深入将带来车险供应端的巨大变革，不同险企之间的产品、服务和价格等差异化程度将逐渐加大。行业竞争将从收取手续费为主转向以技术创新和产品创新为主，各市场主体需加快新技术在产品端和服务端的应用深度，适应车险费率市场化进程带来的新竞争格局，为保险消费者提供更便捷、更实惠的车险产品。

（三）借力区块链、物联网等技术，重塑保险行业风险控制体系

保险业，特别是客户主动投保为主的互联网保险业务，风险选择和控制能力较弱，亟待建设行业信息共享机制和平台。以往，由于各公司之间系统差异性较大、信息保密难度大等多种因素的制约，行业内部的信息共享难以落地。随着物联网、大数据、区块链技术的日渐成熟，行业可以实现客户保密前提下的客户理赔记录、黑名单记录、就医就诊记录等信息的共享，降低逆选择风险。行业或可加快基于新技术的信息共享机制和平台建设，促进保险行业健康

稳定发展。

（三）充分发挥保险科技的作用，全面提升客户服务水平

互联网与保险的融合极大地改善了客户体验，将传统业务模式下复杂烦冗的线下作业模式改造成便捷的在线投保和服务模式；对客户而言，投保体验得到明显的提升，但总体体验仍不佳，主要存在以下问题：

第一，传统的承保、核保、理赔等服务流程较为繁复，但保险作为管理风险的行业，确认客户身份、识别业务风险等环节又不可或缺，某种程度上形成了客户体验和风险控制难以两全的局面。

第二，目前客户在投保时的体验较好，流程顺畅、支付便捷，所有承保动作均可在线完成，但理赔环节的便捷程度较低，客户因理赔环节不满意而投诉的案件比例较高，已经成为行业共同的问题。

在互联网化的基础上，保险科技与业务流程的融合将极大改善保险客户的体验。具体表现在以下方面：

第一，投保端体验将持续改善，客户身份识别、风险识别等环节将在技术的改造下彻底改变。例如，利用大数据、物联网等技术对客户恶意投保的风险进行有效识别，利用人脸识别、声纹识别等人工智能技术为每位客户建立生物档案，使保险行业从保单制跨越实名制直接到达“实人、实证、保单”三合一的“实人认证”，客户无需提交复杂的材料即可快速投保，实现真正的“一键投保”。上述技术均已不同程度地应用于部分企业，尚未全面推广，相信不远的未来，客户的投保体验将得到大幅改善。

第二，理赔端体验将发生质的飞跃。以车险为例，当前理赔仍以人工查勘为主，客户体验仍有较大的提升空间。蚂蚁金服面向车险行业开放的“车险分”和“定损宝”，大数据、人工智能、数据建模等方面的技术，帮助保险公司实现识别风险、合理定价的同时，极大地简化了车险理赔的作业流程，让客户享受到简单高效的车险理赔服务。积极拥抱新技术的同时，将客户体验放在第一位的价值观念，将决定保险公司未来的核心竞争力。

（四）将数据视为核心资产，加强大数据的管理和应用

近年来，大数据始终是行业的热门话题，很多企业探索大数据营销、核保、理赔以及精准定价等，已经积累了一定的经验和成果，但从行业整体来看，当前大数据的应用仍处于基础阶段。究其原因，保险业虽然拥有海量数据，但以往缺乏基础的管理，导致目前很多企业在大数据的基础应用上尚未形成明晰的脉络和思路，甚至对自身拥有的数据缺乏了解和认识。大数据应用的前提是对数据细致的分类和整理，这也正是当前保险公司在大数据管理上的弱项。此外，保险业的数据量足够大，但受保险业务特点的局限，与客户互动的频率低，难以实现数据的即时更新，这就要求险企在自身数据积累的同时拓宽思路，融入丰富的场景，获取更加鲜活和即时的海量数据，提升数据质量，为大数据在保险业的应用奠定基础。

建议保险公司将大数据作为核心资产来管理，从基础的数据管理入手，做好数据管理的顶层设计和规划，扩大数据来源，提升应用的范围和深度。

第三章

中国互联网人身保险实践

国内互联网保险市场从2011年起快速扩张，在2016年实现接近1 800亿元的市场规模，达到近年来的峰值。2017年，面对复杂多变的外部环境，人身险公司不断探索保险业与大数据、云计算、人工智能等技术的融合，推动互联网保险在新形势下的转型升级和创新发展。

第一节 经营数据分析

一、经营主体略有下降，保费规模巨幅下滑

截至2017年底，全国共有61家人身险公司开展互联网保险业务，其中中资公司35家，外资公司26家，相比2016年减少3家。相比2013—2015年每年超过300%的高速增长，2016年互联网人身险累计实现保费收入1 797亿元，仅增长22.59%，增幅大幅下降。2017年互联网人身险保费规模收入1 383.18亿元，较2016年下降23.02%，首次出现负增长（见图1-3-1）。尽管保费呈现下滑态势，但随着保险保障功能的凸显和保险科技的广泛应用，行业业务结构得到调整，风险防控能力持续增强，从长远看，这将为互联网保险创造更为有利的发展环境，激发行业的内在动力和活力。

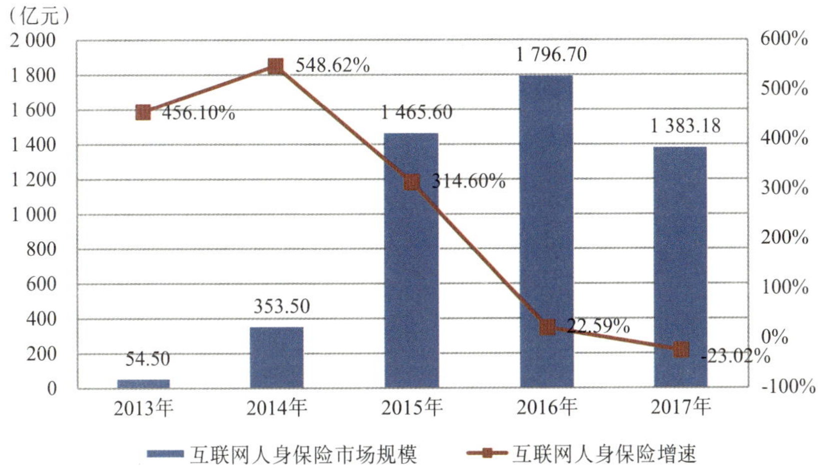

图 1－3－1　互联网保险市场发展趋势

资料来源：各人身险公司向中国保险行业协会报送的数据。

二、自营能力增强，第三方网络平台仍是主要渠道

（一）自营网络平台经营水平不断提升

2017 年，互联网人身险共承保保单 3.55 亿件，月承保件数稳定在 3 000 万件。其中，保险公司官网承保件数为 1.16 亿件，占总承保件数的 32.85%，较 2016 年增长 27%。

根据中国保险行业协会对 58 家人身险公司的调查样本统计，2017 年人身险公司自建平台实现规模保费 177.22 亿元。其中，官网 App 规模保费 99.48 亿元，官网规模保费 54.26 亿元，移动官网规模保费 3.89 亿元，官方微信公众号规模保费 3.20 亿元，其他自建平台规模保费为 16.39 亿元（见图 1－3－2）。

（二）第三方网络平台依然是主力渠道

按照与保险公司合作的类型划分，第三方网络平台主要包括互联网（如

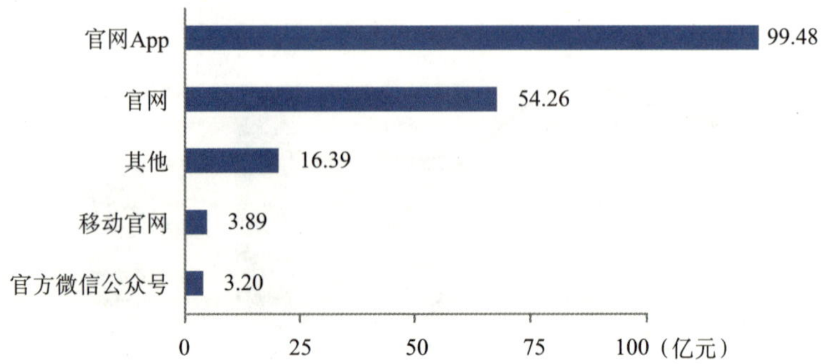

图 1-3-2　2017 年自营网络平台规模保费

资料来源：各人身险公司向中国保险行业协会报送的数据。

淘宝、腾讯等）、兼业代理（如携程、去哪儿等）和专业中介（如惠择网、中民网等）三种类型。

以互联网平台为主、兼业代理类及专业中介类等为辅的格局依旧延续，2017 年第三方网络平台实现的互联网人身险承保件数为 2.38 亿件，其中来自互联网平台渠道的占比 92.9%，专业中介类渠道占比 5.4%，兼业代理类渠道占比 0.3%，其他类渠道占比 1.4%。

三、人寿保险发展降温，年金险、意外险、健康险稳步增长

2017 年，互联网人寿保险保费规模 799.58 亿元，较 2016 年下降 46.48%，在互联网人身保险年度总保费中的占比为 57.81%，同比下降 25.35%。年金保险保费规模为 461.34 亿元，较 2016 年增长 86.43%，占比为 33.35%，同比增长 19.58 个百分点。意外伤害保险保费规模为 63.27 亿元，较 2016 年增长 171.67%，占比为 4.58%，同比增长 3.28 个百分点。健康保险保费规模为 58.99 亿元，较 2016 年增长 85.51%，占比为 4.26%，同比增长 2.49 个百分点（见表 1-3-1）。

（一）两全保险占比跃升为第一位

在 2017 年互联网人寿保险产品中，两全保险年保费规模达到 318.96 亿

表 1－3－1　2016—2017 年互联网人身保险险种保费规模及占比

险种	2016 年险种保费规模（亿元）	2016 年险种占比（%）	2017 年险种保费规模（亿元）	2017 年险种占比（%）
人寿保险	1 494. 11	83. 16	799. 58	57. 81
年金保险	247. 46	13. 77	461. 34	33. 35
意外保险	23. 29	1. 30	63. 27	4. 58
健康保险	31. 80	1. 77	58. 99	4. 26
合计	1 796. 66	100	1 383. 18	100

资料来源：根据各人身险公司向中国保险行业协会的报送数据整理而成。

元，同比增长超过 1 倍，在人寿保险年度总保费中的占比达 39. 89%，较 2016 年提高 29. 27 个百分点。投连险年保费规模为 162. 05 亿元，较 2016 年下降 81. 79%，占比 20. 27%，同比下降 39. 30 个百分点。分红保险年保费规模为 148. 12 亿元，占比 18. 52%。万能险年保费规模为 134. 58 亿元，占比 16. 83%。其他险种，包括定期寿险和终身寿险保费规模合计 35. 88 亿元，占比约为 4. 49%（见图 1－3－3）。

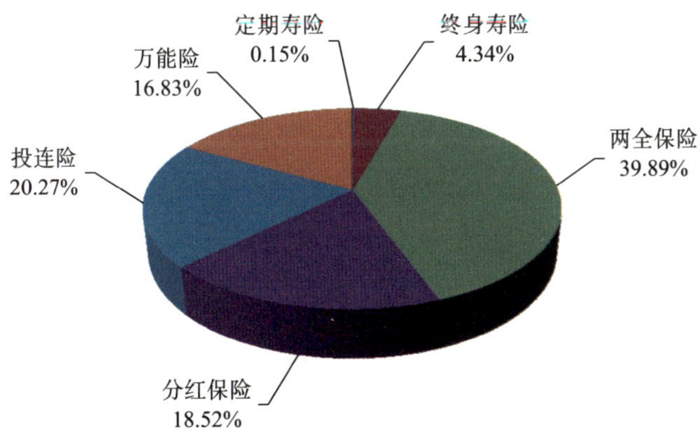

图 1－3－3　2017 年人寿保险的保费结构

资料来源：各人身险公司向中国保险行业协会报送的数据。

2017 年各保险公司互联网渠道两全保险保费规模前十名产品保费规模合计约 273. 21 亿元，在两全保险年度总保费规模中占比达到 85. 66%；其中工银安盛的产品“工银安盛人寿财富赢家两全保险”年度保费规模约107.83亿元，占比33.81%（见表1-3-2）。

表1-3-2　2017年互联网两全保险保费规模排名前十位的产品

公司名称	产品名称	产品类别	承保件数（万件）	年化保费规模（万元）
工银安盛人寿	工银安盛人寿财富赢家两全保险	两全保险	6.24	1 078 317.30
建信人寿	金富鸿两全保险	两全保险	4.89	472 059.20
农银人寿	农银金牡丹两全保险（分红型）（C款）（2013）	两全保险	6.67	383 901.90
中国平安人寿	平安百万任我行两全保险	两全保险	196.56	352 565.08
太平人寿	太平稳得赢B款两全保险	两全保险	1.99	328 247.90
中国平安人寿	平安守护金生两全保险	两全保险	2.53	41 557.87
渤海人寿	渤海人寿放鑫宝两全保险（A款）	两全保险	1.66	35 941.86
中意人寿	中意优逸两全保险	两全保险	1.28	17 990.24
建信人寿	龙行乐享百万身价两全保险	两全保险	8.05	15 553.82
工银安盛人寿	工银安盛人寿百万保驾两全保险	两全保险	6.89	5 940.79
合计	—	—	236.76	2 732 075.96

资料来源：根据各人身险公司向中国保险行业协会报送的数据整理而成。

（二）年金险实现巨幅增长

2017年，年金险保费规模461.34亿元，同比增长86.40%，其中非养老年金保险保费规模巨幅增长，达到384.51亿元，同比增长2.85倍；养老年金保险保费规模为76.83亿元，占比16.65%（见图1-3-4）。从2017年各保险公司互联网渠道年金保险销售前十名的产品看，除农银人寿的“农银金太阳B款养老年金保险”和天安人寿的“天安人寿天保盈随心享养老年金保险”为养老年金保险外，其他产品均为非养老年金保险（见表1-3-3）。

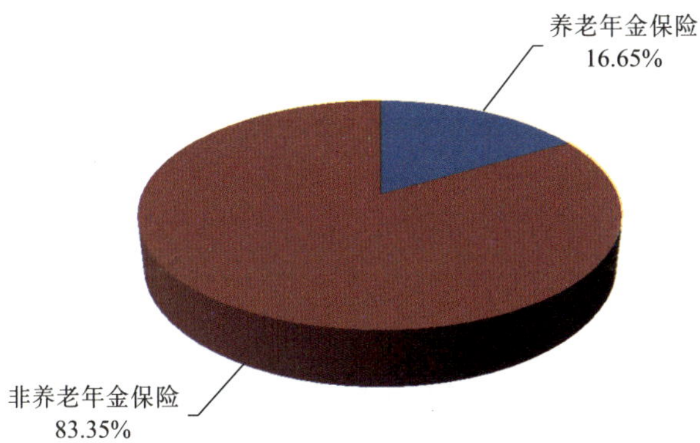

图 1-3-4 2017 年年金保险的保费结构

资料来源：各人身险公司向中国保险行业协会报送的数据。

表 1-3-3 2017 年互联网年金保险保费规模排名前十位的产品

公司名称	产品名称	产品类别	承保件数（万件）	年化保费规模（万元）
国华人寿	国华泰山 5 号年金保险	非养老年金保险	49.32	2 061 039.18
工银安盛人寿	工银安盛人寿财富盈门年金保险	非养老年金保险	5.16	631 886.20
农银人寿	农银金太阳 B 款养老年金保险	养老年金保险	6.23	499 877.20
建信人寿	金富跃年金保险	非养老年金保险	1.40	287 394.40
建信人寿	龙生福瑞 6 号年金保险	非养老年金保险	2.20	224 810.00
中国平安人寿	平安财富金生年金保险	非养老年金保险	5.01	158 307.85
天安人寿	天安人寿天保盈随心享养老年金保险	养老年金保险	1.48	95 552.33
工银安盛人寿	工银安盛人寿鑫丰年年金保险	非养老年金保险	0.57	51 841.87
新华人寿	新华人寿保险股份有限公司惠鑫宝二代年金保险	非养老年金保险	1.77	49 467.31
弘康人寿	弘康易理财年金保险（投资连结型）	非养老年金保险	3.10	47 013.52
合计	—	—	76.24	4 107 189.86

资料来源：根据各人身险公司向中国保险行业协会的报送数据整理而成。

（三）意外伤害险创新加速

2017 年，互联网意外伤害保险保费规模 63.27 亿元，其中交通意外险保费规模 12.26 亿元，占比 19.38%；旅游意外险保费规模 2.99 亿元，占比

4.73%；其他类型意外险保费规模 48.08 亿元，占比 75.89%（见图 1-3-5）。在其他类型意外险中，中国人寿推出的多款产品（微信短意险、保险激活卡等）年度保费规模合计 37.53 亿元，占其他类型意外险年度总保费规模的 78.06%，同比提升 63.16 个百分点。

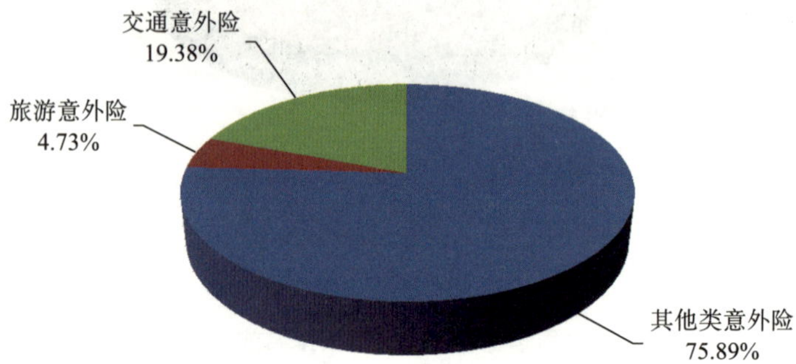

图 1-3-5　2017 年意外险保费结构

资料来源：各人身险公司向中国保险行业协会报送的数据。

从 2017 年各保险公司互联网渠道意外险保费规模前十名（除中国人寿产品）的险种来看，交通意外险保费规模为 7.15 亿元，其他类意外险保费规模 5.03 亿元，结构相对均衡。

表 1-3-4　2017 年互联网意外保险保费规模排名前十位的产品（除中国人寿产品）

公司名称	产品名称	产品类别	承保件数（万件）	年化保费规模（万元）
中国平安人寿	平安附加鸿运随行意外伤害保险	交通意外险	3.90	38 455.30
太平养老	太平盛世公共交通航空意外伤害保险（201308）	交通意外险	1 087.56	15 427.57
大都会人寿	团体意外伤害保险	其他类意外险	187.11	13 541.04
新华人寿	祥瑞 A 款意外伤害保险	其他类意外险	117.56	9 949.91
新华人寿	学生平安意外伤害保险	其他类意外险	100.35	9 712.04
中华联合人寿	中华借款人意外伤害保险	其他类意外险	38.59	9 513.73
平安养老	平安短期意外伤害保险（2013 版）	其他类意外险	217.54	7 563.73

续表

公司名称	产品名称	产品类别	承保件数（万件）	年化保费规模（万元）
中银三星	中银三星航空旅客意外伤害保险	交通意外险	241.03	6 522.37
中国平安人寿	平安附加尊享畅行意外伤害保险（2014）	交通意外险	0.51	5 810.86
新华人寿	出行关爱交通工具意外伤害保险	交通意外险	496.83	5 339.96
合计	—	—	2 490.98	121 836.52

资料来源：各人身险公司向中国保险行业协会报送的数据。

（四）健康险业务持续高速增长

2017 年，互联网健康保险保费规模为 58.99 亿元，较 2016 年增长 85.51%，在人身保险总保费规模中的占比上升至 4.26%，较 2016 年提高 2.49 个百分点。其中，费用报销型医疗保险保费规模 27.45 亿元，占比 46.55%；重大疾病保险保费规模 20.08 亿元，占比 34.05%；防癌保险保费规模 6.52 亿元，占比 11.06%；其他险种，包括定额给付医疗保险、护理险等保费规模合计 4.92 亿元，占比 8.34%（见图 1－3－6）。从 2017 年各保险公司健康险保费规模销售前十名的险种来看，费用报销型医疗保险仍是受市场欢迎的主力险种（见表 1－3－5）。

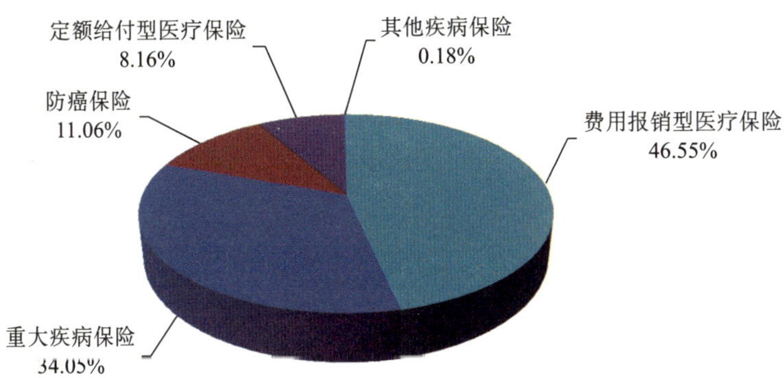

图 1－3－6　2017 年健康保险的保费结构

资料来源：各人身险公司向中国保险行业协会报送的数据。

表1－3－5　2017年互联网健康保险保费规模排名前十位的产品

公司名称	产品名称	产品类别	承保件数（万件）	年化保费规模（万元）
平安健康	平安e生保医疗保险	费用报销型医疗保险	166.74	103 468.38
君龙人寿	君龙附加龙e行意外伤害费用补偿医疗保险（2014）	费用报销型医疗保险	1 827.36	40 494.71
中国平安人寿	平安康寿宝恶性肿瘤疾病保险	防癌保险	20.61	39 707.54
中国平安人寿	平安附加福佑安康提前给付重大疾病保险	重大疾病保险	5.08	34 212.19
阳光人寿	阳光人寿附加交通工具医疗保险	费用报销型医疗保险	1 073.76	25 263.97
太平人寿	太平超e保医疗保险	费用报销型医疗保险	34.89	17 764.43
中国人民人寿	人保寿险附加安祥意外伤害住院定额给付医疗保险	定额给付型医疗保险	844.50	16 682.47
中国平安人寿	平安附加福寿安康提前给付重大疾病保险	重大疾病保险	2.59	16 361.46
工银安盛人寿	工银安盛人寿附加御立方五号重大疾病保险	重大疾病保险	2.45	12 785.14
平安养老	平安附加学生幼儿住院医疗保险	费用报销型医疗保险	194.17	12 108.08
合计	—	—	4 172.15	318 848.37

资料来源：各人身险公司向中国保险行业协会报送的数据。

（五）保单继续率保持稳定

2017年全行业互联网人身保险年缴13个月继续率平均水平高于传统渠道。其中，继续率在90%以上的公司占56.25%，继续率在80%至90%（不含90%）的公司占15.62%，继续率在70%至80%（不含80%）的公司占12.50%，继续率低于70%（不含70%）的公司占15.63%（见图1－3－7）。

四、行业集中度高，银行系保险公司占据主要份额

2017年，互联网人身险市场集中度进一步提升，银行系保险公司占据保费规模主要份额。从保费规模看，2017年市场份额排名前五位的公司分别为

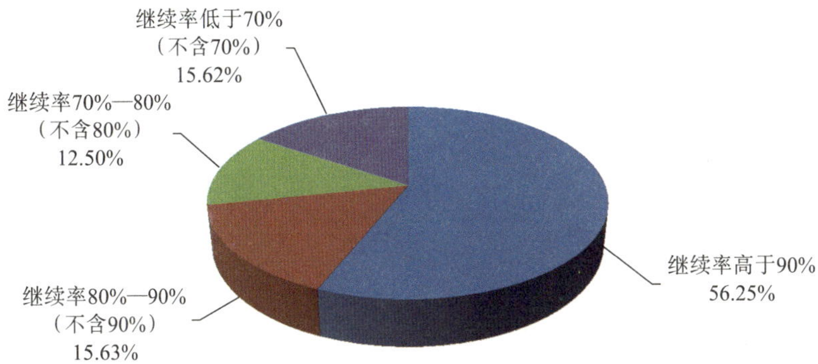

图 1－3－7　2017 年互联网保险网销渠道继续率分布结构

资料来源：各人身险公司向中国保险行业协会报送的数据。

建信人寿、工银安盛人寿、国华人寿、农银人寿和光大永明人寿（见图 1－3－8），市场份额合计 69.39%，较 2016 年下降了 6.6 个百分点；市场份额排名前十位的公司合计占比 92.07%（见表 1－3－6）。

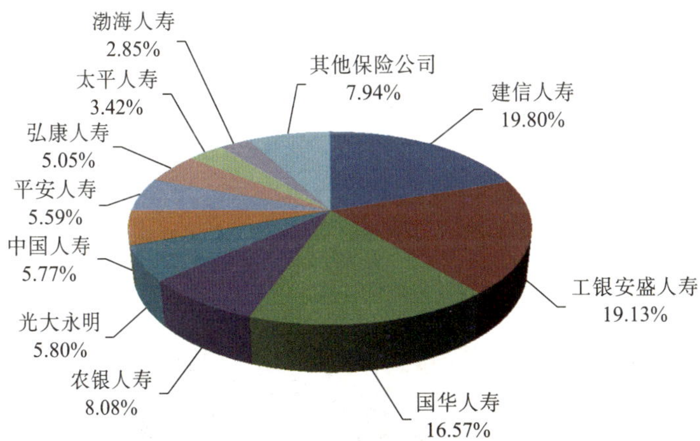

图 1－3－8　2017 年人身保险公司互联网保险保费规模份额

资料来源：各人身保险公司向中国保险行业协会报送的数据。

从承保件数看，中大型保险公司仍占据主要位置。2017 年全年承保件数排名前五位的公司分别为中国人寿、平安养老、君龙人寿、德华安顾和阳光人寿（见图 1－3－9）。承保件数排在前十名公司的承保件数合计占比 90.37%（见表 1－3－7）。

表1-3-6　　2017年互联网保险公司保费规模前十名

序号	公司名称	保费规模（百亿元）	占互联网人身险年度总保费规模比（%）
1	建信人寿保险有限公司	2.74	19.80
2	工银安盛人寿保险有限公司	2.65	19.13
3	国华人寿保险股份有限公司	2.29	16.57
4	农银人寿保险股份有限公司	1.12	8.08
5	光大永明人寿保险有限公司	0.80	5.80
6	中国人寿保险股份有限公司	0.80	5.77
7	中国平安人寿保险股份有限公司	0.77	5.59
8	弘康人寿保险股份有限公司	0.70	5.05
9	太平人寿保险有限公司	0.47	3.42
10	渤海人寿保险股份有限公司	0.39	2.85
合计		12.73	92.06

资料来源：各人身保险公司向中国保险行业协会报送的数据。

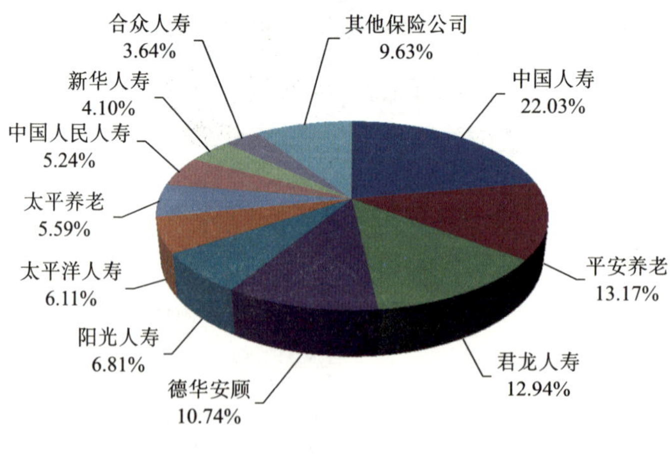

图1-3-9　2017年人身险公司互联网保险承保件数份额

资料来源：各人身保险公司向中国保险行业协会报送的数据。

表 1－3－7　　2017 年互联网保险公司承保件数前十名

序号	公司名称	承保件数（百万件）	占互联网人身保险年度总承保件数比（%）
1	中国人寿保险股份有限公司	78. 1	22. 03
2	平安养老保险股份有限公司	46. 7	13. 17
3	君龙人寿保险有限公司	45. 9	12. 94
4	德华安顾人寿保险有限公司	38. 1	10. 74
5	阳光人寿保险股份有限公司	24. 2	6. 81
6	中国太平洋人寿保险股份有限公司	21. 7	6. 11
7	太平养老保险股份有限公司	19. 8	5. 59
8	中国人民人寿保险股份有限公司	18. 6	5. 24
9	新华人寿保险股份有限公司	14. 5	4. 10
10	合众人寿保险股份有限公司	12. 9	3. 64
合计		320. 5	90. 37

资料来源：各人身险公司向中国保险行业协会报送的数据。

五、官网运营能力不断提升，业务形式创新频出

2017 年，通过保险公司官网进行投保的客户合计 656. 75 万人。其中，平安人寿官网承保 253. 41 万人，占保险公司官网投保总客户数的 38. 58%；新华人寿官网承保 184. 96 万人，占 28. 16%；富德人寿官网承保 61. 34 万人，占 9. 34%。官网承保排名前十位公司合计占比 94. 95%（见表 1－3－8）。

表 1－3－8　　2017 年互联网保险公司官网承保客户前十名

序号	公司名称	官网承保客户数（万人）	占官网承保总客户数比例（%）
1	中国平安人寿保险股份有限公司	253. 41	38. 58
2	新华人寿保险股份有限公司	184. 96	28. 16
3	富德生命人寿保险股份有限公司	61. 34	9. 34
4	建信人寿保险有限公司	44. 09	6. 71
5	中信保诚人寿保险有限公司	42. 12	6. 41
6	泰康人寿保险股份有限公司	14. 67	2. 23

续表

序号	公司名称	官网承保客户数（万人）	占官网承保总客户数比例（%）
7	平安健康保险股份有限公司	7. 24	1. 10
8	中意人寿保险有限公司	5. 99	0. 91
9	平安养老保险股份有限公司	5. 43	0. 83
10	阳光人寿保险股份有限公司	4. 46	0. 68
合计		623. 71	94. 95

资料来源：各人身险公司向中国保险行业协会报送的数据。

其中，中国平安人寿年累计官网流量 30. 67 亿次，中国人寿为 4. 76 亿次，太平洋人寿累计流量为 2. 31 亿次（见图 1 – 3 – 10 和表 1 – 3 – 9）。

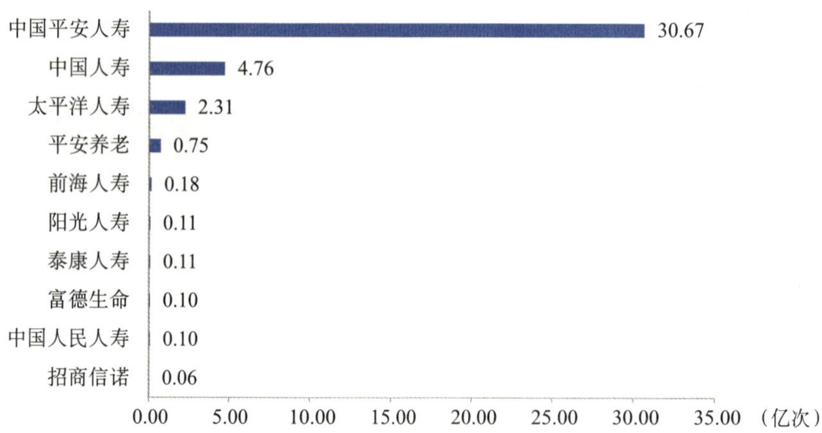

图 1 – 3 – 10　2017 年互联网保险公司官网流量前十名

资料来源：各人身险公司向中国保险行业协会报送的数据。

表 1 – 3 – 9　　2017 年人身险公司官网经营排名前十位公司（按网站流量排名）

公司名称	自建平台类型	投保客户数（万人）	日均独立访客（万人）	网站流量（万次）
平安人寿	官网	253. 41	394. 31	306 732. 71
中国人寿	官网	2. 14	285. 79	47 637. 53
太平洋人寿	官网	0. 09	16. 30	23 065. 56

续表

公司名称	自建平台类型	投保客户数（万人）	日均独立访客（万人）	网站流量（万次）
平安养老	官网	5.43	7.79	7 541.73
前海人寿	官网	0.18	0.69	1 827.59
阳光人寿	官网	4.46	0.86	1 097.31
泰康人寿	官网	14.67	513.10	1 067.05
富德生命	官网	61.34	0.68	1 019.37
中国人民人寿	官网	1.18	5.43	977.10
招商信诺	官网	0.90	1.60	587.53

资料来源：各人身险公司向中国保险行业协会报送的数据。

2017 年，保险公司官网创新频出。泰康人寿 App 全新改版。在新版 App 中，用户既可以自助进行保单的保全服务，又可以查阅理财产品净值、泰健康积分等，通过丰富服务内容及种类实现了服务带动销售，以及老客户复购率的提升。泰康人寿根据用户特点、使用地点及时间的不同，重新定位 3 个自有平台，极大发挥平台优势，实现自有平台差异化运营，保障总体保费的提升。弘康人寿利用“微信 + 人脸识别”进行身份认证、保全服务和保单查询服务，有效提升服务品质。

第二节
用户分析

客户是互联网保险的核心所在，随着大数据和人工智能在互联网保险市场的广泛应用，互联网人身险的客户特征也在不断变化。及时把握客户特征的变化趋势，是各家保险公司提供优质产品、提升专业服务水平的重要基石。为了更全面地反映互联网人身险客户特点，我们对互联网人身险客户进行分析。

一、40 岁以上客户占比升高，客户年龄分布更趋均衡

2017 年，在互联网人身险客户中，男性占 53.05%，女性占 46.95%（见

图 1 - 3 - 11）。从年龄段分布看，0—20 岁年龄段的客户占比 8. 05%，20—40 岁年龄段的客户占比 54. 94%，41—60 岁客户占比 30. 88%。与 2016 年相比，2017 年互联网人身险客户中，0—40 岁人群占比降低，40 岁以上互联网人身险客户占比升高，年龄结构更趋均衡（见图 1 - 3 - 12）。

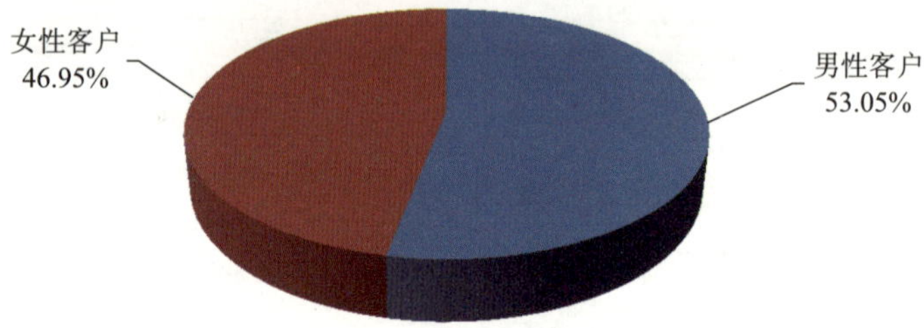

图 1 - 3 - 11　2017 年互联网保险市场客户性别结构

资料来源：各人身险公司向中国保险行业协会报送的数据。

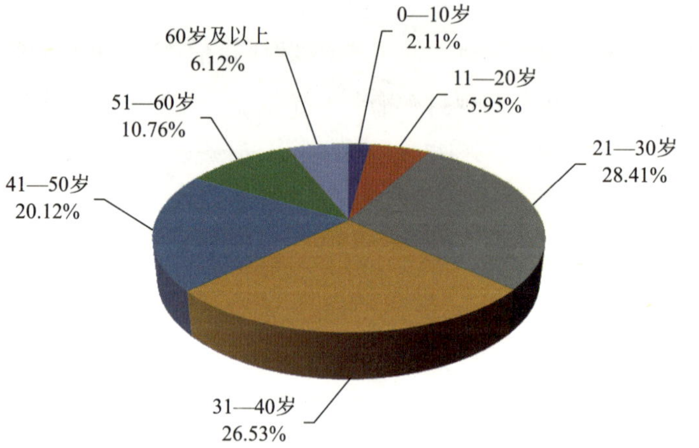

图 1 - 3 - 12　2017 年互联网保险市场客户年龄分布

资料来源：各人身险公司向中国保险行业协会报送的数据。

二、第三方平台客户相对年轻，年龄偏大客户更关注公司品牌

通过第三方网络平台购买人身险产品的客户，30 岁以下年龄段人群占 38. 23%；通过自营网络平台购买的客户，这一比例为 27. 50%。可以看出，

互联网第三方网络平台的客户群体与自有平台的客户年龄分布相比，呈现年轻化的特点（见图1－3－13）。

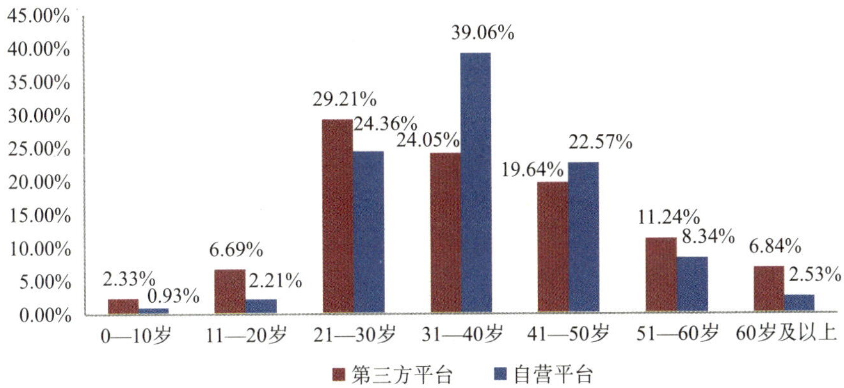

图1－3－13　不同销售平台互联网人身险客户年龄分布情况

资料来源：各人身险公司向中国保险行业协会报送的数据。

这一特点与不同年龄层购买习惯差异和互联网人身险经营模式有关。保险公司的自营网络平台以官方网站、微信公众号、官方App为主，经营模式主要通过广告、代理人引导，老客户直接投保或座席引导促成，客户通常为年龄较大的群体。例如，很多保险公司通过将线下老客户引流到线上而促成二次销售。第三方网络平台则主要依靠平台自身流量或场景化经营直接促成交易，客户通常更为年轻。例如，铁路12306网站、去哪儿网利用出行场景销售短期意外险等产品。

根据对多家公司的调研发现，年轻客户更倾向于通过互联网渠道购买意外伤害保险，因为第三方平台有场景化经营优势，所以互联网第三方网络平台的客户群体与自有平台的客户年龄分布相比，呈现年轻化的特点；年龄偏大的客户在通过互联网购买保险产品时，由于风险意识较强，对保险公司品牌公信力更为重视，且对公司的座席支持更为依赖，对保险公司的自营平台认可度也更高。

第三节
创新实践

一、商业模式创新实践

2000 年以来，经过近 20 年的互联网科技大发展，保险与互联网的融合正在向着更深、更远的方向不断发展。传统保险公司借势转型，新型互联网保险公司牢牢抓住新科技、新平台带来的重大机遇，各保险企业都在新的时代背景下全力追赶，这不仅仅体现在产品研发、渠道拓展等方面，更体现在传统的商业模式所进行的全方位研究、探索。在互联网的助力之下，一种甚至多种适合本公司发展、同时适应市场需求的商业模式将能够大大提升保险公司的经营效率，降低经营成本，提升企业效益。由于各个保险公司规模不同，发展路径不同，在与互联网相结合的过程中紧密程度也有所不同，我们选取了一些典型公司的典型案例作为分析的对象，希望以此归纳出一些成功或在未来具有深入探索意义的做法，以使更多的公司能够从中获得启示，共同推动保险行业更好发展。无论是何种互联网与保险共融合、同发展的战略内容，其规划都要与各保险公司总的发展战略相协调、相统一。综合看来，已经取得成效，或正在向着有成效的目标推进的商业模式主要有以下一些方案。

（一）互联网场景化保险商业模式

早在 2010 年，华泰保险就已经试水退货运费险（退运险）。伴随着国内电商平台的迅猛发展，购买到质量不尽如人意的商品时，很大比例的消费者都会选择退货。一些商家则表示，没有严重的质量问题不包退换货费用。在这样的购物场景下，购买到质量差的商品的风险就要由消费者来承担。一些保险公司正是从这样的场景中发现了“退运险”存在的意义，因而商家版、买家版等“退运险”应运而生。这是保险场景化的一个典型案例。随着互联网的发展深入人们生活的角角落落，更加深度融合的“互联网+”保险产品逐渐问世。

案例一　打开思路，走全面互联网化之路的弘康人寿

作为一家中小型寿险公司，弘康人寿在互联网浪潮中诞生。在几年的发展之中，依托互联网科技，弘康人寿在保险领域深耕不辍，并将创新作为发展的原动力，打开思路，开始走上全面互联网化的道路。2017 年，弘康人寿积极探索与“已经成为国家经济的重要产业并且增长速度最快的居民消费领域”的旅游业和“关乎国计民生的”健康业领域结合，在保险产品开发、联合客户运营、风控管理等方面进行了不同程度的尝试和探索。

在“保险+旅游”方面，弘康人寿将个性化、定制化作为旅游保险未来的发展思路，通过联合旅游产业链上下游企业，着力对保险产品与附加值服务进行双向开拓。2017 年，弘康人寿与驴妈妈、途牛等旅游平台达成战略合作，双方在联合运营、精准营销、需求挖掘、大数据应用等方面进行了合作。在 2018 年春运期间，弘康人寿为驴妈妈平台客户提供免费春运意外险，传播守护客户出行安全的保险理念。

在“保险+健康”方面，弘康人寿结合自身互联网基因和轻资本运营特性，对布局健康产业进行了全新的战略定位，集中资源解决最大客户群的共性需求。2017 年，弘康人寿与美年大健康体检机构签订战略合作协议，双方在保险与体检结合方面进行了深入合作。通过为保险客户提供免费体检服务，一方面增强线上销售保险的客户体验感；另一方面，通过客户体检情况反向促进重疾产品的风控管理。另外，弘康人寿与美年大健康体检机构正在研究开发针对亚健康及次标体人群的重疾险产品。

弘康人寿被誉为“最彻底的互联网公司”，正是因为在成立之初就将公司发展战略定位在互联网这个主阵地，其思路紧随互联网发展，其产品也与互联网紧密相连。互联网平台覆盖广，实现场景丰富，弘康人寿也借着互联网的东风快速成长。其产品设计简单，具有低费率、高保障的明显特点，其提供保障的客户平均保额为行业平均水平的 4 倍左右，服务互联网客户将近 300 万人次。

案例二　突破传统，微信营销、直播助力产能攀升

富德生命人寿互联网人身险业务在商业模式上进行了一系列创新尝试，其中“宝贝存钱罐”项目的商业模式逐渐清晰。

“宝贝存钱罐”项目起源于 2014 年 8 月，受到“余额宝”互联网式长尾规模效应启发，富德生命人寿开发了国内首款移动互联网教育金。因起投门槛较低、社交化与场景化运营、极速便捷的客户体验等因素，近几年该项目快速成长，规模保费年年攀升，获得了客户的一致认可。其商业模式创新主要体现在以下两点：

1. 线上灵活储备教育金，产品快速迭代。“宝贝存钱罐”团队按照互联网项目制扁平化运作，能够跳出传统保险业务的限制，快速响应市场，开发迭代新产品新功能。目前，“宝贝存钱罐”具备四大核心功能：一是能够上传孩子照片视频、记录孩子的成长足迹；二是通过活动、任务、游戏等激发客户参与互动，打造黏度较高的会员体系；三是有包含重疾、意外、医疗等多种保险保障的“家庭卫士”模块；四是能够进行教育金储备，除一元起随时随地投保外，2017 年“宝贝存钱罐”对已经完成市场培育的客户群体进行了需求升级，开发了天天存、工资定存等延伸功能，通过存钱规划将客户的小额支付转变为有目标的定存，拉高了件均保费，实现了平台的稳步提升。

2. 微信“社群营销 + 直播”。“宝贝存钱罐”采取社群营销策略，与客户形成高频互动。客户在“开罐”后会被引导加入微信群，培养客户的组织归属感。微信群由专门的群主运营，群主负责解答客户对产品的疑问，同时发布话题保持微信群的活跃度。微信群还会不定期开展群活动，刺激沉淀客户。

“宝贝存钱罐”运营方式与时俱进，在重大产品上市及活动上线前，采用当下最火爆的直播方式为客户进行在线保险知识讲解、答疑，与客户互动，提高了客户参与的积极性。运营方式的不断创新使“宝贝存钱罐”成为行业领先者。

未来，富德生命人寿计划把“宝贝存钱罐”打造成产品驱动型平台，开发一系列家庭周边保障产品，为客户提供互动灵活、有爱信任的保险保障，进一步提升该产品的附加价值。

案例三　挖掘已有优势，思路不断迭代升级的中意人寿

中意人寿深入挖掘自身已有优势，不断调整优化产品结构，并结合公司自身特点，着力打造境外旅游险业务，同时注意到国内 ETC 大发展带来的机遇，通过互联网大数据运用精准筛选客户，按需定制产品，进行非常高效的市场运营。中意人寿还结合移动互联网的大发展打造公司专属 App，为公司的新老客户带来便捷的健康管理体验。

中意人寿在跨业合作方面尝试创新。国内 ETC 市场发展迅速，2017 年初已有 29 个联网省份，县（区）级地区已全部覆盖，用户突破 4 767 万户，交易量日均 810 万笔，占高速公路通行量的 31% 以上。因此，中意人寿力争开拓 ETC 市场，与多家高速公路收费和管理公司洽谈合作，针对 ETC 消费者设计了一款高速公路意外险产品，为经常自驾行驶高速公路的客户提供意外伤害和医疗保障，且产品分为低、中、高档保障计划，客户可根据需求灵活选择。

中意人寿在 2017 年继续推进保险与旅行相结合的模式。一直以来，互联网意外伤害保险与旅行出游结合紧密，公司将境外旅行险按不同保障地域进行细化，客户可根据出行地和出行时间选择适合自己的境外旅行险。公司的境外旅行险为客户提供意外保障、24 小时境外紧急救援等服务，同时还为有申根签证需求的客户提供中英文保险证明，是一款为境外旅行客户量身定做的产品。

此外，中意人寿将保险与健康结合，把健康管理作为健康险业务拓展的工具，同时为客户提供增值服务。公司搭建在线健康管理平台并不断完善，通过中意官微、掌上中意 App 等多种方式为新老客户提供在线健康服务，如健康评测、健康咨询、健康风险评估、疾病自查、健康微课堂、健康档案、体重血糖管理、在线预约挂号、重疾绿色通道、送药上门、第二诊疗、海外转诊、电话医生等。公司开展趣味性的线上活动吸引客户，加强客户对自身健康的重视，灌输健康理念和自我健康管理意识，提高客户保险意识。同时，中意人寿也在考虑针对单一产品，根据产品特点搭配特定健康服务，通过销售与服务结合的方式促进业务发展。

（二）与第三方平台合作共赢商业模式

互联网发展到今天，大家都认可流量能够产生价值，大流量能带来更高的转化率。无论是场景化的互联网产品，还是互联网产品的推介、售卖，都可以通过拥有巨大流量的互联网平台完成。此外，大型互联网公司、互联网平台深受消费者信赖，“保险＋互联网”平台的模式有助于增强消费者对于保险产品的信心，既在微观上有利于各保险公司的业务发展，又在宏观上有利于保险行业整体形象的塑造。百度、阿里、腾讯、京东等国内互联网巨头公司都已布局保险，也可以看出互联网公司对于保险与互联网的结合是持乐观、向好的态度。

案例　与大流量、高信誉度互联网平台合作，人保健康打响品牌之战

为适应互联网保险行业的高速发展，顺应新媒体发展趋势，人保健康加强与人民健康网全媒体平台的合作，坚持“品牌策略＋产品策略”主线，持续强化品牌宣传对业务渠道的支持力度，加深目标市场对公司创新保险产品认知，强化专业化产品的品牌美誉度，提升人保健康的市场知名度，人保健康计划与人民健康网深度合作，研究探索具有人保健康特色的互联网健康保险商业新模式。

人民健康网于2016年12月上线推出PC端人民健康网、移动端人民健康网，人民健康App、人民好医生App，人民健康微信微博群，以及以人民日报社健康类媒体为主的健康融媒体联盟，构建起“两网、两端、两微群、一联盟”的全媒体服务平台形态。平台坚守权威、可信、分众、可及四大原则，凸显资讯、数据、互动、服务四大功能，全面普及健康生活方式，倡导健康生活行为模式，致力提供优质的全民健康管理服务以及专业的健康从业人士服务，构筑大健康产业互通共享的生态圈。

人保健康与人民健康网深度合作，参与人民健康网电子商务保险业务发展规划，并为人民健康网提供适合在该平台销售的健康保险产品、为人民健康网客户提供E－shop平台成熟的特色服务项目。下一步，人保健康计划在客户数据研究，重点事件、时点营销策划以及参与开展公益保险项目、运动赛事线上线下推广等方面理清逻辑，逐步深入，形成切实可行的实施方案，将海量客户的保险需求转化为现实的保险消费，把人民健康网打造成开放的流量平台，进而形成稳定的盈利模式。此外，为更深入地拓展公司互联网保险业务，同时借助流量平台的场景优势迅速提交知名度，人保健康与蚂蚁金服开展合作，创新互联网保险业务渠道。

蚂蚁金服旗下拥有支付宝、支付宝钱包、余额宝、招财宝、蚂蚁小贷及网商银行等品牌，已与国内 80 多家保险公司形成合作关系，合作产品基本覆盖各场景，其背后庞大的客户群体和客户网购信息都是人保健康网销渠道发展的潜在资源。

自 2017 年下半年以来，人保健康在蚂蚁平台先后上线了住院医疗、重疾保障、海外医疗及少儿重疾等产品，在承保过程中，通过排除“黑名单”用户，以及对大数据信息进行有效利用，进一步提高工作效率，减少带病投保风险，销售情况良好。目前，人保健康与蚂蚁金服正在进一步推进长期险产品开发、公益项目合作等事宜，同时进一步改善蚂蚁用户体验，增强服务能力。

（三）自主搭建平台构建保险生态模式

除了与已有的互联网平台进行合作，也有很多保险公司开始自主研发，搭建自己的互联网化保险平台。这样的平台模式具有很强的适应性，可以完全依照本公司的总体发展规划，依照当前发展状况量身打造，并且随时做出调整，能够更好地适应公司的业务发展。

案例　依托健康管理大数据，构建“和谐健康生态圈”

党的十九大以来，以“满足人民日益增长的美好生活需要”为出发点所提出的目标规划，为保险行业的发展指明了方向。和谐健康作为全国专业的健康保险公司之一，准确把握党的十九大对实施“健康中国战略”提出的新任务、新要求，扎扎实实将“十九大精神”落实到实际工作中，在新时代的背景下不断探索创新，对人们在健康医疗方面的新需求和关注点进行了深入挖掘，在“大健康”理念的指引下，以保险本业为依托提出了构建“和谐健康生态圈”模式，积极探索健康保险与医疗资源的深度整合，进而推进“保险+大健康”的产业闭环。

2017 年，和谐健康开始筹备和规划自身健康管理平台的发展，力求通过健康管理平台的搭建，将医疗机构、第三方健康服务提供商对接，实现健康管理数据、医疗数据的汇聚，通过与公司内部系统的对接实现保险、医疗、健康管理数据的互联互通，完成业务协同。

（四）多方式拓宽产品销售渠道模式

传统的个人保险渠道代理人模式虽然在我国由来已久，且所占比例甚高，但互联网时代的到来，让更多的消费者开始在互联网上寻求最适合自己、性价比更高的保险产品。各式各样的第三方保险销售平台在为消费者自行购买保险提供便利的同时，也可以方便地被推荐给投保人的亲朋好友，达到“好产品快速被分享”的高效传播效果。

案例一　打造展业利器的阳光人寿

阳光人寿始终走在创新的前列，不仅注重企业自身的创新，也紧密结合时代发展，充分利用新技术、新平台带来的新机会，为产品销售打造多重通路。

“i 创空间”是服务于全网的第三方互联网服务平台，通过高效便捷的互联网营销工具和服务，结合阳光人寿优质的保险产品，共同为“i 创会员”提供精选优质的保险产品、丰富的互联网营销工具，以及强大的技术支持，帮助会员建立全流程的获客、触客、销售服务能力。会员可以直接通过互联网推广阳光人寿旗下的保险产品，展业不受时间地点限制，并配有丰富的海报、软文等推广工具。服务方面，“i 创空间”提供 24 小时智能客服以及“7 × 16”小时人工客服，同时还可以清楚地查看客户、邀请以及奖励情况，全方位为会员推广产品提供便利和保障。

案例二　泰康养老 BBC 模式

在 2017 年，泰康养老一直在思考、探索互联网保险方面的商业模式创新。

他们认为，互联网保险商业模式的创新具有3个方面的核心要素。

核心要素一：产品的角度。第一，保险产品可以摆脱简单形态，在条款和价格之外建立更加纵深的服务体系，加宽产品创新的“护城河”。第二，通过互联网生态的多元化服务，从产业中来，到产业中去，把部分财务需求转化为消费需求，消除客户价格敏感性，企业有更为宽松的盈利空间。

核心要素二：客户的角度。第一，保险公司有能力对客户精准画像，筛选客户，获取竞争优势。第二，在通过网络实现风险低成本和连续控制的前提下，保险公司可以通过管理风险获得风险收益。

核心要素三：销售的角度。第一，在数据的导引下，可以让销售从漫灌改为滴灌，精确制导，准确对接客户，节约销售成本；第二，通过网络扩张效应设计“爆品”，创造现象，实现更大范围的产品推广。

互联网保险是时代大势，战略之道，各大保险公司都在进行商业模式的创新。

泰康养老的BBC模式已经推动4年左右，取得了巨大的成绩，也急需进一步创新升级。线上线下联动已经被行业验证是寿险营销的成功模式，通过互联网拉动整体平台产能的提升，是业绩稳定发展的根基。

在互联网大发展的今天，保险与互联网的融合方式、创新商业模式还远远不止上述案例。我们听到“平台唱戏，保险公司沦为供应商”的声音出现在当下市场，也确实见到，如腾讯微保、蚂蚁金服等互联网流量巨头与险企的合作，的确是产品依靠巨大的流量获得了极高的产能。我们相信，这是互联网公司与保险企业深度合作的必经之路，是开端，但远未结束。目前互联网公司与保险企业的牵手合作仅仅经过了几年的发展，无论是互联网公司，还是保险企业，都还没有找到一条完全成熟、完全行之有效的商业模式。以上我们列举的案例及分类也并不完善、并不完全。我们希望互联网公司及保险企业在彼此合作、共同探索的过程中，能够逐渐找出一条清晰的道路，找到多个合理完善的商业模式。在满足市场需求的前提下，共同发展，共同繁荣。我们期待在不久的将来不断涌现出新的商业模式，促进整个行业健康、向好发展。

二、产品创新实践

互联网渠道有受众面广、成本低、方便灵活等特点，目前各家保险公司都将自己的业务扩展到互联网渠道，在居民消费结构升级、风险意识提升、可支配收入提升的前提下，人们针对健康、医疗、保健、养老、教育等各领域的保障需求也相应提升。伴随着移动互联网、物联网、大数据、人工智能、区块链和生命科学技术在互联网保险领域的广泛应用，互联网保险以用户为中心、以监管为边界的螺旋上升趋势正在加快显现。

在互联网保险时代，了解客户的消费选择成为保险公司开发产品的第一步，如何满足不同人群的保险需求成为众多保险公司探索的方向。从近几年保险市场的发展可以看出，保险产品相较于从前的“粗放”形式，正逐渐演变得更加精细和有针对性，各种碎片化、个性化产品不断涌现。

（一）百万医疗保险

百万医疗险可以说是互联网保险孕育出的创新产品的典型代表，其主要特点是价格低，保障高。目前，消费者对看病费用不断攀升的焦虑越来越强，百万医疗保险就是在这种强烈的市场需求驱动下应运而生的。

2016 年下半年，众安的“尊享 e 生”住院补偿险上线，低保费、百万保额的特点和在“i 云保平台”独特的销售方式令其迅速成为互联网保险的热门产品，重新唤起大众对中高端医疗保险的关注。

2017 年涌现了大批百万医疗保险产品，在产品设计方面推出新的亮点，如提保额、降免赔额、增服务等。

富德生命“i 无忧”费用补偿医疗保险（A/B 款）产品，每 3 年为一保证续保期间，免赔额 5 000 元，降低了赔付门槛。

中意人寿高保额的医疗报销产品“乐尊享”不限病种，重疾和非重疾的住院花费、进口药、自费药等均可报销。

平安“e 生保 2017”将保额提高到 600 万元，有社保无社保都可以 100%

赔付，且有社保的客户购买更加便宜，还提供智能核保、绿色通道、线上理赔等行业内领先的服务，既给被保险人提供了充足的保障，又解决了其从投保到治病再到理赔全流程的问题。

合众众康百万医疗保险产品保额也达到600万元，恶性肿瘤不计免赔，提供24小时理赔报案受理、微信自助理赔、理赔专家咨询、理赔慰问待办、理赔资料减免、理赔绿色通道、预付赔款、理赔闪付及延滞慰问金八大贴心服务，消除客户后顾之忧，降低客户决策成本。

国华至尊500万元医疗险，普通医疗500万元保额，患特定癌症后所有保额翻倍，免赔额1万元（赠送1万元重疾险，重疾不计免赔），进口、自费项目全报销，提供名医诊疗、专员安排等一站式就诊服务。

此外，中国人寿、工银安盛、德华安顾、人保健康、中英人寿、北大方正、太平养老等公司都推出了百万医疗保险产品。

（二）“保险+服务”领域

在传统保险领域，保险产品存在产品单一、产品同质化、产品设计理念落后、服务理念落后等问题。在消费结构升级、风险意识提升、可支配收入提升的前提下，人们针对健康、医疗、保健、养老、教育等各领域的风险保障需求也相应提升。

保险产品的竞争在费率水平及保障范围等方面的提升空间越来越小，需要在产品延伸链上寻求突破，关注民生，加强与相关产业链机构的合作，提升对客户服务的附加值，一方面可以借助健康管理、服务升级提升客户质量及客户体验，助力风险管控；另一方面，不断提升保险在民生保障中的作用，深化消费者的保险意识，提升消费者对保险的认可，有利于保险公司根据客户需求改进或推出相应的产品。

“保险+健康”服务方面，大都会人寿联合好医生互联网健康服务平台向市场推出好医生健康卡保障计划，通过在线健康咨询、在线预约挂号及专家会诊服务，结合健康保险产品全流程线上投保、服务，实现了一揽子解决互联网用户足不出户获得病前咨询、病中就医、病后资金补偿的全流程在线服务体验，为健康关注群体提供了较好的“保险 + 健康”服务创新产品。长生人寿通过市场调研，融合资源，在 2017 年 4 月推出彩虹桥国际医疗保险，30 天至 60 岁人群均可投保，一年一保，可续保至 64 岁。客户一旦在保险期间罹患癌症，若符合相关要求，公司将委托日本威马捷救援株式会社为患者提供赴日医疗协调、翻译、接送机等服务，并承担患者保险金额内的各项必要且合理的医疗费用，以及一名同行人员的住宿、交通等费用，为客户提供尊享贴心、专业的服务。

多家公司推出佩戴设备健康管理，增强与客户的互动，既能方便客户的健康监控，又能提升客户健康管理的积极性。平安健康以成为客户身边的健康管家为使命，努力帮助客户改善健康状况，致力打造“保险 + 健康”创新商业模式，引入全球规模最大、国外已拥有丰富实施经验的“健行天下 – Vitality”健康促进计划，借助平安健康险 App 平台，鼓励客户了解健康、改善健康，通过持续改变行为而保持健康，给予客户奖励，搭建完善的保险——健康管理服务体系生态闭环；同时通过全流程管理用户的健康信息，降低疾病发生概率，降低理赔率和医疗赔付费用。渤海人寿集中公司资源优势，重点打造高性价比产品“简单 i”系列产品。该公司通过在自营平台销售，去除第三方渠道费用，简化投保流程，让利客户；同时通过每日计步领取积分、保险小知识推送等活动，倡导健康生活，普及保险知识，提高客户活跃度，探索保险与健康结合模式。

近年我国旅游产业呈现“井喷式”增长，“保险 + 旅游”方面也不断发展。为满足消费者对旅游保险产品的“定制化”需求和境内外救援服务的需求，恒安标准人寿开发了旅游意外保险产品计划并在微信端销售。君龙人寿与富邦财险合作在旅行险中附加了救援医疗保障及增值服务。

除了“保险 + 健康”“保险 + 旅游”方面的服务创新，已有公司在“保险 + 住房”等方面有所突破，商业互联网保险也将逐步深入居民生、老、病、死的各个领域。

（三）精细化产品开发

互联网保险在给保险公司带来发展机遇的同时，互联网透明、灵活的特点使得互联网保险产品相比传统线下保险产品的竞争更加激烈，产品更新换代的频率更快。通过“互联网人工智能 + 大数据”精准分析和定位目标用户，细分保险标的和风险因子，实现产品开发及定价精细化，主要体现在以下两方面：

一是探索特定人群的保障需求，如老年群体、亚健康群体，开发碎片化的产品，由于投保人群特殊，这些产品比一般产品的费率偏高。平安健康推出“控糖保”产品，相比于以往市场上的糖尿病并发症保险，降低了参保限制、提高了保障和糖尿病患者需求的匹配程度，通过增加评估和管控机制来提升服务效果。实现线上线下相结合，为患者提供糖尿病全程管理服务。针对老年人市场，一些公司推出老年意外、老年防癌保险产品，如德华安顾在孝亲宝老年防癌险的基础上推出了至尊宝老年防癌保险，更加全面地保障老年人的健康问题。

二是针对同一产品定价区分被保险人的健康状况、吸烟状况等情况进行差异化定价，提高产品定价的科学性。太平洋“爱相守”定期寿险在费率厘定时根据被保险人健康状况、吸烟状况，将被保险人区分为非吸烟超优体、非吸烟优选体、非吸烟标准体、吸烟超优体、吸烟优选体、吸烟标准体 6 个等级，进行差异化定价，为健康状况较好的客户提供更加优惠的价格，有效避免了健康人群对非健康人群的保费补贴。同时，该产品通过再保险公司提供优选定寿的经验数据和技术支持，进行产品开发，通过再保险分散风险。中信保诚携手“唐僧保”推出祯爱优选定期寿险。该产品价格区分吸烟与否、健康程度，可以不体检在线直接购买，也可以选择免费上门体检，但购买费率更优惠的购买方式，等待期短，标准体费率优惠，可选保障额度高，在同类产品中优势明显。

（四）丰富产品种类

前几年的互联网保险保费以投资性保险收入为主、保障型产品主动需求较低，主要是投连险、万能险，以及一些高频的短期意外险、重疾险产品，这些产品刚需、高频、全人群的特点为互联网渠道获取广大客户群体，并为发展其他互联网保险产品建立基础。顺应监管政策导向，随着保险公司互联网保险产品的创新发展，以及客户群体保障、养老、教育需求增大和保险意识增强，2017 年互联网保险产品类型及结构不断增多和完善，一些优秀的长期重疾产品、医疗产品、年金等保障性强的产品在互联网渠道出现，并受到消费者的欢迎。

首先是保障型产品保障提升，市场陆续推出多倍重疾、轻症及多倍癌症保险，既能满足部分群体全面的重疾保障，又能满足部分群体对高发风险的高额保障。弘康人寿推出弘康“多倍保”重大疾病保险，承担重疾轻症多次赔付、轻症重症双豁免以及身故责任，费率在市场上也很具竞争力。信泰人寿开发设计了具有特色的“i 立方”多倍防癌险，持续 3 次的赔付可以将保额放大 3 倍，在总赔付额不变的情况下，大大降低了客户需要支出的保费，而仅仅 3 年的间隔期，也保证了客户治疗期间费用可以及时补充，最少 6 年零 1 天就能拿完远远高于单次赔付保险的保额。

其次，年金类产品保费交纳的灵活设计提升了产品的互动性，使保险产品更有温度。富德生命人寿大富翁年金保险既可以给父母规划未来养老，也可以降低未来子女的养老负担。该产品有天天存、月月存、生日存、工资日存等灵活存钱方式，在不知不觉中为养老做好规划，也可以锁住长期收益，规避资产波动风险。国华推出月开薪、年年盈等多款年金产品，满足了客户月缴、年缴、月领、年龄、5 年后领、55 岁后领、60 岁后领各种年金配置需求，客户可根据自身的经济条件、不同年龄段的年金需求随意选择。

此外，百万医疗保险，针对特定人群的保障产品、专属化产品等也逐步增多。

（五）产品精准定价

互联网保险面临的难题在于如何获取与人们生活、工作、娱乐相关的数据，并对数据进行适当的处理和应用。对于保险公司而言，很多数据获取仍然存在瓶颈。保险公司和电商在数据领域可采取较多的合作模式，前者提出数据需求，后者根据需求为前者提取数据用于产品开发。一些保险公司已尝试将互联网技术应用于产品核保及费率精算。

复星保德信与腾讯金融云在互联网长期寿险领域首次应用保险反欺诈的智能风控模型，推出首款基于该技术的互联网保险产品“星安定期寿险”，明显改善了目前互联网定期寿险产品对于客户资质要求高、保费较高的情况，从模式、保额、客户体验等方面全面实现突破。

平安百万医疗险“e生保”新增运动续保奖励。通过平安健康App记录客户每日步行数据，鼓励客户完成运动目标，每日走路满10 000步，达到指定的天数即可领取奖励，最高可抵50%次年续保保费优惠。

太平养老计划与蚂蚁金服数据团队通过多方安全计算，启动数据建模，共建4.5亿户支付宝用户的健康评分系统，将太平养老的赔付数据与支付宝消费数据等相匹配，通过分析太平养老健康险高赔付人群的消费特征、出行数据、职业性质、生活习惯、搜索习惯、地理位置等，建立数据模型，进行用户健康评分。健康分高的客户在太平养老保险号上可见长年期重疾险产品，健康分低的用户在太平养老保险号平台上不可见长年期重疾险产品，或所见的健康险产品费率高于健康分高的用户。此举有助于实现长期健康险的风险控制和短期健康险的精准定价。

（六）专属定制化产品

和传统渠道相比，互联网中介平台具备特定优势：保险条款和核保条件透明化，用户能同步比较分析不同保险产品的优劣势，满足个性化需求，比线下保险实惠、性价比高，而且线上投保、咨询、查询、理赔等环节方便快捷，客户体验好，相当于在保险公司和客户之间提供一道透明的过滤屏障，帮用户逃离“选择恐惧”，为保险公司规避核保风险，同时服务于供求双方。

进入 2017 年，保险公司与第三方网络平台的合作越来越深入，尤其是部分中小保险公司与第三方网络平台尝试专属定制化产品的开发和销售，达到了很好的效果。

华贵人寿与特卖平台小雨伞在 2017 年度发布了保险新品“小雨伞擎天柱定期寿险”。该款产品定位为房贷家庭的第二支柱。

百年人寿与开心保中介平台合作开发了康惠保重大疾病保险，重疾种类高达 100 种，附加 30 种轻症疾病，以更低的价格提供更全面的保障。

除了与互联网中介平台合作外，保险公司还探索为特定项目进行互联网专属化产品开发。泰康养老积极响应政府惠民新政，发挥“互联网 +”创新精神，与沈阳市社保合作，开发了沈阳市首款无免赔额并可用医保个人账户余额购买的住院医疗险“泰康 e 保有约住院医疗保险”。

中意人寿尝试与高速保公司开展跨业合作，并专门设计高速公路意外保障产品，为经常自驾行驶高速路的电子不停车收费系统（ETC）客户提供意外伤害和医疗保障；同时规划通过在线工具的技术支持，在未来可以实现极短期保障，可按照客户出入高速路时间来明确保障期间。

三、渠道创新实践

（一）强化服务下沉

随着线上互联网保险的高速发展，市场竞争日趋激励，单纯的代理、代销模式已经不足以满足客户的保险配置需求。互联网业务也已不仅仅是一个销售渠道，在互联网业务开展的实践过程中，互联网包括更先进的科学技术、极致的互联网客户思维和行为方式等内涵，当前互联网技术和互联网思维已经渗透到金融、保险产业链的全流程。从保险业务全流程来看：保险产品定价、营销和分销、风险控制、保单服务、理赔服务、咨询投诉各环节均不同程度使用互联网技术或使用互联网思维升级和优化各业务环节。有鉴于此，保险公司在互联网渠道策略上逐步从“甩手掌柜”转变为“共荣共生”，变单纯的产品对接为产品全链条的后端合作。一方面，保险公司越来越多地将运营服务下沉至渠道；另一方面，渠道也通过保险公司的赋能提升了销售和服务的水平和品质，最终惠及广大消费者。

弘康人寿首创重疾险智能核保功能，填补了网销重疾险领域的一项空白。智能核保针对近200项常见疾病和体检异常进行问题设置，兼顾体验与风险控制，每项最多设置两个问题。客户可根据自身健康情况对照选择，在线获得核保结论。智能核保技术的应用使曾经被重疾险在线投保拒之门外的甲状腺结节、乙肝“大三阳”客户均可直接线上投保。

弘康人寿将此项技术在渠道端进行推广，极大程度降低了用户投保告知风险，扩大了可投保客户群，同时降低了客户因不实告知可能承担的拒赔风险。智能核保对于渠道业务的赋能，在有效控制保险公司赔付风险的同时提升了渠道网销重疾险的交易规模，降低了用户投诉风险的发生，极大程度促进了重疾险渠道网络销售的持续良性经营。

中英人寿互联网营销事业部在渠道建设中以产品为核心驱动力，打造中英人寿直保公司、互联网保险中介公司共同发起与再保公司的沟通，前置再保公司产品评估，打破传统的保险产品设计理念，实现三方共同的保险产品设计，有效提升了互联网保险产品的研发速度，使再保险前移倾听网络用户的声音，共同研发符合渠道场景营销模式的保险产品。

富德生命人寿针对第三方互联网渠道，在渠道运营方面有了更多的创新尝试。公司与第三方渠道尝试联合线下服务人员一对一讲解及推荐保险产品，配合传统业务节奏开展各类活动，如传统保险公司的“开门红”、联动销售等。从销售工具到业务推动，保险公司为渠道提供充分的宣传素材和资源支持，确保了业务的产能和质量。

国华人寿结合京东金融保险板块的需求率先提出在“京东保险”上销售长期寿险产品的提案，并最终推出“月开薪”和长期重疾险的月交型产品，这两款产品分别满足了用户的定期储蓄、分期购买重疾险的需求，同时满足了

"京东保险"增强客户黏度、增加客户活跃度等方面的需求。

（二）融合销售与理念普及

2017 年 8 月，支付宝保险频道首次引入保险专家入驻机制，针对每个用户不同的保险疑惑，由行业专家来客观答疑。蚂蚁金服搭建平台，保险公司等行业主体做内容提供方，让保险科普更加切实、可落地。

蚂蚁金服认为，中国保险业不缺好的保险产品，但缺能让消费者有感知、有陪伴感同时又有信任的触达方式；中国保险业也不缺好的销售渠道，但缺保险的意识和保险知识的普及。蚂蚁金服保险事业群在保险业中的角色十分清晰，即"蚂蚁"不为卖保险，只会通过技术与保险公司互为生态。

蚂蚁金服相关负责人认为，支付宝保险频道是平台，除了与用户、保险公司共创好产品外，也尝试着邀请有公信力的专家来一起做消费者教育。改版初期，他们一对一邀请了近百位行业资深专家入驻，这些专家有的是资深精算师，有的是知乎"大 V"，同时继续广发英雄帖，希望更多专家加入。

这些数百万用户和专家们讨论的问题，会被平台运营者"归并同类项"，提炼出热门话题，便于用户选择有兴趣的话题浏览。从以推荐销售为主，到以用户体验为主、培育保险认知、明明白白买保险的运营思路，平台未来会不断根据用户需求做调整。

（三）突出内容营销

互联网的信息传递具有公开、广泛的特点，因此对于保险内容的知识介绍往往更能客观公正，在一定程度上避免了产品误导和虚假宣传。

在这一特征下，保险内容的长尾化普及受到越来越多保险公司的重视。微信公众号、微博、知乎等内容平台也涌现了一批保险科普"达人"，他们通过中立客观、可读性强的内容使互联网渠道的保险产品可以有更多的客户触达方式。

弘康人寿针对互联网用户广泛而分散的特点，与市场上口碑较好的内容营销平台展开全面合作，在产品分析介绍等领域提供多媒体内容，通过全面开启网络营销，微信、视频、直播、问答等多样化网络传播形式，多角度全媒介拆解保险责任和特点，以更通俗易懂的方式将保险知识传达给消费者。网推服务对品牌口碑、大众保障意识及对保险产品认知的提升起到了重要作用，同时为渠道销售反向赋能，加速了弘康人寿渠道业务的开展。

（四）联合线上巨头

2017 年 11 月，腾讯公司从核心业务层面强势上线保险业务，BATJ（百度、阿里巴巴、腾讯、京东）四大互联网巨头完成了互联网保险，尤其是互联网人身险的悉数亮相。其中，阿里动作最早，京东和百度也通过各自的互联网金融平台（京东金融、百度金融）上线了多款涵盖重疾险、医疗险等领域的人身险产品。

腾讯公司以旗下微保科技公司为抓手，先后完成多家保险公司医疗险、意外险、重疾险等产品的代理销售。经过互联网人身险过去几年的高速发展，客户对于小额高频类产品（如意外险）已有比较充分的认识，因此腾讯选择通过百万医疗保险来切入也显得合乎逻辑。

近年来，腾讯通过多角度、多维度的策略逐步实现了在保险领域的布局，参与设立众安在线保险和和泰人寿，使其业务范围横跨寿险财险公司，拿下保险代理牌照，进驻微信，则成为 2017 年最重要的动作。

泰康在线率先联合微信保险推出“微医保”，以百万医疗保险作为切入，在保持原有百万医疗保险产品基本形态的基础上，增加垫付、医院直接结算等贴心功能。

腾讯微保通过微信投保是基于客户真实性的校验，因此在客户信息带入、个性化产品推荐等方面都实现了提高效率、节约用户时间的目标。这里，科技为保险流程的优化赋予了新的动能。

整体上看，互联网流量平台并未将自身定位为单纯的代销角色，科技赋能、数据加持是普遍选择的路径。

除腾讯以外，蚂蚁金服也将科技作为着力点。其于 2017 年开发上线的

“车险分”力图从大数据着手，实现车主层面的差异化定价，让好司机享受好价格。更合理的定价机制有助于吸引优质车主通过平台完成围绕车险的一系列车金融行为。无独有偶，腾讯通过金融云服务将反欺诈技术融入风险预测，识别保险产品受众风险，实现了定期寿险的风控创新。这里，大数据的角色是保险产品的价格优化器和风险识别器。

（五）发力垂直市场

在与互联网外部第三方渠道合作上，阿里、腾讯等巨头已成为各保险公司的主力互联网渠道。通过大流量用户平台场景营销、联合营销等模式，越来越多的公司也尝试聚焦垂直领域场景合作，深度挖掘金融、医疗、交通、婚恋各领域保险场景合作需求，通过定制化的场景赋能提升跨领域合作效能。

单纯的流量思维不能解决保险产品互联网销售面临的挑战，保险公司将目光转向垂直领域。2017 年，母婴、健康、健身等领域出现了一批渠道创新案例。

信泰人寿积极参与蚂蚁金服保险平台场景营销探索，结合支付宝平台用户特性对平台母婴场景类目进行细分领域创新实践，通过对用户画像分析，建立平台细分场景，结合保险公司专属产品推荐，为特定场景下的用户需求提供保险服务。

和谐健康保险公司根据互联网保险销售运营经验探索与优质互联网平台合作的新模式，通过与“小雨伞”和“慧择网”平台的深入合作定制开发了其平台的专属产品“健康宝宝少儿重疾保险”和“慧馨安少儿重疾保险”，并分别于 2017 年 10 月 27 日和 9 月 21 日上线销售。这两款产品的销售主打年轻父母群体，主要特色在于深度契合互联网保险的特征：保险产品责任和保额可选择、保障内容简单易懂、保障场景明确和具有较高性价比等，将保险产品进行场景化、个性化和碎片化的组合，向消费者提供高保障并物美价廉的保险产品，同时配合平台大力推广，得到了市场的认可与赞誉。

垂直领域的业务特征除了客户精准，还有基于场景的高转化率。

国华人寿电商渠道部门在业务交流中发现，渠道方虽然拥有海量优质客户，但苦于缺少培养用户保险购买意识的路径，于是结合渠道业务场景提出支付即保障的方案并实施，即客户在平台上进行消费并支付即可领取相应保额的赠送保险。此活动在平台上进行推广，并搭配复购医疗险和长期重疾险活动，加强了国华人寿的品牌推广，扩大了公司的保费规模。

大都会联合好医生互联网健康服务平台向市场推出了好医生健康卡保障计划，通过在线健康咨询、在线预约挂号及专家会诊服务，结合健康保险产品全流程线上投保、服务，实现了一揽子解决互联网用户足不出户获得病前咨询、病中就医、病后资金补偿的全流程在线服务体验，为健康关注群体提供了较好的“保险 + 健康”服务创新产品。

在互联网借贷平台高速发展的 2017 年，大都会人寿快速向相关渠道发力，推出多款场景化搭售的互联网借贷平台借款人意外险产品，可以将整个投保过程整合在合作平台销售流程中，给用户提供较好的产品体验，与传统渠道银行借款人意外险线下人工出单的服务流程相比，全流程在线投保、电子保单凭证、电话微信保全理赔服务等各个方面的体验都要更加符合互联网用户的习惯。

（六）挖掘银保场景优势

国内寿险行业传统渠道方式越来越受到网络销售的冲击。从最初的“渠道变革”到“场景创造”，再到今天的“科技重构”，保险公司也在不断探索互联网渠道与银保领域的创新，围绕官网、官方微信及企业互联等模式进行积极的渠道创新。

在农业保险领域，农银人寿依托中国农业银行的相关布局和优势，以银保渠道为抓手，打造“互联网 + ‘三农’”生态圈。为响应中国农业银行全面落实互联网金融服务“三农”的战略部署，助力打造服务“三农”互联网综合金融服务平台，丰富该平台金融产品种类，提升服务“三农”与县域经营的市场竞争力，同时为确保产品与“三农”平台用户需求契合，农银人寿将责任简单易懂、费率低、保障期限短的一年期惠农产品作为“三农”平台专属产品，探索“三农”平台特色合作模式。

建信人寿与建设银行深入合作，以团险贷无忧产品与银行快贷互联网渠道进行融合，实现了“银行渠道+互联网平台”场景营销的渠道创新的积极实践。

通过产品与银行渠道的融合，实现了三方互赢：第一，拓宽了团险业务销售渠道，以手机银行渠道与网上银行渠道两大抓手，进一步扩大产品推广，实现建行的优质客户共享，为业务发展起到巨大的推进作用。第二，为快贷客户提供一份优质的人身安全保障服务，完全解决了贷款人发生人身意外情况下的还款能力问题，并通过专享优惠汇率，面向贷款人提供了直接的经济优惠。第三，保证了建行贷款资金安全，解决了贷款人还款风险，实现了风险转移。

这种渠道创新充分发挥银行系保险公司的优势，为推进母子公司一体化战略迈出了坚实一步。在投放不到6个月的时间里，在未开展优惠活动的情况下，进单量最高实现单日万单，累计承保保单超30余万份。

银保渠道的场景优势愈发受到保险公司的重视，对于该优势的挖掘和利用也成为银保渠道创造新价值的重要抓手。关注场景化需求也能让客户的转化更加高效、合理。

新华保险通过银行渠道针对手机银行项目积极创新。为了提升用户体验，实现业务增长点的新突破，新华保险与银行合作开发通过手机银行App端销售借贷安心意外险的系统，客户办理贷款时只需登录手机银行，进入保险服务专区，即可在线购买借贷安心意外险，操作简单、投保便捷。

创新方面，一是充分发挥保险产品的特色和价值优势——银行渠道最重要的特色正是其难以回避的快销模式，其价值优势应该是更高效地宣传保险的保障本质，因此必须开发具有竞争力的保障型产品，尤其是保费合适、缴费期限短、保障额度高、保障范围广的保障型产品——借贷安心意外险是针对借款人提供的一款短期意外险，通过手机银行进行销售，正契合了其提供保险保障的保险本质。二是利用技术创新提升客户满意度——商业银行的电子化和网络化为保险产品的推广和销售提供了新契机，利用互联网技术的创新，保险产品可以直接在银行的自助终端以及银行的官方网站、手机银行进行线上销售，改变了以往只能通过银保系统在柜台操作、既费时又费力的状态，并可以为个人客户提供全天候24小时在线保险服务，实现在线投保、在线支付、在线查询、提供电子保单等服务。

太平洋保险企福宝业务系统在对公业务合作中发挥着平台性、基础性的作用。该系统通过整合银行的企业网银、手机网银等技术优势，结合已有业务的政策优势、产品优势，将“客户、银行、保险公司”三者之间复杂的交互界面简单化、便利化，实现线上交易、闭环服务。在产品设计上，该系统将意外、身故、残疾、医疗等短期性产品简单化、标准化、菜单化，设计一套从简单到复杂的保险组合方案，有效实现“难有所帮、病有所医、老有所养”，满足客户多样化的购买需求，顺应互联网保险的产品趋势。在销售场景上，该产品依托银行的账户管理优势，通过增加银行的账户管理和服务功能开发“信贷+保险”“客户+保险”“工资+保险”等业务合作模式，不断增加产品的深度、服务的广度，有效增加客户黏性，将银行渠道的流量优势转化为业务优势，与互联网保险的理念高度一致。在流程设计上，利用“三证合一”登记制度，简化企业的身份识别；利用银行账户管理信息，简化企业的支付流程；利用员工的电子化信息，简化员工信息的导入；免去投保单、客户清单的纸质填写和盖章要求；利用电子保单系统，简化保单配送服务，实现线上销售、线下服务，确保客户有良好的服务体验。

幸福人寿于2017年初同华夏银行合作开发了网银及手机渠道的保险代理销售功能，实现银保渠道全部产品的线上出单，成为华夏银行首批线上销售保险产品的保险公司。同时，该公司还积极配合工商银行的手机银行线上保险销售业务推动开通了工商银行手机银行销售渠道，实现了工行移动端的在线出单，通过同以上银行互联网端的密切合作，打通了公司与银行客户的接触渠道，为银行线上客户提供了丰富的保险产品，增加了公司互联网端面向用户的“触点”，满足了客户综合理财服务的需求。

银保渠道的创新也体现在客户数据的深度挖掘和个性化销售上。阳光人寿通过试水银保渠道客户二次开发出单成功概率评分模型，采用大数据分析手段深入挖掘客户二次开发出单成功的客户在客户特征、保单持有量、保单状态、投保人和被保险人关系、保费、贷款记录、退保记录、客户信息变更记录等方面的数据特征，对比开发未成功案例在各方面的数据差异，找出显著影响二次开发出单成功的因素。在对2016年二次开发出单客户的多维度特征进行了大量数据分析挖掘后，公司为趸缴客户、期缴客户、满期客户分别建立二次开发出单成功率模型，帮助机构在提取客户名单资源时优先锁定评分较高的客户，并对一线营销人员进行提示。模型上线后，针对银保客户的特点又多次进行迭代优化，每月更新客户二次开发出单成功率评分，保证CSP团队在提取客户名单时得到当月二次开发出单成功率评分高的优质客户。

上述模型经过一段时间的运行与优化，取得初步应用成果：银保客户数据营销平台数据分析显示，高评分客户名单转化率提升约1倍，高评分客户平均承保时间比非高评分客户转化时间少近2天。

四、智能客服及风险管控

（一）智能客服

智能客服系统是在大规模知识处理基础上发展起来的一项面向行业的应用，适用于大规模知识处理、自然语言理解、知识管理、自动问答系统、推理等技术行业，不仅为保险公司提供了细粒度知识管理技术，而且为保险公司与海量用户之间的沟通建立了一种基于自然语言的快捷有效的技术手段，同时能够为保险公司提供精细化管理所需的统计分析信息。

保险运营业务过程中客户服务是较为重要的工作，客户的去留在很大程度上直接取决于客户服务的质量以及体验。随着人工智能技术的成熟和应用场景的拓展，不少保险公司通过智能客服系统实现售前客户产品咨询、售后客户保全与理赔咨询，以及业务介绍，通过AI技术应用打造全天候、智能化的客服体系，以满足客户多元化的服务需求。目前智能客服已经在互联网保险领域得到初步运用，也必将成为互联网服务创新的趋势。

1. 智能客服机器人。将智能客服机器人集成到客服系统的最大优势之一，就是客户可以在白天或者晚上的任何时间寻求帮助并解决问题，而传统的人工客服团队很难提供连续24小时在线咨询服务，即使能做到也价格不菲。这不仅能减轻客服人员的工作压力，更好地提高服务质量，也能够为保险公司缓解劳动力供应压力，同时减少一定的人工和运营成本。另外，智能客服机器人可以及时解答客户某些共性的、简单的问题，能最大限度缩短客服回复时间，同时也能缓解消费者的焦急等待心情，提高沟通服务的效率和准确度。

智能客服机器人解决不了的问题，其会流转给人工客服解决，同时机器人不断完成自身的深度学习和数据挖掘，提升解答能力。这样，智能客服就在自动服务和人工接待服务之中找到一个良好的平衡点，解决了业务繁忙人手不足的困扰，让沟通变得更加有效率，更有温度。

新华保险“智小新”于2017年底在新华保险官网推出。通过自动化、智能化、人性化的人工智能服务，突破时间、人力、地域限制，24小时在线，全年无休，随时随地解决客户产品、业务办理、理赔报案信息等方面咨询问题，为客户带来前所未有的服务体验。

平安养老2016年与平安金服携手引入智能客服系统，AI智能客服提供“7×24小时”在线服务，整体在线客服自动化率已上升至91.15%，年服务咨询量91万通；知识库匹配率高达98.10%，客户满意度94.00%。智能服务使得公司服务多渠道、多元化发展，服务更加透明化，成本更加低廉。2017年该公司通过使用智能化服务节省人力成本近千万元。2017年，随着知识库及平台功能进一步提升，智能客服月均交互35万次，自动化率从78.60%提升至91.20%，客户满意度从4.1提升至4.7（满分5分），节省80%的服务人力。

中国人寿新一代智能客服以智能客服知识库为载体，应用自然语言处理（NLP）技术引擎及算法模型进行深度学习与迭代处理，扩展知识价值；通过智能客服机器人精准解读客户意图，提升人性化、智能化感知。他们推出的95519智能语音导航服务一是支持客户语音说出需求，系统自动识别并理解客户诉求，帮助客户快速、准确进入菜单功能节点；二是支持客户查询保单信息、咨询热点产品信息；三是实现全天候、智能化的智能语音导航、客户自助按键相结合的联络中心自助语音服务。同时，中国人寿在2017年完成了智能客服机器人服务能力建设，并在总公司官方微信、江苏分公司服务号和国“寿e宝”App上的试点投放，为客户提供全天候的自助服务。一是深度应用自然语义理解的认知智能，实现语音识别录入感知；二是全天候服务，覆盖全业务、全渠道、全媒体；三是专注提供查询办理引导、服务信息指南、产品活动资讯、交谈聊天等服务；四是实现热点问题推荐、文字逐键联想输入、上下文关联理解、自动文字纠错、推荐相关问题、联想模糊问题6项交互功能。五是实现文字、图片、动态表情、H5 图文、链接跳转等多元回复形式；六是实现智能在线客服机器人、在线人工、语音人工三级远程响应服务体系；七是实现一点维护、多点发布，确保智能在线客服机器人向总分公司微信号、总公司“客户 e 宝”App 投放服务能力协同、服务内容同质。

2. 统一服务工作平台。保险公司一般都拥有官网、电话中心、App、微信公众号、支付宝、微博等多个渠道，但由于各渠道相互独立，互不连通，易出现应接不暇，接待过慢等问题。

智能客服支持统一接入来自不同渠道的访客咨询，实现多渠道统一平台管理，支持桌面端和移动 App 手机端双重工作模式，实现客服人员移动在线办公，同时实现了对客服来访工单统一分发、排队、受理等响应和管理，方便快捷。在工单分配上还可以自动升级高价值客户创建的工单或那些最有可能失去业务的客户创建的工单，而不是根据固定的顺序对客服工单进行分配。

合众人寿2016年启动智能云客服项目，搭建新话务平台，实现“服务全通道”，统一接入云平台，整合客户服务轨迹，快速捕捉客户需求，并智能监控运营管理中，自动预警与报警，推动业务管理优化，使之成为一个拥有数据挖掘、搜索，自然语音处理，机器学习等前沿技术的智能服务和作业体系，热线服务全整合、在线服务全智能的新话务系统。

人保健康利用蚂蚁金服的“智能云客服”，灵活工单配置，不仅支持工单流转，还支持工单页面元素灵活配置，与核心业务系统信息灵活流转，以智能引导、智能决策、机器人辅助人工服务，让客户随时随地享受到方便、快捷、贴心以及个性化的服务。

3. 智能客户管理。收集和整理各渠道客户的需求和动态信息，通过多维度、详尽的数据统计分析，跟踪和了解客户需求属性，全面了解每个客户，为客户赋予个性化的标签，以便客服能够快速响应客户需求，定位客户服务级别。同时，智能客户管理系统可以实时分析各种数据，并将结果可视化呈现，方便对随时出现的问题及时跟踪处理，防止陷入被动状况，实现全方位的线索跟踪。

平安健康通过对客户数据分析进行客户画像，全方位精准识别客户，敏锐把握用户个性化需求，在业务各个流程提供极速智能服务。

中华联合人寿对售前问题和售后问题的相关业务进行统计分析，可对用户的对话意图深入了解，并能及时发现售前售后问题，对用户的会话进行分析，分析用户对不同产品的关注度图表，查看产品的关注人数与关注率，辅助运营部门深入洞察产品关注维度，提供商业决策辅助。

4. 智能化实时质检。客服代表与客户的交流，通过语音识别技术和语义分析技术进行语音转写、话者分离、静音检测、语速检测、情绪检测及提取关键词等分析处理，生成相应的质检分析结果；对所有服务记录进行自动质检，提高客服质量，降低客户投诉率，提高客户满意度，提升客户体验。

长城人寿在语音质检项目中引入语音分析引擎创新技术，运用语音转字技术将海量语音转化为文本，并通过设计的各类质检规则模型对文本进行100%过滤及关键词聚类，将质检覆盖率从不到10%提升至100%，使品质管理模式由“人工质检”向“系统质检+人工干预”转变，效率提升2.5倍以上，保障服务质量。

5. 智能语音回访。智能语音回访系统通过应用语音识别（ASR）、语义理解（NLU）、语音合成（TTS）技术，按照预设的外呼逻辑与客户交流，通过多轮对话、话术引导达到回访业务目标。与传统人工回访比较，智能语音回访具备很高的智能化特点，可以轻松实现大规模、及时的定期回访，并且能够搜集客户有价值的建议反馈，从而帮助改进服务。

利安人寿引入科大讯飞智能语音平台，在已有人工外呼回访系统流程基础上增加智能外呼回访的节点，建设基于云端的智能回访平台，提高了外呼效率，节约了人工成本。

国华人寿将客服智能语音回访应用于新契约回访和续期缴费提醒回访，服务流程全程留痕操作，保证信息准确、可回溯，采用本地化部署，所有数据均在公司本地保存，同时配套网络安全监控机制，确保客户信息安全及系统稳定运行，知识库建设严格遵守监管规定，依托公司产品和业务规范，保障服务的合规性和准确度。

6. 智能语音导航。随着保险业务规模的不断扩大和业务种类的不断丰富，其电话导航自助服务的功能种类和数量也大幅增加。传统的电话互动式语音问答（IVR）导航菜单，客户通过按键和语音提示反复寻找所需业务，很容易失去耐心直接转人工客服，或下次咨询时直接选择进入人工服务。这严重影响了客户自助办理业务的意愿，导致人工座席服务量增加，也给保险公司带来人工成本。智能语音导航功能允许电话呼入的客户以开放的方式表述业务需求，系统将用户的语音转化为文本，并自动理解用户的自然语言中包含的准确业务需求，从而将语音菜单导航到客户所需功能节点，实现“菜单扁平化”。

中国人寿推出 95519 智能语音导航服务，支持客户语音说出需求，系统自动识别并理解客户诉求，帮助客户快速、准确进入菜单功能节点，支持客户保单查询、咨询、保全、理赔等多项业务操作，实现全天候、智能化的语音导航，客户自助按键相结合的联络中心自助语音服务。

7. 延展增值服务。除了传统的在线查询、保全、理赔等业务咨询和办理外，部分保险公司还提供更多的延展增值服务，创造良好的互动交流空间，以客户为中心，人性化贴心服务，提升客户体验，增强客户黏性。

中国人寿 2017 年完成了智能客服机器人服务能力建设，为客户提供全天候的自助服务通道，专注提供查询办理引导、服务信息指南、产品活动资讯、交谈聊天等服务，实现热点问题推荐、文字逐键联想输入、上下文关联理解、自动文字纠错、推荐相关问题、联想模糊问题 6 项交互功能，实现文字、图片、动态表情、H5 图文、链接跳转等多元回复。

平安健康还将智能客服应用于“智能问诊”项目，通过智能问诊系统，为客户提供全流程问诊服务和支持，诊前精确分诊，分诊信息准确流转，诊后系统指导，解决了信息闭塞、广告信息“不靠谱”、政策多变、用户不了解行情等问题，帮助客户了解自身健康状况和学习掌握医学知识，从而降低保险自身风险。

（二）风险管控

传统的保险销售方式为保险公司面对面向客户销售保单，逐条解释说明告知项目、双方的权力义务，促成签单，购买流程相对复杂，在保险公司和期望获得简单方便购买体验的客户之间隔起一道“篱笆墙”，那些不善言谈、性格内向的客户往往被挡在保险大门之外。传统销售方式不仅仅在投保时流程复杂，理赔时同样面临较为复杂的流程。计算机/手机软硬件的普及将千千万万电脑、手机连结在一起的互联网让这个“篱笆墙”产生了松动。利用计算机软件，通过互联网化繁为简、提升客户体验已经成为各家保险公司竞相追逐的目标，过去需要几天才能完成的人工核保，现在客户只要在网页中勾选健康告知项目，系统会自动按照预先植入的核保规则得出结论；过去需要客户携带资料，登门递交并填写理赔申请，现在只要按要求拍照、上传即可申请理赔。

互联网让保险的流程变得简单便捷，吸引了大批“80 后”“90 后”消费者。他们受教育程度高，熟悉计算机、互联网。各家保险公司对他们的争夺日益激烈。

2017 年是保险业探索服务标准化的起步之年，更是保险服务智能化的快速推进之年。保险服务正迎来全面智能化新时代。智能化的保险服务方便了客户，提升了客户体验的同时，问题也随之而来：如何保证客户在网页中进行了如实告知？如何保证客户提交的资料照片的真实性，防止保险欺诈？保险公司之间竞争的方法之一就是减少网页中的告知项目，导致一些健康情况不达标的客户按照健康客户的标准购买了保险（保险公司自动核保通过）。如何在减少告知项目的同时有效甄别出健康状况不达标的客户？在应对互联网保险存在的以上风险方面，各人身险公司运用新科技推出了多种风险管控创新举措。

1. 基因检测科技应用。基因检测是通过血液、其他体液或细胞对脱氧核糖核酸（DNA）进行检测的技术，是取被检测者外周静脉血或其他组织细胞，扩增其基因信息后，通过特定设备对被检测者细胞中的 DNA 分子信息作检测，分析它所含有的基因类型和基因缺陷及其表达功能是否正常的一种方法，从而使人们能了解自己的基因信息，明确病因或预知身体患某种疾病的风险。基因检测对于疾病的预测预防非常重要。美国已经形成完善的产业规模，检测准确率也高达 85%；国内的相关机构也如雨后春笋，蓬勃发展。

基因检测可以诊断疾病，也可以用于疾病风险的预测。随着基因技术的不断进步，大量的基因研究证实了遗传会影响很多重大疾病的发病率，基因信息可以作为一个重要的风险分类因素。但是，健康险领域一直存在着一定的争议，比如基因检测结果如果用于作为核保依据，则变相破坏了保险的公平。2017 年中国保监会《健康保险管理办法（征求意见稿）》规定，“保险公司销售健康保险产品，不得非法搜集、获取被保险人除家族病史之外的遗传信息、基因检测资料，也不得要求投保人提供”。

各保险公司完全依据中国保监会和中保协的规定，不在个人客户中使用隐藏的基因信息作为风险评估的标准。例如，国华人寿对于基因检测的研究，重点在于减少发病率，做好客户的健康管理；民生人寿对于基因检测的研究则用于产品营销和市场活动。

2. 线上智能核保与理赔。传统的投保过程是，投保人告知保险销售员健康情况，销售员收集这些资料提交给保险公司，由保险公司的核保员比对公司内部的核保规则做出是否承保、如何承保（加费或标体）的决定。

对传统投保过程进行智能化改造（智能核保），通过核保端将差异化核保规则全部通过系统管理内置，客户通过网页告知健康情况后，系统自动将健康情况与内置的规则比对打分，符合规则的自动做出核保决定，即时将核保的结果反馈给客户，这就实现了核保智能化，当客户在网上购买保险时，核保流程简化成一页标准化的健康告知单。保险公司列出一系列问题，如果在这些问题中有符合项，客户就失去投保资格。这种线上智能核保的特点是简化核保流程，核保条件更宽松，甚至带病也可投保。与传统核保相比，智能核保最大的作用就是让一些以前不能购买健康险、医疗险的人也拥有了投保的机会。进一步扩大可承保人群，此种方式有利于提高审核效率，明确用户的可保障范围，消除用户的疑虑。目前，多家保险公司，如平安健康险、新华保险、国华人寿、渤海人寿等均有很好的智能核保系统的开发应用。

内置的核保规则的深度、广度对于风险控制尤为重要。各家保险公司的内置规则不尽相同，或来源于自身多年累积的保险历史数据，或联合第三方平台共同研制。比如平安健康智能核保在简化健康告知的基础上，通过疾病列表方式直观显示各系统常见疾病，将复杂的决策树逻辑留在系统后台，将简化后的告知路径放置在线上平台，方便客户选择，并记录标准化告知结果。客户仅需要回答1—3个问题即能完成具体疾病告知，真正让健康告知简化到极致。通过“人机对话”的实时交互模式对客户进行简易医学在线核保，即时给出差异化核保结论实现了对临界可保人群的高效筛选，同时平安健康在运用医疗险风险管理准则的基础上设计、编写了合乎核保思维和逻辑的问答。通过投保人的在线回答，系统自动审核承保风险并出具与被保人“健康告知”相适应的核保结论，实现了客户投保时无须人工介入，完全由系统后台通过逻辑判断以及风险筛选规则自动给出结论，对整个健康险行业核保技术的发展具有里程碑意义。又如新华保险Magnum智能核保系统实现了智能化保单信息采集、自动化核保风险评估。以“子宫肌瘤”这一疾病为例，根据数据平台的分析结果显示，在某一时间段内，客户投保寿险并告知患有“子宫肌瘤”的投保保单为3 179件，其中Magnum直接下达核保结论为“标准”的投保单2 471件，占比达到78%。

类似于线上智能核保，智能理赔的过程是在理赔端统一作业平台内置风险规则引擎组件，实现赔案风险智能识别，高风险赔案提交人工审批，低风险赔案自动审批结案。同样，理赔风险控制效果的好坏也由内置规则的深度、广度决定。

3. 大数据技术的风险控制支持。大数据风险控制，是指通过运用大数据构建模型的方法对保险人进行风险控制和风险提示。传统的风控技术，多由各机构自己的风控团队以人工方式进行经验控制，但随着互联网技术不断发展，传统的风控方式已逐渐不能支撑机构的业务扩展；大数据对数据多维度、快时效的智能处理，批量标准化的执行流程则更能贴合信息发展时代风控业务的发展要求，通过对客户的信用状况、经济状况、行为偏好、位置轨迹、关系图谱等方方面面信息的汇总分析，设置风险评级标签，建立客户风险评估模型，可以广泛用于投保、核保、运营、理赔等环节。

数据的质量决定了控制风险的准确性。各家保险公司大数据风险来源依据公司的规模大小而异，有的不仅仅局限于公司的历史数据、行业的历史数据，而是开始通过 3 个层级获取的数据来支撑风险评估（如中国人寿、平安医疗险、太平养老、中英人寿等）。第一层级是核心层，包括公司和行业数据；第二层级是紧密层，即网销平台客户在使用公司产品时的行为数据；第三层级是外围移动层，即利用第三合作平台的客户的行为数据等。

保险的立业之本是大数法则，无论是财产险的概率性事件，还是寿险的生命周期概念，实际上都是大数据的概念。大数据时代的到来将挑战大数法则，使大数法则向多维定律过渡。有研究指出，大数据对保险价值链的影响体现在方方面面，包括风险评估定价、营销、理赔欺诈等。

国华人寿在 2017 年通过发展和创建风险管控平台，结合公司的技术能力和借助第三方的反欺诈能力为前置核保提供风控服务，在保险领域通过大数据智能分析帮助保险公司加强风险控制，促进创新业务快速健康发展。一是智能风控将大数据技术应用到互联网风险管理和反欺诈领域，精准识别欺诈风险，阻挡“羊毛党”占用真实客户的资源和利益，有利于精准识别虚假交易、恶意下单、库存绑架等欺诈行为，保护平台交易的安全。二是个人信用评分结合传统的金融风控方式，将“黑白名单”、防范规则及内部数据与互联网数据整合，构建适合保险行业或产品特有的信用数据模型，涵盖了个人资产状况，消费状况，借贷状况等系列数据模型，有利于个人信用的全面化评估，避免因内部数据的缺失和单一造成个人信用结果的偏差，提高风险控制能力。

富德生命人寿在大数据风险评估上已经不仅仅局限于公司的历史数据、行业的历史数据，而是开始通过 3 个层级获取的数据来支撑风险评估，还专门设立了电商部门的精算产品团队，更多、更广的数据获取可以帮助公司更精确地识别个体对象潜在风险，建立更加有效的数据模型，不断改善和提高精算的精准程度，帮助判断和评估风险以及确定风险准备金。

4. 互联网反保险欺诈。互联网时代，我们足不出户就可以解决很多问题，但互联网在带来快速便捷的同时，也伴随着巨大的风险——互联网金融网络欺诈。互联网反欺诈已然成为一场没有硝烟的战争。

已经在互联网反保险欺诈领域运用的技术有人脸识别、OCR（光学字符识别）读取、身份证校验、短信验证、电子签名、CA（认证授权）签章等，初步较全面地建立了事前、事中、事后全流程风险管控体系，日常作业真实性风险得到有效管控。如事前通过短信验证、人脸识别对电子单证进行认证，提高电子单证防伪能力，确保客户受理前端真实性；事中通过系统规则控制保全受理为客户本人申请，拍摄客户头像、对银行卡增加银行方实时验真、客户电子签名等新技术，管控借款业务办理过程中的真实性风险；事后通过开展事后作业监督审核工作进一步规范基层作业行为，防范真实性风险。

渤海人寿将自营电商平台“渤海在线”及官方微信作为公司级全线上服务建设平台，以“金融科技＋服务”模式拓展平台在线服务，结合业务场景，将OCR、人脸识别、电子签名等科技与具体保单服务有效集成，在需要强客户身份识别的服务项目上，比如重要信息变更、保费退还等业务，首先通过“人脸识别”技术校验客户身份，确保客户本人操作，同时针对涉及资金业务，要求客户实时上传证件，完成OCR读取，并对该客户银行账户通过银行“鉴权”方式，校验客户信息与账户信息的一致性，一方面保障客户操作便捷，另一方面确保业务安全。

部分公司通过深度挖掘数据信息，以及对获取的信息进行综合风险分析等方式评估欺诈风险。例如，中国人寿行业内首家推出的智能重疾险反欺诈风险预警模型运用时下人工智能技术结合高效精准的随机森林算法，从保单信息、客户行为、机构行为和营销员信息等多个维度计算赔案的欺诈风险因子，实现重疾险理赔案件的欺诈风险预警评分功能。复星保德信人寿通过联合腾讯金融云和上海商涌网络科技，将其共同研发的保险风控模型应用于互联网定期寿险产品的定价、保额设计和产品推广。该模型从多个维度对用户进行风险评定，精准识别用户逆选择风险，甄别优质客户和不良客户，在有效的风险识别基础上，为客户提供极具性价比和竞争力的定期寿险产品。保险风控模型还可以通过不断积累数据，结合AI学习能力，实现持续优化和迭代，为保险公司提供更好的风险控制服务。

信泰人寿在大力发展业务的同时积极与保险反欺诈平台合作，完成公司投保客户在线校验，以此提高客户服务质量，保护保险消费者合法权益，提升公司风险管控能力。在在线身份校验中，信泰人寿引入了人脸识别技术，线上投保时，将客户身份信息与公民身份信息库进行比较便能精准地验证客户身份，从而提升保单的处理效率，降低客户虚假投保的风险，避免发生互联网欺诈事件。此外，随着手机投保的发展，为了避免手机号码不实以及客户使用他人手机号进行投保等问题，该公司改造了投保校验规则，进行手机号实名认证；同时还实现了在线查询不良信息，防止客户隐瞒吸毒等不良历史，影响保险核保的结果信泰保险与保险反欺诈技术的紧密结合正在打破传统保险的桎梏，对传统保险形式进行改造升级甚至颠覆，紧跟科技创新的潮流，拥抱“智能保险”新时代。

五、新科技应用创新

（一）新架构应用

互联网时代的市场瞬息万变，保险公司的 IT 系统应对大量投保数据，如何能够快速响应需求、支持各种新产品的销售成为各公司面对的新问题。

1. 投保引擎。为了能快速支持新产品上线，泰康养老自主研发了“投保引擎”，可以通过定义的方式完成各种保险产品的开发，其中包括了一系列的自主研发技术，如逻辑引擎、规则引擎、问卷引擎、流程引擎等，从而支持从短期意外险到长期重疾险，从万能险到投连险的各类保险产品的投保销售，对于不同种类的保险产品，支持不同的前端流程与产品规则定义，从而能够快速上架保险产品。通过投保引擎，泰康养老拥有了低成本快速上架新产品的能力，为公司在市场中抢得先机提供了技术支持。

2. 虚拟化架构。为了适应互联业务流量大、突发性强、更新迭代频率高的特点，泰康养老 IT 团队引进 Dev Ops 开发运维一体化体系与工具，提升对业务系统的运维能力。泰康养老使用分布式服务架构搭建应用服务，通过使用 Docker 容器技术，实现应用服务集群的虚拟化，做到“无停机一键发布”，并能根据业务流量灵活调配计算资源，实现性能的无缝伸缩。虚拟化、容器化技术有效地解决了泰康养老分布式互联网应用的运维问题，不但大大节约了运维人力，提高了系统性能适应能力，也加快了系统版本的迭代速度，提升了业务支持灵活性。

（二）新科技应用

1. 可穿戴设备。近几年，新型移动互联技术、可穿戴设备在保险产品销售、保险客户服务、网络营销等方面逐渐进入普及应用阶段，多家寿险公司与业内数据科技公司深入接触，针对基于“互联网 +”项目合作进行探讨，如人保寿险的英才少年俱乐部可穿戴智能手表项目。人保寿险授权数据科技公司协助定制研发生产儿童可穿戴设备（可定位、多方通话、记录运动数据的儿童智能手表），借助公司微信公众号“人保寿险在线—英才少年俱乐部”专属区获取用户联系方式、运动信息、社交信息、地理信息及健康信息。通过对所获取用户信息进行分析，以微信公众号为介质进行相关保险产品推介，并最终促成客户多次投保。可穿戴设备不仅仅是一种硬件设备，更是通过软件支持以及数据交互、云端交互来实现强大的功能，将为我们的生活、感知带来很大的转变。英才少儿俱乐部项目以可穿戴设备及移动互联网技术（微信公众号）为载体，进行“互联网 +”保险领域的创新。同时，此应用凭借互联网思维，以客户对儿童关爱及家庭成员之间强关系为基础，通过应用场景解决保险产品特别是人身险产品黏性较弱的问题。在不增加公司支出的前提下，公司通过更改费用分配比例的方式解决项目成本问题，不但能带动产品销售，而且可获取高价值的客户数据，同时也为公司增加新的产品销售、服务渠道。

2. 人脸识别。人脸识别技术是基于人的脸部特征信息进行身份识别的一种生物识别技术。与传统的身份鉴定方式相比，人脸识别最大优势就是更安全、保密和方便。人脸识别能实现智能、快速、准确地验证用户信息，同时以较低廉的成本收集用户信息，建立用户信息数据库，进行用户管理。互联网保险公司运用人脸识别技术，能准确验证、收集用户信息，提升用户服务体验，增加竞争力。富德生命人寿已经在生命云服务 App 使用人脸识别技术，主要用于保全、退保等流程。中华人寿在 2017 年引入该技术，用于运营流程的便捷性提升，客户足不出户，刷脸就可以实现投保、核保、保全、理赔全流程服务。该技术通过后台将用户身份证照片和公安部身份证认证中心照片进行智能比对，用此方法代替人工认证。

3. OCR 技术应用。OCR，即光学字符识别，采用光学的方式将纸质文档中的文字转换成黑白点阵的图像文件，并通过识别软件将图像中的文字转换成文本格式，供文字处理软件进一步编辑加工。平安养老通过 OCR 技术识别医院发票上打印文本，自动获取医疗项目和医疗费用以便系统自动核算理赔金额，降低人工成本及差错率，极大提升客户体验并降低公司成本投入。富德生命人寿通过 OCR 技术识别证件、提取证件信息与操作人匹配，在“生命云服务”、“E 动生命”、微信等渠道实现线下保单线上保全、退保等流程使用。

4. 智能语音识别应用。阳光人寿推出微信智能语音投保功能，代理人只要在官方微信语音输入投保产品名称，其代理人身份就会被自动识别，代理人身份信息被确认后返回产品投保链接。项目对方言也做了特殊的分析处理，达到了很好的识别效果。国华人寿利用语音识别技术实现系统自动回访，已应用于新契约回访和续期缴费提醒回访。

5. 其他新技术应用。

（1）小程序开发应用：应用小程序新技术，研究客户最新的使用行为习惯，快速通过小程序开发出微信答题及直播功能，创新了业务运营方式，为用户增长和传输保险知识提供新的入口。

（2）“云视频”会议系统。信泰人寿于 2017 年推进“云视频”会议系统的建设，稳步迈入云计算时代。截至 2017 年底，信泰人寿的 18 家分公司已完成分公司范围内的测试；9 家分公司已经投入分公司范围内的会议使用。该系统建设完成后将为所有分支机构（含分公司、中支公司及营销服务部）提供无缝的沟通渠道，能够更好地帮助公司解决远程商务会议受时间、地点的限制问题，随时随地与分支机构进行远程沟通、培训、政策传达等工作，不仅大幅度降低了企业的运营成本，而且提升了沟通效率，加强了管理深度。

未来，新技术、新设备的应用将成为保险行业风险控制的主要途径。在承保环节，基于大数据基础的数据分析技术将在第一时间立体呈现保险标的各项数据和特征，为承保决策和政策制定提供第一手资料，从源头控制风险。在理赔环节，新技术、新设备同样将被广泛应用。在人寿保险领域，利用能够实时监控人体健康情况的可穿戴设备来获取和细分不同群体、不同年龄的人体健康和生死概率，并适时向客户提供饮食、健身等方面的建议，可有效降低投保人的医疗费用。

任何事物的发展都要有与之对应的配套管理措施，互联网保险创新也不例外。今后相当长一段时间，互联网保险创新都将在路上，基于互联网保险创新的风险管理也必将紧紧跟随。

第四节 挑战与机遇

一、互联网保险产品创新机遇挑战并存

随着互联网时代的到来，以保险公司和互联网中介平台为代表的互联网人身保险主体对流量与客户的竞争越来越激烈，互联网人身保险产品在发展中创新演变，但也逐渐凸显一些问题和挑战。

部分互联网人身保险产品噱头大于实质，例如把普通意外险产品包装成场景化的产品以博取大众眼球，同时保险公司之间模仿抄袭所谓的“爆款”保险，产品存在严重的同质化问题。

人身险公司开展的互联网业务主要集中在意外险、简单的寿险、理财保险等方面。保险监管机构《关于规范人身保险公司产品开发设计行为的通知》对理财型产品进行了限制性规定，鼓励发展长期保障产品，但健康险等保障类产品供给不足，市面上仍为短期健康险居多，适合互联网销售并且符合互联网时代用户潜在消费需求的产品没能得到有效挖掘。

由于大部分保险公司没有大数据积累的基础和处理经验，很多所谓互联网“新产品”都是营销意义上的新产品，按照传统的三因素定价法来设计，将互

联网定义为销售渠道，预留了较高的渠道成本费用，虽然与线下保险相比具备一定价格优势，但在购买流程、客户体验、保障功能、保障程度等方面仍没有做到以客户为中心。

互联网本身具备信息透明、去中介化、体验交互等特点，与数据属性较强的保险具备较好的结合点，因此未来互联网人身保险产品的发展建议为：对行业而言，需要尽早搭建共享平台积累行业数据，获得全量、实时、潜在的数据，分析和整合行业数据逐步形成大数据信息库，对疾病发生率、寿险行业经验生命表等动态更新和共享，促进保险公司有效运用行业大数据设计出定价更合理的保险产品和更加精细化的管控成本，同时提高行业承保风险识别能力和理赔反欺诈能力等。对保险公司而言，急需建立透明化的产品模式，主要包括两方面：第一是以客户为导向制定保险费率，压缩渠道和后援分摊费用，通过大数据、人工智能、云计算等前沿技术不断降低费率水平；第二是提供保障相对简单的产品，让客户了解保险的保障本质，包括成本公开化、条款简单化等措施，满足广大消费者对人身保险的多样化需求。

二、互联网巨头深度介入是“双刃剑”

随着互联网技术在保险业的全面渗透，互联网保险发展呈现提速之势，互联网巨头纷纷抢占保险市场，希望通过互联网及保险科技（InsurTech）解决难点问题，重塑模式及行业格局。没有 BAT 等互联网巨头介入人身险领域的时候，人身险领域各公司都在多年形成的“势力范围”内相对舒适的生存，在自家的区域内做自家的业务，产品责任、价格、服务的竞争缺乏新的挑战（见表 1 - 3 - 10）。互联网公司介入这个领域之后，形式逐渐发生了变化，互联网思维、广泛的入口覆盖、大量的资本投入，从代理卖保险到自主研发产品，再到经营保险公司，互联网巨头不同深度地介入保险市场大大加速了保险业务的变化，一方面消费者更加容易选择到更适合自己、性价比更高的产品，另一方面也使保险公司的产品设计、客户服务、信息系统建设被迫加速，以适应市场的不断变化。

表 1-3-10　互联网环境下与传统模式下保险产品内容对比

市场分类	序号	产品内容	互联网环境下	传统模式下
个人产品市场	1	销售入口	生活中各终端软件均可植入消费入口，注重快速决策购买	无论产品价值多寡，均靠销售人员推广
	2	推广形式	线上线下，口碑传递，在自有公司体系内的各入口推广，获得最广泛的覆盖快速推广	受销售人员主观能力和公司销售政策、广告费用影响
	3	产品责任	以场景为基础，责任细分，灵活定制，新产品上线快，快速迭代，新条款报备快	创新业务谨慎发展，前期评估流程时间长，缺少试错环境
	4	价格	在代理模式下，客户广泛竞价，鼠标一点或者轻触屏幕就可以货比 n 家，完全可以看到各家产品优劣； 在产品开发模式下，互联网企业提出需求后可以向全国的保险公司或者同一保险公司的不同省份分支发起报价需求，选择价格最优的产品提供商	以所在区域承保公司所掌握的定价数据及风险承受能力为定价基础
	5	核保	可以借助大数据核保，将被保险人行为数据、消费数据、就医数据作为机器核保依据，快速评测对应风险，判断告知真伪；有些地区已接入医保数据，为销售复杂产品、个性定价打下基础	依赖于核保手册与核保员个人能力以及承保公司的风险偏好，偏保守、迟钝
	6	承保	基于线上支付工具迅速缴费	受签约银行、交易费用限制，不一定能使用所有常见电子缴费形式
	7	理赔	电子理赔资料上传、专业理赔部门（公司）协助理赔，理赔款第三方垫付等进度全程可视，提高理赔效率，增加服务感受的手段	部分自助理赔，找销售人员、临柜等模式
	8	推广、销售费用	对客户数据的价值认识更高，费用给付形式灵活	产品费用来源单一，相对固定
	9	附加服务	产品可以为全产业链服务，通过客户数据积累，可实现患者线上医院治疗、康复、器具与药品的购买和配送，上门家政、照护服务	附加服务少，受益人群少
企业法人市场	1	标准产品	企业快速购买，套餐化定制	线下投保，无论企业大小，手续无简化
	2	价格	相对较低，尤其对中小企业，大大减少采购时间成本与费用成本	受核保政策影响大，价格有波动
	3	增值服务	配合生态链企业，可以方便选购其他产品与服务	对接第三方服务时在产品品类、服务提供、财务处理各方面都有难度

通过表 1 – 3 – 10 中互联网环境下与传统模式下多方面的对比，可以看出随着互联网巨头对保险领域的渗透深入，传统保险公司的销售空间、利润空间都受到了挤压，深层次地要求保险公司在风险认知、大数据收集利用、产品设计速度、技术力量投入、服务意识、内部协调、整合资源利用等诸多方面都要重新思考。未来是做大而专的“出单公司”，还是发展多种盈利途径做大而全的生态链集群，是当前每家人身险公司都要认真考虑的。在分支公司层面，能快速适应市场在资源所及范围内创新与改变，是更关系到人身险公司在“互联网 + 保险”时代能否立于不败之地的关键所在。

三、医疗技术及人工智能扩展保险空间

医疗技术及人工智能的发展给传统风险管理带来巨大的想象空间，未来的风险模型将更立体，风险因子的描述更加丰富，单一个体的个性化因素也会被广泛考虑和应用。传统的风险模型与发展迅速的医疗技术、人工智能等新科技日趋融合。

（一）可保风险判断发生改变

传统的风险模型维度相对单一，随着信息采集能力的提升，地区、信用、生活作息、运动频率、兴趣爱好、风险偏好等更多维、更全面的信息也将随着产品类型被纳入个性化的风险因子。大量医疗数据可供对个体风险进行分析，使可保风险不再仅仅依据传统生命表，还可对细分群体的健康及生死概率建立数学模型，使风险定价更加科学、准确。

（二）个性定制保险成为可能

保险公司可以运用大数据分析新工具对海量数据进行回归分析，精确识别和确认个体对象的潜在风险。这并不意味着传统精算理论将颠覆，而是使得保险公司更有能力做产品的个性化定制，如免赔额、等待期、差别定价、免核保等。同时，运用人工智能的发展帮助提升传统精算方法，产生一种将大数据方

法融合在精算理论之中的、演进的保险精算方法，如从相关性中找到预测的评估，从间接变量到直接风险变量等。

（三）带病投保业务将得到发展

现代医疗技术提高降低了医疗成本，提高了疾病人群的生存能力，越来越多的带病个体购买非直接病因相关保险具备可操作性。随着业务数据积累，带病投保将成为寿险业务的重要来源。为此，可保风险及保费的计算模型可能随之变化。

四、智能服务提升互联网保险用户体验

人工智能的理论与技术日益成熟，应用领域不断扩大，近年来更呈爆发式增长。互联网保险领域的人工智能应用正在兴起，越来越多的保险企业已开始运用智能科技提供方便快捷、安全高效的服务体验，从智能投保、智能承保、智能核赔理赔等方面全方位提升客户的用户体验。

保险行业对智能投保已应用较多，尤其是引入人脸识别等技术，可以简化和提高录入功能，提升营运服务效率，改善客户体验，让客户感到投保环境越来越放宽；智能承保系统通过规则设置，在核保环节上能降低逆选择及恶意投保等风险；智能辅助诊疗系统要实现在线诊疗及健康咨询数据的集合，最终可用于在线医疗的预诊分诊、问诊环节，将医生从重复性、初级咨询工作中解放出来，提升就诊效率；在智能核赔理赔方面，人工智能系统通过规则隐形、内置的方式对绝大多数理赔案件，尤其小额理赔案件进行智能审核、校验、处理，同时还可通过系统自动搜索数据，完成数据计算任务，快速进行核赔、理赔，助力员工更快地处置理赔事件。

从基于发挥充分保障作用的角度出发，当下的人身险产品销售，线下的人与人充分沟通仍起重要作用，由于销售场景相对复杂，需要实现对客户的需求及潜在需求的挖掘和发现，要引导客户，促进销售达成，而人工智能现在尚不具备应对非规则化、差异化条件的能力，或这种能力正处于起步阶段，致使智能技术

对此领域介入不多。目前，以人工智能替代真实的销售人员还有很长的路要走。

在客户服务方面，客户联络的工作效率得到大大提升，同时也降低了运营成本，但就目前智能服务的运用来看，在线机器人的应用主要还是停留在解决一些重复性较高、简单的制式问题，这只是基于简单的人工对话，而这种人工对话也只是局限于简单的问候，稍微深入一点的问题机器人就无法起到相应的作用。这些简单的人机对话与客户的互动显得死板僵硬，特别是企业在进行人工客服接入前一般会先让机器人接入，在某种程度上甚至会引起客户的不满，导致客户满意度下降。

人身险企业的普遍情况是，作为中后端重要岗位的核保、核赔，仍需要有医学背景的专业者来做，尤其是人身险理赔中较为复杂的重疾险等案件，理赔材料中的医疗依据需要有医学背景等的专业人士进行判断，智能技术短时间内还不能在这方面实现替代，主要问题是样本量不够大。

人工智能的大概念，就是用科技化的手段替代人工制式化的工作，既能提高工作效率，又能降低人力成本。随着大数据、人工智能的发展，以智能文本机器人为代表的自然语言处理技术正逐步进入大规模实用阶段。虽然距离真正的智能化还比较遥远，但只要正确认识技术的边界，找好业务切入场景，扬长避短，就能发挥出技术的价值，通过科技创新提升互联网保险的用户体验。

在互联网保险飞速发展时代，不仅应充分利用互联网保险的核心科技，还需注重利用医疗健康大数据资源转变医疗产业的增长方式和服务模式，以人的健康为中心，使大数据服务于大健康、大卫生、大医学，助推创新驱动健康事业的发展。健康大数据不仅意味着海量、多样、迅捷的数据处理，更是一种颠覆的思维方式、一项智能的基础设施、一场创新的技术变革。应联合安全可靠的信息技术企业、利用云计算、大数据、移动互联网和物联网等先进技术和理念来全方位地开展健康大数据产业促进工作。

大数据与人工智能的发展是一个长期的过程，在不断成长的过程中难免遇到技术相对不成熟带来的痛苦，无法避免技术漏洞带来的损失，需要不断总结不断优化不断提升，才能够让大数据与人工智能真正在互联网保险领域带来大产业、大机遇和大红利。

第四章

中国互联网保险第三方平台实践

第一节
互联网保险第三方平台发展状况

一、市场经营形势

2017年，互联网保险保费收入1 876.49亿元，同比下降18.38%，其中互联网保险第三方平台累计实现保费收入1 536.60亿元，同比下降18.51%，主要原因是人身险投资型业务大幅下降，这是保险行业对业务结构进行的主动调整，促使保险行业回归保障本质。互联网第三方保险平台在整体互联网保险保费收入中的占比为83.34%，较2016年基本持平，小幅提升了1.46个百分点。

具体分险种来说，人身险方面，2017年互联网人身险市场全年累计实现规模保费1 383.2亿元，同比下滑23.01%，而互联网业务主要来源依然是第三方平台，这部分实现保费收入1 205.97亿元，占人身险互联网保费的87.19%。2017年经营互联网人身保险业务的主体数量为61家，48家公司通过自建在线商城（官网）展开经营，55家公司与第三方电子商务平台深度合作，其中47家公司采用官网和第三方合作“双管齐下”的商业模式。

财产险方面，布局互联网财产险市场的保险公司共计70家，其中开展互联网车险业务的保险公司42家，开展互联网非车险业务的保险公司66家。

2017 年互联网财产险市场全年累计实现规模保费收入 493.49 亿元，同比负增长 1.75%，其中互联网车险业务负增长 23%，是影响互联网财险表现的主要原因。但是，其他与第三方平台（包括保险专业中介机构和第三方网络平台）合作的非车财产险业务逆势上升，实现累计保费收入 160.90 亿元，同比增长 72.14%，占财产险互联网保险保费比例的 32.60%。

二、第三方平台发展状况

（一）互联网巨头加速布局，纷纷获得“入场券”

2017 年 7 月，蚂蚁金服全资设立的杭州保进保险代理有限公司获得中国保监会许可，拿到互联网巨头中第一家中介牌照。在互联网保险业务中深耕多年的蚂蚁金服 2017 年的业务更为深入。2017 年 6 月，蚂蚁金服宣布向保险行业全面开放技术产品“定损宝”。“定损宝”模拟车险定损环节中的人工作业流程，帮助保险公司实现简单高效的自动定损，这也是图像定损技术首次在车险领域实现商用。据估计，在每年 4 500 万件的私家车保险索赔案中，“定损宝”能覆盖的纯外观损伤案件占比约在 60%。“定损宝”还能帮助保险公司挤掉原来缺乏统一标准而导致的定损“水分”，减少虚假骗保案件。“开放”已经成为蚂蚁金服近年来的重要战略之一，通过开放科技能力，蚂蚁金服将和保险公司共同打造良性的保险生态，更好地服务用户。

2017 年 10 月，百度拿下保险中介牌照，将持有黑龙江联保龙江保险经纪有限责任公司全部股份。在这之前，早在 2015 年，百度联合安联保险、高瓴资本宣布拟成立百安保险，2016 年百度也曾宣布与太平洋保险旗下子公司太平洋产险共同发起设立聚焦汽车保险的互联网保险公司，不过这两家公司的设立一直没得到监管机构的批复。这张保险经纪牌照为今后进行对应业务提供了更多拓展空间。

2017 年 11 月，腾讯旗下保险频道——“微保”正式上线，微信钱包在“九宫格”里为“微保”开放了固定入口。秉承着互联网“连接一切”的理念，微保用户可以通过微信直接购买保险、查询和理赔。微保还推出该平台的首款健康险产品“微医保”。该产品主打高性价比，购买“微医保”的用户还可以享受一系列优质、省心的重疾快速就医服务，包括押金垫付、专家预约、专人陪诊、专家病房/手术安排等。微保定位保险精品平台，希望让保险变得更加简单、时尚、好玩，力求为用户选好并简化产品，降低购买及理解门槛。

（二）初创公司业务方向垂直化、多元化

据不完全统计，2017 年互联网保险第三方平台融资事件共 35 起，涉及的业务方向包括：车险平台、智能保险顾问、大数据服务、保险企业服务、医疗保险管理、定制优选保险产品、代理人工具、理赔等。其中，融资过亿元的 7 家公司是车车车险、保准牛、小雨伞保险、大象保险、益盛鑫科技、最惠保和南燕科技。

从趋势上看，初创公司的业务方向更加垂直，也更加多元化，最细分的领域包括运动保险、电动车保险等。一方面，在互联网红利消退、获客成本高企的背景下，垂直细分领域，针对特定用户群切入和运营更容易生存；但另一方面，业务的成长空间和天花板也可能更明显。

此外，以大数据、人工智能、区块链等作为业务方向的初创公司开始增多，并且一定程度上得到资本方的认可。这也迎合了保险科技崛起的趋势，新技术的发展在保险教育、核保定价、售后服务等保险生命周期中持续发挥效能，推动保险行业向技术驱动转型。

（三）业务模式“微创新”

与之前互联网保险第三方平台扎堆在销售渠道上不同，如今的第三方平台在业务开拓上更加深入，总体来说有以下 4 个方面的微创新。

1. 需求洞察分析智能化：第三方保险平台通过技术创新推出了丰富多样的智能评测与导购类产品和服务，大大提升了用户体验，让保障实现全方位陪伴。不必面对复杂的方案和条款，以及大量同类化产品，告别“选择困难

症”。随着数据、算法和人工智能在保险领域的普及，保险产品和服务可以和用户开始精准匹配。例如，用户购买一张飞往西藏的机票后，为其呈现的就可以不再是普通的意外险和旅行险，而是在丰富的保险产品库中将“境内高原地区旅游险”推荐在最显眼位置，充分考虑高原反应可能导致的意外伤害。

2. 服务全程化：第三方保险平台更加注重保单全生命周期的陪伴，保全、退保、续期、续保全部线上完成，建立保单管理工具，使保民可以对保单进行统筹管理，帮助用户进行保障分析和规划。此外，与成熟互联网应用的结合给保民带来丰富的风险管理和增值服务体验。例如，互联网车险用户可便捷地获得相关车主服务的同时，还可得到驾驶习惯方面的安全建议；健康险用户逐步可享受到基于医疗数据和医疗资源的对接带来的健康管理方面的服务。理赔方面，在线理赔功能的应用领域不断延伸扩大，“足不出户”的方式彻底改变了用户传统的理赔体验。

3. 从单向传播到双向互动：互联网为用户提供了开放的互动社区平台。第三方平台用户在社区中的交流沟通意愿强烈，有良好的互帮互助氛围。在需求剖析、产品选择、性价比评估、经验分享等层面的讨论有效地消除了信息不对称，形成理性消费局面。借助互联网科技，用户之间权益的互动成为现实，一些互联网产品开始尝试“裂变”的传播和互动方式，取得了积极的效果。用户得知可以向亲友分享自己的保障后，展现出高度的分享意愿。

4. 保障普惠化：基于互联网思维的多元化运营手段，开展广覆盖的推广传播，进行普惠式保险实践的同时，进一步培育了用户的保险意识。例如，传统的健康险保障的保费较高，用户也有一定的理解成本。第三方保险平台通过跟用户在互联网高频的行为挂钩，以低门槛的方式赠送用户保险、鼓励用户多次领取保障额度，在此过程中通过丰富的内容对用户进行风险和保障教育，将健康险带给大众的同时，更普及了保险知识，增强了用户对保险的认知。

三、互联网保险保民状况

我们把被互联网保险服务覆盖到的用户统称为“保民”。来自蚂蚁金服的调研结果显示，2017 年互联网保民数量继续高速扩张，规模已突破 4 亿人，以下几个趋势值得关注。

（一）保民呈现逐步低龄化趋势

“80 后”和“90 后”为互联网保险的主力消费人群，活跃用户中“90 后”逐渐超过“80 后”，成为数量最多的互联网保险保民。“90 后”互联网保险保民的渗透度达到 75%，已远超平均水平，通过互联网，他们完成了保险的启蒙。“90 后”购买的互联网保险以低额、高频产品为主，但即使在保费相对较高的险种方面，“90 后”的购买力也显示出强劲的增长趋势，比如健康险方面，“90 后”保民的占比超过 3 成。

（二）中小城市的保民发展迅速

虽然互联网保险保民最集中的地方还是在“珠三角”和“长三角”，但值得注意的是，三、四、五线城市活跃用户同比增长极快，充分显示出互联网突破地域限制、普惠亿万用户的优势。

（三）保民主动投保意愿增强

与被动接受保险代理上门推销相比，互联网保险产品信息公开、透明、易于对比，越来越受用户的青睐。调研显示，近 3 成用户将互联网作为购买保险的首选渠道，且各年龄层的意愿度惊人一致。价格、便捷性和对互联网的信任是决定用户选择通过互联网投保的最重要因素。

（四）保民对保险的认知更趋主流化

相对于之前互联网保民对保险的认知还停留在退货运费险、账户安全险这类电商支付类场景产品，当前的关注点已经延伸到车险、意外险、健康险等传统领域保障类险种。近年来，健康险关注度持续增长，逐步成为互联网保民的首选险种。此外，与成熟保险市场消费者相比，中国互联网保险保民对财产、责任类保险的关注度较低。

第二节
第三方平台科技创新实践

一直以来，第三方网络平台作为保险公司和用户之间的纽带拓宽、带动了保险公司的渠道，更重要的是，为了留住客户让客户满意，第三方平台不断加强产品创新、提升理赔服务水平，促进了保险公司间产品、服务的良性竞争，为构建行业的健康生态环境贡献了重要力量。

目前传统保险行业提供给用户的产品和服务距离用户不断被唤醒的保险需求和预期差距巨大。未来 5 年，保险科技很可能将彻底改变保险定价、获客、售卖、保全和理赔服务的方式。对此，各市场主体深有感受，开始发力运用新科技来改善、创新产品和服务，优化运营流程，提升客户的服务体验。在这一轮科技升级的浪潮中，很多第三方网络平台做出了非常有益的探索和实践。本章将分保险意识培养（售前）、风控与保险定价（售中）、理赔服务（售后）3 个部分来阐述保险第三方网络平台的实践内容。

一、保险教育及意识培养

受制于生活水平、思维方式等影响，广大中国居民的保险意识相对淡薄，若非人生状态发生变化，或周围的人遭遇一些保险事故，几乎不会自主产生投保意愿。很多人存在侥幸心理，甚至过于依赖政府和社会的事后救助，而不愿意做出任何事前的风险防范。

随着教育、文化和生活水平的提高，居民的保险意识快速觉醒。移动互联网高频、创新保险产品的出现更是加速了这一趋势。调研结果显示，互联网活跃保民中，70% 有过购买保险的经历，47% 为自己买过保险，22% 为小孩买过，19% 的为父母买过，11% 为配偶买过。

受到社会上一些风险事件的启发，用户开始思考到底需不需要保险，最需要哪些保险。保险是个复杂的产品，险种很多，条款晦涩难懂，用户经常会陷入想买却不会买的困境。通常情况下，用户可以向保险代理人寻求解决方案，但也会面临着一些问题。比如：不知道怎么找到可以相信的代理人；代理人水平参差不齐，受到保险公司销售政策影响，很可能推荐对其最有利的产品，而不是用户最需要的产品；害怕被代理人误导，必须且只能通过这个渠道购买，从而失去了其他选择；代理人的佣金不透明，会额外付出更多的费用。

用户迫切需要一种获取成本低，且更加客观、公正的产品来帮助其进行保险配置。调研结果显示，超过 50% 的用户更愿意自己研究如何购买保险，43% 的用户希望第三方网络平台提供有关保险配置的专业建议，而不是依靠代理人的推荐。

很多初创的第三方网络平台也选择了智能保险顾问这个领域尝试破局。灵智优诺是一家聚焦人工智能技术在保险服务领域垂直应用的初创公司，拥有自主研发的语义分析、深度学习模型等核心技术，希望结合保险领域知识图谱，解决传统深度学习对话引擎无法生成包含细粒度语义知识的长句答复的问题，从而实现智能对话在保险领域的深度应用。该公司已推出公众号和微信小程序，用户可以通过与机器人对话获得专业的保险配置建议，也可以看到对市面上主流保险产品的分析，并进行同类产品的对比。

大象保险同样是聚焦智能保顾领域的一家初创公司。大象保险通过用户基本信息、互联网行为等多个维度的数据来构建用户画像，利用 AI 技术对用户需求和风险进行动态分析，提供精准的保险方案，2017 年用户数已达数百万人。基于对用户和产品的深入理解和分析，大象保险持续帮助用户建立和产品之间的联系，根据用户所处人生阶段，依据其风险偏好为其匹配合适的产品组合，如健康险寿险组合，长短险搭配等。在经营模式上，目前其收入来源主要是从保险公司获取的佣金，但大象保险希望将代理销售型模式转变为咨询服务型，未来希望把佣金部分全部返还给客户，通过向用户收取保险方案咨询费用获取营业收入。

车险方面，车车科技在 AI 技术环境下推出独立品牌“阿保保险”，用以提供智能保险顾问功能。该产品会根据用户的年龄、车的类型，用户职业、经常出入的场所等因子来帮助用户选择车险产品，未来计划切入更多保险产品领域。

当然，这些产品和服务现均处于初级阶段，比如对用户的语义识别就是一个非常大的技术瓶颈，目前这些产品都不能真正随心所欲与用户进行交流，特别在多轮对话上下文关联性以及偏离预设脚本范围外时，处理方式表现得比较粗暴。当然，保险行业的知识图谱建设也非一朝一夕可以完成，但随着大数据和 AI 技术的不断进步，这一难题会得到逐步解决，未来智能保险顾问的应用不仅仅是在投保咨询阶段，而应该是和其他科技产品一起，贯穿用户整个的保单生命周期，帮助用户高效完成售前咨询、投保、保单管理、续保、保全、理赔等一系列服务，成为用户真正的保险管家。

二、风控和保险定价

在保险行业中，经营者们经常会提到对价平衡原则，通常是指在保险合同中，投保人所缴保费与保险人所保危险之间应该实现平衡。作为一项基本准则，在法律层面，它为保险合同提供法理支撑；在经营层面，用以指导产品的定价。对广大用户来说，他们最直观的感受是，我买的保险花了多少钱，比其他人贵了还是便宜了。

这一点在车险上体现得更加明显，用户不仅跟其他人的保费可能不一样，自己不同年度的保单也可能会不同，保险公司如何定价、定价是否合理，都是用户极为关注的。车险风险定价因素主要包括“从车（与车相关）和“从人”（与人相关）两大分类。目前，国内车险研究更多集中在研究“车”，如车辆种类、车型和车辆过往出险记录。但实际上，驾驶人的行为可能比车的情况更能影响保险事故的发生概率。纵观国际市场，在实现费率自由化地区，“从人”风险因素已广泛应用于财产险，特别是车险领域。在美国，以美国费埃哲（FICO）保险分数为例，FICO 依据信用数据为北美洲超过 300 家保险机构财产险和意外险核保人提供风险实时评估，帮助保险公司更精准地预估预期损失并进行定价。好车主和差车主的最大保费比可达到 1:9。在英国，通过从车、从人等多维风险因子基本实现“一人一车一价”，车型、车龄、申报里程、行驶区域为繁华城市还是乡村乃至停车场位置都会影响最终报价。

实际上，精准的定价不仅是依据对价平衡原则给用户最合理的承保条件，更加决定了保险公司的经营结果。保险定价是保险公司最核心的竞争力之一。2012—2017 年，中国车险市场年均保费增速为 13.47%，尤其是 2014 年以后，保费增速呈逐年下降并企稳的趋势。如何在激烈的存量市场中进行精准的风险定价已成为众多保险公司车险经营的重要课题，在一定程度上决定着公司的命运。伴随商业车险费率改革的深化，汽车市场、车险市场、客户群体和诉求都在发生快速变化。

为了让用户获得合理公正的承保条件，并帮助保险公司获得更好的经营结果，蚂蚁金服的数据、人工智能和驻美国硅谷数据研究院团队组成保险科技实验室，汇集蚂蚁金服集团的前沿技术资源为保险行业服务，其成员包括来自保险行业的资深业务专家、数据科学家，以及人工智能等领域的专家。结合对保险行业深刻认知、云计算服务大规模集群计算能力，以及机器学习算法，保险科技实验室将 AI 技术逐步引入保险行业多个领域，辅助行业科技升级。截至 2017 年底，保险科技实验室拥有超 60 项技术专利。作为在车险领域的尝试，蚂蚁“车险分”广泛引入和挖掘车险的“从人”因素，通过 AI 技术对车主进行精准画像和风险分组，提升车险风险预估的准确性。“车险分”标准版在保障客户隐私前提下量化为 300—700 不等的分数，分数越高风险越低，车险分最低 10% 人群赔付率可达车险分最高 10% 人群的 2 倍多。

车险分通过“对人”风险的精准识别让车险的风险定价因素由“从车”信息向“人车结合”转变，进一步推动差异化定价和个性化服务，未来，将结合“车”“人”（车险分）以及“路”等因素细分风险，助力车险行业从以费用为主的同质化竞争转变为以客户为核心驱动力的产品创新转型升级。对客户而言，注重安全、低风险的车主将获得更加经济实惠的车险产品，不必再为高风险群体买单；而高风险客群在支付与风险对价的保费后也将获得合适的产品和服务。对保险行业而言，保险公司通过“精耕细作”式的风险识别和风险管理，而不是“简单粗放”的销售折扣和代理佣金来进行市场竞争；鼓励各家保险公司深入研究不同细分市场，通过更加灵活、定制化的产品创新满足车主多种多样的需求，找准自身在市场的独特定位。从社会整体价值来看，创新车险产品将帮助保险行业在提升效率和降低成本同时更好地为消费者服务。通过价格的经济杠杆还可以激励车主更加关注风险和安全，减少交通事故，有助于整个社会更加安全和公平。

在健康险方面，第三方网络平台联手保险公司，也在积极突破。目前，我国基本医保已覆盖13亿人，覆盖率超过95%，但在实际运作当中，医保个人账户资金并未得到充分合理的利用，风险共济功能发挥不足。为了让医保个人账户资金真正用于个人的健康保障，助力完善多层次医疗保障体系，微保已联手泰康养老面向沈阳地区用户推出医保个人账户健康险，城镇职工可以用社保卡里的余额买一份医保外的保障。以往很多健康人群的社保余额充足，能用这部分钱购买商业健康保险无疑将极大推动用户参与商业保险的热情，助推用户建立完善的健康保障体系。

该实践的重大提升点在于：购买保险产品前，在用户授权的情况下，不需要用户阅读和确认专业度高而且充满细节的健康主动告知条款，改为结合用户自身的历史医保数据进行筛选，从而实现了几秒钟内自动核保的良好用户体验。这种利用医保大数据的保险科技，在大大提升用户购买体验的同时，降低了用户理解和购买商业保险的门槛；同样，也让保险机构可以更清楚地了解用户的健康状况，有效管控了常驻人群逆选择和道德风险，带来保险公司实际风控能力的巨大提升。在该实践中，保险公司将核保模型直接部署在医保系统域内，根据用户授权查询模型运行结果，并不实际对外提供用户的历史详细数据，这在用户隐私数据的保护、共享应用及保险公司风险控制的平衡点上是现阶段的低成本、有益尝试。

亿保创元是一家为保险公司提供智能风控和反欺诈解决方案的保险科技公司，主推产品“保盾云”大数据风控模型已经有过千万级人次的数据训练。对接的外部数据类型包括健康属性、职业属性、财务属性、征信属性及负面信息类属性五大维度。对接数据源包括银联、电商公司、互联网公司、运营商、法院公开信息、大数据服务商等。该模型通过与数据源进行联合建模的方式，在保证客户隐私的前提下保证数据的可靠性和准确性。已经与亿保创元建立合作关系的保险公司包括中国人寿、合众人寿、昆仑健康、弘康人寿等。未来，“保盾云”的应用场景会走出核保和风控领域，延伸到保单管理、理赔服务等领域，赋能保险公司提高续保率，降低投诉率，提升理赔效率，建立保单整个生命周期的全业务流程风控体系。

三、理赔服务

如图 1－4－1 所示，保险如何理赔？理赔快不快、公平不公平？这是用户从投保时就开始关注的重点问题。“理赔难”在一定程度上已经成为用户对于保险服务的思维定式，不仅降低了保单持有者对于理赔服务的信心，也激起了更广大用户群体对于是否需要购买保险的疑虑。当越来越多的用户开始从互联网平台上购买保险，这样的疑虑和不安被增强了。相较线下保险销售用户尚可联系保险代理人协助理赔，线上购买后的保单理赔需要用户独立完成理赔申请和操作。线上购买保险时的快速便利和申请理赔时的烦琐复杂也形成了用户体验上的鲜明对比。调研结果显示，78% 的用户期望保险行业能够提供更好的理赔服务，38% 的用户希望理赔流程更便捷。

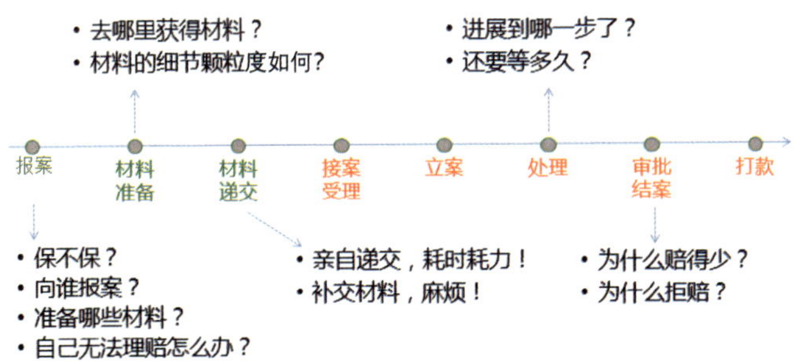

图 1－4－1　用户在理赔链路中遇到很多问题和难点

如图 1－4－2 所示，对于保险公司而言，也有很多考量：如何在快速理赔和严谨核赔中实现平衡？如何高效地降低调查成本和骗赔风险？如何更好地沟通理赔用户，降低解释和沟通成本？在实现落地方面，一些实现的困难也制约着理赔服务水平的提升：产品的不断丰富导致理赔作业难度增加，理赔人力跟不上案件量的增长，大量重复性作业引发的成本居高不下。

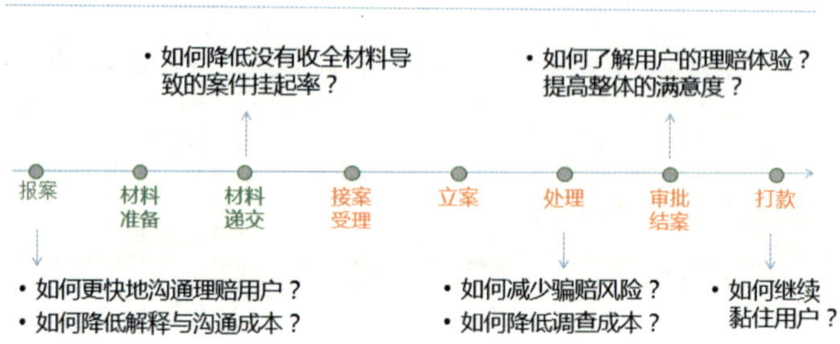

图 1-4-2　针对线上销售的保险产品，机构也面临更多挑战

这些问题在车险领域尤其明显，车险是与消费者最密切相关的险种之一，也是财产险公司的主要业务，保费占比超过 70%。通过照片确定车辆损失、作为保险公司理赔依据的定损，是车险理赔中最为重要的操作环节。保险公司往往需要投入大量人力从事查勘定损的工作，而且定损员的培养需要时间，一般一名合格的定损员培训周期为 2—3 年，达到专家级别更是需要 10 年以上的时间。另外，也有部分保险公司将定损环节委托给专门的公估公司，这需要支付相应的费用。无论哪种方式，都对定损员的专业性有较高要求。同时，人工定损主观因素很大，难以形成统一的标准，即便是同一家保险公司内部，比如不同省份的分公司，对同一个车辆外观部件损伤的判定也可能会有所不同。另外，也容易存在造假的灰色地带。

传统理赔方式已经难以突破，越来越多的市场主体开始依靠科技的力量重构理赔业务流程，其中大型互联网第三方平台利用其已有的科技力量为行业赋能，推出了一系列很有价值的产品。

蚂蚁保险车险理赔科技产品“定损宝”应运而生，利用 AI 模拟车险定损环节中的人工作业流程，帮助保险公司实现简单高效的自动定损。这是图像定损技术首次在车险领域实现商业应用。“定损宝”主要由以下 3 个部分构成：

（1）拍照组件：提供标准的引导。针对无引导随意拍摄模式下经常出现的损伤图片不清晰等不符合定损要求的问题，集成车辆部件判断、模式判断、距离检测等多种功能，帮助使用者拍出符合定损要求的照片。

（2）损伤识别：损伤识别参考了定损员平时工作的逻辑。收到照片后，“定损宝”将通过深度学习神经网络识别照片中对应的部件和损伤，给予更换或维修方案。此外，还会借助车型结构、定损经验等历史经验知识进行辅助，让机器识别能力接近专业定损员的水平。

（3）OE 码（汽车零部件编号）：“定损宝”将输出损伤部件的唯一 OE 码，帮助保险公司查询最终的配件、工时价格。

有了这套完整的技术体系，通常行业专家需要 15—20 分钟才能完成的一个案件的定损全流程，“定损宝”在几秒钟内就能完成，而且能够同时处理上万件赔案，不受时间、空间的限制。这能帮助保险公司带来以下 3 个方面的巨大提升。

（1）降低理赔运营成本。目前车险的成本主要包括赔付和费用，其中占据赔付很大部分的是间接的理赔运营成本，比如人力成本、现场查勘费用、欺诈造成的渗漏成本。“定损宝”能够帮助保险公司降低理赔运营成本。据估计，私家车每年有 4 500 万元的保险索赔案件，其中“定损宝”能覆盖的纯外观损伤案件占 60%，约有 10 万人从事查勘定损工作，平均每单案件的处理成本在 150 元左右。保险公司应用“定损宝”之后，预计可以减少查勘定损人员 70% 的工作量，在简单案件处理上也无需再配置太多人力。在案件处理成本方面，有望每年为行业节约 30 亿元。

（2）控制欺诈风险。相比较人的判断，AI 对于异常案件的洞察更为敏锐。保险公司通过“定损宝”能够判断案件的真实性，识别重复索赔、修图、事故原因与照片不符等欺诈行为。另外，“定损宝”能够有效帮助保险公司降低理赔渗漏的比例。传统的车辆定损完全取决于人的判断，缺乏统一标准，容易存在水分并造成用户的满意度下降，行业也有一定比例的虚假骗保案件。统计数据显示，车险行业每年 500 亿元的外观件赔款中，约有 10%—20% 是人为原因造成的理赔渗漏，给保险公司造成巨大损失。

（3）解决理赔查勘人力不足的问题：部分公司查勘定损人员不足，难以处理偏远地区的案件，以及在高峰期难以配置人力。今后，保险公司可以不用再安排查勘员到现场，用户自行拍照提供给保险公司，保险公司利用“定损宝”

就能快速、准确地完成定损，解决部分保险公司在偏远地区或高峰期人力不足的问题。

在技术层面，除了识别准确率与覆盖率的不断提升外，定损宝会从照片定损升级为视频定损，在拍照过程中实时反馈损伤情况，同时搭载更强大的反欺诈逻辑。

同样聚焦在车险定损核赔领域，中保信和中汽中心着眼于理赔作业的行业基础设施建设，促进汽车与保险数据资源共享，推出了“事故车定损云”，最终目标是构建保险与汽车行业服务生态。

该平台包括事故车定损、反欺诈、统计分析及其他应用系统，保险公司可查询到车辆定型、配件点选、核损定价等数据，帮助保险公司降低行业理赔定损成本、提升定损效率、改善消费者理赔服务体验、促进金融科技在理赔端的应用创新。

“事故车定损云”主要的优势是数据的权威性。以中国汽车技术研究中心掌握的国内车辆识别代码管理单位 VIN 码（车辆识别代号）为例，通过其对应的车辆款型编码与配件编码，可以实现车辆的精确定型，以及款型与配件的唯一匹配。这将有助于保险公司在定损理赔环节实现快速定位与精准定价，减少车险理赔的综合成本。

毛毛雨是一家致力于向保险机构提供智能化理赔服务的保险科技平台。该平台具有自动理算、反欺诈、理赔金支付的功能。能够支持保险公司理财属性保险产品的个性化设计，助力保险产品的自动理算，保证保险给付金额的快速到账。用户可以通过微信小程序等业务入口在线上传理赔资料。毛毛雨平台通过 OCR 能力识别和加工理赔数据，通过业务模型进行验证，同时对系统已经收录的300 余万个信用卡黑名单进行筛检，帮助保险公司规避恶意欺诈行为，完成自动理算。平台拥有药品目录库，整车数据库、保险险种及理算规则库等多种数据资产，覆盖全部国内二级以上规模医院和 15 个省级医疗目录，并收录有 17 万条整车价格数据以及 300 余万条配件价格数据。目前，毛毛雨平台合作的保险公司包括中国人寿、新华人寿、泰康人寿等，已自动理算 4 万件理赔案件，赔付金额 4 900 余万元。

越来越多的科技元素融入理赔服务，带来效率的提升和透明度的增加，这不仅仅是体验的优化，更是信任的加强。理赔服务水平的不断提升可以潜移默化地改变老用户、新用户和潜在用户对于保险的认知和观念，因此保险公司从科技型理赔产品中收获的不仅仅是用户满意度，更是行业口碑的正效应。

第三节
第三方平台科技创新的挑战和思考

一、如何更充分地发挥大数据价值

大数据技术的战略意义不仅在于掌握庞大的数据信息，更重要的还在于对这些含有意义的数据进行专业化处理。换言之，如果把大数据比作一种产业，那么这种产业发展的关键在于如何识别和加工这些数据来实现数据的增值。

这就要求这些来自不同渠道的数据能够进行标准化，进行结构化的存储，以保障数据间的关联性和兼容性。实际上，目前整个保险行业以及行业上下游企业之间的数据往往都各自存储，各自定义，导致每个行业主体的数据就像一个个孤岛一样无法和其他数据进行联合计算。

保险科技所体现的重要方向之一就是数据共享及融合。保险消费者进行风险交易后，要达到风险分散的目的，前提是数据共享。只有实现数据共享，保险公司才能比较精准地识别各类风险，科学合理地进行风险定价。行业内部大的保险公司因为数据基础好，已经尝试应用大数据支持营销和管理，但不同公司之间的标准并不完全统一，大量非结构化数据尚待处理，小的保险公司由于数据量小，数据人才缺乏，还处在关注行业发展的阶段。

此外，保险数据与上下游产业链（如医疗、养老、健康行业）的数据共享也十分关键。在快赔业务中，不同地区、不同医院的信息化程度不同导致系统对接的难度和门槛也不同，医院间医疗信息的格式及内容规范也有差异，给数据标准化带来极大挑战。同样的情况也存在于财产险中，典型状况之一就是车联网数据标准不统一。目前，车联网数据采集方式主要有前装、后装和移动设备采集，数据质量参差不齐，且缺乏统一的数据标准，这极大限制了车联网的规模化应用。以上这些客观因素都制约着大数据在保险行业的应用。

最后，数据共享带来的另外一个话题就是隐私。数据的所有权是谁的，与谁共享，双方的利益交换机制如何设计，如何能够在不侵犯隐私的情况下进行关联大数据运算等都是巨大的难题，但也存在巨大的机会和市场空间，有待今后从法律、制度、技术、商业模式上有所突破。

二、基础科技尚未具备在应用端快速落地的能力

保险行业对人工智能和区块链等技术有着较高的预期，但实际上这些基础科技的发展也不是一蹴而就的。尽管深度学习技术让人工智能的应用向前迈出了重要一步，但是关键技术比如感知学习、语义分析等还不能算成熟，人工智能还处在“部分了解人类”的阶段，因此目前人工智能技术只能应用于比较简单的场景。封闭业务场景范围内单轮对话场景下，机器人通过大量的数据积累和学习，准确度有可能提升到较高水准，但多轮对话中对用户上下文的语义理解和通过深度学习自主产生内容和答案尚未有实质性突破。例如，在智能保险顾问中，机器人只能和用户在有限问题集内进行简单的一对一交互问答或完成指定任务，一旦用户中途岔开话题，再次回来后往往会不知道从何处接起，尚不能像资深的保险咨询专家一样随心所欲地与用户交流。

另一项备受关注的区块链技术也还在发展初期，除了比特币之外，目前至少在保险市场上还未出现“杀手级”应用。适用性和安全性方面的问题也有待进一步解决，例如，在技术层面上如何解决当前高耗能、数据存储空间受限、大规模交易处理效率等问题；安全层面上如何完全解决客户端安全、加密算法安全性和有效性等问题，是区块链技术面临的主要挑战。未来在执行过程中，技术性和操作性失误都可能给保险业带来巨大损失，而且修复这些失误带来的损失也要耗费巨大的成本。目前区块链智能合约在保险领域的尝试，典型的有：区块链航空意外保险/卡等，这类金额小但频率高的保险合同结合区块

链技术的运用，虽然应用了区块链共享无篡改账本的特点，但会带来交易速率、分布式链节点重复存储空间成本、链节点维护能力的问题。另外，其保险卡的发行还是中心化的，因而实际对业务的提升价值并未显现。

三、保险科技人才培养需要时间

根据普华永道的调研结果，87%的保险公司在聘用和留住具有相应创新技能的人才方面存在困难，有38%的保险公司认为“非常困难”。对于第三方网络平台而言，面临的挑战同样艰巨。在保险科技这一领域，既有技术能力又对保险行业有洞察力和业务经验的从业者稀少，大部分第三方网络平台都采用了轻资产的业务模式，尤其在其初创阶段，所以人才的水平和对其的管理能力在某种程度上决定了业务的“天花板”。第三方网络平台需要更加重视科技和保险的复合型人才，并提供相关培训课程和激励政策，帮助他们更好地成长。可以考虑将科技创新作为绩效指标体系的核心组成部分，表彰和奖励创新的想法和行为。

四、监管科技应加速发展

在前述保险业务科技飞速发展的同时，监管科技也应尽快发展。随着新技术向保险业的不断渗透，包括产品设计、定价、销售、理赔等在内的几乎所有保险生产环节都有可能被重塑。比如，区块链保险下，监管可能面临3个转变：由原来的制度监管转变为技术监管，从政府监管转变为行业自律，从公司合规监管转变为社会监督监管。现有监管框架也应根据业务模式的调整而调整，与传统业态相比，保险科技领域潜在的风险具有更强的隐蔽性和“传染性”，如何有效利用技术手段及时发现风险、迅速处置风险，需要监管机构未雨绸缪。

尽管面临种种挑战，但技术进步的巨轮一旦开始转动，就不会轻易停下。长期以来，保险行业更多地在依靠渠道、营销驱动，最终造成产品同质化，市场费用恶性竞争。然而，也正如我们所见，大数据、人工智能、区块链技术正在促使保险行业开始发生变化，虽然这些技术无法在一夜之间完成变革，但产品和服务的创新给用户带来更便捷的体验。随着保险科技不断渗透到保险业务的核心环节，保险行业生态的重构悄然发生，这种重构更多地从用户视角出发，试图解决长期以来困扰用户的各种问题。第三方网络平台，由于其独特的平台性视角，以及其在社交、电商、支付领域里积累的科技和数据能力，在重塑保险行业生态的历史阶段中，在互联网生态中与保险公司紧密合作，帮助用户和保险公司建立更加直接的联系，享受更加优质的产品和服务。

可以预见的是，越来越多的科技产品将融入保险活动的每一个环节，改变原保险行业的业务模式，使保险公司成本更低，让广大保险消费者享受到更便宜、更便捷的保险产品及服务。同时，保险科技的发展不断推动机器辅助功能的发展，甚至代替一些人的工作，进一步提升客户服务体验的同时，也帮助从业人员流向技术含量更高或者服务要求更高的岗位，提升了整个行业从业人员的素养，最终促进行业整体发展。

第二篇

保险与科技——综合篇

科技的发展不断重塑着各行各业的商业模式，金融科技（FinTech）也应运而生。它从金融机构后台技术的创新升级起步，不断延展至产品、业务模式的创新，以及内部运营管理流程的优化；同时带来新的业务模式、应用、流程或产品，从而对金融市场、金融机构和金融服务方式产生重大影响。

保险科技（InsurTech）作为金融科技细分行业的技术创新应用，正进入高速兼高质的发展阶段。传统保险企业、技术公司以及新兴初创保险机构等各类参与者纷纷加入这一浪潮，试图通过技术应用推进保险产品和业务模式的创新，以及现有价值链各环节的优化转型，在新时代实现弯道超车。

在浩如烟海的技术浪潮中，八大创新技术的应用场景已深入从产品到理赔的整个保险价值链，成为推动保险业创新发展的核心动力。它们分别为大数据、人工智能、区块链、云计算、物联网、互联网与移动技术、虚拟现实（VR）以及基因技术。

第一章

保险科技核心技术成熟度和发展阶段

在保险科技发展中，八大核心技术均发挥着重要的催化和推动效用（见图2-1-1），但其成熟度和所处的发展阶段各不相同。其中，互联网与移动技术、大数据、云计算、基因技术无论是技术抓手维度还是商业普及维度，成熟度均已较高。互联网与移动技术已经十分普遍，大数据与云计算已经慢慢融入日常生活，基因技术也诞生了可观的商业化应用。

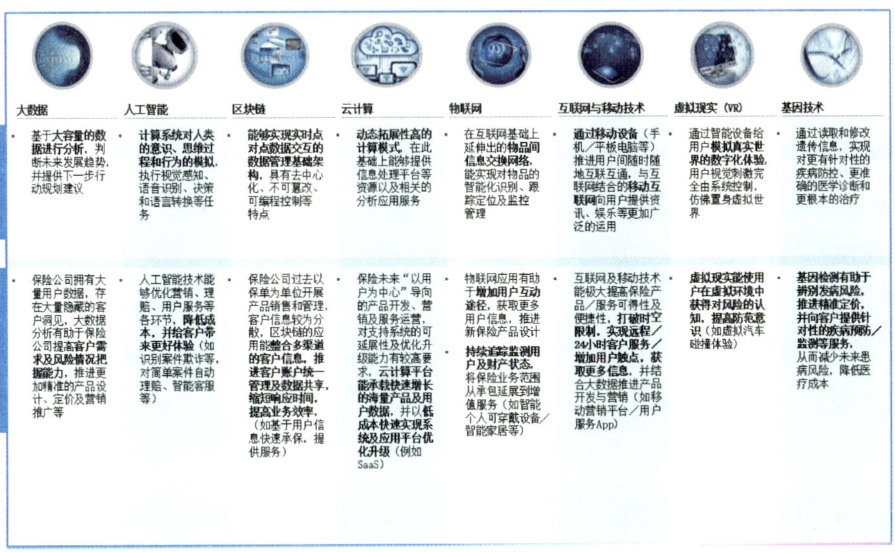

图2-1-1　推动保险行业创新发展的八大核心技术

以互联网与移动技术为例，这项技术已最早进入广泛应用阶段，通过移动设备推进用户间随时随地的互联已初步实现，未来的潜在技术颠覆点可能会是5G 技术。

大数据的技术瓶颈也纷纷突破，逐渐从学术定义过渡到产业应用，应用领域也正逐步突破过去数据捕捉和统计方法等维度的技术局限，开始渗透各行业（如零售、家电、时尚、医疗健康等）的产业链环节。

在市场研究公司 Gartner 2013—2014 年的新兴技术成熟曲线中，云计算已被归入 2—5 年内将会成熟的技术类别。事实也确实如此：眼下全球范围内超大规模云计算提供商已经进入整合收割期（Amazon，Google，Salesforce 等），而在国内随着阿里云、天翼云、腾讯云、华为云等巨头纷纷站稳脚跟，云计算已走入日常生活。

基因技术开始迈入成熟期：美国食品和药物管理局（FDA）已正式批准了数项基因疗法，而国内的华大基因等领先玩家也同样在部分领域拥有较为成熟的技术（如已进入大规模商业化应用的无创产前基因检测），随着以其为基石的精准医疗不断深化，基因技术的应用面仍将不断拓宽。

与此同时，另四项技术（区块链、人工智能、物联网、虚拟现实）则无论从技术本身还有应用场景来看都尚有远景可期。前文提到的市场研究公司 Gartner 每年都会发布年度新兴技术成熟度曲线，大致揭示了未来 5—10 年的技术发展趋势，并展示了各项技术达到生产力成熟期并被主流采纳应用所需要的时间。其中最新发布的 2017 年新兴技术成熟度曲线中，这四项技术就赫然在列（见图 2 -1 -2）。

虽然技术领域存在较多的交错，但这四大技术都能在 Gartner 年度新兴技术成熟度曲线中找到映射对象。保险从业者可基于此形成一个前瞻、全局的认识，以便循序渐进、有条不紊地布局。

虚拟现实口口相传已有数个年头，它已度过了炒作期与低谷期，进入复苏期。因为它作为通过智能设备给予用户模仿真实世界的数字化体验技术，虽然存在不少令人啧啧称奇的应用，但是其硬件和软件的技术、用户体验和应用质量仍存在较大可挖掘的空间，这也决定了它距离真正的成熟期（沉浸式、融

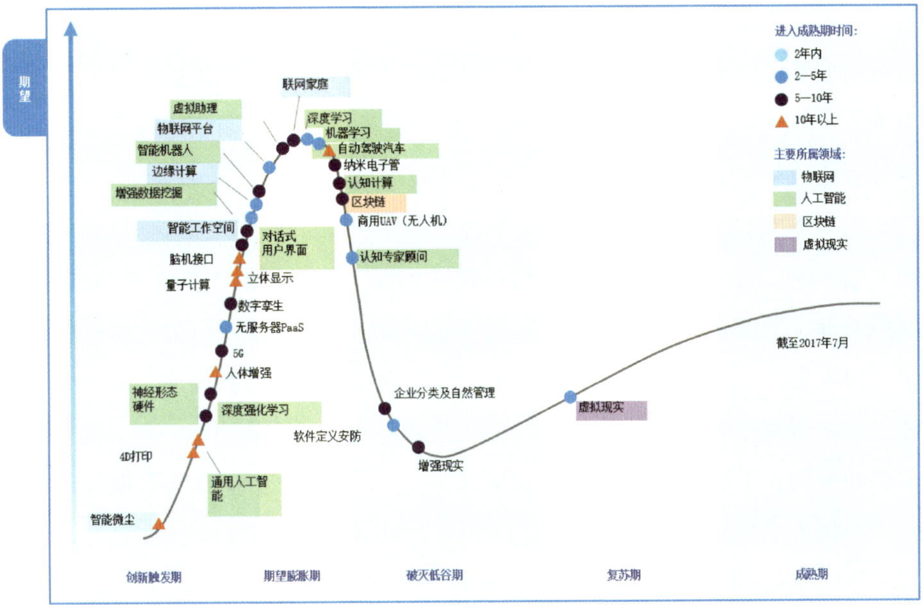

注：此处主要所属领域并不绝对，众多技术其实均有交集，这里只是表达了与我们前文所述三项核心技术关联最密切的领域。

图 2－1－2　Gartner 2017 年新兴技术成熟度曲线

资料来源：https：//www. gartner. com/smarterwithgartener 2017 年 7 月。

入式的虚拟体验）大致尚需 2—5 年的时间。在这一阶段，如何通过显示技术的进步有效降低成本、通过人工智能等其他技术的加载提升个性化智能体验、通过游戏/广告等载体在各行业中快速传播渗透，都是虚拟现实技术成熟过程中所需克服的重要难题。

区块链概念的炒作已度过了期望膨胀期，面临概念落地的十字路口，但其离技术成熟尚需 5—10 年的时间，因为虽然它的应用价值和对业务模式的改造力较为激动人心，但其技术的复杂性（如智能合约、共识算法、保密算法等底层技术的研发），对资产类型、标准和监管，以及生态体系的严苛要求决定了它在进一步商业化前仍需多重攻关和验证。

物联网在 Gartner 曲线中没有单一的对应，但它实际上是一系列热门技术的整合，包括联网家庭、物联网平台、边缘计算、智能工作空间和智能微尘等。这些技术的发展程度各不相同。物联网平台、边缘计算大致需要 2—5 年的时间成熟；联网家庭、智能工作空间大约需要 5—10 年的时间成熟；智能微尘则需 10 年以上的时间。这些技术都处于创新触发期与期望膨胀期，尚有较多难点待攻坚，真正投入规模应用还需假以时日。

人工智能的内涵更为丰富，它整合了深度学习、机器学习、认知计算、认知专家顾问、对话式用户界面、增强数据挖掘、智能机器人、自动驾驶汽车、虚拟助理、深度强化学习、神经形态硬件、通用人工智能等。如此多的相关技术出现在新兴技术曲线中，且基本处于创新触发期和期望膨胀期，可见它们尚处于技术研发初级阶段，距离成熟任重道远。另外，目前的人工智能技术研发主要处于弱人工智能阶段，依靠提升运算能力在某些专业领域实现智能化判断，而强人工智能的存在尚是薛定谔的猫，暂无可观的关键技术突破。

第二章

保险业务环节中核心技术的应用趋势

在未来的保险市场中，保险科技将贯穿客户旅程的全环节，从前端销售到承保，再到理赔客服，保险科技都将极大地提高效能、提升客户体验，甚至颠覆现有的运营模式。为了获得这些效果，各项关键的保险科技之间又是相互依存，相互融合的。

本章将通过各类保险科技的创新应用价值和保险科技在客户旅程中的融合两大部分，深度阐释保险科技在市场视角下的应用。最后，将通过保险科技的发展路线全局图将市场视角与技术视角有机结合，为保险公司布局保险科技的节奏提供方向性的参考建议。

第一节
各类保险科技的创新应用价值

通过在整个保险价值链中的应用场景的系统性梳理（见图2－2－1），我们可以发现这些创新技术的应用场景已经深入保险客户的整个旅程，扮演着差异化的角色。

其中，我们认为在关键的保险应用场景中品类越多样、功能越核心、越不可取代，创新应用价值潜力越高。虽然创新应用价值的量化相对较为困难，但基于应用场景、用例企业，以及涉及价值链环节的综合数量，结合各项用例的颠覆性和不可替代性，大致可对各项技术的创新价值形成概念性的评估。我们

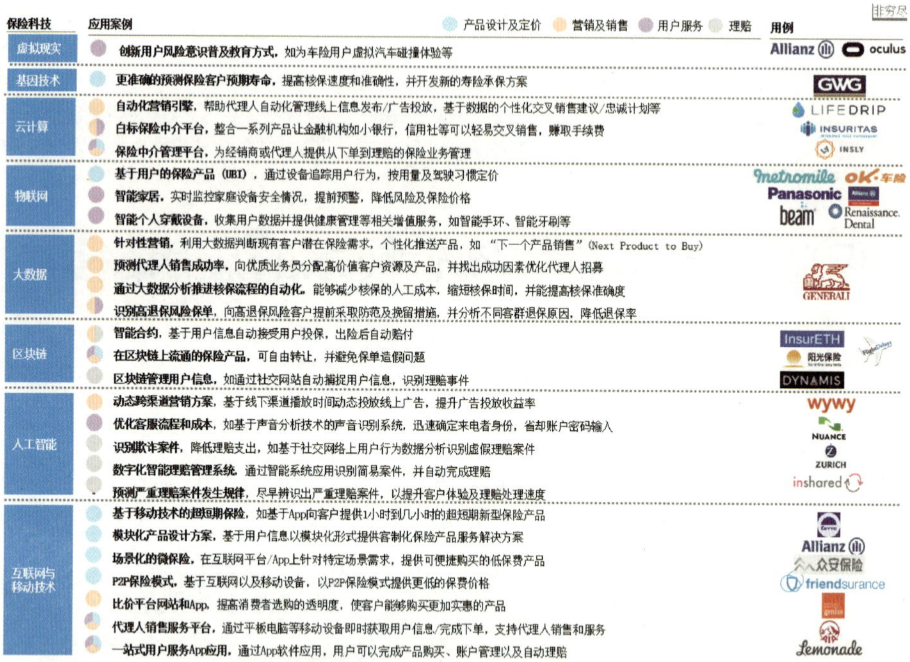

图2-2-1　创新技术应用场景深入整个保险客户旅程，应用价值各不相同

大致根据其创新应用价值从低到高的顺序进行简单的阐述（其中部分技术不分伯仲，该排序仅作为方向性、概念性的参考）。

一、虚拟现实，浸入式体验强化客户风险意识

虚拟现实主要应用在用户服务环节，可让用户在虚拟环境中获得对风险的认知，提高防范意识，是提升用户风险意识、普及教育方式的一大创新手段。例如，为车险用户提供的虚拟汽车碰撞体验，可让车险用户身临其境体会如何紧急避险并且快速逃生，并深刻感知风险及其带来的可怕后果，在促进保险产品营销的同时也可为客户带来耳目一新的科普教育方式。当然，除了车险用户，诸如意外险、航空险等险种也可通过虚拟现实技术进行浸入式体验。不得不承认的是，虚拟现实技术目前在保险中的应用还相对局限，用例还相对单一，不可替代性较弱。未来随着技术的发展，虚拟现实技术将可能在其他客户旅程环节有更深入的渗透。

二、基因技术，疾病筛查提供差别化保障方案

基因技术主要在产品设计与定价环节和保险行业产生共振。它可以更加准确地预测保险客户预期寿命，提高核保速度和准确性，并开发新的寿险承保方案。保险公司可借助基因检测公司提供的服务，让用户能够先进行疾病筛查，定位其患各类疾病的概率，保险公司则根据基因检测结果提供差别化保障方案，用户也可有的放矢地选择。这一举措同时可以协助保险公司对用户行为进行后续跟踪，如通过让用户勤加锻炼、注意餐饮、定期检查等可检测的手段实现保费调节，激励用户形成健康管理的良好习惯，降低出险概率。类似的跨界合作也在逐步普及（如中国人寿和华大基因的合作，太平人寿和达安基因的合作等），未来将与精准医疗进一步整合，建立“多赢”的局面。一方面这一技术目前以寿险领域用例为主，另一方面存在逆向选择和保险公司拒保的潜在问题，尚需细化监管制度和精算方式扫除其大规模商业化之路上的障碍，因此转化为核心功能尚待时日。

三、云计算，低成本提升保险业务支撑系统可延展性

云计算在保险的产品设计与定价、营销及销售，以及用户服务环节都有一定的渗透。例如，基于云平台的自动化营销引擎，可帮助代理人自动化管理线上信息发布/广告投放，以及基于数据的个性化交叉销售建议/忠诚计划等，拓展了保险产品的网络销售渠道；白标保险中介平台，可整合一系列产品让诸如小银行、信用社等金融机构轻易实现交叉销售，赚取手续费；保险中介管理平台可为经销商或代理人提供从下单到理赔的保险业务管理。云计算平台的使用可有效提升保险业务支持系统的可延展性，并能够以低成本撬动海量数据的积累。这项技术在保险业务的众多核心环节中都有应用空间，但在较多保险场景中，其扮演的角色以支持辅助为主，更多站在平台/中介的位置，需要与其他技术结合方能发挥更大的催化作用。

四、物联网，以数据为纽带构建跨产业生态

物联网在产品设计与定价、用户服务上存在较大的创新应用价值。产品设计方面的主要用例是基于用户的保险产品（UBI），它们可通过设备追踪用户行为，按用量及驾驶习惯实现差别化定价。智能家居和智能个人穿戴设备则颠覆了用户服务的模式，前者通过实时监控家庭设备安全情况，提前预警，降低风险及保险价格；后者通过收集用户数据并提供健康管理等相关增值服务来实现风险和价格的降低。此外，保险公司还需要回答：未来是否能搭建起一个有竞争力的分析平台，为生态圈中的其他伙伴创造价值（如为整车厂、电信公司、网络公司等管理车载信息系统数据和提供其他服务）。反过来，这些合作伙伴也可以提供新的数据。只有将自身数据与生态圈伙伴的洞见连接起来，才能充分享受物联网带来的福利。因此，物联网技术的逻辑看似简单，但如能有效打通各个独立的生态圈，形成完整的保险生态体系，将具有极强的不可替代性，其规模化商业应用也将存在巨大潜力。

五、大数据，基于客户画像实现精准营销和智能风控

大数据在保险的营销及销售、用户服务等环节有较多的用例。例如：针对性营销——利用大数据判断现有客户潜在保险需求，个性化推送产品，实现营销的延续；预测代理人销售成功率——撬动数据手段，一方面向优质业务员分配高价值客户资源及产品，另一方面找出成功因素优化代理人招募流程；推进核保流程的自动化——通过海量数据实现自动化智能化核保，大幅降低人工成本，缩短核保时间，提高核保准确度；识别高退保风险保单——对高退保风险客户提前采取防范及挽留措施，并分析不同客群退保原因，降低退保率。目前，大数据的应用已日臻成熟，主要围绕着保险客户旅程的前中阶段发挥重要作用（尤其是营销和客户服务环节）。它是产出洞见的一大核心手段，可真正“察人所不能察”，助力业务端的提升，存在不可小觑的创新应用价值。

六、区块链，基于价值互联网构建全新业务模式

区块链的应用在产品设计与定价、营销及销售、用户服务和理赔这四个环节中均有覆盖。以智能合约为例，其基于用户信息自动接受投保，出险后自动赔付，初创企业 InsureETH 就展示了建立在区块链之上的航空险保单和智能合约，当经过核实的航班数据源报告航班取消或延迟，这些智能合约就会启动向投保的机票进行赔付。再以区块链上流通的保险产品为例，它们可自由转让，并通过验证真实性/所有权/商品原产地/文件真实性/个人身份，排除特定欺诈行为模式，确认保单出具时间以及所有权和地点的变更等强大功能，避免保单造假问题。最后，利用区块链管理用户信息同样十分便捷高效。例如，得益于区块链上所记载的所有索赔记录和信息，再保险公司能以自动化、便于审计的方式大大提升业务的透明度，并降低业务流程产生的成本。综上所述，区块链带来的创新商业模式和成本优势将产生极大的颠覆性作用，且不可替代性极强，对于各家保险公司而言，眼下应当从了解客户参与需求入手，评估区块链用例最有发展前景的领域，伺机参加相关合作与活动。

七、人工智能，基于数字化运营优化保险全流程

人工智能在营销及销售、用户服务和理赔环节存在丰富的应用价值，且仍在不断拓展，可谓诸多技术的集大成者。例如，可基于线下渠道播放时间，动态投放线上广告，提升广告投放收益率；可基于利用声音分析技术的声音识别系统，迅速确定来电者身份，省去账户密码输入，优化客服流程和成本；可基于社交网络上用户行为数据分析识别虚假理赔案件，识别欺诈案件，降低理赔支出；可基于数字化智能理赔管理系统，通过智能系统应用识别简易案件，并自动完成理赔；还可前瞻性预测严重理赔案件发生规律，尽早辨识出严重理赔案件，以提升客户体验及理赔处理速度。总之，随着各种技术的不断商业化，保险公司未来有很大的空间，融合各项技术、采用新的模型，不断学习和适应周边环境，创立新的产品类别和交互技术；同时对潜在的风险和行为变化进行

实时应对。在这一人工智能与保险行业整合日益深化的进程中，保险公司必须进一步明确自身定位，以应对经营环境的不断变化。保险企业高管必须弄清人工智能如何重塑理赔、分销、承保和定价，才能有的放矢提升技能和培养人才，塑造未来保险业成功者所需的文化和视角。

八、互联网与移动技术，以数据为纽带连接用户与服务

互联网与移动技术在这八大技术中最为包罗万象，贯穿了产品设计及定价、营销及销售、用户服务、理赔的完整价值链。其用例包括基于移动技术的超短期保险，如：基于App向客户提供1个小时到几个小时的超短期新型保险产品；模块化产品设计方案——基于用户信息以模块化形式提供客制化保险产品服务解决方案——场景化的微保险：在互联网平台/App上针对特定场景需求，提供可便捷购买的低保费产品；P2P保险模式——基于互联网及移动设备，以P2P保险模式提供更低的保费价格；比价平台网站和App——提高消费者选购的透明度，使客户能够购买更加实惠的产品；代理人销售服务平台——通过平板电脑等移动设备即时获取用户信息/完成下单，支持代理人销售和服务；一站式用户服务App应用：通过App软件应用，让用户完成产品购买、账户管理以及自动理赔等。互联网和移动技术可谓保险科技的源头和基础，通过它，许多技术方拥有了最大程度发挥效应的抓手，这项技术本身也重塑了保险业的商业模式。相比前述几项技术，互联网与移动技术更为成熟与“平易近人”，保险公司应当在客观评估自身情况的基础上最大化地利用这项技术，挖掘其潜在价值。

第二节
保险科技在客户旅程中的融合

通过将保险科技与客户旅程中销售、承保定价、理赔服务3个环节相对应，并对每一个场景做详细的分析，可进一步梳理出最核心、最具前瞻性的保险科技（见图2-2-2）。

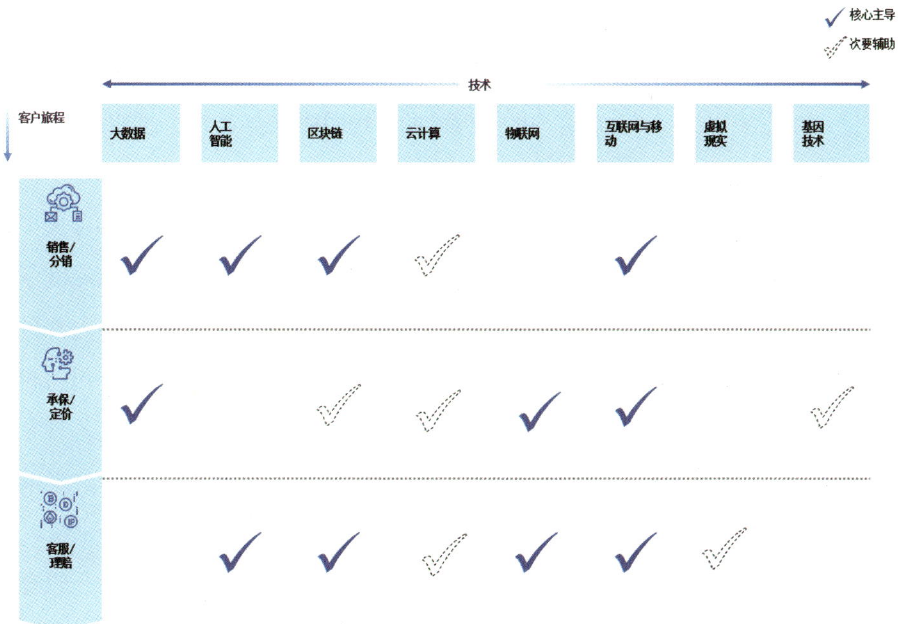

图 2-2-2　在保险客户的旅程中，保险科技的应用有所不同

总体而言，在获取客户的第一个环节，线上营销以及分销因涉及客户的信息分析与智能报价，并且还会有支付的场景，故涉及的核心技术较多，包括大数据、人工智能、区块链、物联网等。在承保定价环节，更多的是通过大数据和人工智能来优化自动化承保流程；在理赔客服环节，则是通过人工智能和物联网来提供实时、准确、优质的服务体验，并且由区块链技术保障理赔支付的安全快捷。

场景 1　线上营销/分销：大数据 + 人工智能 + 区块链 + 物联网

人工智能和大数据可以使购买保险的流程更快，无需保险公司和客户的密集参与即可完成。有足够的个人行为数据，人工智能算法可以了解风险概况，完成投保汽车、商业或人寿保险的时间周期就会缩短为几分钟甚至几秒钟。随着汽车远距离通信和家居物联网设备的激增和定价算法的成熟，汽车和家财险公司已经实现即时报价，并将继续完善，向更广泛的客户人群提供保单。随着人工智能技术对寿险承保领域的渗透，保险公司能够以更细致更熟练的方式辨别风险，我们将会看到新的即时核保和快速分销产品进入大众市场。

区块链驱动的智能合约将从客户的财务账户即时授权支付。同时，合约处理和支付验证被取消或简化，降低了保险公司的获客成本。随着无人机、物联网等技术为人工智能的认知模型提供足够的信息和可用的数据，使保险公司可以定制更加具有针对性的保险费率，企业客户购买保险的过程同样也会变得更加方便。

场景 2　承保与定价：大数据 + 人工智能

未来，对大多数针对个人和小企业的寿险、财产险产品，不再通过人工承保。随着大多数承保实现自动化，并得到技术驱动的机器、大数据和深度学习模型支持，承保过程将只需几秒钟。这些模型所需的数据，既有来自内部的数据，也有通过应用程序接口从外部提供商获得的外部数据。从保险公司、再保险公司、产品制造商和产品分销商提供的设备所收集的信息将汇总在各种数据存储库和数据流中。这些信息来源使保险公司能够就承保和定价做出事前决策，根据买方风险状况和保险需求为保险组合产品提供综合价格。

价格仍然是消费者决策的最重要因素，但是保险公司会不断创新，以避免仅在价格上开展竞争。先进的移动专有平台在客户和保险公司之间建立连接，为客户提供差异化的体验、功能和价值。在某些领域，价格竞争加剧，利润率低是常态；而在另一些细分市场，独特的保险产品能够提高利润率，实现差异化。在顺应这一变革的地区，定价创新会很快。根据使用情况和动态的、数据丰富的风险评估，可实时获得定价，使消费者能够根据其行为如何影响保障范围、风险可保性和保费定价而做出自己的决定。

场景 3　理赔：区块链 + IoT + 人工智能

到 2030 年，理赔处理仍然是保险企业的一项主要职能，但与 2018 年相比，理赔相关员工将减少 70%—90%。人工智能的高级算法能够确定初始理赔的处理路径，从而提高效率和准确度。个人保险和小企业保险的索赔基本实现自动化，保险企业的直通式处理业务占比超过 90%，将理赔时间从目前的几天大幅缩短到仅需几小时甚至几分钟。

各种物联网传感器和数据捕捉技术组合，比如无人机，基本取代了传统的人工报案方式，往往是在损失发生之后自动触发理赔分类流程和维修服务。例如，在发生交通事故后，保单持有人对事故现场进行摄像，然后转换成损失说明并估算理赔金额。遭受较小损失的自动驾驶车辆可自动驶向修理厂进行维修，同时调派另一辆自动驾驶车辆前往现场替换。家庭对物联网设备的使用会越来越多，比如监控水位、温度和其他关键风险因素，并且能够在出现风险之前预先警示住户和保险公司。

提供自动客户服务的各种应用可直接按照人工智能的自我学习算法，通过语音和文字来处理大多数保单持有人的互动信息。这些脚本可与理赔、欺诈、医疗服务、保单以及维修等各系统对接。解决许多理赔案件的周转时间不再以天或周衡量，而是以分钟计。理赔过程中的人工操作主要在于以下方面：复杂的特殊案件的理赔；存在争议、在分析和数据驱动的洞察支持下进行人工互动和协商的理赔；因新技术造成的与系统问题和风险相关的理赔（例如，黑客侵入重要的物联网系统），以及对理赔案件进行随机人工抽查，从而确保对算法决策的充分监督。

理赔部门更加侧重于对风险的监控、预防和应对。利用物联网和新的数据来源监控风险，并在风险因素超出人工智能设定的阈值时触发干预措施。保险公司的理赔部门与客户的互动侧重于避免潜在损失。个人收到的实时警示可能与查勘、维护和修理等自动干预措施相关联。对于大规模灾难的理赔，保险公司会利用一体化物联网、车载信息系统和手机数据实时监控住房和车辆情况，当然前提是该地区的手机服务和电力供应没有中断。如果电力中断，保险公司可利用数据集成系统整合通过卫星、联网无人机、天气预报实时获取的数据以及保单持有人数据，将理赔预先备案。多家大型保险机构针对多种灾难类型对类似系统进行了预先测试，因此在实际发生紧急情况时，备案的损失估算金额的准确度和可靠性都非常高。详细报告能够自动提供给再保险机构，从而加快再保险资金流动。

区块链推动索赔处理自动化，成为对客户而言可靠透明的赔付机制，以及用于执行具体合同规则。比如，发生车祸时，智能合约可确保当汽车在保险公司首选并预先确定的汽修厂修理时才会理赔。尽管此类计划没有区块链也能执行，但基于区块链的智能合约平台能提供独特的优势。由于去中央化的关系，对客户而言它能加强透明度和可靠性，并提高交易协调和验证自动化程度，还能产生巨大的网络效应——无论是 P2P 保险，还是一些人因为不能使用或不愿意使用中央平台而应用。

第三章

保险科技未来发展趋势与展望

第一节

保险科技的发展路线全局图

对于保险企业而言，未来对于保险科技的发展布局取决于两个主要决定因素：第一是保险科技成熟度（基于 Gartner 曲线）以及主要驱动因素，第二是保险科技对于未来保险市场所产生的创新应用价值潜力。

从成熟度和创新应用价值潜力这两个维度出发，我们对本书提到的八大保险科技做了系统性梳理（见图 2 –3 –1），通过矩阵的框架将保险科技大致分为 4 类。

一、重点投资

对于成熟度较高而又具有较高创新应用价值潜力的技术，需要保险企业在眼下和未来进行重点投资（如大数据、互联网与移动技术）；对于相关领域的人才和基础建设的投资，必须作为战略重点来对待，并且从自身出发来建设能力。这些技术已经逐渐渗透到保险业的各类场景、逐渐将从“出奇制胜的武器”过渡为“不可或缺的工具”。

二、稳固基础

对于成熟度高但创新应用价值潜力相对中等的技术（如云技术），需要进

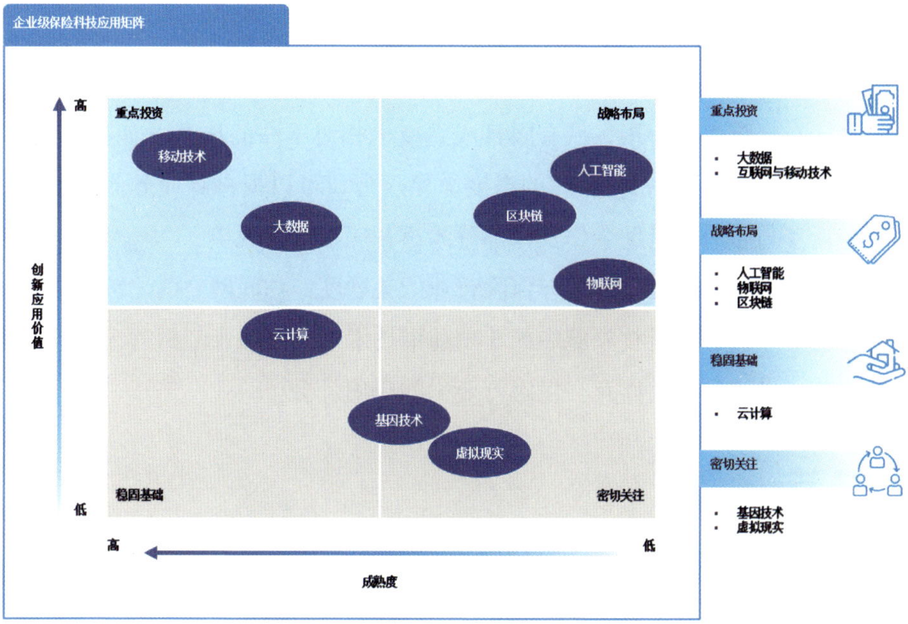

图 2-3-1　科技角度：保险科技的发展路径和策略

一步稳固基础。这类技术虽然颠覆性有限，但其业已成熟，可在某些用例方面产生较大价值。例如，将基础设施架构置于云上可能有效降低小型保险的信息化基础建设成本。此类技术保险公司应审慎调研，确保在用例成熟、技术基础稳固、自身情况适宜的前提下合理布局。

三、战略布局

虽不成熟但创新价值潜力巨大的新兴技术（如人工智能、区块链、物联网），未来将很有可能成为在保险客户旅程上占据主导地位且难以替代的核心技术。因此，需要以前瞻性思维积极布局，做好技术投入的储备和规划。由于这些技术的成熟尚待时日，投入不会立竿见影，各保险公司应量力而行，循序渐进，从资产特性、数据基础、市场容量、政策方向、人才储备、信息安全等各个维度对限制条件全面评估、择机打下基础；与此同时，紧密跟进技术应用关键难点的突破进度，规划付诸小型尝试/规模应用的阶段性举措。唯有如此，才能在浪潮来临时从容迎战、抢得先机。

四、密切关注

对于在保险市场应用领域有限且成熟度也相对不高的技术（如基因技术、虚拟现实），则可采取密切关注的态度。保险公司可以视自身业务侧重情况决定是主动参与布局、借助合作伙伴部分渗透，还是暂时观望。

综合增长性、业务潜力和与保险行业的关联度，物联网、区块链和人工智能将成为下一代保险科技领域中的 3 项前沿技术。下面深入剖析这 3 项技术的业务内核、发展趋势，以及在保险行业中的应用机会。

第二节 物联网的未来发展趋势

一、定义：改变人与周围环境互动方式的物品间信息交换网络

“物联网”这一概念于 1999 年被提出，它是在互联网基础上延伸出的物品间信息交换网络，通过将传感器嵌入实物，将执行器和计算系统联结起来，以及数据传输，使这些系统可监控、可管理，测定周围环境、人类与动物的状态及行动变化。

物联网技术从根本上改变了人与环境之间交互的方式，打破了人、环境、物品之间的隔阂，构建起一个庞大的互联生态圈。物联网促使许多崭新的商业模式应运而生，助力多个行业改进现行业务模式、开发全新业务模式，并且有效降低成本（见图 2－3－2）。不少企业利用物联网改善了 B2C 和 B2B 的商业模式，取得了不俗的成绩。在制造业领域，当物联网被应用到涡轮风机维护后，维修速度和风机可靠性大大提升；在农业领域，美国公司 Trimble 等先行者也已经开始采用物联网解决方案来提高运营效率。

图 2－3－2　物联网有助于多个行业改进现行业务模式、开发全新商业模式并有效降低成本

二、趋势：紧握三大技术抓手，进入“颠覆阶段”的快速轨道

保险行业普遍认为物联网仍处于设备和基础设施（传感器、芯片设备与模组、网络基础设施、工业计算机等）高速发展的“初级阶段”，2012—2015年连接物联网的设备数量呈指数级增长，并且这些设备也已在部分领域成功试水，产生了具有商业影响力的应用。

下一阶段将为“颠覆阶段”。随着出厂传感设备数量指数级飙升（传感设备）、过去10年中毫秒级计算能力增长1 000倍（运算能力），2002年来移动数据速率增长了100倍（互联基础设施），物联网发展的三大关键抓手已初步到位，进入颠覆性增长的快速轨道将近在眼前。随着物联网平台的发展，硬件与软件间的界限将被打破，连接物联网的设备能从更多维度被感知，形成结构化的海量数据，并从中提炼相应的商业洞见。

第三阶段则将迈入“智能阶段”，物联网与云端服务将整合一体，前期储备的海量数据可通过自主化的智能分析、规模化操作来实现商业变现；无线传感网络得到广泛应用，世界将迈入泛在网时代。

根据麦肯锡全球研究院预测，到2025年，全球可连接设备数量将会超过500亿台，且随着物联网在汽车、零售、住宅、城市建设、制造业等领域的规模运用，年总经济效益有望达到4万亿到11万亿美元（见图2-3-3）。

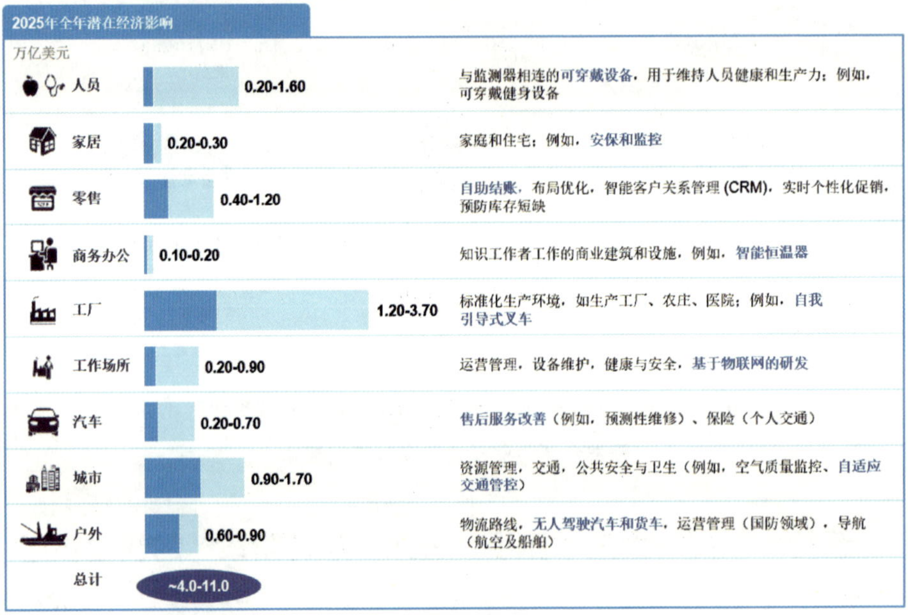

注：图中数据包括消费者盈余，按2015年美元调整，仅包括规模化应用。

图2-3-3 物联网可创造巨大的经济影响

资料来源：释放物联网潜力 James Manyika、Michael Chui、Peter Bisson、Jonathan Woetzel、Richard Dobbs、Jacques Bughin、Dan Aharon 合著，麦肯锡全球研究院报告，2015年6月版。

三、与保险业的融合：渗透四大生态圈，循序渐进迈入物联时代

物联网技术将在4个领域对保险公司产生深远影响：汽车、家居、医疗和商业保险，简称四大生态圈（见图2-3-4）。其中，前三大生态圈属于个人保险领域，也是相对受到更多热议的领域。以发展最为成熟的汽车生态圈为例，从前科幻作品中出现的互联汽车已成为现实：许多车辆配置了精密传感器，不仅监控行驶里程、位置、路线，还可监控司机的驾驶行为，以及油温、

刹车磨损、胎压等车辆数据。

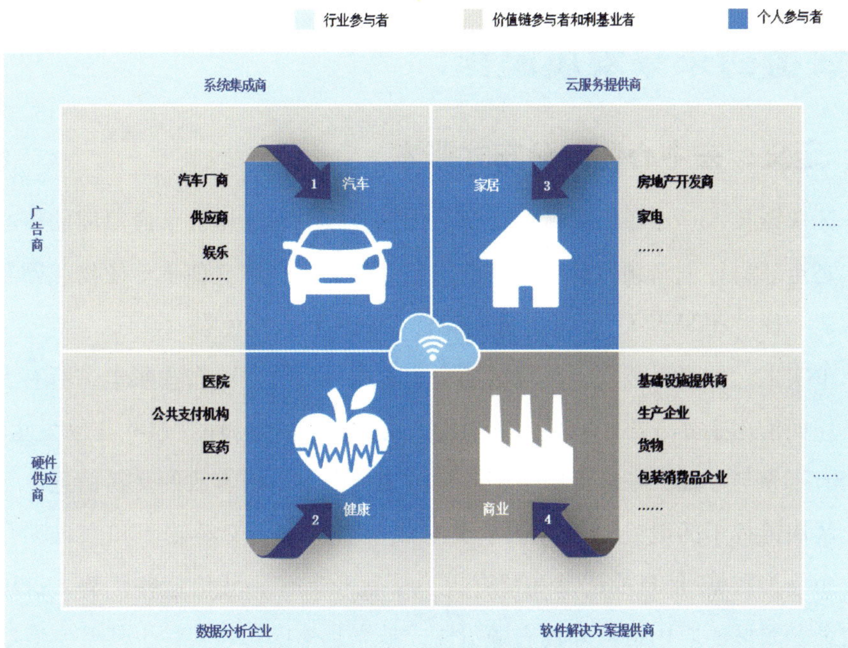

图2-3-4　保险公司可着重针对四大领域的生态系统建立价值主张

资料来源：麦肯锡全球研究院。

与物联网所处阶段一致的是，虽然在设备数量上已是一片繁荣，但要进入“颠覆阶段”，大多数评估驾驶行为的系统都价值有限，因为它们既无法覆盖足够广的区域，也无法与实际的理赔频率或强度/索赔额数据联系起来。因此，保险公司的挑战就在于通过分析将这种质量不够的海量数据进一步清理，并转变为业务推动力，助力其精准定价。此外，尽管这四大生态圈内都有着物联技术的多重触点，但由于其成熟度各不相同（例如，市场动态、监管规定等），建议保险公司在接入前，先对自己的真实能力和就绪度进行评估，制定清晰的路线图，循序渐进地迈入物联网浪潮。

第三节
区块链的未来发展趋势

一、定义：去中心化的分布式账本

区块链技术是近年来被认为最有潜力触发第五轮颠覆性革命浪潮的核心技术，是全球科技创新领域炙手可热的主题。然而，其定义似乎不像物联网和人工智能一样“平易近人”，听上去充满着未来感和科技色彩。

事实上，一言以蔽之，区块链的实质是去中心化的分布式账本，所有交易无需任何信用中介或集中式清算机构进行点对点对接，而在这些交易发生时，链上所有参与方都会在自己账本上收到完全公开且不可篡改的交易信息。

区块链技术的诞生不仅降低了交易成本、提升了交易效率和全自动化程度，而且为数据/信息的记录和留存提供了优质载体。凭借这些优势，这项技术在金融领域的应用将格外具有颠覆性，越来越多的金融机构也从开始对数字货币兴趣浓厚发展到其背后的“区块链”技术领域。麦肯锡全球数据显示，目前约有 90% 的澳大利亚、欧洲和北美洲主要银行已经在测试或投资区块链。

二、趋势：单一用例已然形成，规模应用尚待时日

区块链技术将在静态登记、身份、智能合约、动态登记、支付基础设施和其他六大场景中付诸应用，以解决静态信息存储和交易信息登记两大需求。这六大场景将根据不同行业特性糅杂交错。以金融领域为例，其可转化为虚拟货币、跨境支付与结算、票据与供应链金融、证券发行与交易及客户征信与反诈欺五大具体且直接的金融场景。例如，跨境支付结算中区块链将可摒弃中转银行的角色，实现点到点快速且低成本的跨境支付。

然而，目前区块链技术在各领域应用的成熟度仍存在较大差别。其中，零售、媒体等行业仍然处于新兴认识阶段；医药、航空等行业已跨入“兴奋”阶段；医疗保健等行业处在高峰的炒作阶段；公共部门、贸易融资等行业则已

走过高点，迈入“不确定性期”。可喜的是：支付/比特币等维度已产生了规模化应用，银行领域也已诞生了有限应用，保险则正好位于应用落地的“十字路口”，处于发展的关键点。未来保险中的区块链技术是迈向有限应用、广泛应用，还是逐步搁浅仍是一个未知数（见图2－3－5）。

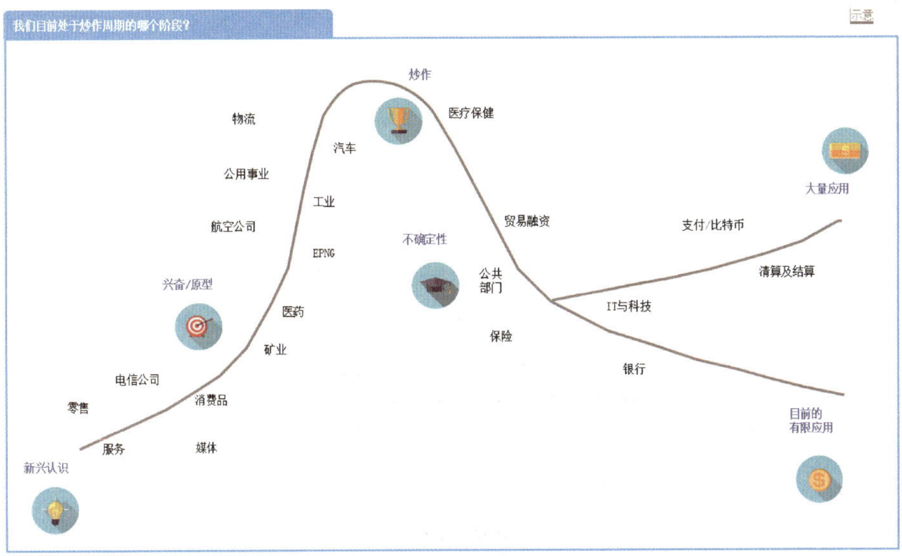

图2－3－5　目前区块链技术在各领域应用的成熟度仍存在较大差别

事实上，在这个“十字路口”后，不难发现现行规模应用区块链解决方案主要仍基于比特币/清算结算等较为单一的用例。区块链的战略价值只有在商业可行解决方案中可以大规模部署、将用例应用在真实生活中时才会实现，而尽管很多公司都在测试区块链技术，但真正在各行业中实现有规模的应用，仍需3—5年的时间，彻底成熟可能还要5—10年的时间。因此，已抵达“十字路口”的保险行业将何去何从，仍令人拭目以待。决定其发展方向的关键驱动基于四大因素的聚合作用——资产类型、技术本身成熟度、统一的标准和监管，以及利于其发展的生态体系。其中，资产类型决定通过区块链改善记录保存或交易的可行性，以及判断解决方案是否需要整合其他技术；技术成熟度决定了设计选择和转换成本；标准和监管决定了如何清晰、规范地大规模应用区块链；生态体系决定了竞合关系的尺度和应用场景的实操性。这些因素在保险行业的可行性尚不明朗，仍需时日测试验证，转化为成熟体系。

三、与保险业的融合：通过三重核心用例，实现收入/风控/成本弯道超车

一些区块链用例已在银行业内执行，范围从面向客户的支付技术到交易和交换服务。保险业目前对技术的接纳程度尚不及银行业，但其同样具有巨大的潜力，能够助力解决客户参与率低、成熟市场增长有限、数字化趋势等保险业的核心难题。保险业与区块链技术的融合存在 3 类核心用例：推动增长、提高效力、采用关键流程自动化方式降低成本（见图 2 –3 –6）。

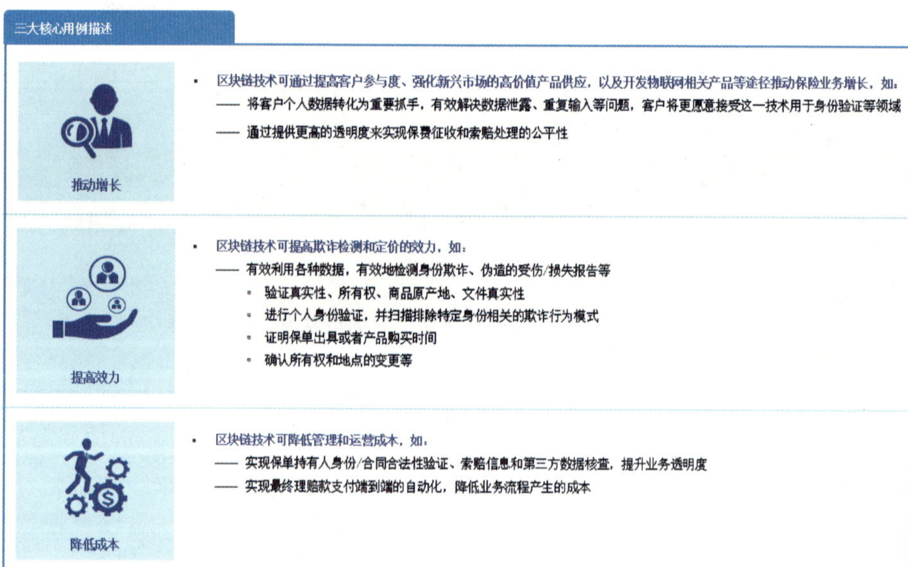

图 2 –3 –6　保险业与区块链技术的融合的核心用例

首先，区块链技术可通过提高客户参与度、强化新兴市场高价值产品供应以及开发物联网相关产品等途径推动保险业务增长。以提高客户参与度为例，区块链可将客户个人数据转化为重要抓手。由于客户控制的区块链可以有效解决数据泄露、重复输入等问题，客户将更愿意接受这一技术用于身份验证等领域。

其次，区块链技术可提高欺诈检测和定价的效力。据估算，所有保险投诉中约5%—10%源于欺诈行为；美国联邦调查局（FBI）报告称保险欺诈让美国的非健康险公司每年多支出400多亿美元。如能有效利用各种数据，并将区块链作为跨行业分布式寄存器，可更有效地检测到身份欺诈、伪造的受伤/损失报告等手段。

最后，区块链技术可降低管理和运营成本。通过基于区块链的支付架构或智能合约，可实现保单持有人身份/合同合法性验证、索赔信息和第三方数据（如保险公司可访问医生和伤者之间的加密患者交易数据，以核实支付）核查，以及最终理赔款支付端到端的自动化。同时，区块链也能通过提供更高的透明度，实现保费征收和索赔处理的公平性。

第四节 人工智能的未来发展趋势

一、人工智能概念

人工智能的概念相对而言比较宽泛复杂，本质上它是一项基于计算机科学，对人类意识和智能进行模拟和延伸的创新科技，可以通过一系列技术的整合生产出模拟人类思维的智能机制。虽然很多人只在科幻小说和电影中看到人工智能的身影，但近年来层出不穷的突破和广泛的应用使其热度有增无减。

人工智能的整体框架可分为应用层、技术层和基础层。其能力源自技术层，价值则主要源自应用层和基础层。因此，人工智能整体框架中最核心的环节实质上是应用层的解决方案能力和基础层的硬件基础。例如，解决方案能力方面，在智能安防场景中，很难有充足的时间将海量数据传输到云端去做数据处理，因此如何在终端侧部署人工智能计算需求决定了技术能否真正转化为应用价值；硬件基础的重要性则主要由于算法本身对设备提出了更高要求，如可高度并行计算的GPU、CPU在支持人工智能运算的过程中均不可或缺（见图2-3-7）。

当然，技术层产生的直接效应虽然不如应用层和基础层，但它作为“本

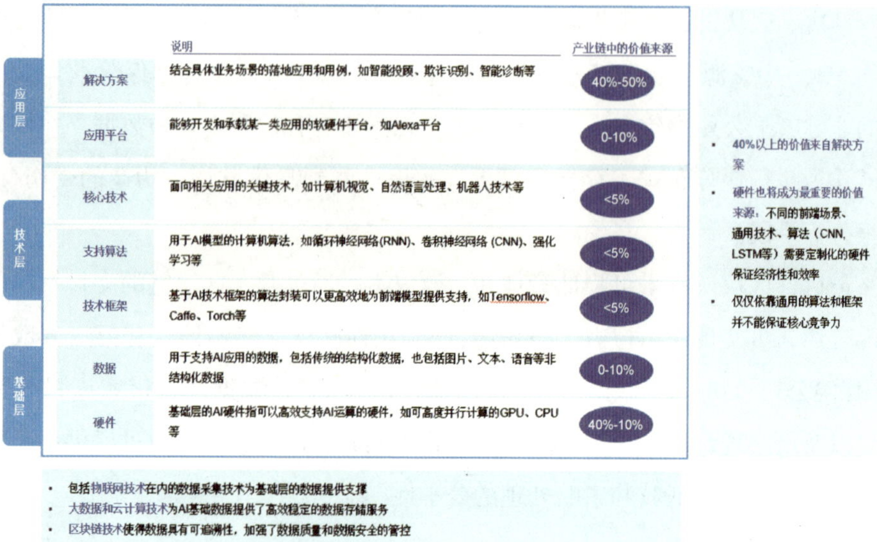

图2-3-7　人工智能的整体框架中应用层的解决方案能力和基础层将是未来AI产业链中最核心的环节

资料来源：麦肯锡全研究院。

源”，同样发挥着关键的作用。其中，人工智能核心技术是面向应用层的技术：如计算机视觉、自然语言处理、机器人技术、机器学习、虚拟助理等。它们构建了普遍情况下对人工智能的概念化描述（见图2-3-8）。这些人工智能核心技术建立于一些更基础的计算机算法之上，相比起我们认知中一些传统的分析技术，迁移学习、强化学习和深度学习（如卷积神经网路、循环神经网络等）三大领域组成了底层算法的中心内核（见图2-3-9）。

二、趋势

据估算，自2013年后，对人工智能的投资不断狂飙突进，2016年全球科技巨头在人工智能领域的投资高达200亿—300亿美元，其中90%用于研发和部署，10%用于收购人工智能相关企业。该领域吸引的风投、私募、拨款和种子投资也如雨后春笋般增长，投资总量达60亿—90亿美元。

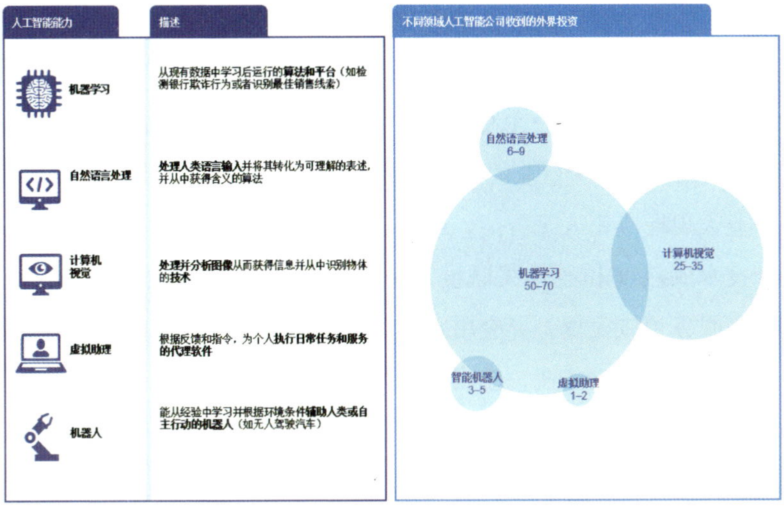

注：右图不同领域人工智能公司收到的外界投资为2016年数据，单位是“亿美元”。这一估计数据包括以AI为主营业务的公司的年度VC投资、AI相关公司的PE投资和相关并购，仅包括在数据库中公开的数据，并假定所有登记的交易在交易年内完成。

图2-3-8　虽然存在一定的重合，当前人工智能的描述围绕5项核心技术能力

资料来源：Veneure scanner；麦肯锡全研究院。

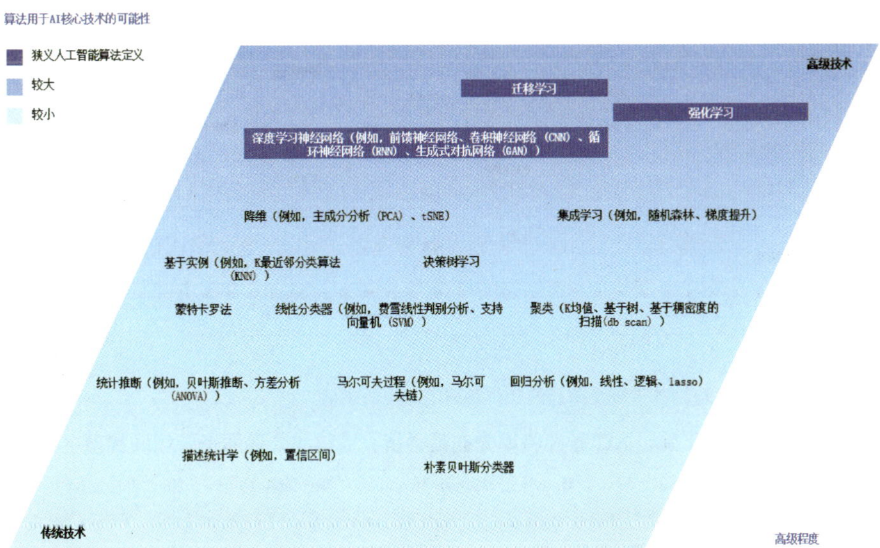

图2-3-9　迁移学习、强化学习和深度学习（如卷积神经网路、循环神经网络等）三大领域组成了底层算法的中心内核

资料来源：麦肯锡全研究院。

虽然人工智能是热度最高的谈资和投资标的，但是从各大企业内部的采纳和投资角度来说，人工智能离“大热”还需待以时日，在大部分行业中的应用仍然处于早期试验阶段。《人工智能：数字化的下一个前沿?》的调研采访了来自 10 个国家、15 个行业的 3 000 余位关注人工智能的高管，其中仅 20% 表示在企业大规模应用人工智能，或者已将其部署于核心业务。

结合技术成熟度和业务关联度，2020 年前，人工智能将率先在高科技、通信和金融服务领域实现主导应用。这 3 个行业间的专利和知识产权竞争正在加剧。例如，在金融服务业，应用人工智能优化的欺诈识别系统能提高准确率和速度，预计在 2020 年市场份额将达 30 亿美元。另外，运输、汽车装备、医疗健康等领域也紧随其后拥有不少应用空间，并且这些应用也将随着时间推移成为主流（见图 2 – 3 – 10）。

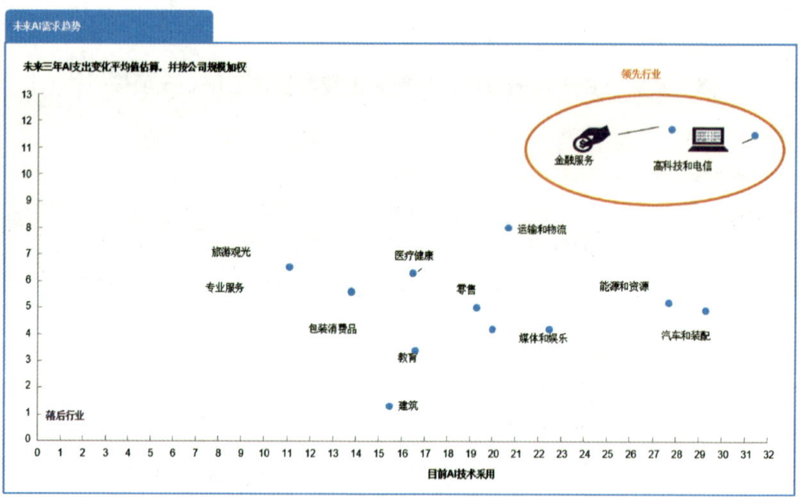

注：未来 AI 需求趋势基于接受调查的受访者选定范围的中值。

图 2 – 3 – 10　2020 年前，人工智能将率先在高科技、通信和金融服务等领域实现主导应用

资料来源：Michael Chui, James Manyika, Mehdi Miremadi, Nicolaus Henke, Rita Chung, Pieter Nel, Sankalp Malhotra, 2018 年 4 月，Notes from the AI frontier insights from hundreds of use cases；麦肯锡全研究院。

通过对行业端（包括旅行、交通、零售、汽车、高科技等 19 个行业）的潜在价值进行预估，人工智能的引入将创造 3.5 万亿到 5.8 万亿美元的潜在价值。对于每个行业而言，人工智能潜在价值平均占行业总规模的 1% 到 2%，可谓潜质惊人。在这些行业中，潜在价值最大的将是旅行、交通物流和零售，但结合其实现主导应用的时间来看，它们的潜力要得到充分挖掘尚需时日（见图 2－3－11）。

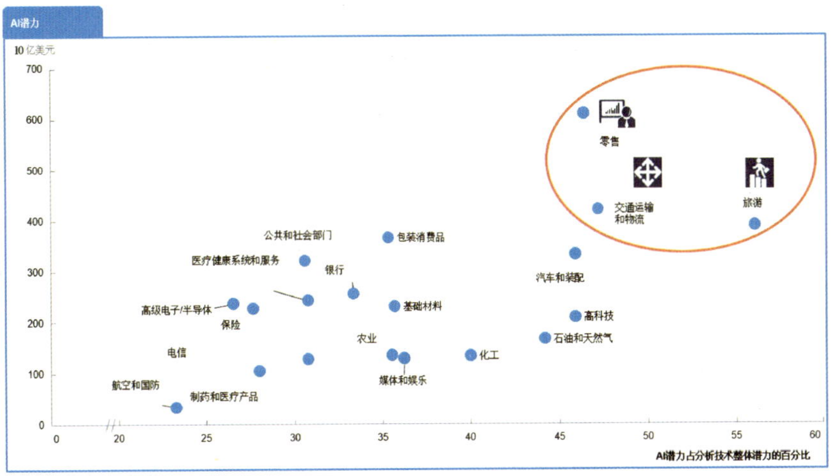

注：此处人工智能测算仅包括神经网络。由于四舍五入，各子条目数字相加可能不等于总数。

图 2－3－11　在 AI 创造价值的行业中，潜在价值最大的将是旅行、交通物流和零售

资料来源：Michael Chui，James Manyika，Mehdi Miremadi，Nicolaus Henke，Rita Chung，Pieter Nel，Sankalp Malhotra，2018 年 4 月，Notes from the Al frontier insights from hundreds of use cases；麦肯锡全研究院。

虽然应用空间广阔、价值潜力巨大，但若要真正实现这些应用在各行各业的落地，企业现在就应采取行动，一方面对最具价值的 AI 使用案例进行清晰的分析，建立配套的数字资产和能力，另一方面还需建立数据生态系统、采用正确的技术和工具、将技术整合到工作流程中、并在培训员工技能时采用开放、合作的文化。

三、与保险业的融合：把握四大技术趋势，走向预测/预防的前瞻性时代

人工智能的底层技术已延伸到商业、家庭、汽车等领域，这种技术的蔓延

将推动保险从当前的“检测和修理”模式进化为“预测和预防”模式，从而改进决策、提高工作效率、降低成本和优化客户体验，且不断加快变革的步伐。4种与人工智能紧密相连的核心技术趋势将会在未来10年里重塑保险行业。

第一大技术趋势是联网设备的数据大爆炸，这其实是物联网技术和人工智能技术的双重作用力。在前文我们已经谈到，带有传感器的设备早已遍及产业配置的方方面面，未来几年联网消费者购买的联网设备更是会大量增加。这些设备带来的海量数据会让保险公司更了解用户，从而开发出新的产品品类，并让定价更加定制化，服务更加实时化。例如，连接到精算数据库的可穿戴设备可根据消费者的日常活动计算出个人风险指数，以及潜在风险的发生概率和严重程度。

第二大技术趋势是物理机器人的普遍流行。机器人领域层出不穷的创新将改变人类与世界的互动方式。例如，3D打印就将彻底重塑未来的制造业和商业保险产品：到2025年，3D打印建筑有望普及，保险公司将需要衡量这种发展如何改变风险评估。此外，可编程自动无人机、自动驾驶汽车、自动耕种设备和增强型手术机器人将在未来10年具备商业可行性。

第三大技术趋势是开源与数据生态系统的诞生。随着数据的无孔不入，开源协议将会应运而生，以确保数据在不同行业共享和应用。很多公众和私人企业将会一起创建生态系统，以便在统一的监管和网络安全框架下针对多种用户实例分享数据。例如，可穿戴设备数据将会直接传给保险公司，联网家居和汽车数据将会通过亚马逊、苹果、谷歌和各类消费者设备制造商予以共享。

第四大技术趋势是认知技术的进步。卷积神经网络等深度学习技术目前主要用于图像、声音和非结构化文本处理，未来将会逐步得到更为广泛的应用。这类认知技术大体建立在人类大脑通过分解和推理而进行学习的基础上，未来将会成为处理大量复杂数据流的标准方式，这些数据流将会由与个人行为相连的“主动”保险产品提供。

综上所述，保险公司当下应尽可能撬动互联网与移动技术、大数据、云计算、基因技术等相对有成熟应用的技术，通过创新将其与保险场景融汇，为客户提供价值，为自身提升效率；对于虚拟现实、区块链、物联网和人工智能也应深刻了解、尽早布局，在数字化时代的竞争中抢占先机。

第三篇

保险科技——专题篇

第一章

人工智能及大数据

人工智能并非新兴事物，其概念自诞生以来已有 60 多年的历史。21 世纪后，随着计算能力的大幅提升、编程和建模能力的不断进步以及数据可得性的增长，人工智能技术高速发展并吸引了市场各类机构进行广泛布局和投资。中国电子学会发布的人工智能发展白皮书显示，2017 年，全球人工智能公司的融资金额高达 65 亿美元，较 2016 年同比上涨 33%，并预计在 2020 年将达到 122 亿美元。在中国，2017 年对人工智能公司的投资金额也达到历史新高 10.3 亿美元，预计在 2020 年将达到 15.3 亿美元。然而，相比于在科技领域和资本市场中的热度，人工智能对于普通消费者来说仍然是一个较为遥远的话题，普通消费者似乎难以感受到人工智能的实际影响，但其已经浸入日常生活，开始影响消费者日常生活的方方面面。

第一节 科技变革中的人工智能浪潮

一、十大技术要素，引领人工智能发展新篇章

人工智能作为一个交叉学科的概念，各方对其含义一直存有不同观点。同时，科技和商业的多元化发展也导致对人工智能的定义、发展动力，以及表现形式的理解各异。本章内人工智能的内涵为利用计算机控制的系统感知环境、

追求目标、适应改变，进而提供信息或采取行动。这一范畴包含机器学习（即基于数据进行学习的算法）与机器人两大主要子领域，以及由于人工智能的应用而带来的非人工智能技术升级。支持人工智能在现实世界中得以广泛应用的关键组成部分主要有计算机视觉、语音识别、自然语言处理、信息处理、数据学习、计划与探索、语音生成、图像生成、操作与控制、空间位移十大技术。

波士顿咨询亨德森全球研究院（BCG Henderson Institute）研究认为，人工智能发展至今，语言和视觉是其最重大的两个突破点，计算机视觉、语音识别使机器具备了认知能力，人工智能由此进入现实世界的应用，并将在未来改变社会的方方面面。比如，在就业领域，人工智能可削减员工人数需求、冲破人效（人的效率）瓶颈，减少标准化与重复性劳动，使工作性质发生改变，进而提升工作效率，同时也产生新的商业模式与产业，进而催生出一系列新的工作岗位和职业。

二、数据、流程、行动，三大维度理解人工智能

波士顿咨询亨德森全球研究院（BCG Henderson Institute）的研究认为，所有行业的人工智能使用者都可以从数据、流程、行动 3 个维度去理解人工智能（见图 3 -1 -1）。人工智能通过处理结构化数据及非结构化的语言、图像等信息，改进工作流程、提供新型的产品和服务，并做出数据化或者物理的信息反馈。这一系列动作的完成，正是依赖前文所提到的人工智能十大关键技术：人工智能的计算机视觉、语音识别以及自然语言处理三大技术是获取收集信息的主要支撑；信息处理、数据学习、计划与探索三大技术能在流程上帮助用户实现优化；人工智能依赖图像生成、语音生成、操作与控制、空间位移四大技术对外界进行反馈与表达。

三、四大因素推动人工智能迅速发展

过去 10 年是人工智能的快速发展期，科技持续变革及数据愈发丰富、政

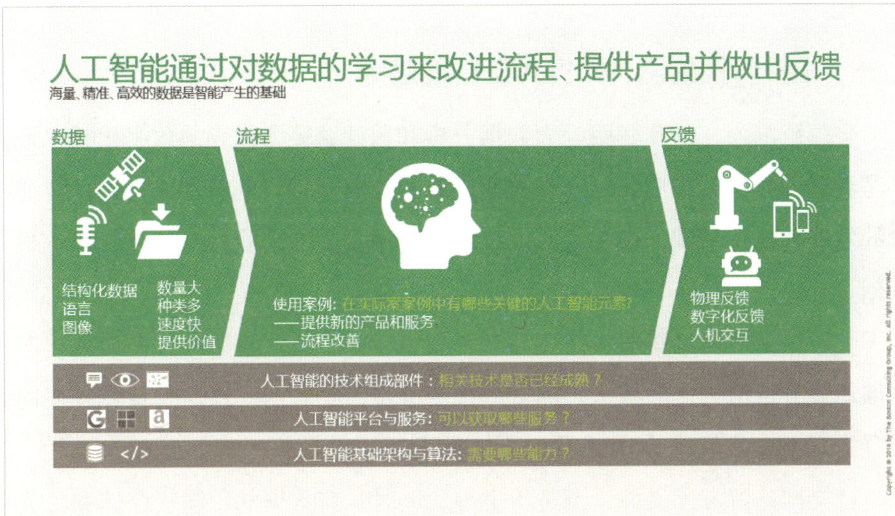

资料来源：BCG 分析。

图 3－1－1　从数据、流程及行动 3 个维度理解人工智能

府支持与培育、消费者行为和习惯的改变，以及企业的持续投入这四大因素推动各项创新层出不穷，同时对保险业产生广泛而深远的影响（见图 3－1－2）。

图 3－1－2　驱动人工智能在保险业迅速发展的四大因素

（一）相关科技成熟，助推人工智能落地

全球范围内，以互联网、大数据分析和云计算等为代表的数字化技术浪潮正席卷着各行各业，用前所未有的速度推动着各项科技创新，也为人工智能技术的发展奠定了基础，其中大数据技术的应用对人工智能技术的发展影响最为深刻。

大数据是指通过获取、分析和解释规模巨大、格式复杂的数据而获得洞察并推动业务价值创造的技术。随着科技的进步，互联网、移动设备及社交网络平台的诞生和发展带来了数量庞大、种类繁多的数据，比如音频、视频、邮件、社交网站留言、文件、浏览历史等。同时，对数据的传输、存储和计算能力也正随着包括光纤和云计算在内的技术的成熟而呈几何级增长，数据的处理和分析速度不断获得突破。实际上，构成大数据标准的三大要素“数量（volume）”“种类（Variety）”和“速度（Velocity）”（3V）当前的数据都已具有。如前文提到，数据是智能产生的基础，机器通过大数据技术对海量且多元的数据进行挖掘、分析和学习，从而获得洞见并产生智能。大数据技术的成熟是人工智能得以实现的前提。同时，人工智能可在拥有和分析数据的基础上，通过不断的学习和完善进行智能决策并采取相应行动，从而创造出成就大数据的第“4 个 V”，即商业“价值（Value）”。例如，网上保险平台利用人工智能，基于对全量用户数据的分析来判断用户的潜在需求和喜好，主动向客户推送可能感兴趣的产品并促成销售。这两项技术应用上已密不可分，逐渐融合。

（二）政策支持，为技术的发展创造良好的环境

对于国家来说，发展人工智能是一个跻身国际创新力量和创造新型产业的重要方式。领先的人工智能技术水平既是科技创新力量的展示，又能带动相关产业的发展，成为经济增长的新引擎。

人工智能的健康发展离不开政府两个方面的推动和培育。首先在监管上，需要对人工智能发展可能面对的伦理、法律及社会影响方面的问题进行详细的

研究；同时积极推动人工智能伦理准则的建立，明确责任确认的方法以及加快在自动驾驶、机器人等不同细分领域的立法，为人工智能的发展扫清制度上的障碍。其次，在技术发展上，需要政府进行统筹规划和顶层设计，协调各方资源针对各关键问题进行重点突破。这样才能在短时间内推动人工智能实现高效率的发展，避免因为缺乏监管的无序市场竞争而造成市场各方“闭门造车”及资源浪费，最终掣肘人工智能的发展。

当前世界主要国家都已将人工智能视为重要的国家科技战略，并先后立法及出台相关政策引导和培育技术的发展。但是，不同国家在监管、政策及执行力度上的差异造成人工智能发展的环境不同，我们将在后面的内容中详细讨论。

（三）消费者期望改变，对产品和服务提出新的要求

科技发展的同时，消费者的行为习惯和偏好也随之发生巨大改变。例如，互联网的普及让越来越多的消费者习惯于线上购物。另外，社交网站的普及让消费者在购买时更注重周围朋友给出的产品评论。总的来说，客户对保险公司的产品和服务有 5 点期望：

第一，客制化。客户要求保险企业可针对用户不同的个人情况和需求提供差异化或可定制产品。

第二，简单直观。客户要求产品以简洁清晰、易于理解的方式呈现。

第三，随时可触达。客户希望可通过不同渠道能够随时与保险公司接触，对于在购买、理赔及服务等环节产生的疑问和意见能够及时得到反馈。

第四，便捷。可通过不同渠道方便快捷地购买产品或服务，例如，支持移动端一键订购。

第五，公正透明。例如，在购买产品和服务时能够看到其他用户的使用感受和评价，支持产品比价等。

客户需求的改变对保险公司当前的产品设计和服务方式提出了直接的挑战。保险公司唯有通过技术针对产品、渠道、定价方式等环节进行变革，才能

满足新的消费需求，开拓业务蓝海。

（四）各类市场参与者积极布局

巨大的市场需求和应用潜力不断吸引着包括传统保险公司、科技巨头及初创公司的各类市场参与者进行布局，让当前的保险科技市场百花齐放。各类公司的积极参与首先吸引了大量资金的流入。据波士顿咨询公司（BCG）统计，截至 2017 年底，全球保险科技领域的投资已达到 550 亿美元，大量资本为技术的研发提供了充足的财力支持。另外，各类企业在保险不同环节上的多样创新在帮助行业克服固有困难的同时又催生了新的应用场景，从而促进了科技的再创新，实现保险与科技的双向联动发展。

第二节 自动、智能、创新的保险再造

一、人工智能将从 3 个方面改造保险业

人工智能深度学习的发展与大数据的推广应用掀起了人工智能的第三次浪潮，驱动了多项应用层技术的突破与成熟，使得人工智能在 3 个方面实质性地改变着商业世界：推动自动化水平达到新高度、支持智能分析与决策、催生新商业模式与新产业（见图 3－1－3）。

（一）自动化水平新高度：感知类技术的不断成熟推动产业自动化水平达到新高度

感知类技术包括计算机视觉、语音识别、自然语言处理等。人工智能发展所带来的高度自动化在商业世界的代表性用例有客服聊天机器人、机器自动身份识别等。客服聊天机器人能够遵循客户旅程的标准路径，借助机器学习算法观察对话并理解对话意图，在遇到困难时将问题发送人工处理，并对人工答复

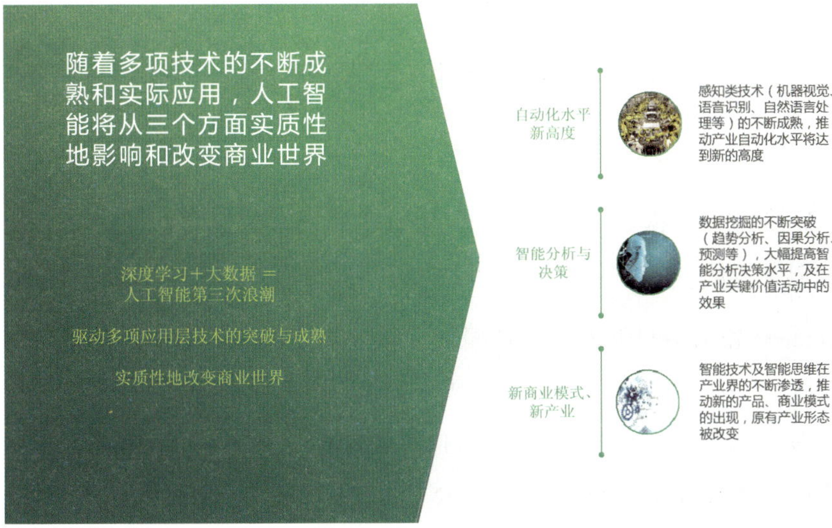

图 3 -1 -3　人工智能将从 3 个方面改变保险业

加以学习，从而起到提升客户服务质量并降低服务成本的作用。机器自动身份识别则是利用自动声音识别或面部自动识别对用户进行身份验证，通过分析用户声音、眼部、面部特征来验证身份，取代原来的安全问题或密码。这一做法比询问验证问题的方法快得多，而且由于客户无需记住密码，能够大大改善客户体验。

（二）智能分析与决策：数据分析的不断突破大幅提高智能分析决策水平，创造或提升商业价值

数据分析包括趋势分析、根本原因分析、数据挖掘、预测、建议、个性化等，与商业智能和传统分析，相比，人工智能既延伸了分析的广度，也提升了分析的深度。以往的商业智能和传统分析往往停留在趋势分析、原因挖掘、数据挖掘与预测层面，而人工智能可以通过不断学习和完善，提高建议的相关性和特异性，实现“个性化分析”，在风险管理、营销、服务等领域提供真正智能化的分析和决策。例如，人工智能可以实现基于社交媒体的信用评分，增加现有分数，或为无信用记录的人生成分数；通过自然语言生成分析报告，分析

与评估财务数据；开展动态欺诈模式检测，从实时复杂交易模式中发现欺诈；根据客户行为和研究提供个性化的健康建议；根据客户和产品特色开展个性化营销，提供独一无二的个性化产品等。

（三）新商业模式推动新产业：智能技术及智能思维在产业界的不断渗透推动新的产品、商业模式出现，改变原有产业形态

Betterment 作为最早开发“智能投顾”的平台之一，成功实践了“以 AI 提高投资收益”这一命题。自 2008 年成立以来，该平台通过人工智能为投资者量身打造投资组合，帮助用户比普通投资者多获得 2.66% 的收益，2017 年的公司资产管理规模超过 100 亿美元。公司通过简单的用户数据搜集（如用户想几年后退休、年收入、风险承受度），运用人工智能用户分析、数据运算、机器学习和自然语言处理把握市场动态等技术，来针对用户的投资目标、退休规划、产品偏好等提供投资理财计划，推荐最佳投资组合，并且通过智能的低成本、批量化演算来取代传统人工理财顾问，降低了投资门槛，用户通过人工智能实现了低成本的资产管理。

二、人工智能在保险业价值链各环节的应用

伴随人工智能技术的发展，人工智能的应用已广泛渗透到保险行业且日渐成熟。人工智能对商业世界在推动自动化、帮助分析与决策、发掘新模式与推动新产业 3 个方面的作用将推动各保险公司的经营方式产生深刻变革。基于专家访谈与国内外大量案例研究，我们发现人工智能在保险业价值链的各个环节存在丰富的潜在应用。国内外领先保险集团已开始开展人工智能布局，以覆盖保险业业务体系中产险、寿险各条线的前、中、后台流程。人工智能不仅可为前端营销、承保、核保、理赔等核心流程提供多样化支持，也渗透到后端资产管理等环节（见图 3－1－4）。

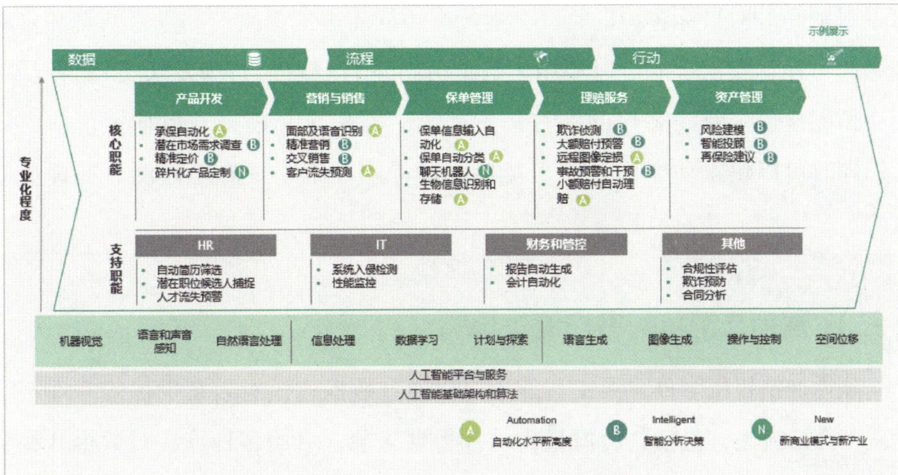

图 3－1－4　人工智能影响下的保险业价值链

如图 3－1－4 所示，在保险价值链的核心环节，人工智能在定制化保险产品和包括聊天机器人在内的智能客服模块中打造了创新的商业模式；在交叉销售和精准营销、客户流失预测、反欺诈检测、大额索赔预测、资产组合管理、再保险建议等方面提供了智能分析与决策；在用户生物信息以及财物状态检测、承保自动化、远程理赔查勘等环节实现了自动化水平的新高度。我们针对人工智能在保险业的九大应用和案例展开论述。

（一） 产品开发—产品定制

保险客户数量多而分散，利用传统方法针对不同需求设计保险产品因成本过高而无法实现，导致当前保险公司的产品设计同质化现象比较严重，以及大部分长尾客户的保险需求无法满足。然而，保险公司可以利用人工智能，通过大数据的导入和分析精确定位小众客户需求，从而自动为其推出量身定制的碎片化产品，形成“小而美”的市场格局。

（二）营销与销售—智能营销和交叉销售

人工智能可以通过大数据分析和机器学习算法对用户进行画像和打标签，

自主识别高潜力目标客户的特征，对用户不同需求的保险产品进行精选和自动推送。另外，人工智能可以利用大数据分析现有客户的行为及历史购买记录，应用预测模型判断该客户的潜在消费需求，提高交叉销售和追加销售的成功率；同时可以建立动态机会仪表盘以协助保险经纪人更好地监测、捕捉销售机会。

（三）营销与销售—客户流失预测

除增加销售机会外，人工智能也可以通过数据建模有效帮助保险企业预防及减少客户流失，包括整合海量内外部数据来源，应用多种算法对数据开展分析，并比较不同算法的表现以发现最优算法，从而提高客户流失预测的精准度。

（四）核保定价及承保—风险评估核和定价

在核保定价环节，人工智能可通过大数据分析进行定价及风险评估，例如，通过感知、监测驾驶员驾驶行为习惯数据为车险动态定价，以及利用地理图像数据及图像识别技术对房屋、农产品等保险标的进行状态检测及风险评估，杜绝在价格方面“一刀切”的情况。另外，当前的保险公司基本上是以历史数据来测算投保标的损失概率和程度，并以此制定费率。费率一旦确定，一般在保险期限内固定不变。人工智能则能够通过对保险对象的实时风险信息进行分析做到及时自动调整保险费率，使保险产品更加有个性。

（五）核保定价及承保—承保自动化

在承保环节，人工智能可根据收集到的信息自动执行承保流程，如 IBM Watson AI 平台可通过读取医疗证明、病史和风险因素等各种数据计算索赔付款，有效协助保险公司节约成本，同时提高欺诈检出率。

（六）保单管理与服务—智能客服

针对电话客服环节，通过应用自然语言处理技术，保险公司可将呼叫中心客服人员与客户的对话语音实时转化为文本，对内容进行分析、理解，并采取相应行动，如将呼叫内容划分为特定的业务类别，并进行优先级排序，这一应用可快速识别客户问题以缩短通话时间，提升客户满意度。

（七）理赔—远程理赔勘察

在理赔环节，保险公司可应用人工智能技术开展远程查勘。以车险为例，人工智能可通过对汽车损坏图像的识别，对汽车损坏程度进行评估及分类，并分配至相应的工作流，从而有效降低成本。

（八）理赔—反欺诈检测

人工智能在理赔环节的另一重要应用是反欺诈检测，大数据与机器学习分析方法在理赔中的应用极大地提高了保险企业欺诈识别、监控，以及决策的能力。保险公司可以通过整合同一客户的交易信息、交易文件及外部市场信息识别高欺诈风险的交易及客户，从而显著提升反欺诈的准确性和及时性。机器学习算法可以同时定位多种欺诈行为，减少不合理的赔付，降低理赔成本。

（九）理赔—索赔预测

人工智能还可通过数据建模自动预测客户索赔的严重性，通过神经网络对海量内部、第三方和社交媒体数据进行分析，以提升索赔预测准确度。保险公司还可以运用人工智能对可能发生的大额赔付事件进行预警，有利于保险公司进行及时干预，有效降低大额赔付事件发生的概率。

在针对各类保险企业保险科技开展情况的调研中，我们发现国内保险企业对人工智能在保险业产业链各环节上的应用整体持较为积极的态度，特别是在承保自动化、语音及面部识别，还有反欺诈环节，超过60%的受访企业认为人工智能的应用能为保险企业带来非常大或较大的效益提升。另外，也有超过一半的受访保险企业认为人工智能在风险评估及包括聊天机器人在内的智能客服方面可以为企业带来较大的效益提升（见图3－1－5）。

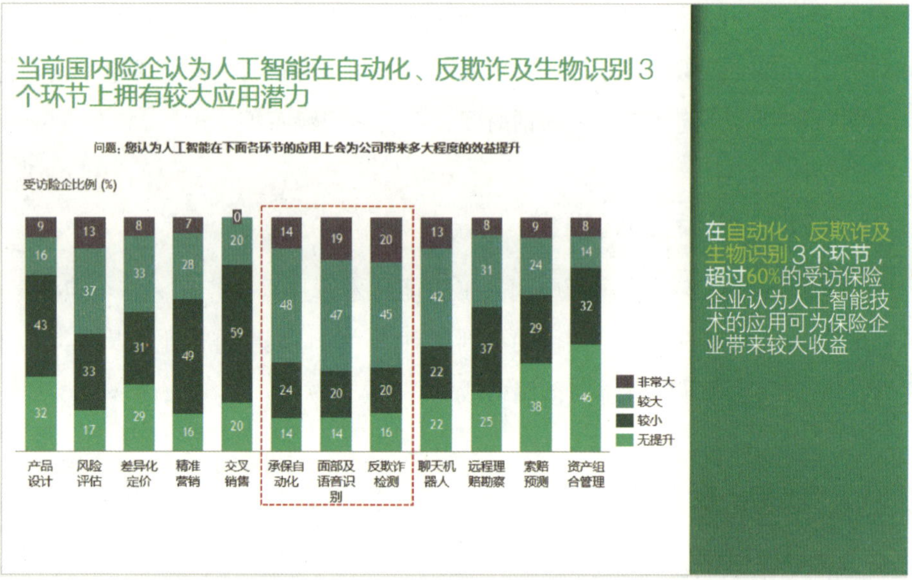

图3-1-5 关于人工智能在应用层面为公司带来效益提升预期的问卷调查

资料来源：中保协针对保险科技进行的调查问卷。调研范围为130家各类型中国保险公司。该问题共收集96份有效回答。

第三节 中国保险市场更佳的人工智能发展环境

相比于美国等发达国家自20世纪60年代初即开始投入研发人工智能的相关技术，我国对人工智能技术的研发起步较晚，但近年来发展迅猛，已显出超越之势。比如，在车险理赔环节，借由图像识别上的科技优势，国内领先保险企业在利用人工智能进行远程图像定损及自动赔付方面的准确率和自动化水平已大大超越海外险企，达到世界领先水平。我们认为，与海外市场相比，人工智能在国内保险业内的发展在数据、政策、消费者态度及市场活跃度方面更具优势。

一、数据及科技储备雄厚

如前所述，人工智能的基础是数据。海量数据可以让人工智能在自动学习中不断优化提升自身的算法，从而得到更广泛的应用并催生更多数据，最终形成一个数据到成熟算法的正向循环过程，推动技术本身快速发展。中国在数据的可得性上具有天然优势，庞大的人口基数、统一的市场以及丰富的应用场景为人工智能的发展提供了海量的数据基础。截至2017年底，中国互联网用户数量已达到7.72亿户，数据产生量约占全球数据总量的13%；中国拥有全球最大的第三方支付平台，拓展到线上线下消费的点点滴滴；中国拥有全球第二大的社交网络，涉及人际关系连接的方方面面。这样庞大的数据基础和多元化的应用场景使得任何对人工智能应用的尝试都能快速开启正向循环。例如，平安保险集团的人脸识别技术以旗下超过200个金融/生活应用场景中的1亿位用户的人脸数据作为支撑，获得迅速发展，从零起步，用3年的时间，精确程度已经可以达到99.8%以上，成为全球准确度最高的人脸识别技术①。

纵观海外市场，领先的保险企业也不断尝试从多种渠道广泛收集各类客户数据以提高自身数据的丰富程度。例如，与第三方展开合作以求获得新的数据源，日本爱和谊保险与丰田公司及Insure The Box保险科技公司合作。丰田汽车提供联网汽车收集的驾驶数据及潜在客户名单，Insure The Box公司提供车联网解决方案和数据分析技术以进行风险定价，爱和谊保险则提供车联网技术支持的保险产品。另外，国外领先保险企业还借用包括智能可穿戴设备在内的新兴科技手段并结合线上线下渠道进行数据收集。例如，健康险公司Discovery推出的“Vitality健康促进计划”，通过Withings的可穿戴设备获取了大量客户活动和健康数据，并对健康状况良好的客户进行一定的奖励和保费折扣。这些尝试虽然从一定程度上拓展了数据的可得性及丰富程度，但相对割裂的市场和较小的人口基数仍然使得他们在数据积累的量级上与我国企业具有一定差距。

---

① 平安集团投资者开放日演讲资料，《揭秘平安科技变革》。

另外，我国近年来人工智能方面的技术研究不断获得突破，专利申请和论文发表的数量迅速增长。美国国家科学技术委员会的研究显示，中国深度学习课题相关论文的发表数量已在2014年和2015年赶超美国，成为世界第一。与此同时，根据《乌镇指数：全球人工智能发展报告》，在全球人工智能专利数量方面，中国以15 745项专利紧随美国之后，位列世界第二。不断壮大的科技实力加快了人工智能在各细分行业的落地和创新应用①。

二、积极的政策和监管环境

在政府支持方面，我们观察到世界上主要国家都出台了相关政策和举措来大力推动人工智能技术的发展。例如，美国率先将人工智能上升到国家战略高度，于2013年启动创新神经技术脑研究（BRAIN）计划，10年投入45亿美元。2016年成立了“机器学习与人工智能委员会”，并且确定了人工智能领域的7项长期战略。欧盟委员会与欧洲机器人协会合作资助机器人领域的创新，计划到2020年投资7亿欧元，同时在立法上未雨绸缪，率先在2016年6月提出人工智能立法动议。日本则依托在智能机器人领域的全球领先地位，积极推动人工智能的快速发展。2015年，日本发布机器人新战略，提出包括要建设“世界第一的机器人应用国家”在内的三大目标，并制订五年计划。2017年，日本政府制定了人工智能产业化路线图，计划分3个阶段推进利用人工智能技术，大幅提高制造业、物流、医疗和护理行业效率。

对比国外，中国政府在推动人工智能的发展上显示出更大的决心，制订更周密的计划。随着经济增长的放缓和人口老龄化压力的增大，人工智能作为替代人工、提升生产率及驱动经济增长的重要技术越发受到政府重视。从2015年开始，人工智能已经连续3年在5个国家级规划中被重点提及，针对该技术的发展还规划了相关路线图并确立了突破点（见图3－1－6）。具体到保险行业，中国银保监会对包括人工智能在内的各项保险科技持续关注并抱有积极的

① 摘自乌镇智库与网易科技联合于2016年11月第三届世界互联网大会上发布的专题报告《乌镇指数：全球人工智能发展报告2016》。

态度。事实上，早在2010年中国保监会就与科技部联合下发文件，在全国范围内推广保险业内的科技创新。2017年，中国保监会启动了《保险业新技术应用促进办法》的起草工作，旨在促进多项科技在保险业的应用，除鼓励保险企业自身提高科技投入之外，还提议设立专项基金为新技术研究和孵化提供支持。各方的支持和推动在为国内保险业中人工智能的迅速发展创造了良好政策环境的同时也向外传递了积极的信号，吸引其他企业积极入局，进一步提升市场活跃性。

政策名称	发布时间	发布部门	主要内容
中国制造2025	2015年5月	国务院	提出"加快发展智能制造装备和产品"，巩固人工智能发展基础。将发展人工智能提升到国家战略高度
"互联网+"行动计划	2015年7月	国务院	明确人工智能将作为推进"互联网＋"重点布局的领域之一
"十三五"规划纲要	2016年3月	国务院	重申人工智能的重要性，表示要重点突破人工智能技术。各地政策纷纷出台相关规划进行跟进
"互联网+"人工智能三年行动实施方案	2016年5月	发改委	计划到2018年基本完成打造人工智能基础资源与创新平台、人工智能产业体系、创新服务体系、标准化体系等目标
新一代人工智能发展规划	2017年7月	国务院	提出到2030年人工智能水平达到世界领先，成为世界主要人工智能创新中心的目标，并确立六大重点任务

图3－1－6　涉及人工智能的国家级重点规划

资料来源：BCG分析。

欧美发达国家通常对消费者个人隐私数据的收集有严格规定，企业在收集和使用消费者数据时往往需要付出更高的成本，这在一定程度上削减了创新的积极性。例如，2018年5月生效的欧盟《一般数据保护条例》（*General Data Protection Regulation*）对企业收集用户数据做出了非常严格的规定，预计会对保险企业产生重大影响。该条例规定，只有客户给出清晰明确的授权后企业才可以使用个人信息，同时客户可随时收回自己的授权，要求企业立即从自身系统及合作的第三方处删除相关信息。另外，企业必须全面提高自身的IT水平以及设立专门的数据保护官确保客户数据的安全，否则将可能面临相当于公司年收入4%的罚款。因此，欧洲保险企业不得不付出更高的成本才能妥善存放以及利用客户数据，这也会导致创新积极性的降低。当前国内在消费者数据的收集和使用方面限制较少，这一方面有利于企业进行相关创新，但另一方面也需要进一步对企业收集和使用消费者数据的方法进行规范，建立健康正向的科技创新环境。

三、消费者持有更开放的态度

相比于国外用户，国内消费者对于移动终端应用的接受程度更高。以2016 年的数据为例，在接入互联网各终端中，中国移动端的渗透率高出美国达 12%（中国为 90%，美国为 78%）。此外，中国有将近 1/4 的手机原生网民，而美国这一比例仅为 11.3%①。正如马云的表述，“如果美国是在车轮上的国家，那么今日中国是在互联网上、移动端上的国家”。移动端的渗透率提升会从两个方面来助力人工智能的发展。首先，移动端带来大量高频、小额和碎片化产品的需求，如航班延误险或退运险等。其次，这些产品对保险公司传统的风险评估和定价模型提出了挑战，需要保险公司快速制定出个性化、灵活的保费方案，从而推动人工智能的应用。

移动端最大程度地契合应用的大范围推广。由于国内市场地域广阔且车辆保有量巨大，保险公司过去在处理车险理赔时往往面临很大压力，通常必须在多处设点并培养数量庞大的理赔人员团队才能满足事故发生时迅速到点处理的要求。依托于移动端的照相和视频技术，人工智能中的图像语音识别技术得以推广，消费者可通过微信进行图片定损、视频通话，完成快速理赔。例如，蚂蚁金服推出的“定损宝”通过让客户从移动端上传车辆受损图片，利用人工智能通过算法识别事故照片，与保险公司连接后，几秒钟内就能给出准确的定损结果，包括受损部件、维修方案及维修价格。这就使得人工智能的应用可以在移动端轻易地嵌入保险具体流程，大大节省了人工智能应用的调用时间，加速了应用的推广。

国内消费者对于与保险公司共享数据持更为开放的态度。波士顿咨询公司

---

① 波士顿咨询公司、阿里研究院、百度发展研究院、滴滴政策研究中心联合发布的《解读中国互联网特色》报告。

之前针对 UBI 车险对各国消费者展开的调查发现，中国消费者更加乐意分享基本的和与汽车保险相关联的数据以换取较低的保费，但在涉及与驾驶无直接关联的个人数据时（如确切位置、财务状况、健康状况等）显得比较谨慎。巴西的消费者似乎也更愿意分享这两类数据来换取更低的保费，澳大利亚与德国的消费者则最不愿意分享。

四、多元参与群体

雄厚的科技实力、强力的政策支持以及积极的消费者让中国成为最为活跃的保险科技市场之一，也吸引了各类竞争者纷纷布局。当前国内传统保险公司、科技巨头以及各类初创公司作为三股主要力量驱动着人工智能在保险业的快速发展。众多企业的积极投入为人工智能在保险业的应用研发提供了大量资本支持。更为重要的是，国内企业多注重生态的营造，大量企业寻求生态系统建设和跨业务线发展，它不仅可以帮助国内企业拓宽数据来源渠道，更能够为人工智能找到新的应用场景，从而进一步推动技术的进步。

当前国内市场上主要可以看到两类生态系统：一类是如平安等保险公司建立的以保险业务为中心并向其他业务拓展的生态系统；另一类是以阿里巴巴及腾讯为代表的互联网巨头，以互联网业务为中心，利用自身信息和技术优势向其他行业拓展的生态体系。虽然两者的体现形式不同，但对保险科技发展的增益作用是一致的。一方面，生态系统能够促进数据的整合，进一步提升数据种类、维度和质量，特别是针对一部分保险公司无法获取的数据，通过自建生态系统能够有效解决这一问题。例如，针对目前国内保险公司难以从医疗机构获得有效的客户医疗记录信息的情况，平安集团通过自建医疗生态圈打造“患者—医疗机构—健康险”的医疗闭环，通过直接向投保人提供医疗服务掌握关键医疗数据用于精准定价。另外，平安产险还通过与各类汽车经销商、汽车零配件平台进行合作打造汽车服务生态圈，获得了各汽车零部件的精确报价。在理赔时，人工智能可以根据客户的受损部件在自身数据库中迅速找到相同或类似的部件，在最短时间内对客户维修进行精确报价。另一方面，通过建立生态圈，一些关于人工智能的应用能够找到新消费场景，反过来推动技术的发展。

通过对各类型的保险公司展开调研我们也发现，国内保险企业对中国人工智能的发展环境抱有很大的信心，认为中国在多项人工智能发展的条件上都具有较大优势，特别在数据的量级以及应用场景的丰富程度上，超过 90% 的受访企业都认为中国具有较大或者非常大的优势。另外，也有超过 80% 的企业认为中国在政策的支持和数据的类型上具有很大的优势（见图 3－1－7）。

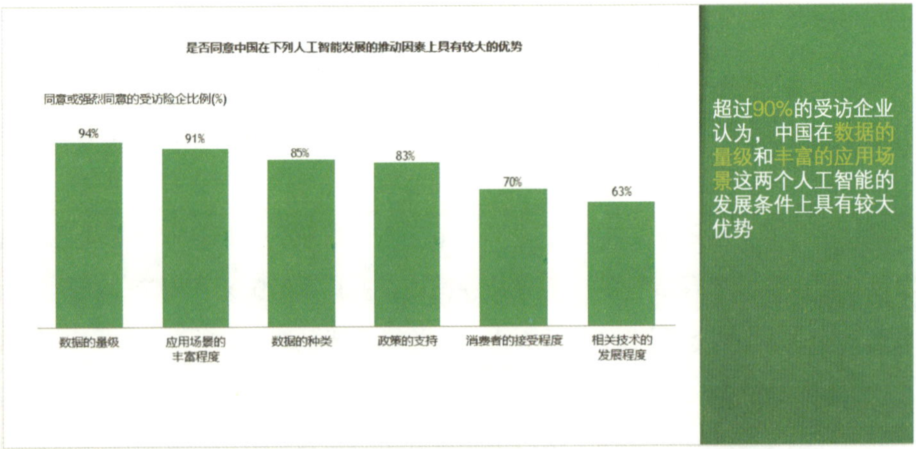

图 3－1－7　关于是否同意中国在某些人工智能发展的推动因素上具有较大优势的问卷调查

资料来源：中国保险业协会针对保险科技进行的调查问卷，调研范围为各类型中国保险公司共计 130 家，该问题共收集 127 份有效回答。

第四节 人工智能对保险行业的影响

人工智能在从自动化水平，智能决策以及新商业模式 3 个方面改变保险业产业链的同时也带来了三大影响（见图 3－1－8）。其中，对保险业就业的重塑是人工智能最为直接和重大的影响。通过辅助或替代某一岗位核心价值创造中的人力劳动，人工智能将会对该岗位造成效率提升或岗位削减的影响。同时，人工智能的应用也能帮助保险企业显著提升客户满意度及优化综合成本率。我们对 3 种影响进行阐述并详细测算人工智能对保险业就业市场造成影响的深度。

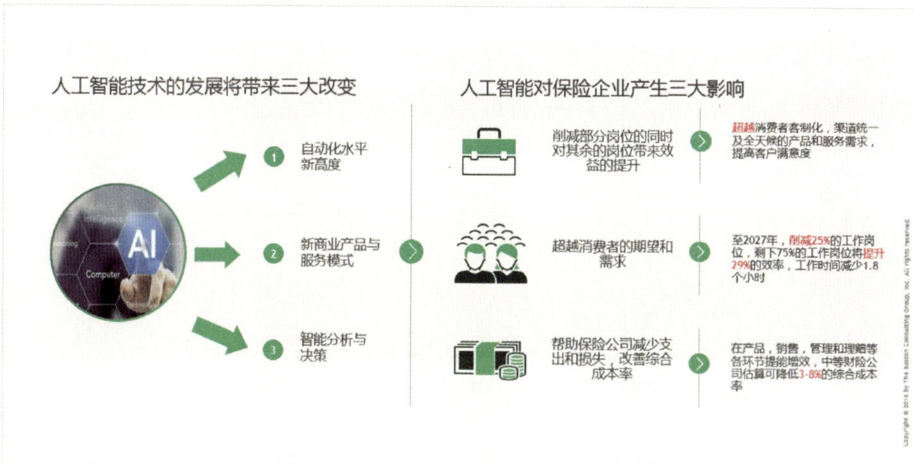

图 3－1－8　人工智能影响保险业的 3 个方面

资料来源：BCG 分析。

一、重塑保险业劳动力市场

人工智能对任何行业最为直接的影响即对现存岗位中的某些工作模块中所需的人力进行部分取代。当某一岗位内创造核心价值的工作可以被人工智能所完成时，该岗位就基本可以被削减，原有员工可能被裁员或转为其他职位。我们认为人工可被人工智能取代的工作模块主要总结为两类：一类是遵循一定步骤因而可被编码成计算机语言的常规性工作，另一类是不需应用解决复杂问题能力或创新能力应对人际情感交互及随机多变环境的非认知与情感类工作。当前保险业中仍存在大量核心价值为上述类型工作的岗位，如后台及理赔支持类岗位或前端的核保承保等岗位。这些岗位预计未来会随人工智能的发展而削减。

另外，并非所有岗位都能被代替，部分岗位的核心价值必须依靠人来实现，人工智能仅作为辅助手段完成部分非核心工作，帮助减少人工操作及降低错误率从而实现效率的提升。我们认为，不可完全取代人工的工作模块主要为无清晰步骤程序可遵循的非常规性工作和需应用解决复杂问题能力或创新能力应对人际情感交互及随机多变环境的认识与情感类工作。

根据波士顿咨询公司的测算，至 2027 年，中国保险业将削减 119 万个工作岗位，降幅 25%；剩余 75% 的工作岗位将提升 29% 效率，相当于每人每天花在同样职能活动上的工作时间可减少 1. 8 小时①（见图 3 –1 –9）。

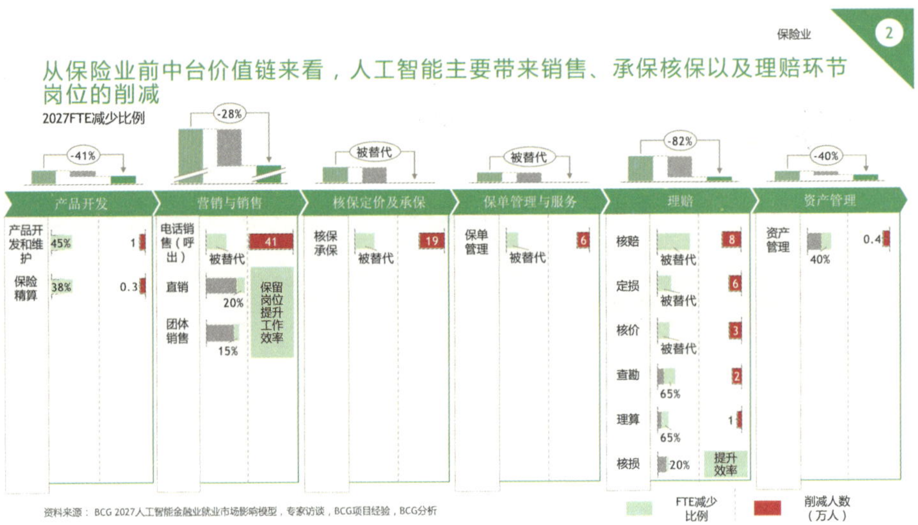

图 3 –1 –9　至 2027 年人工智能技术的应用给保险业各环节带来的岗位削减

从保险业价值链来看，人工智能在营销与销售、核保定价及承保、保单管理与服务以及理赔环节均能带来岗位削减。我们预估，在营销与销售环节，人工智能将会缩减 41 万个工作岗位，占削减岗位总数的 34%。未来随着人工智能语音识别技术的发展，机器将代替大部分的人工座席向客户推销产品，并能敏感、快速地捕捉客户声音所呈现出来的情绪与偏好，因而提升销售效率，节约成本。

① 详细测算方法及人工智能对其他金融子行业劳动力市场的影响分析，请参见波士顿咨询与中国发展研究基金会联合发布的人工智能对劳动力市场影响的报告《取代还是解放：人工智能对金融业劳动力市场的影响》。

核保定价与承保环节当前约 19 万个工作岗位将面临大幅度削减，占削减岗位总数的 16%。核保与承保作为一个高度标准化、程序化的流程，相关岗位已经在各大保险公司广泛地被机器取代，我们预计未来的取代速度会加快。同理，在保单管理与服务环节，将有约 6 万个工作岗位被削减。在理赔环节，定损、核价、核赔同样是高度标准化的环节，至 2027 年将被人工智能取代，削减一共 17 万个工作岗位。

纵观保险业的价值链，人工智能也能在多个环节帮助提升工作效率。在产品开发环节，人工智能一方面可以帮助保险精算师收集海量的市场数据、优化精算模型，另一方面可以帮助产品开发和维护的设计人员洞悉市场需求变化、分析竞争者产品，从而更准确、更快速地适应市场需要，在产品层面提高自身竞争能力。然而，由于产品开发环节涉及大量的沟通需求、做出决策的工作，人工智能无法完全替代人的工作。我们预估，人工智能将为保险行业的产品开发环节带来 41% 的工作时长缩减。

人工智能对营销与销售岗位最直接的影响体现在电话销售这一渠道，而对于更讲究人际交往与沟通能力的直销与团体销售两种渠道，人工智能则是更多地帮助销售人员快速处理文件收集、信息处理、资料整理等文书性质的工作。在人工智能的帮助下，未来的销售人员将节省 28% 的工作时间。需要特别提醒的是，保险行业不同销售渠道之间岗位需求的变更或更多地受行业发展对销售模式要求变更的影响，并非全是人工智能发展的作用。例如，直销人员近几年大量减少，更多是互联网的发展、去中介的趋势使得这种销售模式不再广泛地被客户需要。

在理赔环节，人工智能将对查勘、理算、核损 3 个环节带来工作效率提升的影响。其中，查勘工作主要出现在车险业务上，是人力较为密集的活动，而人工智能计算机视觉的发展，使得报案客户可以现场拍照取证上传系统，系统通过扫描图像进行远程查勘，大大减少对外勤查勘工作的需要。然而，由于该环节的主动权掌握在客户手中，上传照片的清晰度、真实性、全面性难以得到有效保证，现场查勘仍会是必要的工作、查勘岗无法被机器完全取代。核损作为一项需要与客户进行沟通与达成共识的工作，有对客户进行理赔事项通知、受理客户对理赔反应、与拒绝接受理赔条件顾客进行协商三大主要活动，人工智能可以帮助处理前两大较为标准化的活动，却难以在最后一项个案差距大且对沟通疏导能力存在高要求的活动中代替人工。理算这一步骤涉及大量的资料审核、按规章执行计算等人力重复性工作，可以帮助员工快速处理标准化的案件，然而由于理算赔付决策的重要性与部分案件的复杂性，该岗位仍需要保留专业人员应对非标准化的案件。同时，生物识别等人工智能技术可以大大节省给付环节的材料审核流程，提升用户体验。

最后，在资产管理环节，人工智能能够识别最优回报率资产进行固定模式投资、监控并分析所投资产收益率及风险等数据，实时调整资产组合，寻求利益最大化、防范风险，大大提升资产管理操作上的反应速度与效率。然而，由于资产管理与投资者的目标、偏好等个性化因素紧密相关，而个性化的因素又容易发生变动，我们难以用一套固定算法去框定人工智能在资产管理环节的行为，在这一环节，人工的存在还是大有必要。我们预估，人工智能将为保险行业的资产管理环节带来 40% 的工作时长缩减。

二、有效提升消费者满意度

如前文提到，消费者行为的改变对保险企业的产品和服务提出了新的要求。我们认为人工智能的应用可以帮助险企在三大方面满足客户的需求，从而显著提升客户满意度。首先，人工智能可通过对客户的大数据分析精确定位客户的需求，从而做到针对每一位消费者的不同要求提供量身定制的产品，满足消费者对于保险产品客制化的全新需求。其次，在服务方面，人工智能客服可利用声音或面部特征快速识别客户信息，迅速将客户推送到相应的服务频道上，减少人工操作及客户等待的时间。各保险企业正在积极研发的聊天机器人，能够利用知识图谱、自然语言处理以及机器学习等技术，通过在线问答的方式精准回答客户绝大多数的问题，帮助企业真正实现全天候不间断的客户服务。另外，智能客服还能够通过对客户语音语调的识别和分析主动判断当前客户的情绪状态，并及时采取相应行动，如将呼叫进行优先级排序或迅速转接人工服务，有效避免消费者产生不满情绪。最后，人工智能帮助险企实现自动化的新高度，如车险远程图像定损及小额理赔实时赔付等，将极大地减少消费者等待的时间，从而有效提升客户体验。

以智能客服为例，上海智臻智能网络科技公司作为人工智能技术和产业化平台供应商，提供包括自然语言处理、深度语义交互、语音识别、图像识别、机器学习和大数据技术应用服务，其开发的小 i 机器人已为中国 50 家银行中的 40 家打造了智能客服系统，有效促进了用户交互体验，提升了客服效率，提高了用户满意度。据统计，小 i 机器人智能客服可帮助降低挂机率 40%，降低误转率 50%，成功帮助提高消费者满意程度。

三、改善险企综合成本率

保险市场上的竞争愈发激烈，保险企业一直期望通过有效控制各项费用和赔付的支出来提高自身利润率。人工智能在自动化、智能决策及业务模式方面的创新则能够帮助保险企业优化自身的综合成本率。如前所述，在自动化水平提升方面，人工智能的应用可以在产业链的各环节，尤其是中后台的保单管理、客服应答及理赔管理方面有效地代替人工、提升企业效率，从而帮助保险企业达到控制支出的目的。在智能决策方面，人工智能可以在精准营销、交叉销售等环节上为保险公司带来收益的提升，同时在反欺诈、大额赔付预警等环节帮助保险企业防止理赔渗漏，减少理赔支出。最后，人工智能通过对产品和服务的创新，提高客户满意度，为保险企业带来更多的收益。

综合来看，根据波士顿咨询公司的测算，在未考虑资产管理结果且所有技术收益均转化为成本收益的情况下，一家广泛应用人工智能的财产险公司，最高有可能将综合成本率降低 8 个百分点，为企业创造巨大的利润空间，提升自身竞争力（见图 3 - 1 - 10）。以一家中等规模的德国财产险公司为例，人工智能的运用可以在各个环节减少成本支出：在产品开发环节，通过承保自动化、潜在市场需求调查、精准定价等运用可节约综合成本 0.8%—1.5%；在营销与销售环节，通过面部及语音识别、精准营销、行动最佳计划、交叉销售等运用，可节约综合成本1.0%—2.3%；在保单管理环节，通过后台流程自动化、邮件电话自动转接、聊天机器人等运用可节约综合成本0.5%—0.8%；在理赔服务环节，通过诈欺侦测、大额赔付预警、远程图像定损等运用，可节约综合成本1.5%—3.0%。

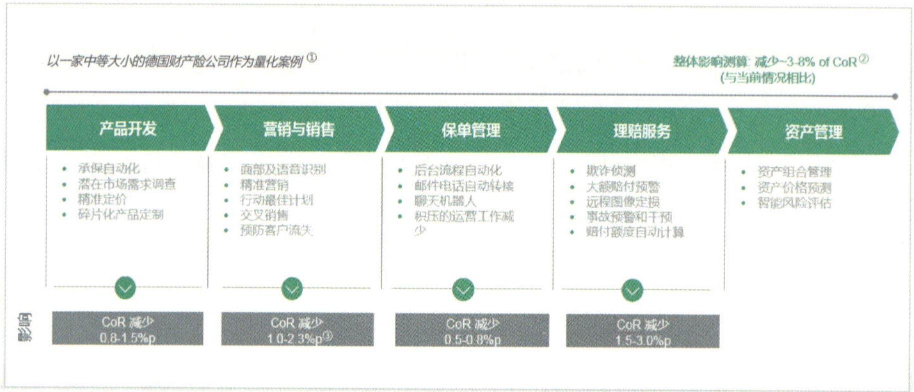

注：GOR＝综合成本率

①依据德国保险业协会提供的标准进行测算。

②在决定RPA & AI是否有改善潜力时综合考虑了技术的影响力和可行性。

③包括0.2－0.6%一次性影响，交叉销售带来的收益被转化成为成本收益

图3－1－10　人工智能可在各环节帮助降低综合成本

资料来源：专家访谈——BCG项目经验，BCG分析。

第五节
人工智能在国内发展面临难题

一、数据孤岛现象严重

大数据应用的基础是数据源，解决数据源问题的关键之一就是数据的开放与共享，否则大数据市场就会狭隘，很多创新与应用也无法实现。因此，大数据特别强调消除“数据孤岛”。

保险业长期存在的数据孤岛现象主要表现为3个方面：一是公司内部的数据孤岛。由于传统保险企业层级较多，不同系统、部门有不同的利益冲突与关注点。因此，在信息共享的完整性、时效性上都会有一定的滞后。例如，公司运营序列的客服部门所提供的风险控制信息，有的并未在前端业务部门系统中及时体现并形成必要的控制条件。二是行业内部的数据孤岛。保险以大数法则为基础，数据的获取、管理和分析将始终是保险经营的核心，但公司间尚未完全开通数据共享通道。三是行业间的数据孤岛。除车险平台外（与交通管理部门形成一定规模的数据交互），保险业跨行业数据共享的成功案例并不多。例如，无法与医疗卫生部门达成数据共享一直是保险公司的需要解决的问题之一，由于无法全面掌握客户的健康状况用于风险评估和定价支持，国内的健康险业务长期处于亏损或微利经营状态。

当前，绝大部分公司还只是对自身已有的业务数据进行分析挖掘，这在很大程度上影响了分析的深度与效果。然而，部分保险公司已意识到这一问题，有的开始通过与第三方如互联网平台、电商的合作来获取客户信息，有的则通过自建生态系统的模式来消除数据孤岛。

二、隐私保护和数据利用对保险企业提出挑战

人工智能的背后是海量数据的机器学习，模型通过收集、统计、分析用户的数据来不断提升自身的准确性，其发展会导致越来越多的个人数据被记录和分析。例如，保险企业在业务开展过程中收集大量的客户隐私数据，如就医记录、生活习惯、家庭信息、驾驶信息等，一旦被黑客入侵，个人隐私及信息遭到泄露将产生巨大的社会影响和严重的后果。国内较为宽松的数据及隐私保护政策，一方面降低了保险公司获取和利用数据的成本，另一方面也造成国内保险企业在信息泄露风险管理方面重视不够，IT系统能力防入侵能力薄弱等。

三、保险公司科技基础薄弱

当前，国内保险公司在发展保险科技时常常面临一个窘境，即在公司内

部，特别是诸多相互竞争的业务单元和职能部门中找不到人来整体负责数字化转型。这就导致公司不同业务单元和职能部门在发展和应用科技方面各自为政，做他们认为正确的事，却忽略了彼此的协调，最终导致科技转型整体进程不顺利甚至失败。

我们还观察到中国保险企业在组织架构方面普遍面临两大问题：一是多数企业习惯“中央集权制度”，无法在收权与放权之间适当平衡，在发展新的技术时常常面对管理及统筹的问题。二是传统的组织设计使企业面对变化反应迟缓、合作不畅，无法做到以客户为中心，难以及时响应客户的数字化需求和应对新的市场趋势，最终导致纵向层级过多、决策链条冗长；横向则无法有效建设跨部门团队、整合内部资源，通过协作为客户快速高效地提供产品和服务，也就难以及时满足客户的数字化需求。

在增进科技能力的过程中，人才的“新旧交替”也将成为各大保险企业必须跨越的门槛。首先，保险企业难以迅速判断自己需要什么样的人才。比如发展人工智能所需的特定技能与企业早先所需的技能大相径庭，保险企业很难按之前的标准寻觅相关人才。其次，在招募人才时，保险企业通常面临着来自互联网等科技企业的竞争，并且由于业务本身属性的不同，保险企业往往不是科技人才的首要选择，因此也就难以招募到的合适人选。

最后，传统保险机构文化通常较为刻板，因为任何失败都有可能让企业蒙受巨大损失，带来严重后果，所以各部门之间围墙高筑，对风险避而远之。这样的文化明显不利于鼓励创新。对此，保险公司需要在组织内构建新的企业文化，培养积极创新、快速迭代、勇于试错的科技氛围，为技术的发展提供良好的环境。

第六节 “跨界”将成为保险业未来关键词

展望大数据和人工智能在保险业未来的发展趋势，我们认为“跨界”将是未来趋势的一个主题。“跨界”主要将发生在 3 个方面，传统保险企业的跨界、竞争者跨界切入保险业，以及技术应用上的跨界。

首先，面对数据孤岛的难题，传统保险企业将寻求从两种路径解决这一问题。一是通过自建生态体系，将业务延伸到其他行业主动获取数据。如前所述，国内的保险企业已开始进行类似的尝试，但预计将来会展开更大规模的生态体系建设。同时，有了人工智能的赋能，保险企业在产品和商业模式上的创新能力将越发增强，业务也将越来越多元化，比如出现针对长尾客户的产品或新的保险商业模式。二是与第三方展开合作以求获得人工智能技术或数据，将来保险企业将更多地同其他汽车、财产、健康医疗、出行等行业有更紧密的结合，而与这些行业跨界的结合又会产生无数新的保险产品和新的保险机会。

其次，保险企业在技术力量上的薄弱给了其他竞争者特别是科技公司切入市场的机会，将面临越来越多的跨界竞争。例如，把控数据和客户资源的互联网科技公司或各类数据集合平台一旦拥有了风险识别与控制技术，便能利用自身流量和数据优势，将业务延伸到保险产品制造环节，如众安在线。另外，未来在汽车产业链、健康产业链中可能会形成一股力量，替代现有的保险产品与服务。比如，整车厂或有实力的 4S 经销集团等企业利用自身数据优势在产业链中提供自保服务。面对这些外部的挑战者，保险行业内将出现越来越多的行业共享数据平台，满足保险公司在价值链各环节的数据分析需求。

最后是技术的跨界，如同大数据和人工智能的融合一样，这两项技术未来在保险中的运用将更多地和其他科技结合在一起。例如，人工智能利用区块链技术对收集到的客户信息进行加密处理，能够有效地帮助保险企业保护客户的隐私和信息安全。另外，与其他技术的跨界融合也可以催生创新的产品，满足消费者日益多元化的保障需求。例如，在家财险方面，人工智能可同物联网技术结合，通过物联网技术收集更精确的家具状态信息，从而针对过去因为无法收集信息而不能承保的家具进行精准的现状评估并根据使用情况实行动态定价。

第二章

云计算

狭义云计算是指IT基础设施的交付和使用模式，通过网络以按需、易扩展的方式获得所需的资源（硬件、平台、软件）。提供资源的网络被称为"云"。"云"中的资源在使用者看来是可以无限扩展的，并且可以随时获取，按需使用，随时扩展，按使用付费。这种特性经常被形象地称为像水电一样使用的IT基础设施。

广义云计算是指服务的交付和使用模式，通过网络以按需、易扩展的方式获得所需的服务。这种服务可以是IT和软件、互联网相关的，也可以是任意其他的服务。

根据美国国家标准与技术研究院（National Institute of Standards and Technology）的定义，云计算是一种按需付费的模式，可以提供便捷的网络访问以进入可配置的计算资源共享池（资源包括网络、服务器、存储、应用软件、服务等），使用者只需投入很少的管理工作，或与服务供应商进行很少的交互便能够快速获取这些资源。

云计算经常与并行计算（Parallel Computing）、分布式计算（Distributed Computing）和网格计算（Grid Computing）相混淆。云计算是网格计算、分布式计算、并行计算、效用计算（Utility Computing）、网络存储（Network Storage Technologies）、虚拟化（Virtualization）、负载均衡（Load Balance）等传统计算机技术和网络技术发展融合的产物。它旨在通过网络把多个成本相对较低的计算实体整合成一个具有强大计算能力的完美系统，并借助SaaS（软件即服务）、PaaS（平台即服务）、IaaS（基础设施即服务）、MSP（云管理服务提供商）等先进的商业模式把强大的计算能力分布到终端用户手中。云计算的一个核心理念就是通过不断提高“云”的处理能力，进而减少用户终端的处理负担，最终使用户终端简化成一个单纯的输入输出设备，并能按需享受“云”的强大计算处理能力。

工业和信息化部办公厅在2015年印发了《云计算综合标准化体系建设指南》，提出建设云计算标准规范体系的要求，广泛借鉴国际云计算技术和标准的研究成果，紧扣云计算服务和应用发展需求，充分发挥企业主体作用，加强标准战略研究和标准体系构建，明确云计算标准化研究方向，加快推进重要领域标准的制定及贯彻实施，夯实云计算发展的技术基础，为促进我国云计算持续快速健康发展做好支撑。设计了云计算综合标准化体系框架（见图3-2-1），并勾画了涵盖技术、产业、应用、安全的云计算生态体系（见图3-2-2）。

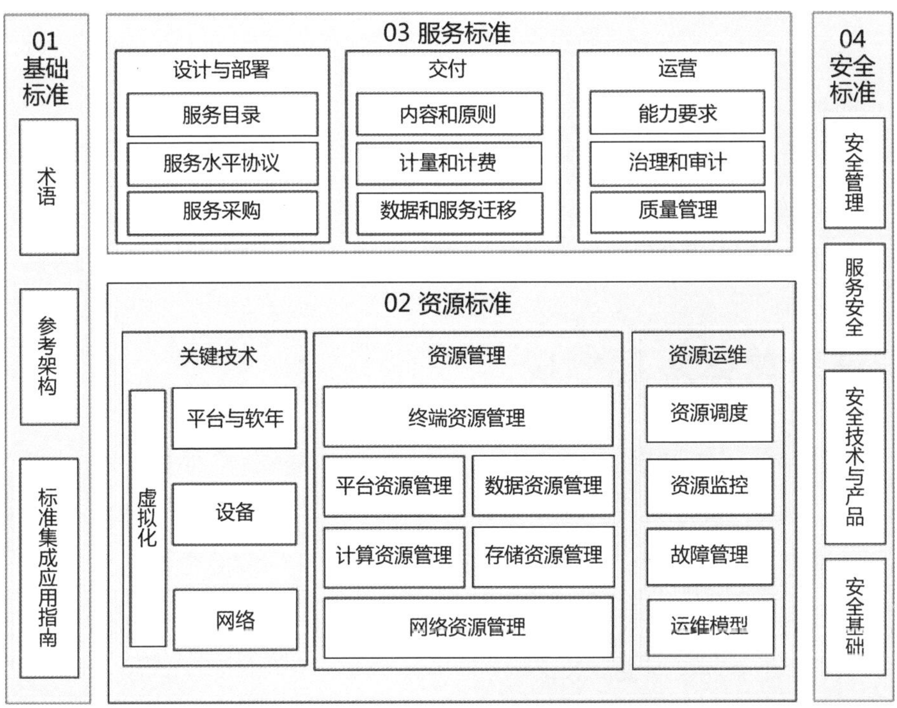

图3-2-1　云计算综合标准化体系框架

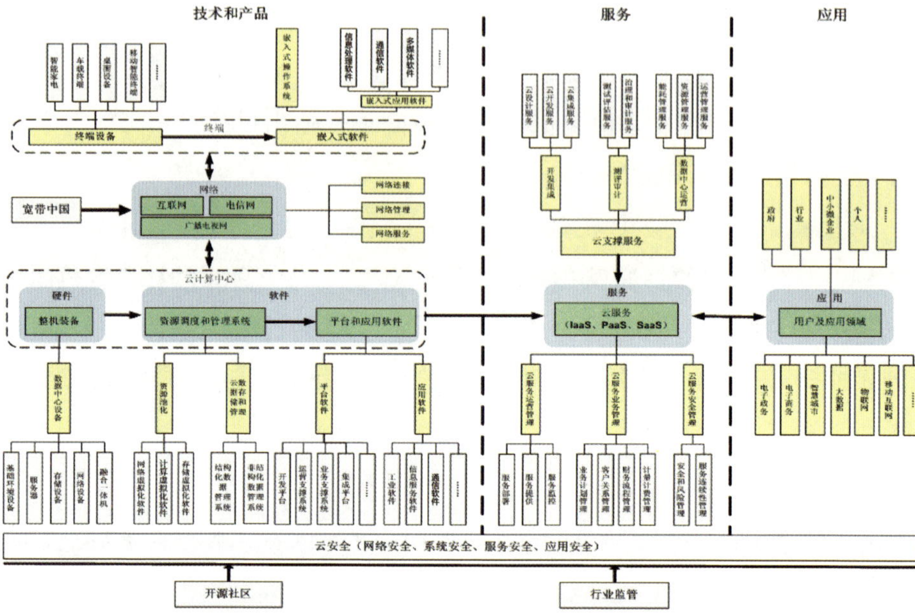

图 3-2-2 云计算生态体系

云计算属于已经很成熟的技术，国际、国内各类巨头均将云计算作为业务发展战略的重点，其在保险行业的运用是作为计算机信息系统的基础设施，具有巨大的应用潜力。

第一节
云计算总体发展情况

云计算作为一项已经成熟的技术，要分析其在国际保险行业的总体应用情况，可首先关注国际云计算整体市场及技术发展环境，包括云计算服务供应商、服务类型等，然后结合云计算在保险行业的具体案例进行说明。

云计算市场迅速扩张，世界主要国家和地区纷纷出台云计算发展战略规划，大型跨国企业已形成全球化服务能力和系统解决方案提供能力，企业和开源社区共同推动关键技术研发取得突破性进展，云计算应用在政务、金融、保险、医疗、教育和中小企业等重要领域先后落地。与此同时，国外标准化组织和协会纷纷开展云计算标准化工作，涉及基础、云资源管理、云服务和云安全等方面。

一、云计算服务模式

根据美国国家标准与技术研究院的权威定义，云计算的服务模式有 SPI 即 SaaS、PaaS 和 IaaS 三种服务模式（见图 3－2－3）。

图 3－2－3　云计算的三种服务模式

PaaS 和 IaaS 可以直接通过 SOA/Web Services 向平台用户提供服务，也可以作为 SaaS 模式的支撑平台间接向最终用户提供服务。其中，IaaS 提供给消费者的服务是对所有计算基础设施的利用，包括中央处理器（CPU）、内存、存储、网络和其他基本的计算资源，用户能够部署和运行任意软件，包括操作系统和应用程序，消费者不管理或控制任何云计算基础设施，但能控制操作系统的选择、存储空间、部署的应用，也有可能获得有限制的对网络组件（例如路由器、防火墙、负载均衡器等）的控制；提供给消费者的服务是把客户采用提供的开发语言和工具（例如，Java、python、. Net 等）开发的或收购的应用程序部署到供应商的云计算基础设施上去。客户不需要管理或控制底层的云基础设施，包括网络、服务器、操作系统、存储等，但客户能控制部署的应用程序，也可能控制运行应用程序的托管环境配置；提供给客户的服务是运营商运行在云计算基础设施上的应用程序，用户可以在各种设备上通过客户端界面访问，如浏览器。消费者不需要管理或控制任何云计算基础设施，包括网络、服务器、操作系统、存储等。

二、金融云服务商

亚马逊（Amazon）、微软（Microsoft）等主流公有云服务商通常不建立专属的行业云（亚马逊为美国政府构建了一个独立的云服务，采用独立服务区，经美国政府认证，专供美国政府部门的云计算需求），其更多的是强调整体云架构的安全性（通过各类行业的和非行业的信息安全体系认证），并提供丰富的底层基础云安全服务，如专线/VPN 接入、VPC、安全监控和主动防护等。

在亚马逊、微软等主流公有云上，由行业领先者、主要行业软件服务商等提供在 PaaS 和 SaaS 层上的云服务应用，如，纳斯达克研发了在 AmazonAWS 上运行的 FinQloud，为其客户提供高效的和低成本的财务数据存储与管理服务，以满足监管机构日益严格的数据保存和查询要求；Temenos 和微软合作提供纯云化的银行业务解决方案。

大型金融机构通常选择以自身的资源和能力优势建立私有云，通过私有云提高自身 IT 资源的应用和管理效能。例如，花旗集团建立私有的非结构化数据处理云；ING 与 IBM、EMC 合作建立私有云，将办公应用程序、工具软件以及管理软件逐步迁移至私有云。

三、云计算应用案例

国际上保险同业及相关机构在云计算方面积极尝试、布局，在应用方面各有不同目标、不同场景、不同应用模式。

美国哈特福德金融服务集团（Financial Services Group，以下简称 Hartford）是美国保险市场排名居前的财产保险公司，主要提供汽车直接保险、房屋保险和团体福利等。哈特福德（Hartford）开发了一个云战略，以推动利润增长，提高运营效益，实现业务敏捷性，加速新产品的交付。通过将基础架构迁移至私有云，规划和制定云计划战略并在定义服务方面进行协作，以满足市场和客户的需求。帮助 IT 和业务提高业务敏捷性和运营灵活性，提高 Hartford 的预测能力并满足客户和代理的需求，通过将部分技术基础架构迁移至私有云来降低成本。

为了在竞争激烈的行业中保持领先地位，美国全国保险公司（Nationwide）需要提高敏捷性和创新能力，但其 IT 基础架构却是一大障碍。该公司对运行于 IBM 主机之上的分布式服务器环境进行了整合，以创造为所有不同工作负载而加以优化的多平台私有云，建立高度虚拟化的环境，为不同工作负载维持最佳性能水平，支持新计算资源的快速无缝部署，以满足不断变化的要求。3 年内节省成本 4 600 万美元，对电力、冷却和占地面积的需求减少 80%，配置新的虚拟服务器可解决未来对计算能力的需求。

PRO BTP 是法国建筑专业人士的社会保护团体，主要为成员（员工、退休人员和建筑公司）提供养老保险和医疗保险方面的服务，PRO BTP 的处理系统仅可在支付后识别不合理的健康保险索赔。为减少系统滥用及更好地控制费用，PRO BTP 需要在公司赔付医疗卫生费用之前检测可疑的索赔。PRO BTP 开发了一个安全服务云平台，专门用于检测、分类和打击欺诈、服务滥用和失误。该服务平台可以实时分析眼科和牙科索赔。该平台配备丰富的预测性模型，可以根据具有各种检测方案和方法的自学习技术来帮助检测欺诈网络。通过促进欺诈识别自动化，降低运营成本，识别出 9% 的可疑眼科索赔和 14% 的牙科索赔，通过加速有效索赔的处理和支付提升客户服务。

AAA NCNU（AAA 前身是美国汽车协会，是北美的汽车俱乐部联盟，曾经是非盈利的服务机构。到 2010 年的时候已拥有 5 100 万名会员，为会员提供包括道路救援以及其他的服务，总部设立在佛罗里达州；NCNU = Northern California，Nevada and Utah，北加利福尼亚、内华达和犹他州）是一家总部位于美国的保险公司，主要为近 400 万名成员提供一系列汽车、旅行、保险和金融服务。AAA NCNU 员工曾花费大量时间和精力用于赔偿计算，并严重依赖外部开发人员。AAA NCNU 采取积极主动的战略方法并实施基于云的赔偿金管理系统，这大大加速了赔偿计算并帮助赔偿小组无需外部支持即可管理和更新赔偿方案。赔偿方案处理过程提速 66%，每年节省数万美元的年度方案更新成本，每周用于计算赔偿付款的时间节省 1 整天。

好事达保险（Allstate）通过将 SuccessFactors 基于混合云的解决方案与现有 SAP 应用进行整合，加速了人事工作的完成并大大降低了每位用户的成本，用于技术问题的时间减少 30%，其他花费减少 20%。

纽约人寿（New York Life）部署了基于云的预测性分析和数据仓库解决方案，从而支持公司与渠道合作伙伴的互联和协作。该公司设计了详细的销售活动，扩大与渠道合作伙伴的互联和协作，以支持代理和分支机构更有效地推动销售目标的实现。

安全第一保险（Security First Insurance）实施了基于云的分析平台，以便更有效地响应客户使用移动和社交平台发出的实时查询，从而交付更快速、更具响应性的服务。索赔处理速度得到提高，从而提升了客户体验。

德国保险协会则通过启用社区云来为行业提供客户黑名单等公共服务。

中国保险同业可与国际同行就云计算的应用充分交流、学习，通过对国际先进经验的研究，提升国内云计算的总体应用水平。

第二节 国内应用情况

为更充分了解国内保险行业云计算应用情况，以及为分析未来的发展趋势提供参考，在中国保险行业协会的组织下，通过线上、线下等多种方式，我们对国内以财产险、寿险为主的保险公司进行了问卷调研。

全面了解中国保险行业云计算应用情况，首先需要对调研反馈的结果进行分析，再结合保险行业的云计算典型应用案例进行深入研究。

一、典型案例

中国保险行业对于云计算的应用尚处在初级阶段，尚缺少具有行业影响力的公司在云计算应用方面取得具有里程碑式的典型的、重要的成就。

纵观国内保险行业应用，云上部署的应用较少，多集中于基础设施层面进行灾备、数据中心建设、对外提供计算服务等方面，大型企业也大多以私有云方式建设。将核心应用部署在云上的多以互联网保险公司为主，比如众安保险。

案例一　太平洋保险探索私有云应用

太平洋保险近几年一直在积极探索建立私有云环境及构建相关应用。

太平洋保险在成都市建设了云计算数据中心，目标是支持千万甚至上亿终端用户需求，形成上海—成都双活互备。新数据中心的落成将构建云计算数据中心的生产能力和灾备能力，实现两地资源动态调配，提高基础设施资源利用率和提升灾难恢复能力，支撑业务不中断。

在云计算中心建设之初，太平洋保险面临的挑战包括：

建设与运维成本高：建设新平台承接业务，需要单独购买服务器，规划机房空间，并增加运维资源，成本较高。

业务快速上线：数据获取分析业务属于时效性很强的业务，需要能够快速上线，但自建方式的到货周期与建设周期都比较长，无法满足要求。

资源弹性扩展：数据获取分析业务弹性变动比较大，热点时期，对资源的需求相对常规时期有成倍的变化。

数据安全：数据获取分析平台的用户数据属于企业的重要资产，需要提供企业级的安全保护机制，满足企业数据安全保护需求。

2017 年太平洋保险的云计算平台已经上线，在生产和开发测试环境里进行了大规模的应用，未来会进一步把云计算平台推向生产环节。

太平洋保险通过对底层硬件资源的选用，实现了软件定义存储的技术、计算资源和存储资源分装技术与云平台的无缝对接。在运维层面、云资源分配层面，以及在云资源管理层面都得到了很大的提升。通过软件定义的存储，直接在原有服务器上增加大容量硬盘。传统的网络架构，能够提供的一些隔离和网络服务已经远远不能满足云计算环境弹性灵活的要求，而采用软件定义网络的技术，可以实现不同租户之间很方便的隔离。在租户内部，可根据自我需求来定义网络隔离策略。软件定义网络安全策略，可以使整个云计算网络部署效率大大提升。

在未来规划中，太平洋保险计划要做一个云化运维管理，把运维服务器从被动服务变成主动服务，把 IT 操作从一个流程化的工作变成服务的供应；未来要构建“两地三中心”的整体 IT 布局，用整个云化的管理系统统一管理；另外，还借助应用的微服务改造，建立一些真正云的延伸应用。

太平洋保险在私有云实施的过程中，不仅是单纯的云资源的提供，更是云计算的应用，是从云下到云上的技术革命。通过从云下迁到云上，完成整个技术标准的升级，太平洋保险实现了全部分公司统一升级到集团统一标准，最终分公司的整体性能基本提升 30%—50%。

案例二　中国平安“智能保险云”对外赋能

2017 年 9 月 6 日，金融壹账通上线“智能保险云”产品，首次推出“智能认证”“智能闪赔”两大产品，面向全行业开放。“智能保险云”也是中国平安首次对外开放保险经营中的最核心技术。

“智能认证”革新传统模式，“智能保险云”基于全球最前沿的 AI 技术，以线上线下的交互为特色，为保险公司提供“灵活接入、快速升级、自主开发、全程响应”的智能化服务和极致化体验。其中，“智能认证”将给保险公司的投保、理赔、客服、保全等传统模式带来智能化革新，也为保险行业未来的远程、线上、移动服务提供广阔空间。“智能认证”主要是利用人脸识别、声纹识别等人工智能技术为每位客户建立生物档案，完成对人、相关行为及属性的快速核实。该技术使保险行业从保单制跨越实名制直接到达“实人、实证、保单”三合一的“实人认证”，将使保险行业长期以来不安全、不便捷、不省心的“痛点”得以根本解决。

“智能闪赔”是“智能保险云”面向行业开放的另一核心产品，包含四大技术亮点：高精度图片识别、一键秒级定损、自动精准定价、智能风险拦截。这是当前国内车险市场上唯一已投入真实生产环境运用的人工智能定损与风控产品。据介绍，“智能闪赔”将为车险行业带来超过 200 亿元的渗漏管控收益，带动理赔运营效能提升 40% 以上。

中国平安拥有大规模的大数据平台和众多科技专利申请量，大数据科学家超过 500 人，科技研发人员超过两万名，年研发投入逾 70 亿元，多项成果取得全球领先地位，人脸识别技术、声纹识别技术、预测 AI 技术、决策 AI 技术以及平安区块链技术等在上百个场景中应用。

这些行业领先技术在中国平安内部如陆金所、平安普惠、平安好医生等均得到了广泛应用，并已通过金融壹账通等开放云平台对外输出，成为金融机构外部赋能的重要力量。

案例三　众安保险云部署应对海量业务

众安保险作为我国保险业互联网保险企业的典型代表，其应用整体部署在阿里云上。众安保险在业务初期即根据互联网保险小额、海量、高频、碎片化的特点，将自有核心系统架构在阿里金融云上，并通过中国保监会合规审查，开创了行业先河。

得益于云计算弹性可扩展的特点，众安保险能够以轻资产的 IT 模式应对业务的爆发性增长。2014 年，众安保险护航“双十一”当天保单数超过 1.5 亿件，当天保费规模超过 1 亿元，平均每分钟需要处理 9.7 万件保单。这是对众安保险数据处理及服务能力的一次综合检验。

在通常情况下，中小型保险公司核心系统的日均支持保单量在 10 万件以内，较普遍的是 1 万—3 万件；大中型公司大约在几十万量级，不超过百万件。而“双十一”当日处理上亿件保单规模，相当于一般中小型公司的千倍以上，在传统模式下，这是难以想象的速度与量级。

众安保险可以像用电一样灵活增减计算资源。众安保险核心业务系统采用的是分布式架构，并借鉴阿里的中间件技术，其应用、中间件、数据库均可水平扩展。理论上可以无限扩展性能，一旦实时监控到业务处理瓶颈，可以做到分钟级扩展一台新的服务器，快速投入到业务处理中。

低廉的 IT 成本使众安保险可以承接平均金额仅为 0.5—0.6 元的退运险保单。从而保证了在保险场景碎片化、保单金额低价化、购买频率高频化的互联网保险场景下，能够自如地设计产品商业模式。

截至 2015 年 6 月 30 日，众安保险累计投保单数近 20 亿件，客户数超过

2.86 亿人。而根据业内人士估算，其他保险公司的全年保单总和也在 20 亿—30 亿件，对应的 IT 投资则高达百亿元。

通过众安保险的案例，我们可以看到，将来互联网业务的云上应用部署是一个可选的方向。

太平洋保险、中国平安、众安保险代表了中国保险行业在云计算应用方面的三个典型场景。太平洋保险将云计算作为内部赋能、创新、快速发展的重要底层支撑；中国平安则将云平台作为科技创新、对外技术开放的支撑平台；众安保险则依托云计算可快速、弹性扩展的特性，以应对互联网业务的冲击。

随着应用场景不断细化、实践经验的不断积累，中国保险行业在云计算应用方面必将向更深入的方向发展，将呈现更多的典型应用。

二、调研反馈情况

（一）总体投资情况较为积极

在针对过去数年保险公司是否在云计算领域进行过投资以及投资规模情况的调研问题的回复中，显示的结果可以看到（见图 3－2－4）：

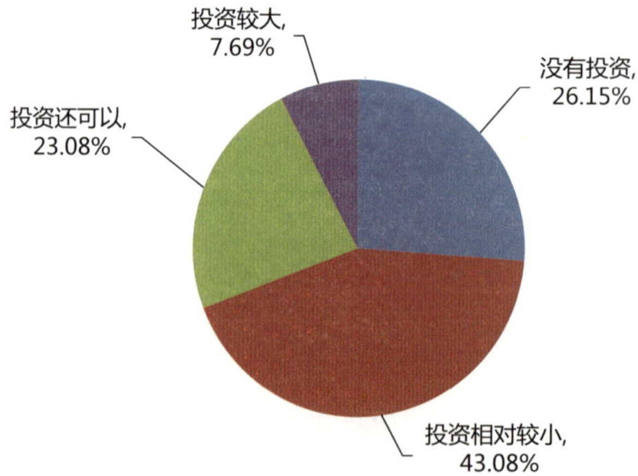

图 3－2－4　云计算投资规模统计结果

· 近 1/3 的公司在此领域的投资比较积极

· 43.08%的公司在进行尝试和探索

· 约1/4的公司尚未进行过相关投资

在整个中国保险行业当中，有3/4的保险企业已经开始积极投入或者慢慢探索云计算技术的应用，相比其他保险科技应用已经是很积极的表现了。

（二）取得效果总体符合预期

在针对投资对实际业务或IT运营产生的效果的调研问题的回复中，显示的结果可以看到（见图3－2－5）：

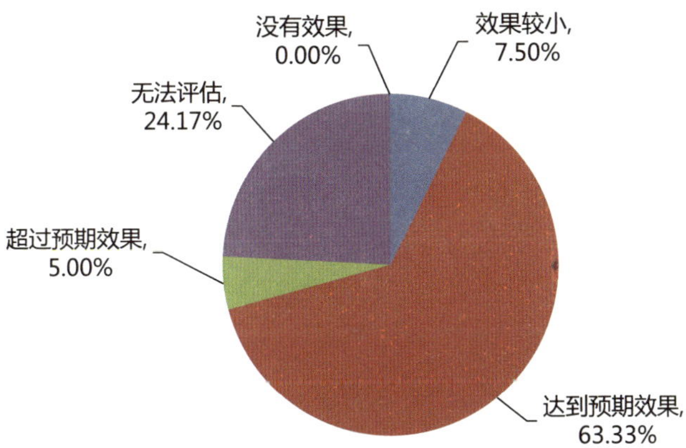

图3－2－5　云计算投资效果评估统计结果

· 超2/3的公司在此领域的投资达到预期效果或超过预期效果

· 1/3的公司则认为效果无法评估或未达到预期效果

· 未达到预期效果的公司占比仅为7.5%

从针对结果的反馈当中，可以明显看到，云计算投资所产生的效果总体上是受到肯定和认可的，这将进一步鼓励更多的保险公司进行投资或者加大投资。

第三节
存在的问题

云计算作为普适性技术，在整个金融行业与保险行业应用面临的问题其实也存在普适性，我们从对整个金融行业应用云计算技术面临的挑战开始分析，进而结合调研反馈的结果进行补充说明。

一、在金融行业应用面临的挑战

（一）数据安全

数据安全是金融行业云计算技术用户的最主要顾虑，来自于普华永道的调查分析报告突出了这一问题及对其的担心（见图 3－2－6）。金融行业客户普遍担心失去对数据的控制、数据泄露、数据保密性、数据丢失等与安全相关的核心问题。

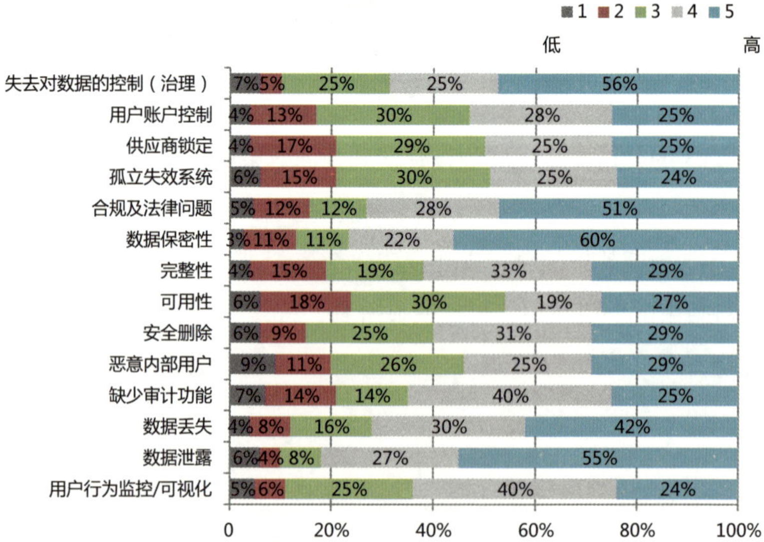

图 3－2－6　云计算面临的主要挑战调研结果统计

（二）监管环境

2016 年，中国银监会发布《中国银行业信息科技“十三五”发展规划监管指导意见（征求意见稿）》。在这份报告中，中国银监会要求到“十三五”末期，银行业面向互联网场景的重要信息系统全部迁移至云计算架构平台，其他系统迁移比例不低于 60%。

对于金融保险企业来讲，对外部云上资源的控制是关键，必须在安全合规的前提下，在现有的安全风险治理框架下为企业提供一个作为其内部环境逻辑扩展的对云资源进行管理、控制和检测的手段。

云服务商也正在响应——通过在主权监管边界内其数据中心的能力，以及托管或虚拟私有云能力或者特定的合同协会提供所需的控制能力。

中国的监管部门最近也推出了一系列新的监管合规要求来规范网络安全，尤其是网络安全法的生效极大地推动了网络安全生态立法的全面加速。对于保险行业来说，除了要满足原有的各种信息安全规范，如：（1）金融行业信息系统信息安全等级保护实施指引（JRT0071－2012）；（2）保险行业内开展信息系统安全等级保护定级；（3）保险公司信息化工作管理指引；（4）保险信息安全风险评估指标体系规范（JRt0058－2010）；（5）中国保险业标准化“十三五”规划；（6）保险公司信息系统安全管理指引；（7）保险业信息系统灾难恢复管理指引，等等。还必须要考虑网络安全法的新要求，尤其是对个人信息和重要数据的保护。2018 年 5 月 1 日生效的《个人信息安全规范》明确规定了个人信息和敏感个人信息的范围（见图 3－2－7）。

相应推出的还在征求意见的《个人信息去标识指南》中也建议了各种对敏感数据去标识处理的建议，包括基本原则（见图 3－2－8）和建议的技术手段（见图 3－2－9）。

同时，《数据出境安全评估指南》中附录 A19 也定义了金融行业重要数据的范围。

在利用云计算处理个人信息和重要数据的时候就需要特别考虑云计算的多

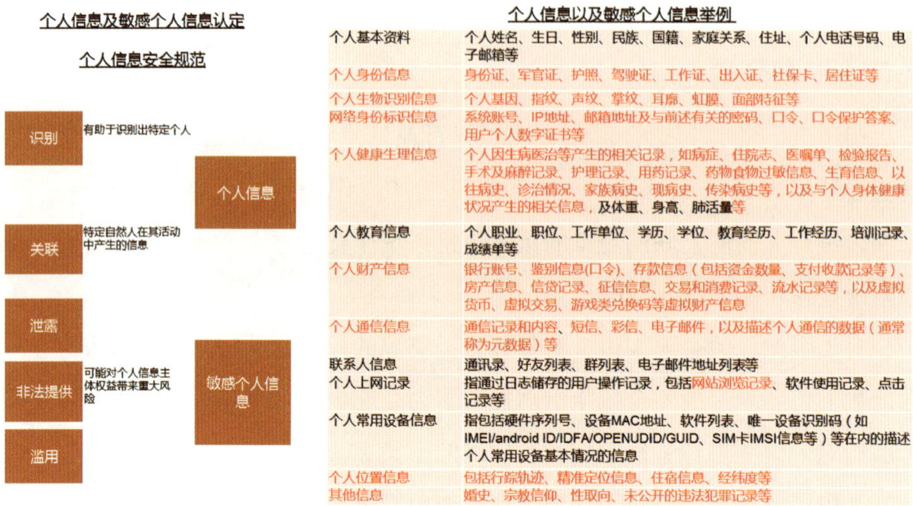

图 3-2-7 个人信息和个人敏感信息范围

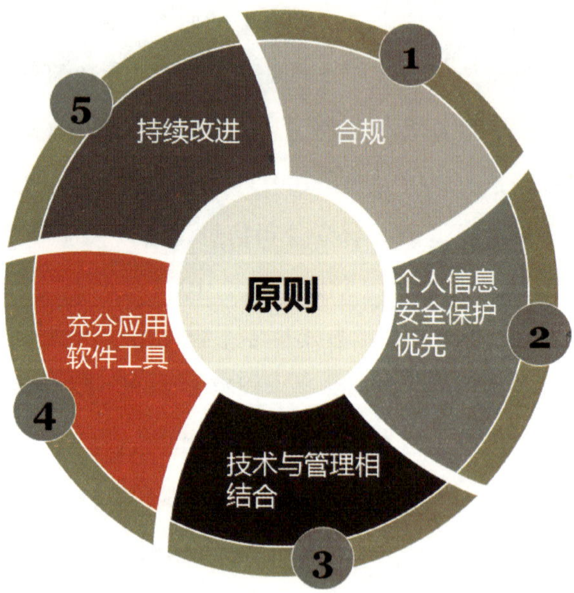

图 3-2-8 个人信息去标识的 5 项原则

租户多机构的特性，尤其是选择混合云建设方式时，必须格外注意。

新网络安全等级保护（等保 2.0）与原规定（等保 1.0）的变化见图 3-2-10，相应对于云计算、物联网等新技术提出了明确要求。

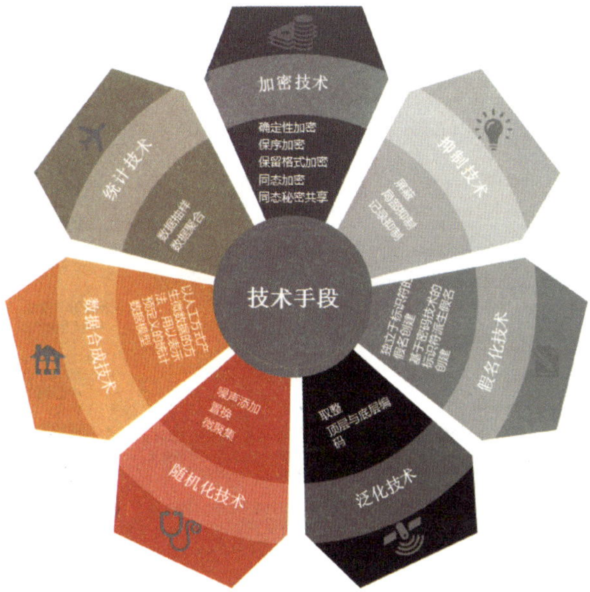

图 3－2－9 个人信息去标识建议的技术手段

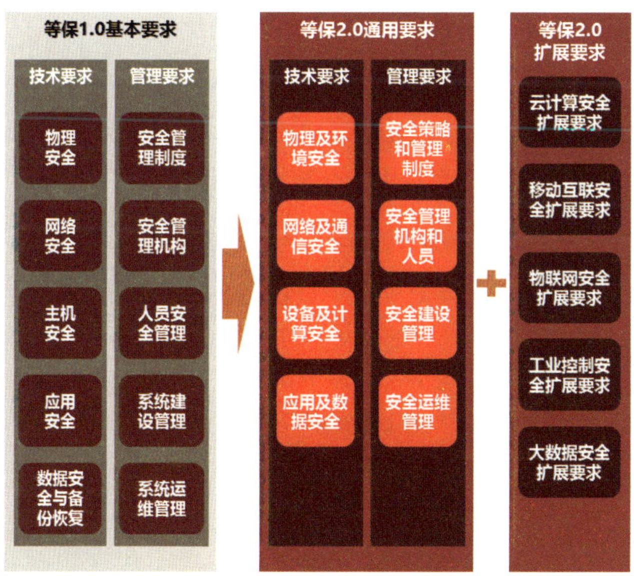

图 3－2－10 新网络安全等级保护与原规定对比

2018 年 5 月，中国银保监会颁布的《银行业金融机构数据治理指引》对保险行业同样具有借鉴意义（见图 3－2－11），可作为云计算技术应用的参考。

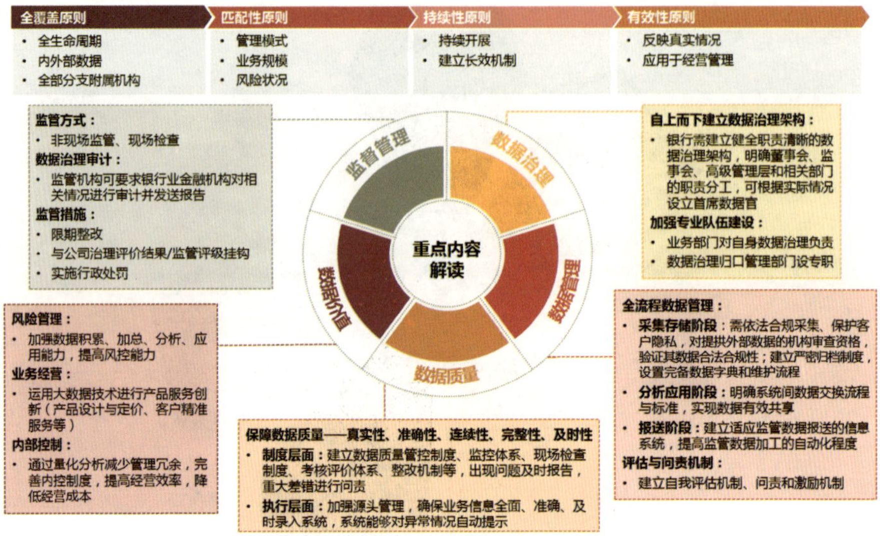

图3-2-11 《银行业金融机构数据治理指引》重点内容解读

从国际应用角度看，随着个人隐私、数据安全等意识的快速上升，以及相关法律规定的日趋严格，云计算也将面临这样的挑战。

在欧洲，随着欧盟《通用数据保护条例》（General Data Protection Regulation，以下简称GDPR）的生效，使得云提供商在整个欧洲大力投资建设高规格数据中心，将超过企业内部数据中心合规水平（见表3-2-1）。

表3-2-1 欧盟云数据中心列表（部分）

云提供商	欧盟纯云数据中心地点
IBM-智慧云	英国、荷兰、法国（IBM宣布允许在微软的Azure运用其PaaS环境）
Amazon AWS	德国、爱尔兰
HP	英国、比利时、法国、西班牙、德国、意大利、荷兰
Google	爱尔兰、芬兰、比利时、荷兰
VMware	英国、德国
Microsoft Azure	爱尔兰、荷兰（微软宣布允许在IBM Softlayer上使用期PaaS环境）
Salesforce	英国、法国、德国
Oracle	英国、德国
CSC	英国、荷兰、德国、卢森堡

在 GDPR 生效后几个小时，奥地利人 Max Schrems 就向几国监管机构对 Facebook 和谷歌违反 GDPR 进行了投诉："强迫"用户接受他们的数据收集政策——通过提供"免费"的网上服务来交换对用户个人数据的收集，没有提供"自由选择权"。在奥地利、比利时和汉堡则分别对 Facebook 及其子公司 WhatsAPP 和 Instagram 进行投诉，申请 39 亿欧元赔偿。

法国数据保护监管机构对谷歌的 Android 系统进行投诉，申请 37 亿欧元赔偿。

美国多家热门新闻网站被欧洲屏蔽，原因是没有及时取得用户的授权。其中，包括 Tronc 旗下的《洛杉矶时报》《芝加哥时报》等网站，还有 Lee Enterprises 旗下《亚利桑那每日太阳报》《星报》也都在欧洲下线。值得一提的是，《华盛顿邮报》和《纽约时报》等美国新闻网站未受影响，原因是在用户访问前，这些网站都征求到用户的同意。

因此，在云计算数据中心的建设上，相关供应商和机构也会极为小心。

（三）运营成本

在应用系统的开发中，需要大量的修补工作和心态的调整来实现必要的应用系统和服务从物理基础架构上去耦合。

云技术还需要大量的围绕重新架构和对多个系统组件（供应商提供的或者自我开发的）进行重新集成的工作来实现其功能，无论公司决定将其外包给云服务提供商还是决定在内部自己打造私有云。

因此，总体云计算技术应用的成本较高，阻碍了金融保险企业向其迁移的积极性。

（四）组织变革

云架构需要对复杂的跨越供应商提供和自我开发的众多系统组件和技术（如虚拟机管理系统、协调器、管理工具等）的集成来实现其功能。

同时，通过迁移到云服务提供商，公司将其对物理和逻辑基础设施的控制权移交了出去，从而降低了其在事故中对环境的可视性和管理能力，提高了在故障转移、修复及服务恢复中对供应商的依赖。

（五）服务商管理

虽然主要 IT 厂商已经证明其在云服务市场的地位，但因为是行业第一批尝鲜者所面临的问题和挑战，所以首席信息官（CIO）仍然对其解决方案的成熟度有所担心和怀疑。

同时，如其他外包服务一样，IT 组织仍然会担心供应商合同条款（如服务水平协议等），如使用供应商专用服务接口被其锁定。

二、调研反馈出的核心问题

对于国内保险行业应用云计算技术存在的主要问题、困难和挑战，来自针对国内保险公司的调研反馈比较能够代表行业内对此的普遍观点。

在针对保险公司投资云计算领域，存在何种困难或挑战以及影响程度的调研问题的回复中，排在前三位的问题包括：

（1）核心数据安全和保密要求高；

（2）当前软件系统技术架构不支持，迁移难度大；

（3）投资金额较大。

由以上三个问题可以看出，保险业作为金融行业对于安全、保密问题的天然担心，因为金融资产保密要求极高，一旦泄露或者出现事故，后果将是无法承受的。因此，保险企业在选择将核心系统或核心金融资产部署上云时，普遍极为谨慎。要改变这一状况，相信会是个长期的过程，未来的私有云、混合云应用可能是个突破口。

另外，云计算服务的应用属于基础设施投资，如果大规模一次性投入，其投资金额、变革成本都会比较大，也是企业无法下定决心快速实施云服务的关键因素。

从应用系统的角度，金融信息系统正常运行，真正向云平台迁移其面临的风险也极大，在保证业务稳定性的前提下，一般保险企业也不会轻易做出此项决定。通常的做法是，从外围新建系统、非核心系统开始，逐步尝试采用云服务。

这也是数年以来，虽然云计算技术比较成熟，但国内保险业应用尚不普遍的根本原因。

其他同业比较关心的问题包括：

（1）监管风险；

（2）云计算平台上系统运行可靠性未知；

（3）相关平台所提供的云计算技术服务的成熟度。

以上担心同样出于保险企业作为金融企业，其对于数据安全、保密、系统稳定性的担心，而技术成熟度因素并不是最关键的（见图 3－2－12）。

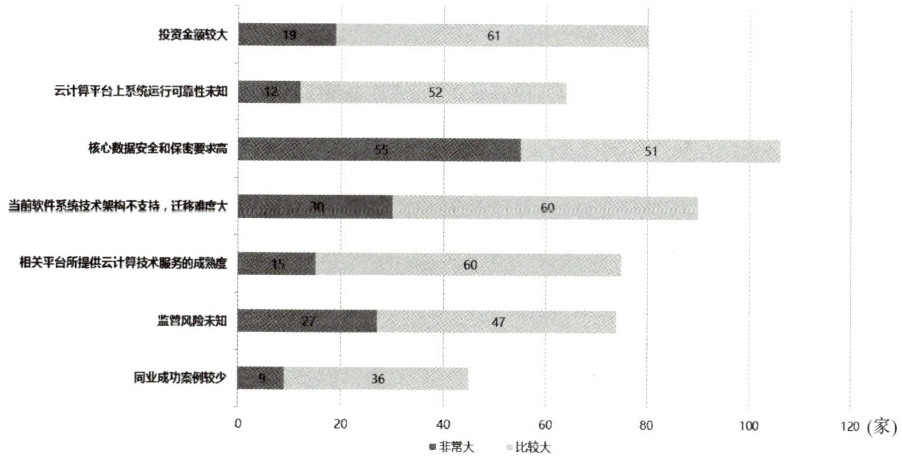

图 3－2－12　云计算投资主要面临的挑战的调查结果统计

第四节
未来发展趋势

分析中国保险市场云计算应用的未来发展趋势，需要从云计算的技术特性、国家政策、供应商成熟度及发展趋势、金融行业应用需求、实施路径等角度去进行分析。

一、基础支撑作用明显

普华永道《2017 全球金融科技调查报告》显示，中国投资者未来 12 个月内最热衷于大数据分析、人工智能和移动科技相关的投资，但云是承载人工智能和大数据等新兴技术的基石（见图 3－2－13）。

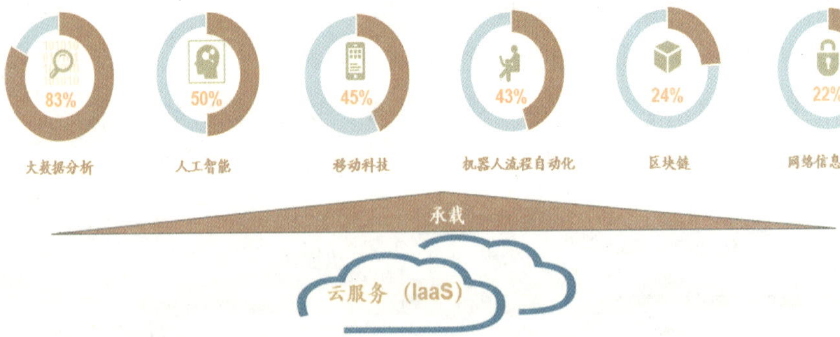

图 3－2－13　云计算与其他新兴科技的关系

资料来源：《普华永道 2017 全球金融科技调查报告》。

互联网、数字化时代，物联网、人工智能、大数据等技术的发展，需要大量的计算能力，并具有弹性、快速扩展能力，这无疑是云计算技术的根本需求。作为数据的载体，上述技术都离不开云平台的支持，拥有自身的云技术将有利于对数据的掌控及新兴技术的研发。

云计算作为基础支撑，人工智能、区块链和大数据介入了保险的核心业务流程，从产品设计到售前（咨询、推荐、关怀），到承保（认证、核保、定价），再到理赔（反欺诈、核损、赔付）以及售后服务（客服、日常分析、客户关系管理（CRM）），实现更高业务目标的实现（见图 3－2－14）。

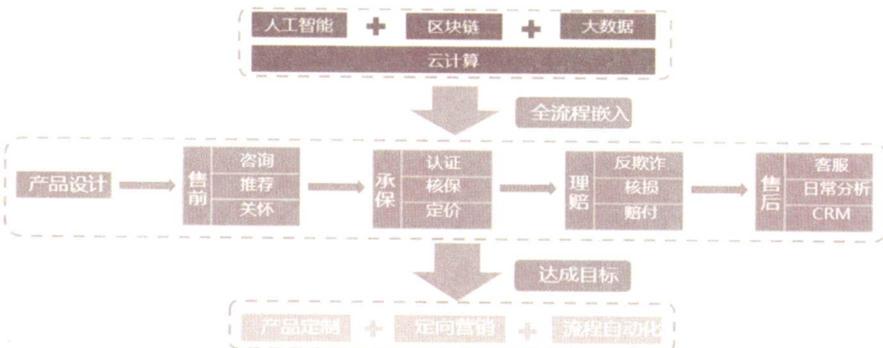

图 3-2-14　云计算与保险业务运营的关系

二、政策支持力度大

国务院《关于促进云计算创新发展培育信息产业新业态的意见》（国发〔2015〕5 号）中明确指出："云计算是推动信息技术能力实现按需供给、促进信息技术和数据资源充分利用的全新业态，是信息化发展的重大变革和必然趋势。发展云计算，有利于分享信息知识和创新资源，降低全社会创业成本，培育形成新产业和新消费热点，对稳增长、调结构、惠民生和建设创新型国家具有重要意义。当前，全球云计算处于发展初期，我国面临难得的机遇，但也存在服务能力较薄弱、核心技术差距较大、信息资源开放共享不够、信息安全挑战突出等问题，重建设轻应用、数据中心无序发展苗头初步显现。"

国发〔2015〕5 号文提出"适应推进新型工业化、信息化、城镇化、农业现代化和国家治理能力现代化的需要，以全面深化改革为动力，以提升能力、深化应用为主线，完善发展环境，培育骨干企业，创新服务模式，扩展应用领域，强化技术支撑，保障信息安全，优化设施布局，促进云计算创新发展，培育信息产业新业态，使信息资源得到高效利用，为促进创业兴业、释放创新活力提供有力支持，为经济社会持续健康发展注入新的动力"的指导思想；结合"市场主导、统筹协调、创新驱动、保障安全"的基本原则；制定了"到 2017 年，云计算在重点领域的应用得到深化，产业链条基本健全，初步形成安全保障有力，服务创新、技术创新和管理创新协同推进的云计算发展格局，带动相关产业快速发展”，做到“服务能力大幅提升、创新能力明显增强、应用示范成效显著、基础设施不断优化、安全保障基本健全”，“到 2020 年，云计算应用基本普及，云计算服务能力达到国际先进水平，掌握云计算关键技术，形成若干具有较强国际竞争力的云计算骨干企业。云计算信息安全监管体系和法规体系健全。大数据挖掘分析能力显著提升。云计算成为我国信息化重要形态和建设网络强国的重要支撑，推动经济社会各领域信息化水平大幅提高”的发展目标。

国发〔2015〕5 号文明确了云计算建设的主要任务：

（1）增强云计算服务能力；

（2）提升云计算自主创新能力；

（3）探索电子政务云计算发展新模式；

（4）加强大数据开发与利用；

（5）统筹布局云计算基础设施；

（6）提升安全保障能力。

2016 年国务院印发的《“十三五”国家信息化规划的通知》则要求，“打造自主先进的技术体系。制定网络强国战略工程实施纲要，以系统思维构建新一代网络技术体系、云计算体系、安全技术体系以及高端制造装备技术体系，协同攻关高端芯片、核心器件、光通信器件、操作系统、数据库系统、关键网络设备、高端服务器、安全防护产品等关键软硬件设备，建设战略清晰、技术先进、产业领先、安全可靠的网络强国。统筹经济、政治、文化、社会、生态文明等领域网络安全和信息化发展，增强自主创新能力。”“适度超前布局、集约部署云计算数据中心、内容分发网络、物联网设施，实现应用基础设施与宽带网络优化匹配、有效协同。支持采用可再生能源和节能减排技术建设绿色云计算数据中心。”云计算的运用是其中的重要内容。

工业和信息化部、相关行业组织也在协调行动，共同制定云计算在保险行业的技术标准。这些标准的最终制定，将有助于中国保险行业对于云计算深入的应用。

2018 年年初，由中国信息通信研究院、中国保险学会主办，网络风险与保险创新实验室、云计算开源产业联盟承办的“保险行业云计算标准”研讨会于北京召开。会议邀请了包括中国人寿、中国出口信用保险、中再集团、太平洋保险、太平洋寿险、人保集团、人保财险、太平人寿、阳光人寿等在内的多家保险机构，和以云途腾、中移苏研、中联润通、红帽软件、云栈科技、博云、华云、京东云、百度云、深信服、IBM、浪潮、南大通用数据、数梦工场、优思得、中农阳光数据等为代表的云服务商，针对保险行业云计算应用现状、技术架构、标准等主题进行讨论。在此次大会上正式启动保险行业云计算标准编写工作。

三、金融行业应用广

金融行业作为云计算应用的重要垂直行业，在各个国家和地区金融行业的技术应用战略中均处于比较优先的位置。

（一）亚洲金融行业云计算应用展望

从亚洲各主要国家及澳大利亚和新西兰的调查报告来看，云计算在其投资优先级列表中，均处于比较优先的位置，预示未来在云计算市场仍然存在很大的发展空间（见图3－2－15）。

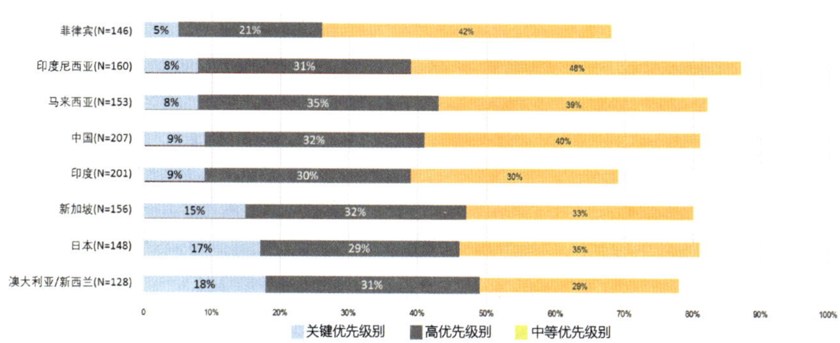

图3－2－15　亚洲主要国家及澳大利亚和新西兰金融行业未来12个月实施公共云的优先级别调查结果

资料来源：弗雷斯特研究（Forrester Research）。

（二）Garnter 全球20 大银行云投资热点

来自 Gartner 的调查报告显示了云计算应用的重点领域（见图3－2－16），在整个信息系统当中，云计算会优先应用于数据中心、基础架构和基础设施、前端虚拟桌面以及整个的资源管理等方面，更侧重于基础设施相关领域的投资。业务核心的系统应用尚不属于云计算投资的热点。

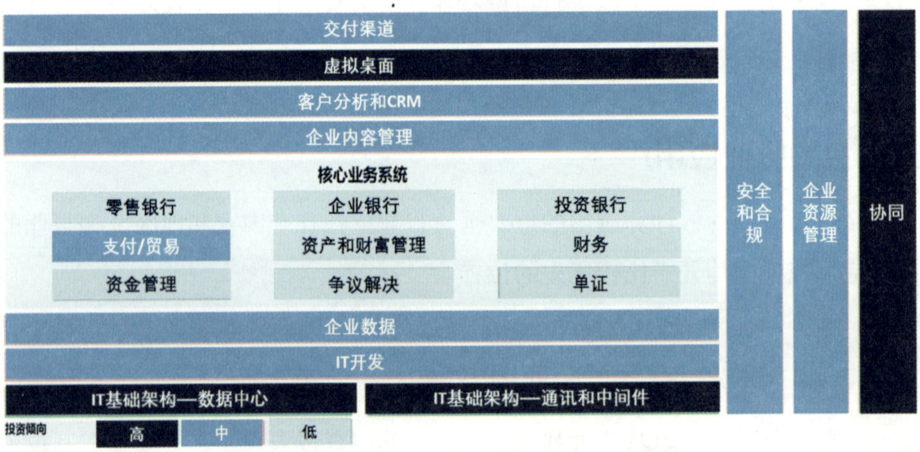

图3－2－16　高德纳咨询公司（Gartner）云投资热点领域调查结果

以上特点与我们对保险行业的分析结果相类似，显示整个金融行业的主要关切点是云计算的安全性。

（三）中国保险业云计算应用调查

从针对保险行业的调查问卷反馈的结果，可以直观说明未来中国保险行业云计算应用的发展趋势。

在针对云计算投资会对公司未来的发展产生多大影响的问题做答时，超过2/3 的回复为“影响较大”。可见，云计算对于保险公司的影响已经深入人心，未来发展只是快慢的问题（见图3－2－17）。

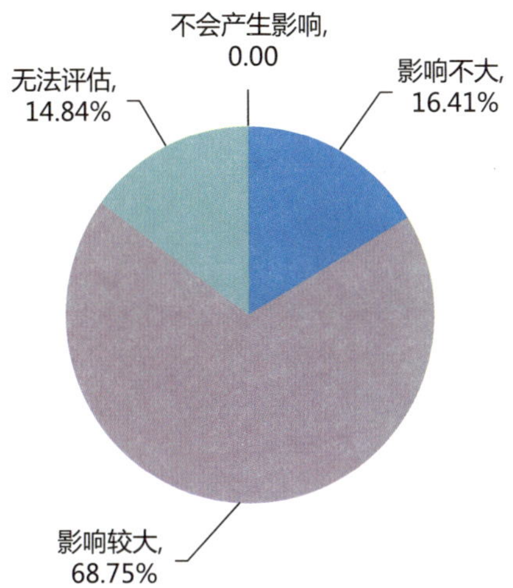

图 3-2-17　云计算对公司发展的影响的评估结果反馈

（四）普华永道调查报告

来自普华永道的调查证明了云计算技术在保险行业的应用潜力（见图 3-2-18）。

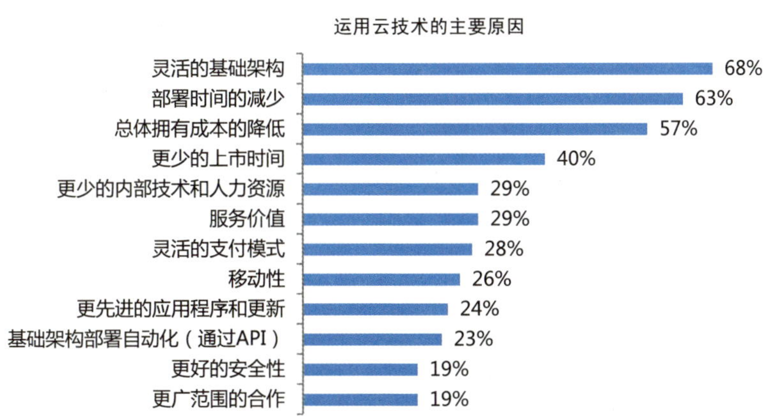

图 3-2-18　运用云计算原因的调查结果统计

四、发展趋势特征显著

近年来，在党中央、国务院的高度重视下，政、产、学、研、用各方共同努力，已形成服务创新、技术创新和管理创新协同推进的云计算发展格局，关键技术和软硬件产品取得了一批成果，公共云服务能力显著提升，行业应用进一步深化，云计算生态系统初步形成，产业规模迅速扩大，为开展标准化工作奠定了良好的技术、产品和应用基础。

目前，国内云计算市场总体呈现以下五个重要发展趋势。

（一）持续高速增长

中国云服务市场将保持30%以上的年均增长（高于全球19%的年均增长），按照这样的增速，预计2020年将超过1 500亿元（见图3－2－19）。

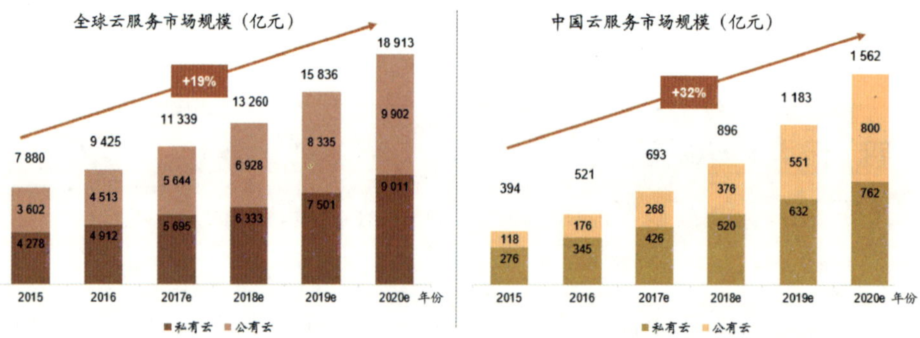

说明：市场规模以收入统计，私有云包括硬件、软件及专业服务，公有云包括软件及专业服务。

图3－2－19　中国与全球云计算市场增长对比

资料来源：《2016年云计算白皮书》《2017年中国私有云发展调查报告》、中国信通院、IDC数据报告、普华永道分析。

（二）私有云与公有云市场迥异

2020年中国云市场IaaS＋PaaS将超过1 100亿元，私有云与公有云市场迥异，强监管行业普遍倾向于私有云（见图3－2－20）。

1. 私有云市场特点；

（1）私有云客户主要为制造、政府、金融等强监管行业；

（2）客户需求较为复杂，大部分为大中型机构，客单价高；

（3）主要竞争者以硬件厂商为主，华为、浪潮、软三、联想等，华为市场份额大。

2. 公有云市场特点（见图3－2－20）：

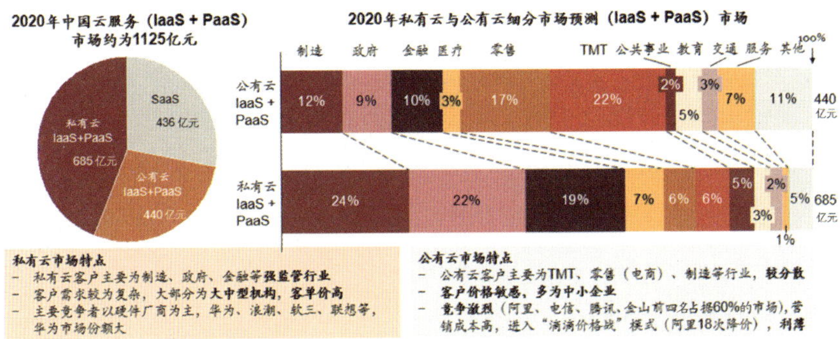

图3－2－20　中国公有云市场分析

资料来源：中信证券研报、普华永道分析。

（1）公有云客户主要为TMT、零售（电商）、制造等行业，较分散；

（2）客户价格敏感，多为中小企业；

（3）竞争激烈（阿里、电信、腾讯、金山前四名占据60%的市场），营销成本高，进入“滴滴价格战”模式（阿里18次降价），利薄。

通过专项调查表明，在IaaS、PaaS、SaaS三种公有云采购方式中，67.46%的人选择了IaaS（见图3－2－21）。这也是金融行业本身规避风险的天然倾向的反映，同时也反映了当前国内PaaS、SaaS两种服务方式并未完全成熟。

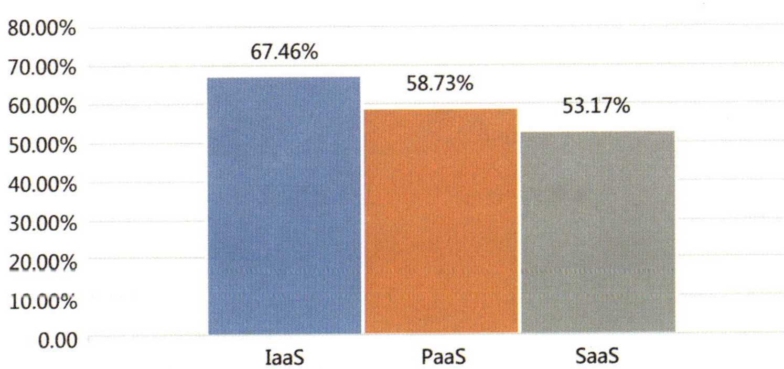

图3－2－21　中国云服务模式采购统计

（三）专业市场潜力可期

从专业市场看，未来云业务发展有政策推动的助力，市场潜力可期。专业云服务市场具有以下一些共性：

1. 高等级数据安全及合规性。

2. 高稳定性，高等级 SLA（服务等级协议）。

3. 价格敏感度低，有复杂云需求。

4. 以私有云为主的混合云，非核心系统可接受公有云，包括应用场景如：

（1）金融行业互联网场景及渠道等

（2）医疗行业云 PACS（影像归档和通信系统）、直播、远程医疗；

（3）政府、交通行业公共服务信息、政务、税务信息公开、公务员网络培训课程等。

（四）仍然是投资热点

大多数云服务提供商尽管尚未盈利，却是近期的投资热点，估值想象空间巨大，2017 年上半年 18 家中国二级梯队公有云厂商已获 50 亿元融资（见表 3－2－2）。

表 3－2－2　**2017 年上半年中国云厂商融资统计**　单位：亿元人民币

公司名称	成立时间	2016年收入	投入	估值	P/S	融资总额	17H1融资	融资轮数	主要投资方	STEP
aws	2006年	830(中国2)	—	11 500	14				亚马逊旗下云服务商，全球公有云市场占比~45%	P
[illegible]	2008年	179(中国6.8)	—	2 148	12				微软旗下云服务商，全球公有云市场占比~10%	E
阿里云	2009年9月	55.6	2015年获集团60亿元人民币投入	1 390	24	60	—	战略融资	阿里巴巴	E
Chinac 华云数据	2010年	6.7	—	68	10	30	20	F轮	英特尔投资/SIG海纳亚洲/海通开元/海通创新资本/通江投资	E
腾讯云	2010年2月	6.5	2015—2019年累计投入100亿元人民币	230	~35	~3.4	—	B轮融资后现已完成并购	晨兴资本/红杉资本/Google参与A、B轮投资	E
金山云	2011年3月	5.6—6	2015—2019年累计投入10亿美元	90	~15	>10	—	C+轮	小米科技/DST/迅雷/IDG资本/金山软件	E
UCLOUD	2012年3月	6—7	—	65	~9	20	9.6	D轮	DCM中国/BAI贝塔斯曼亚洲投资基金/君联资本/光信资本	E
青云 QINGCLOUD	2012年4月	1.5-2	—	29	~15	~19.1	10.8	D轮	蓝驰创投/经纬中国/光速中国/招商证券/招商资本	E
兴业数金	2015年11月	2.7	—	100	37				5亿元人民币注册资本，合资，兴业占51%	E
Cloud	2016年2月	未披露	—	—	—				5 000万元人民币注册资本，招商银行独资	S

说明：STEP 这里代表，S = Scenario，T = Transaction，E = Earning，P = Profit。

资料来源：公开信息、上市公司年报、Wind、摩根斯坦利研报、申万宏源研报、爱分析、艾瑞咨询、项目经验、普华永道分析。

（五）SaaS 发展潜力大

在 IaaS、PaaS 和 SaaS 中，SaaS 是最贴近业务应用且最具发展潜力的云计算方式。SaaS 服务分为通用型与行业垂直型，各企业按照提供服务的不同与服务领域的不同划分（见图 3－2－22）。

图 3－2－22　SaaS 云计算服务主要供应商

除了 CRM、ERP（企业资源计划）系统、协同 OA（办公系统）、HRM（人力资源管理）、市场营销等通用型 SaaS 服务，SaaS 服务被应用在多个垂直行业，如医疗、保险、金融、交通、电商等。这些专注于为某一领域或某几个领域提供行业解决方案的 SaaS 服务供应商通常被归为行业垂直型的，行业垂直型 SaaS 服务供应商为垂直行业提供基于云的一站式行业解决方案。

行业垂直型 SaaS 服务供应商通常对该领域的行业发展有着较为准确地把握，对企业需求有着较为深入的理解，基于云为垂直行业提供一站式行业解决方案，帮助该领域内的企业降低运营成本，提高运营效率。相比通用型 SaaS 服务供应商，行业垂直型 SaaS 服务供应商具有市场渗透较快、竞争壁垒较高、获客成本较低等优势，也能够满足产业集群中供应商、经销商的自我管理以及与品牌商更为精准的业务交互的需要。

提供行业垂直型 SaaS 服务的上市公司中，医疗与保险 SaaS 服务供应商较受市场青睐，市值相应也较高。

在当前提供行业垂直型 SaaS 服务的上市公司中，医疗领域 SaaS 服务供应商数量最多，共5家。

在行业垂直型 SaaS 企业中，凯德维亚（Guidewire）提供保险领域的 SaaS 服务（见图3-2-23）。说明当前医疗与保险、金融领域中的 SaaS 服务供应商较受市场青睐。

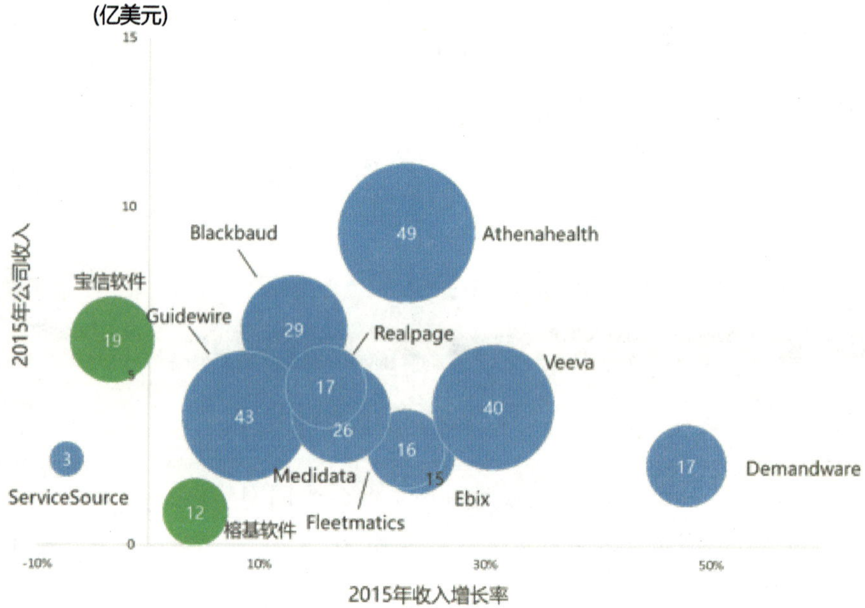

注：上市公司市值选取2016年5月25日数据，美元兑人民币汇率以6.5计，英镑兑人民币汇率以9.6计。

图3-2-23　行业垂直型 SaaS 服务供应商市值统计

资料来源：各上市公司2015年财报，Wind。

SaaS 服务具有应用范围广，按需订购形式灵活等特点，但仅仅做具体的应用软件无法满足客户日益增加的个性化要求；而集成式的 PaaS 服务能够帮助 SaaS 服务供应商完成产品多元化和定制化，加快 SaaS 应用的开发速度。因此，包括 Salesforce 在内的多家 SaaS 服务供应商开始提供 PaaS 服务，将二者的优点有机结合。未来 SaaS 与 PaaS 的界限将逐渐模糊，软件+平台的服务模式将逐步发展，与大数据更加紧密地结合。

大数据需要依托 SaaS 服务的分布式处理、分布式数据库、云存储等技术，而 SaaS 服务中有多种商业模式是基于海量数据的创新服务的，SaaS、PaaS 与 IaaS 共同构成的云计算与大数据是互联网 + 企业服务产业链上不可或缺的两个主体，两者相辅相成，未来将共同发展。

在国内多个通用型 SaaS 服务赛道主要玩家逐渐显现、各细分领域竞争愈发激烈、行业发展日趋成熟的环境下，对标美国发展较为成熟的行业垂直 SaaS 服务，未来行业垂直型 SaaS 有望成为 SaaS 行业中新的创投热点。

当前，国内市值/估值最大的 SaaS 服务供应商为用友网络，市值为 254 亿元人民币。随着 SaaS 行业不断升温，服务模式不断成熟，考虑到 SaaS 服务长尾市场潜在空间广阔，未来我国将诞生一批市值更大、实力更强的 SaaS 服务提供商。

（六）混合云方案阶段性优势明显

在调查中，针对云环境的建设会以何种方式进行的问题，77.69% 的回复选择了混合云，34.62% 选择了私有云，选择公有云平台的只有 21.54%（见图 3－2－24）。

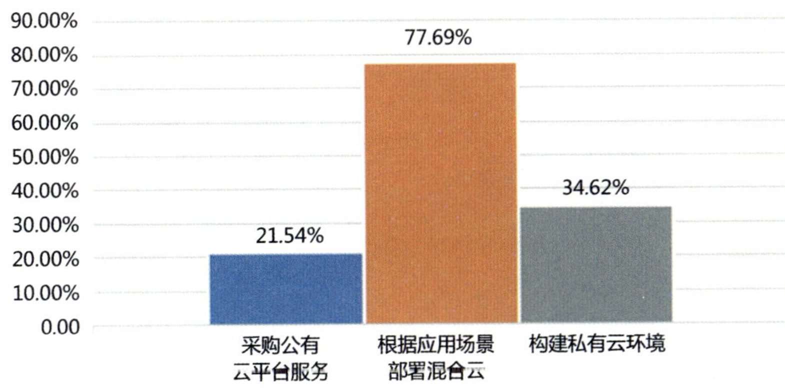

图 3－2－24　中国保险行业云计算投资方向统计

混合云将为金融行业当前及未来一个阶段降低云部署和应用成本、加快解决方案提供优选项（见图 3－2－25）。

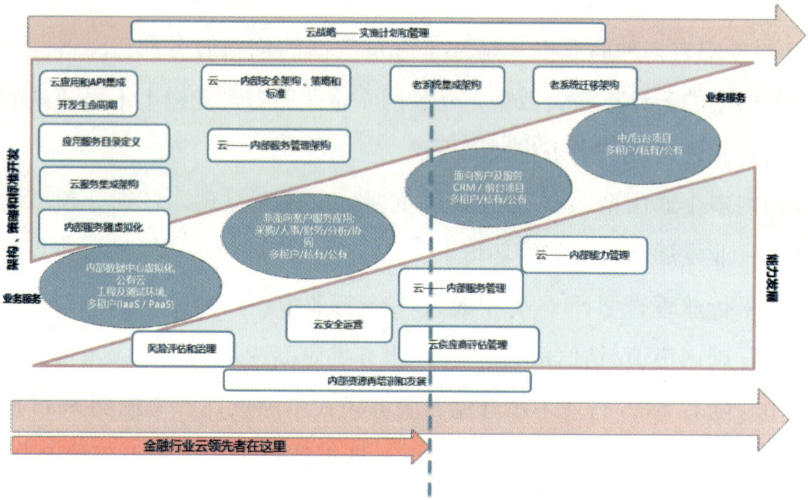

图 3－2－25　云计算能力发展路径

一个有效的云战略应该为业务提供使用低成本计算资源的安全可控的环境：

（1）对现有系统和私有云的安全集成是核心需求；

（2）一个混合的管理平台提供了阶段化可控的云运用路径；

（3）在预先规定的控制模式下集成私有云和公有云。

混合云提供了更多的选择，保护投资并建立控制（见图 3－2－26）：

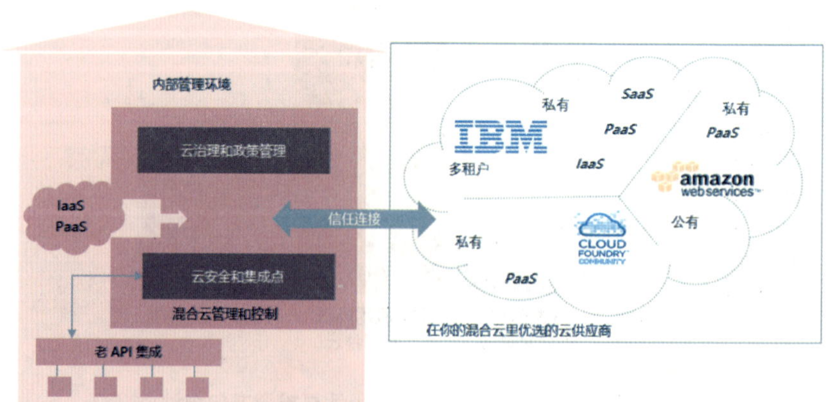

图 3－2－26　混合云建设示意图

（1）建立混合云管理平台是上云的关键第一步；

（2）建立严格的控制和政策框架包括：参与、访问、使用、容量、集成、安全和管理；

（3）优选云服务商作为一个内部能力安全、可管理的无缝的延伸；

（4）打造开源的 PaaS 来最大化灵活性，实现高速应用交付和避免厂商锁定。

尽管目前行业对于云计算的安全性等方面的问题存在担忧，但作为一种动态且能够灵活响应 IT 需求的架构模式，它是未来保险行业信息化发展的必然趋势。

保险业对云计算的需求在不断累积，随着技术的不断完善，云计算的应用必将不断深入，对整个保险业的信息化建设会产生更加巨大的影响。

第三章

区块链

2018 年年初，随着著名风险投资人真格基金徐小平先生在微信群中发表的有关看好区块链投资的消息被广泛传播，区块链应用在中国科技创投圈、公众视线中的关注度被迅速提升，各行各业均在思考如何应用区块链技术，区块链成为年度热门话题。

那么区块链到底是什么新技术？它有什么特殊之处值得如此关注？

早在 2008 年区块链技术就被作为比特币加密货币的基础技术架构，有人认为区块链将成为继互联网之后的又一技术革命。它是一种允许在 P2P① 网络上存储和交换数据的技术，区块链采取去中心式模式，无需中介机构或“第三方信托机构”参与。

区块链的诞生结合了两个概念：

1. 需要使用配对的公钥和私钥系统的非对称加密；
2. 分布式 IT 架构。

非对称加密允许互不认识的用户交换加密信息。此系统基于所有人均可使用的公开密匙（以下简称公匙），并允许用户将加密数据发送给第三方。第三方通过配对的私有密匙（以下简称私匙）访问并解密数据。公匙类似于银行账号，可以提供给所有人，而私匙则需要保密，相当于同一银行账户的密码。

分布式系统由一系列独立的计算机（节点）组成，这些计算机（节点）

① Peer－to－Peer 通常简称为“P2P”，是一种 IT 网络模型，在这一模型中每个用户均代表一个服务器，用户之间可相互通信。

会连接到网络且可以相互通信。与互联网一样，分布式系统也没有中心节点，一台服务器停机并不会影响到其他用户。区块链网络采用的是 P2P 分布式系统，不同用户之间可以共享信息。

由于用户可在区块链上储存信息，而且区块链采用的是按区块（单位）验证信息的一致性算法①，所以区块链是开放式的，并以去中心化、持续的方式运作。通过验证的区块会被添加到区块链并在网络上共享。区块之间就是以这种方式相互连接的，所以如果用户想要更改某一区块，那么其必须更改整个区块链。

有了非对称加密和分布式 IT 架构这两大支柱，用户可安心使用区块链，并体验新型数据交换方式、新型交易和新型合约形式。

总体而言，区块链技术具有以下优点：

自主性：区块链按其成员制定的规则运行，所以无需中央决策机构参与。

透明性：区块链提供审计跟踪，可以随时供所有区块链成员查询。

安全性：区块链由一系列区块组成，确保了在区块链上输入的运行数据的安全性。

客户问责制：每个区块链参与者都拥有区块链社区的权利和义务。

自动化：区块链成员通过智能合约设置的规则允许自动结算。

区块链通过集成分布式数据存储、点对点传输、共识机制、加密算法、智能合约等技术，可有效解决传统交易模式中数据在系统内流转过程中的造假行为，从而有助于构建可信交易环境，打造可信社会。

保险行业业务流程高度复杂，并且高度依赖信用，所以保险业或成为这一技术的主要受益者。在应用区块链技术的新型业务运营模式下，由于无需中介机构，区块链技术可以完全颠覆传统保险价值链。

传统保险价值链由投保人、保险公司、再保险公司构成，存在效率低下、

① 一致性算法是一种计算机程序，要求不同节点之间达成一致的结果：首先每台计算机需验证某些信息，然后将这些信息发送给其他参与者。一旦接收到所有信息，每台计算机会运行同一算法，以选取正确的结果。

价值流失、信用风险等众多问题。通过区块链的应用，可以在无需第三方的情况下实现记录保存、价值转移、智能合约等功能，并具有数据记录无法篡改等特性，有效推动保险系统的统一与共享，并降低保险中间成本。

比如以下应用方向：

（1）开发/升级传统模式下难以定义商业模式的新产品/市场；

（2）运用全新承保、合约和理赔管理方法，尤其是智能合约与物联网的结合；

（3）创新、颠覆保险协议的运作方式；

（4）运用全新的再保险方式，特别是通过智能合约进行内部再保险；

（5）自动结算、交付无形资产，实现了资产管理转型等。

应用区块链技术有助于减少购买、管理、归档、合规和风险管理等方面的成本投入，还能引导新的参与者进入市场，从而推动形成新市场。通过简化业务流程和提高业务透明度、可信度，使用区块链还将有助于提高客户满意度。

世界各国政府、国际组织对于区块链的发展总体持积极支持态度，区块链作为新一代互联网技术的基础设施和基础架构，使人们对于区块链的未来应用充满想象。除借用区块链的应用和概念进行投机、炒作之外，我国政府也对区块链应用积极出台政策进行支持，这正是因为看中了区块链的极大应用价值。

在互联网、数字化时代，互联网也在以去中心化的形式演进，而区块链技术去中心化、不可篡改等特点，让人们对区块链重构、创新商业形态以及扩展应用场景充满想象。

未来随着区块链的进一步发展成熟，其会与更具体的应用场景相融合，成为可信任的连接器和价值传递的技术保障，尤其是对信用最为依赖的金融保险行业，区块链会成为行业发展的必要基础设施。

虽然在当前阶段区块链大规模应用尚存在不少亟待解决的问题，但区块链的应用前景依然可期。

第一节
保险业区块链应用模式探索

区块链作为近几年技术领域的热门话题，引起广泛关注，各国政府、国际性金融机构、各有关标准和开源组织、产业联盟等都纷纷投入区块链产业的研究和应用尝试。随着对区块链技术应用价值的认识不断加深，区块链迅速成为全球各个国家、各个行业、各个组织竞相参与的一场“大赛”，参与者都想在比赛中获得领先，从而获得未来竞争的制高点、话语权。

近年来，保险行业巨头开始积极尝试介入区块链应用，意图在区块链＋保险的布局上占得先机。

各家公司的路径设计不尽相同，总体上可归为以下四类：

1. 以公司自身力量进行区块链应用设计；
2. 与外部科技公司合作或进行投资作为整个科技、数字化战略的一部分；
3. 成立行业联盟组织，共同形成行业标准、方案，建设标准平台；
4. 基于特定项目或目标开展企业间合作。

一、独立探索和应用

在国际保险业界，以各大保险巨头公司为主要力量推动区块链应用规划、设计、落地，其区块链技术的应用场景各有不同。

在产品设计和保险服务方面，法国安盛保险集团（AXA）正在使用公有以太坊区块链为航空旅客提供自动航班延迟赔偿。凭借这款叫作 Fizzy 的新区块链保险产品，如果航班延迟超过 2 小时，基于智能合约的保险产品将会向乘客进行直接的自动费用偿还。AXA 将 Fizzy 描述为一种“100% 自动化，100% 安全的平台”，为航班延误提供参数化保险。基于公有以太坊区块链用于记录保险产品购买以及通过使用区块链上的智能合约来触发自动支付。以太坊智能合约还与全球空中交通数据库相连接来不断监视航班数据。当航班延误超过 2

小时，赔偿机制将会自动执行，直接发送到投保人的信用卡账户中，而无需通过 AXA 再做出赔偿决定。

在风险管控和反欺诈方面，安联法国分公司（Allianz France）实施的创业加速器项目中诞生的初创企业，已经开发了一种同时使用了私有链/公有链技术的奢侈品认证系统。该初创企业使用区块链来创建全球宝石注册表。具体而言，该初创企业会为记入表中的每块宝石输入 40 个特征（剪切、颜色、清晰度等），而这 40 个特征分别代表了 40 个元数据组件。该初创企业随后会用这些组件来创建一个唯一的序列号，然后使用激光将此序列号刻在宝石上并添加至相关的区块链。一旦数据库包含足够的数据（至 2016 年年底，记录在案的钻石已超过 100 万颗），如果卖方无法提供能证实其拥有宝石所有权的加密证明，则该宝石将很难售出。所有未刻序列号或刻上的序列号难以辨认的宝石都将失去实质价值。

Everledger 创建的全球性防篡改注册表，为打击盗窃和欺诈做出了巨大贡献，保险公司每年因盗窃和欺诈而遭受的损失约为 500 亿美元。

在理赔服务和运营方面，安联集团可通过智能合约进行自然灾害保险理赔处理。自 2016 年 6 月以来，安联集团已经成功试行了智能合约。安联集团的赔付系统只需要输入在该程序中的两项信息：（1）该事件必须已被定性为自然灾害；（2）保险事故发生的地点必须与记录为遭受自然灾害的地区相匹配。

此举是为了避免再次出现 2010 年 2 月发生辛西娅风暴时的情况，当时大多数受害者都丢失了提交索赔所需的文件，并且必须等待一年才能收到保险赔偿金。这类事件代价高昂并且旷日持久，使保险公司声誉受损，也使客户对保险制度心存疑虑。

安联集团使用的是基于再保险智能合约（自然灾难掉期）的系统，改善了处理索赔的方式，同时减少了人力投入（因为合约是自动化的）。当发生符合预定义条件的保险事件时，所有符合条件的巨灾保险合约都会根据代码自动执行。此代码还会直接激活保险赔付，而无需客户提供必要的文件。

在资金支付方面，安联集团（Allianz）就计划推出自己的加密货币“Allianz Token”，以更好地支持旗下全球各个附属公司之间转移资金，并解决处理货币兑换、效率低下和其他成本问题，减少对银行系统的依赖，减少大量佣金。该加密货币一直在内部测试。

在平台合作与数据验证方面，美国保险巨头联合健康集团（UnitedHealth Group）则发起区块链试点，该试点将检查在区块链技术上共享医疗卫生机构的数据如何改善数据精确性，简化运营管理和完善医疗数据信息获取渠道。

二、与科技创新企业合作

安盛战略风险投资公司（AXA Strategic Ventures）参与了 Blockstream 公司总额为 5 500 万美元的一轮融资。Blockstream 公司虽然刚刚起步，但已是运行侧链或“区块链下的区块链”的知名“专家”，用户可通过侧链安全地访问初始区块链上无法访问的应用程序（例如，比特币上的微型交易）。

Allianz Risk Transfer 公司与 Nephila 公司（专注于气候风险的一家投资基金）进行合作，这两家公司成功试用了智能合约技术，目的是加快和简化交易处理以及投资者和保险公司在自然灾害保险领域的索赔和赔付过程。

2016 年 6 月，法国再保险集团启动了再保险账户交易概念验证，以专门评估采用区块链技术的可行性。此次发起的概念验证得到了 Ruschlikon 项目的支持，该项目是由约 50 家保险公司、再保险公司和经纪商组成的全球社区，致力于实施电子管理并推动形成高效的现代化市场。在初创企业 ChainThat 的帮助下，法国再保险集团使用基于以太坊的私有链在两家经纪商和法国再保险集团之间的再保险账户交易进行试验，并获得成功。

由约 10 人组成的一个多学科团队参与了这一项概念验证项目，该项目使得法国再保险集团获得更多 IT 和商业方面的区块链专业知识，并进一步确认了区块链技术“破坏”保险生态系统内所有交互的可能性。法国再保险集团从 2016 年年底开始加入区块链保险业倡议（B3i）行业计划，以便自然延续该项目。

三、成立行业联盟组织

单个保险公司在应用场景设计和应用潜力拓展上均存在较大局限，因此国际金融、保险巨头以及科技公司、区块链创业公司等组织，在认识到区块链的巨大价值之后，通过设立不同的行业联盟组织，共同研究、探索、统一推动区块链在行业的纵深应用。

在这些组织当中，比较具有影响力的组织之一为 B3i 联盟，即 2016 年 10 月由安联保险集团、瑞士再保险集团、荷兰全球人寿以及苏黎世保险集团等共同发起创立的区块链全球保险行业联盟。目前 B3i 联盟成员已超过 15 家保险和再保险公司。

B3i 联盟致力于探索实现区块链在全球保险业中的应用场景设计、开发区块链保险应用平台、制定国际行业标准、配合监管需求等目标。

2018 年 B3i 联盟宣布在瑞士苏黎世成立了 B3i 服务有限公司（以下简称 B3i 公司）。作为拥有自有资本和知识产权的独立实体，B3i 公司可以在联盟组织的基础上简化区块链解决方案的开发、测试和商业化过程。B3i 公司在区块链平台上提供的保险解决方案，可以显著提高整个保险行业价值链的效率。

B3i 联盟及 B3i 公司针对区块链在行业的应用上结合行业“痛点”及区块链技术特点，进行了积极尝试，推动区块链技术在多个场景的应用设计及落地。

具体应用方向包括：

第一阶段：以区块链技术驱动的再保险交易平台。针对再保险行业高度中介化、运营成本高和信息无法实时更新等“痛点”，通过区块链分布式账本技术，该平台实现了真正的多节点架构、多方共享合同的统一视角，实现了再保险业务的自动化与标准化，让再保险各个交易方维护同一本交易账本，减少交易方之间重复对账的工作，降低保险和再保险企业对中介的依赖度，降低再保险行业的交易成本，提高再保险交易效率。仅从财务核算效率角度出发，再保险交易的财务核算一般需要 10 天以上，区块链技术能将这个时间缩短至 5—10 分钟。

2017 年年中，B3i 已经成功完成了第一款试运行产品，一种用于财险巨灾超损再保险合同管理的区块链系统。2017 年 10 月，38 家保险公司、经纪公司和再保险公司对其功能和稳定性进行了测试。结果表明交易比现有方式更快、更有效、更安全。预计到 2018 年年底，平台上可以开始第一批实际交易。

瑞士再保险公司财务与私库部总经理 Paul Meeusen 表示，该平台在营运资金优化、运营效率提高、数据质量提高和外汇风险降低等方面都可体现其商业价值。据他估测，该平台平均可以帮助提高 30% 左右的生产效率，降低 30% 左右的交易成本。

第二阶段：其他领域的区块链保险的商业应用。把区块链应用场景拓展到保险行业从终端用户到险资管理的整个链条，推动保险业向资本密集型发展。

具体设计和应用方向如下：

（1）农业参数型保险，基于公开、权威的气象等数据，设计基于区块链的智能合约型保险产品和合同。

（2）零售客户端商业保险的交易量比再保险高很多，着眼于降低交易和服务的复杂度、提高透明度和便捷性。

（3）国际财产险保险项目，针对一些大型保险公司的财产险产品，如为建造大桥、大楼设计的保险。

（4）保险和再保险资金池。

（5）数字身份管理。

（6）担保管理——目前法国安联集团已经做了一些与担保管理相关的业务，未来会拓展到 B3i 联盟上。

（7）保险联动证券市场，通过区块链平台进入证券市场中，使得保险公司直接和用户、资本市场建立起联系，拓展保险应用场景。

四、基于特定项目合作

另外，基于特定领域或特定目标的多家实体公司的合作，也在不断开展。普华永道卢森堡金融服务咨询部总监 PatrickHennes 介绍了卢森堡的一个独特项目（Fundchain 项目），该项目侧重于资产管理价值链。

2016 年夏季，卢森堡数家领先金融机构与普华永道卢森堡、卢森堡大学国外的一家名为 Scorechain 的初创企业一同发起了旨在对资产管理领域的区块链应用、分布式账本技术和智能合约进行概念验证的项目，方案如下：

（1）通过访谈对当前行业“痛点”进行分析、确定此项目的成功因素以及对示例应用程序进行定义。

（2）为所有参与者提供区块链培训课程，以让其简单了解并使用这一新技术。

（3）开展常见的双边合作研讨会，以确定示例应用程序的细节。

（4）举行“黑客马拉松”活动，以完成示例应用程序的开发，并考虑其在生产环境中的影响（监管、财务、整合）。

在经过 10 次左右的商讨之后，筛选出了 12 个应用程序并提交给指导委员会，指导委员会最终以投票方式决定开发哪一个应用程序。最终选择的示例应用程序名为智能传输代理。

智能传输代理标志着迈向资产管理价值链新愿景的第一步。它负责管理运营责任方面，即投资商、证券购买和出售，以及现金和证券交易的平仓。

智能传输代理在以太坊私有链上运行，而交易由智能合约进行管理。价值链上的各利益相关者均可通过共享应用程序访问此区块链，这一共享应用程序可管理访问权限和每个利益相关者可访问的信息类型。利益相关者包括投资商、基金管理人、基金会计师和监管机构。各利益相关者在区块链上均有自己的节点，并且可以访问共享账本。

该项目的主要成果是概念验证取得圆满成功。基金份额交易可在带有共享账本的区块链上实时进行，现金和证券交易的平仓也几乎是实时进行的。

Fundchain 项目目前处于第二阶段，并已开始确定一系列新的目标。鉴于概念验证已成功完成，该项目现已决定开发一个在生产环境中可行的产品。该项目目前也在寻找新的国际合作伙伴，尤其是资产管理行业的合作伙伴。

国际保险巨头纷纷加大在区块链领域的投入和尝试，是基于对区块链应用价值的深刻认识，虽然目前区块链与保险业务的结合仍然存在不少障碍，但随着各行业合作组织、技术厂商、合作伙伴、公共组织的共同努力，发展空间还是很广阔的。

第二节
国内应用情况

要全面了解区块链在国内的应用情况，首先要分析当前国内对于该技术应用的大环境，包括国家政策、领导型企业战略布局、行业外合作伙伴及解决方案供应商投入等，然后再结合行业调研以及行业具体应用进行分析。

综合多方面的情况，国内保险行业对于区块链的应用呈现以下几个特点。

一、监管层面总体持鼓励态度

2016 年 2 月，时任中国人民银行行长周小川在谈到数字货币相关问题时，谈及中国人民银行已部署重要力量探究区块链应用技术，尽管对区块链当下的规模化应用能力存在质疑，但是已认可区块链技术是一项可选的技术。

近几年政府及监管部门对我国区块链技术的应用前景持积极的鼓励政策，对于正常的行业应用在监管层面抱有一定的政策宽容度。

政府及监管的态度表现在以下几个方面：

（一）国家政策鼓励

2016 年 12 月，在国务院印发的《“十三五”国家信息化规划》中，区块链技术首次被列入国家信息化规划。鼓励针对区块链等战略性前沿技术进行提前布局，发挥先发主导优势。

2017 年 6 月，中国人民银行印发了《中国金融业务信息技术“十三五”发展规划》，指出了要加强区块链基础技术研究，开展区块链技术在金融领域的应用研究。明确提出积极推进区块链、人工智能等新技术应用研究，并组织进行国家数字货币的试点。

2017 年 8 月，国务院印发《关于进一步扩大和升级信息消费持续释放内需潜力的指导意见》，再度强调要“提升信息技术服务能力，鼓励利用开源代码开发个性化软件，开展基于区块链、人工智能等新技术的试点应用”。

2017 年 10 月，国务院办公厅发布《关于积极推进供应链创新与应用的指导意见》，其中提到了研究利用区块链、人工智能等新兴技术，建立基于供应链的信用评价机制。

2018 年以来，监管层对区块链发展的态度是逐步将其引导到服务实体经济方向上来，如 4 月 11 日举行的博鳌亚洲论坛上，中国人民银行行长易纲表示，正在研究如何发挥数字货币的正能量，让它更好地服务于实体经济。中国人民银行参事盛松成表示，为实体经济服务才是区块链的前途。

（二）制定行业标准

在全球范围内，区块链技术还没有统一的技术标准。

2016 年 10 月，工业和信息化部发布《中国区块链技术和应用发展白皮书》，首次提出我国区块链标准化路线图。结合区块链应用场景和技术架构，提出了区块链标准体系框架建议。

2017 年 5 月，中国电子技术标准化研究院（工业和信息化部直属事业单位，国际标准化组织 ISO/TC 307 的国内技术归口单位），主导编制并发布了《区块链参考架构》，对区块链参考架构涉及的用户视图和功能视图，用户视图所包含的角色、子角色及其活动以及角色之间的关系，功能视图所包含的功能组件及其具体功能以及功能组件之间的关系，用户视图和功能视图之间的关系等 4 项内容进行了具体规定，被认为是区块链领域的重要基础性标准，帮助行业参与者树立对区块链的共识，对推进国内区块链的标准化应用具有重要作用。

当前由工业和信息化部牵头组织开始编制区块链中国国家标准，从顶层设计推动区块链标准体系建设，预计最快将于 2019 年年底完成。

区块链国家标准包括基础标准、业务和应用标准、过程和方法标准、可信和互操作标准、信息安全标准等方面，并将进一步扩大标准的适用性。

工业和信息化部信软司透露，2018 年将从组织建设、标准体系、重点标准、推进国际化进程、开展应用示范、培育团体标准、实施动态管理七个方面推进信息化和软件服务业标准化工作。

在组织建设方面，2018 年将推动组建全国信息化和工业化融合管理标准化技术委员会、全国区块链和分布式记账技术标准化委员会。

（三）地方政府支持

在地方政府层面，根据汇盈战略研究院的不完全统计，目前已有多个地方颁布了区块链发展专项政策，主要包括上海、贵阳、青岛、杭州、广州和重庆等地，在对区块链技术支持、技术标准的推动、区块链政用和商用等的试点与推进方面，都为区块链的发展开创了良好的氛围。还有部分城市，已将区块链发展计划列入了当地金融业“十三五”发展规划中；如北京、深圳、江苏、江西、内蒙古等地，也将区块链作为金融科技重点布局之一。

（四）技术人才培养

区块链技术的发展与规模化应用离不开相关专业人才的支持，而人才缺口正是当前制约区块链技术落地应用的一大瓶颈。

鉴于此，工业和信息化部人才交流中心“区块链技术高级人才培训班”将开班培训，以更好地促进区块链行业发展。

（五）提升宣传力度

工业和信息化部信息中心正式发布《2018 年中国区块链产业发展白皮书》。这是第一份由官方发布的区块链行业白皮书，由此可见监管部门对于区块链技术的研究与宣传力度也在加大。

白皮书提到，区块链技术正在被各行各业所认可，几乎在所有的产业场景都能落地应用，具有降成本、提效率、优化产业诚信环境的作用。其中，区块链技术应用落地的主战场是实体经济产业领域，区块链技术的价值也将集中体现为落地产业场景后带来的价值增量。随着区块链技术的发展，区块链带来的不仅仅是速度的提升，而是会改变整个生态，区块链或将在未来改变整个实体经济的布局。

（六）严格控制风险

在 2017 年 9 月，中国人民银行等七部委联合发布《关于防范代币发行融资风险的公告》，将 ICO① 界定为“未经批准非法公开融资的行为，涉嫌非法发售代币票券、非法发行证券以及非法集资、金融诈骗、传销等违法犯罪活动”，全面清退国内融资代币和虚拟货币交易业务。

针对数字货币，中国人民银行有较为明确的态度，将有可能会考虑发行自己的数字货币。早在 2014 年，中国人民银行已成立自己的研究小组，研究数字货币；2015 年，中国人民银行非公开承认数字货币；2016 年 1 月，时任中国人民银行行长周小川发布讲话，提到 5 年内实现数字货币，宣布要发布中国人民银行自己的加密数字货币；2017 年 1 月 29 日，中国人民银行正式成立数字货币研究所。

在区块链应用的不同领域，监管部门采取了不同的甚至是截然相反的立场。对于区块链技术本身及其在实体经济和金融领域的应用方面，监管部门持积极鼓励的态度，但是对于数字货币领域包括代币发行和数字货币交易持禁止态度。

（七）监管积极探索

区块链的去中心和自治化特点被普遍认为在国家监管层面也会存在去中心化的问题，如何适应区块链发展带来的监管问题，在不同层面上提出了众多积极性的建议。

例如，《贵阳区块链发展和应用》提出了主权区块链理论。该理论提出，

① Initial Coin Offering 的缩写，中文为首次代币发行，区块链行业术语，是一种为加密数字货币/区块链项目筹措资金的常用方式，早期参与者可以从中获得初始产生的加密数字货币作为回报。

区块链技术发展必须在国家主权范畴下，在法律与监管下，从改进与完善自身架构入手，以分布式账本为基础，以规则与共识为核心，实现不同参与者的相互认同，进而形成共有价值的交付、流通、分享及增值，建立主权区块链。

与其他区块链一样，主权区块链也具备点对点、不可篡改、可信任和价值转移的特点，但是在监管层面，它强调网络与账户的可监管，技术上提供监管节点的控制和干预能力，而不是无监管或者绝对的去中心化或形成“超级中心”。

尽管包括该理论在内的众多建议还未得到实践验证，但是就区块链技术发展的趋势来看，其应用范围和规模会持续扩大，必定会带来监管的滞后。监管科技创新也是全球技术新形势下的必经之路。

二、领先企业积极战略布局

处于行业领导地位的保险集团或保险公司积极推动以区块链、人工智能等核心技术能力为支撑的数字化、科技驱动战略规划和布局，从公司战略层面，推动与数字化相关的能力设计、目标定义、组织和机制变革、文化创新。

国寿集团表示中远期目标是，全面利用大数据、人工智能、区块链、云计算、物联网、移动互联等技术实现“数字国寿”的战略目标。

中再集团发布“数字中再”战略，数字化转型速度不断加快。同时，成立中再集团信息技术中心，核心工作思路是开放聚合资源、搭建共享平台、营造多行业共赢生态，推动人工智能、区块链、云计算等新科技与业务拓展、运营管理之间的融合创新，实现基础设施云化、数据标准化、业务平台化、管控智能化、平台生态化，使再保险真正从后台走向前台，服务于国家战略，服务于保险行业健康稳定发展。

针对区块链应用，中再集团更是希望依托区块链的技术特性，改善传统再保行业作业模式的效率，优化再保险业务信息交换、推动再保险资产交易数字化、提升再保险交易效率，推动直接保险、再保险以及其他公共机构之间的信息共享。

2018 年 3 月，上海保监局牵头，中再集团联合众安科技等合作伙伴成立国内首个区块链再保险实验室，探索区块链在再保险行业应用落地的可行性，验证通过区块链技术处理再保险交易的可行性和优势。

2018 年 6 月底，中再集团与众安科技等合作伙伴共同发布《再保险区块链（RIC）白皮书》（以下简称“《白皮书》”），即是中国首个经过该实验室实验验证的再保险区块链指导纲要，《白皮书》的发布也意味着实验成果将向落地应用转化。

在《白皮书》中针对传统再保险交易存在的问题，以及区块链如何应用在再保险交易过程中，通过设计理念、实现方案、应用场景等方面进行了描述。

其他国内领先保险公司，如人保集团、太保集团、太平集团、平安集团等均把数字化或科技发展战略作为公司发展的总目标，区块链应用也是其中的核心内容。

另外一些具有互联网特性的保险公司，也在积极拥抱包括区块链在内的新技术。易安保险在北京市五道口参与发起成立了“区块链保险实验室”，探索区块链技术在保险领域的应用，借助区块链技术促进公司业务创新，尤其针对区块链数据不会泄露、丢失等技术特点，将保单信息、客户信息、理赔信息放到区块链进行存储，避免意外事故对数据安全的冲击。

总体来讲，当前中国保险业针对区块链进行布局的保险公司分为两类，第一类是传统的大型保险企业，具有雄厚的技术实力；第二类是以互联网为特色的保险公司，技术是其核心发展能力，积极布局在情理之中。

这些具有行业领导力的公司在区块链应用领域的集中发力，相信会带来更多的业务创新、技术创新，从而带动中国保险业整体在这方面的应用发展。

三、互联网巨头寻求实际应用

以阿里、腾讯、百度为代表的中国互联网巨头，多年来一直谋求在金融保险领域的布局，利用自身的技术服务能力，向保险领域渗透，为其提供技术服务。

《2017 全球区块链企业专利排行榜》显示，中国在区块链专利的增速远超美国，全球领先。其中，阿里以 49 项的总量排名第一，这些专利全部出自蚂蚁金服技术实验室。

蚂蚁金服区块链研究团队的技术方向主要是研发生产级基础设施底层技术，如共识机制、平台架构、隐私保护和智能合约等。考虑到阿里最大的电商与物流体系，蚂蚁金服在"信用"，角度发力，致力于将区块链技术的核心——"信用"，与现实场景结合。这也和蚂蚁金服从建立之初就追求解决"信用"的目标不谋而合。例如，捐赠信息追踪、食品溯源、医疗场景、物流分析等。

2016 年 7 月，阿里的蚂蚁金服率先将区块链技术应用于支付宝爱心捐赠平台，以此来增加慈善捐款的可信度和透明度。同年 8 月，阿里健康与江苏常州市合作开展"医联体 + 区块链"试点项目。

由于阿里生态体系中存在支付宝、电商、物流几个核心模块，蚂蚁金融更希望利用区块链技术达到"信任"从线上支付到线下物流的一体化。以支付宝为依托的消费、信贷、保险、金融理财以及"信用"评估数据等业务，在区块链这个"信任"链接器的基础上，将更好地实现"连接""风控"和"信用"这三大金融服务功能。

目前，蚂蚁金服又将区块链技术延展到互助保险的应用，蚂蚁金服向信美人寿输出技术，也是蚂蚁区块链在保险领域的首次落地应用。作为"信任"连接器——区块链用算法和分布式技术架构实现去中心化和解决"信任"问题。

腾讯的区块链版图扩张更偏向于先建立完整的金融生态平台，腾讯选用了联盟链技术作为其实现区块链应用场景的技术路径。联盟链参与方皆为大型机构，本身参与的节点可信度要高于任何普通比特币节点。同时，联盟链作为组织结合的"多中心化"系统，具备自主可控、隐私保护、效率高的特点。针对中国的政策环境，联盟链用"多中心化"取代去中心化，可以完成区块链技术从概念到落地应用。

多家机构组成联盟链，金融机构间支付、结算、清算等交易速度与交易成本将大幅降低。一旦完成联盟链的区块链云服务，腾讯本身的金融业务与银行业、保险业、信托业、证券业和租赁业可以形成无缝接轨。

腾讯于 2017 年 1 月完成区块链商业场景的内部落地；4 月正式发布《腾讯区块链方案白皮书》和腾讯区块链行业解决方案；11 月正式发布区块链金融级解决方案 BaaS，完成生态平台的搭建。

作为行业巨头，腾讯的目标不只是将区块链技术应用于金融场景，而是意图基于腾讯区块链搭建垂直行业应用的生态平台。该平台是未来腾讯金融服务的关键，通过金融云的接口，腾讯本身业务如游戏、社交及效果广告、数字内容销售和支付业务等与外界金融机构的联系进一步增强。

百度的区块链布局大致与腾讯类似，但其更偏向于对金融领域的应用探索。2017 年 7 月，百度金融推出其商业级区块链云计算平台 BaaS，旨在联合企业、机构、联盟组织构建区块链网络体系，在架构中嵌入区块链技术的商业级云计算平台。百度 Baas 目前已应用于信贷、资产证券化、资产交易所等业务。

互联网巨头在区块链应用方面的不断深入，以其提供的技术平台等通过垂直领域赋能传统保险企业，也在推动传统保险行业在区块链等技术应用领域的不断前进。

除 BAT 等巨头之外，国内众多的互联网创业公司，或从平台层面，或从垂直行业应用层面，都对区块链在中国的深入、快速发展提供了最大的推动力，活跃了整个区块链应用市场。

四、行业应用以技术验证为主

总结分析国外保险同业在区块链的应用情况，当前相关探索、研究、尝试和应用总体可以分为以下 3 类：

（1）应用区块链智能合约特性，在数据分散于多点的情况下，当某一条件触发时按照既定规则完成保险的契约，如航延险、失业保险、资产管理等；

（2）再保险和共保领域利用区块链用来增强交易及结算的效率和透明度；

（3）利用区块链可溯源的特性，追踪农产品养殖过程或是贵重物品的生产和流转，以进行欺诈和风险管控。

近年来，中国保险业也在陆续推出多个区块链应用项目，这些项目也多以探索、尝试为主，目标在于积累技术经验，进行实证检验。从业务角度，多集中在保险外围业务，尚未深入核心业务领域。从技术角度，国内则基于区块链的技术特性和优势开展了更多的创新尝试。相比国外实践，国内既与其有相同点，又有自己的特色应用。

其中的一些典型应用按照分类介绍如下：

（一）产品创新类应用

阳光产险推出的“区块链 + 航空意外险卡单”——“飞常惠”航空意外险卡单，是国内第一个将主流金融资产放在区块链上流通的尝试。

这款针对高频乘机用户的保险产品保费 60 元，可以使用 20 次，当事人身故可以获得高达 200 万元赔偿。这款产品最大的特色是可以将电子卡单以红包的形式分享给好友，对方在出行前登记乘客和航班信息即可成为保单的受益人。

借助区块链技术多方数据共享的特点，可以追溯卡单从源头到客户流转的全过程，参与方不仅能查验到卡单的真伪，确保卡单的真实性和唯一性，还能方便后续流程，如理赔等。

（二）溯源风控类应用

人保财险于 2017 年落地了基于区块链的养殖业溯源体系及养殖保险服务平台，这个平台以“标的唯一件”为核心，利用生物识别、区块链、移动互联等技术，贯穿养殖保险、农业金融、食品溯源等整个产业链条，构建基于区块链的养殖业溯源体系和产业链服务平台。

在整个规划设计的方案中涉及的合作方和角色包括：

（1）农户/养殖场：农户/养殖场发起肉牛养殖的项目，农户需要资金服务支持。

（2）金融服务机构（贷款）：金融服务机构作为放贷方，审核项目风险，并以保险作为风险转移的方式。

（3）保险公司（保险）：保险公司为项目承担风险，需全程跟踪项目的进展情况。

（4）肉牛种牛贸易商：肉牛种牛供应。

（5）政府/畜牧部门：种牛经当地畜牧部门验收；定期注射疫苗。

（6）养殖场：肉牛入场后所有的育肥、繁殖、屠宰等记录均在养殖场内发生；肉牛建档，防止近亲交配。

（7）饲料供应商：提供饲料，根据不同的牛种类型提供不同的饲料。

（8）屠宰场及销售点：肉牛出栏后的运输、屠宰及销售。

参与各方提供的基于区块链技术的不可篡改的数据资产，包括保单、农户账户、肉牛身份、防疫记录、理赔、育肥记录、屠宰记录等，可提供给保险公司及时进行风险管控，避免业务风险和欺诈发生：

（1）购入的种牛是否符合养殖标准？

（2）养殖户/农户是否按照要求及时对肉牛注射疫苗防疫？

（3）防疫记录与饲料销售记录是否匹配？

（4）其他风险提醒。

与此项目类似，众安保险下属子公司众安科技联合连陌科技成立了“步步鸡”品牌，首次将区块链、人工智能、防伪等技术应用于农村散养鸡养殖。基于区块链具有不可篡改的特点，该技术可以真实记录从鸡苗到成鸡，再到餐桌的过程中的所有数据，保证每只鸡的信息溯源；同时，还可以监控养殖环境的各项指标，对疫情状况做出预警。

该项目与保险的结合点在于，区块链的应用不仅能够为农户提供养殖全过程的数据，同时还能将数据共享给农户投保的保险公司，使保险公司同样可以实时监控农业生产的全过程，对农户资产的风险评估也就更准确，并作为风险定价和风险控制的依据。

以上两个项目，都利用了区块链技术不可篡改、溯源的特性，可以降低保险和信贷的风控投入以及风险评估成本，同时也有利于提升保险公司对农户和养殖资产的承保积极性。

（三）客户服务类应用

阳光保险推出的基于区块链底层技术架构的“阳光贝”积分系统，用户可在普通积分功能基础上以“发红包”形式通过积分向朋友转赠、与其他公司发行的区块链积分互换。

“阳光贝”核心应用场景示例：客户可以将自有积分转赠给同属阳光保险的客户的朋友，使朋友实现积分累积，从而在阳光商城换购积分价值较高的商品。相比市场上各家公司发行的积分只能客户自身使用，很难积累到一定数额兑现到心仪的商品，“阳光贝”在给用户带来全新体验、用户活跃度与黏性提升的同时，更会带来销售收入的增长，随着合作伙伴增多，也有利于围绕阳光保险形成新的商业形式。

该类应用对行业之内、跨行业基于区块链技术进行业务合作、信息交换进行了积极尝试。

（四）技术平台类应用

平安集团于 2017 年推出壹账链 BaaS 平台，利用该平台提供的解决方案，可以解决数据同步中的分布式系统数据同步的问题，及数据放在共享的分布式数据平台上的安全问题。

壹账链当前主要有四类业务：

主账户：通过平安区块链平台壹账链连接金融资产交易的各个参与方，实现了对每一笔交易状态的链上实时更新，并通过状态比对来实时判断交易中有可能出现的各种异常状态。主账户已于 2016 年下半年投产，成为全球最早实现大规模投产上线的区块链项目之一。截至目前，已经实时对数百笔差异账进行实时报警处理，大大提高了客户对平安大华基金等产品的申购体验。

钻石交易平台：基于平安区块链平安壹账链将钻石的身份数据入链，实现钻石溯源、确权和对账的全流程跟踪，解决钻石供应链真实数据管理问题，放大钻石供应链的数据价值，从而实现为钻石的 B2B2C 交易服务提供区块链技术信任，为钻石质押融资、组合投资、保真保险等金融服务提供真实数据的底层基础。

资产登记平台：平安区块链平台壹账链提供资产发布、资产交易以及交易核验等功能。少量的开发便可完成对接，实现资产跨平台、跨机构的共享及交易。平台采用共享账本，接入机构可直接发布资产，并对该共享账本上的所有的资产进行交易。壹账链对交易信息采用先进加密算法进行保护，结合特别编写的智能合约进行零知识证明，全流程保证隐私性以及正确性。其中，零知识证明无需解密数据就可以完成验证工作。交易信息只有交易双方可以解密，但任何人都可以对交易进行验证，解决了交易隐私保护和流程公开透明这一对矛盾。先进密码算法保证监管方对该账本上的所有账户余额和交易信息拥有查看权限，以保证国家有关监管的需求和安全。

小微企业金融云：壹账链为壹企银小微企业金融服务云平台提供底层数据加密和共享服务。通过使用平安区块链平台壹账链，企业数据直接加密上传到区块链中，数据防篡改，可追溯。确保放款方查看的企业数据真实、可靠。金融机构作为壹账链的接入点，掌控企业数据的读取权限。任何第三方想查看解密数据都需要经过审批，满足了金融机构保护自己客户资源的需求。通过平安区块链平台壹账链使信息互通和保护自有客户资源这一对矛盾得到完美的解决，众多中小银行抱团取暖，共同面对大型银行带来的竞争压力成为可能。

2017 年 9 月，上海保险交易所正式推出区块链保险业务平台——保交链，其可以支持并实现在金融清算结算、反诈骗、合规性的监管、保险交易等多个领域的应用。

保交链使用的是上海保险交易所自主研发的 Golang 国密算法包，在保交链上，能够支持数字保单存证的场景下每秒 5 万笔保单指纹的数据上链和高并发处理。

保交链包含四大服务体系，其中身份认证服务体系实现身份证书的认证、审核、颁发及管理的功能；共识服务体系确保分布式数据的一致性；智能合约服务体系实现智能合约的安装、实例化、升级等管理功能，为区块链应用场景开发提供了支撑；平台服务体系实现动态组网、同一底层平台下多条区块链的配置管理和访问策略管理的功能。同时，保交链也提供了包括数据安全和加解密支持体系、应用支持体系和数据交换支持体系在内的三大支持体系。

上海保险交易所表示，保交链在安全体系、灵活部署以及应用开发 3 方面有其独特优势。

1. 保交链研发并装载了支持国密算法的 Golang 算法包，并与上海交通大学密码与计算机安全实验室合作进行了有效性和安全性测试，使得保交链在实际运用中更加安全可控；保交链支持国际标准密码算法，可满足国际化业务的安全需求。

2. 保交链节点可以按照企业的需求实现本地部署及上海保险交易所云平台托管部署的两种部署模式，缩短部署周期，降低开发成本，方便不同类型机构的快速接入。

3. 保交链提供便捷高效的应用开发界面，通过统一接口服务及功能分离的标准开发包，满足开发者在应用开发、系统管理及系统运维方面的需求，支撑业务场景敏捷开发、快速迭代。

此外，保交链还兼具其他 4 个特性：

1. 监管审计，可满足监管方面的审计要求，满足业务方面的合规要求。

2. 性能可靠，通过性能优化、配置参数调整及高效的应用设计，可以达到企业级应用的性能要求。

3. 监控运维，完善的监控系统实时监控区块、交易、网络、CPU 内存及存储，全面关注区块链网络健康状况，实现系统层及应用层实时预警功能。

4. 多链架构，底层架构均衡考虑了系统性能、安全性、可靠性及扩展性，引入“通道”概念，实现了不同业务的数据隔离及访问权限控制，提供丰富的智能合约模板，保交链可支持一次底层部署多链运行。

上海保险交易所作为独立的第三方平台，牵头保险行业共同推动区块链技术，通过向部分会员单位开源底层架构，能够横向打通保险行业内部，实现交易资源的信息共享，纵向打通保险行业上下游产业链，节省行业投入成本、减少风险。

众安保险的子公司众安科技于 2017 年发布了基于区块链技术的“安链云”平台，并在云端搭建了保险核心系统，将保单、客户及理赔等信息放到去中心化的区块链上。

信美人寿相互保险社核心系统则架设在阿里金融云之上，整体技术布局使用区块链及生物识别等相关技术，运营成本相对传统机构可以大幅降低。

信美人寿相互保险社上线的国内保险业首个爱心救助账户，成为首个运用区块链技术记账的相互保险。信美的爱心救助账户上区块链后，每笔资金流向都公开透明，每笔资金流转数据都不可篡改，每笔资金的去处和用途都有迹可查。

（五）公益服务类应用

2016 年 7 月，苏北贫困县泗洪县政府联合中国人寿、人保公司和蚂蚁金服共同尝试“互联网 + 保险”精准扶贫计划。为低收入户投保综合型保险，人均保费 100 元，保障范围涉及疾病、意外伤害、家庭财产和教育。

保费由当地政府和蚂蚁金服公益平台联合筹措，赔付、查询都可在支付宝 App 中完成。这样的尝试，提高了扶贫效率，也促进了扶贫行为从粗放向精准转型。

该平台引入区块链技术，捐赠者可实时查看捐款金额、理赔额度、运营开销等全部流程数据，而捐赠保险获得者可查询保险保障范围、理赔进度。区块链技术应用在保险扶贫领域，让捐赠更透明，让公益更高效。

该模式很快得到复制，蚂蚁金服上线“益起保”公益保险服务平台，与公益机构合作，为更多人群筹措保险资金。首个项目与“大病医保”公益基金会、中国人寿合作，为湖南省贫困县新晃县的 4 万名儿童募集大病保险费用，每份保额 20 万元。

总结中国保险行业对于区块链的应用现状，相比国际性保险集团或保险巨头来讲，无论从技术应用层面，还是业务应用和探索层面，中国保险行业都具有自己的鲜明特色。

五、仅少数公司开始尝试

在调研报告编写的过程中，中国保险行业协会组织人力设计编写了调研问卷，针对保险科技各专题在保险公司的应用情况、存在的问题以及未来发展的设想等方面，做了专题调研。

各个保险公司对于区块链目前的资金投入情况的调研结果，在总体上表现为，对于区块链投入的资源很少，投资较大及还可以的公司占极少数，只占总体有效收回样本数的4%（见图3－3－1）。

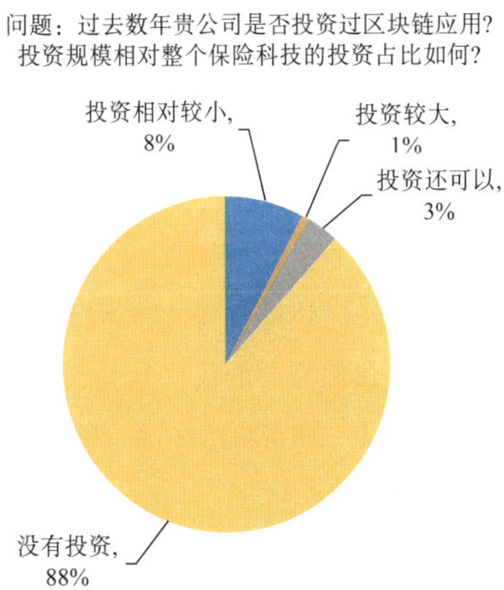

图3－3－1　保险公司对区块链的资金投入情况

资料来源：中国保险行业协会2018年中国保险科技专题调研，保险业受访者。

对处于行业领导地位的保险公司的反馈结果做单独分析，这些具有雄厚技术实力的保险公司，针对区块链技术在保险行业的应用前景展望显得相对更客观、更谨慎，反馈结果显示公司在对于区块链如何应用于具体业务场景中，已经做过充分的研讨和相应考虑。

这个调研结果也从侧面展示了当前中国保险业对于区块链的应用并未取得

颠覆性、阶段性成果，对行业的整体影响仍然比较小，因此对于大多数保险公司来讲，尚不会构成威胁或者带来实际的机会。

第三节 存在的问题

一、技术发展尚未成熟

从区块链的研究、开发、应用的有关实践来看，区块链应用总体上尚处于技术成熟期、应用探索期。其面临的主要问题包括：

（一）技术应用门槛高

未来需要通过引入开放链访问协议、基石程序、分布式订阅网关等技术和设计，降低区块链技术应用门槛，使保险机构可以直接部署及应用。区块链对于技术要求是极为严苛的，任何的技术漏洞都有可能引发对于整个信任体系的不信任，这是核心问题。目前，区块链本身的技术标准还不统一，有以太坊、超级账本等多套技术实现，但我们需要的仅仅是一套安全的经过验证的标准。这里面涉及数据库存储安全标准、加密算法标准、P2P 网络标准、共识算法标准等，目前国标的区块链标准正在制定中。

（二）高频交易瓶颈明显

当前保险行业区块链应用系统尚只能满足低频商业交易的要求，需要继续探索区块链技术支持中高频商业交易的可行性。

（三）数据隐私保护缺乏

公有链中，每一个参与者都能够获得完整的数据备份，所有交易数据都是公开和透明的，这是显著的优势。但是，对于很多区块链应用方来说，这又是很大的缺点，因为用户本身希望其账户隐私和交易信息被保护。

（四）技术应用体验差

例如，公有链要求使用全量钱包，但是全量钱包启动时会同步所有区块数据。随着业务发展，区块数据越来越大，新安装的用户在启动客户端时会花费大量时间同步，而且会占据用户的磁盘空间，同时用户的交易确认时间也非常漫长，用户体验差。

（五）需与其他科技融合提升价值

区块链技术还有待于与互联网、大数据、生物识别、人工智能等其他相关技术配合，才能形成科技能力和凸显金融科技属性。

当然，对于区块链技术自身面临的各种问题，区块链社区正在积极开展讨论、设计解决方案。

针对区块链扩容的问题，比特币区块链（迄今为止最安全的公有链）每秒最多可执行 7 项交易（远远低于 Visa 网络，Visa 网络每秒可执行数千项交易），这是因为协议规定区块容量不超过 1M。

这一数字只有在得到比特币社区同意之后方可更改，比特币社区已经就这些问题展开了激烈的讨论。因为这种公有链的治理复杂，所以无疑需要一段时间才能通过达成新的共识来解决这些问题。因此，问题似乎不再是区块链能否容纳大量交易，而是何时能够做到。但是，区块链大规模商业应用的基础正是区块链技术自身的瓶颈要有解决方案。

区块链技术的最核心应用价值在于解决跨多个独立交易实体的应用场景中的最核心的信用问题，从而不断拓展商业边界，改变商业形态。

但是，涉及多个独立的交易实体，就要面临一系列的技术问题，包括对接标准的统一、技术架构的统一、信用背书、信息安全等。具体到技术架构实现，则包括中间件、数据库、数据安全、数据分析、货币及身份管理等众多层面。当前大多数分布式分类账仍处于试用阶段，技术的可行性、安全性（软件和硬件）、可扩展性、合法性和互操作性问题仍然存在。

Gartner 认为，区块链属于商业生态扩展类技术。所谓商业生态扩展类技术，则意味着不同行业、不同属性的交易对象直接的连接，本身就存在巨大的挑战。Gartner 发布的《2017 年度新兴技术成熟度曲线》对当前区块链技术所处的阶段做了一个比较清晰的界定，并对技术成熟期进行了预测（见图 3 -3 -2）。

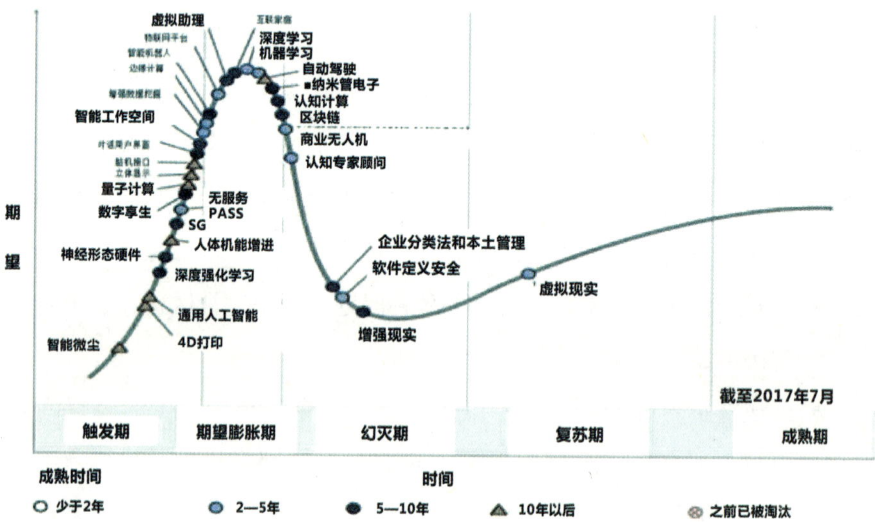

图 3 -3 -2　Gartner 2017 年度新兴技术成熟度曲线

根据技术成熟度曲线来看，区块链技术已经经过期望膨胀或者炒作期的顶点，正在向现实应用方向进一步发展，但整个技术的完全成熟尚需 5—10 年。

正是因为区块链技术当前需要进一步成熟的这个特点，使人们在应用区块链技术时感觉无从下手，即出现了下述的第二个特点。

二、大规模应用尚需时日

区块链在多个行业的应用实例已经表明其潜在价值，未来它将改变各个行业的经营模式。但是，来自于普华永道的《2017 年全球保险科技调查报告》则似乎呈现了两种相互矛盾的状态，即对应用前景抱有高期望和信心，同时面对现实则稍显犹豫。

在回答“贵公司会在什么时候将区块链作为实际业务的一部分或应用于其中一个流程”这个问题时，保险业参与调研的人员相比所有金融业从业者明显呈现更积极、更乐观的态度（见图 3－3－3）。

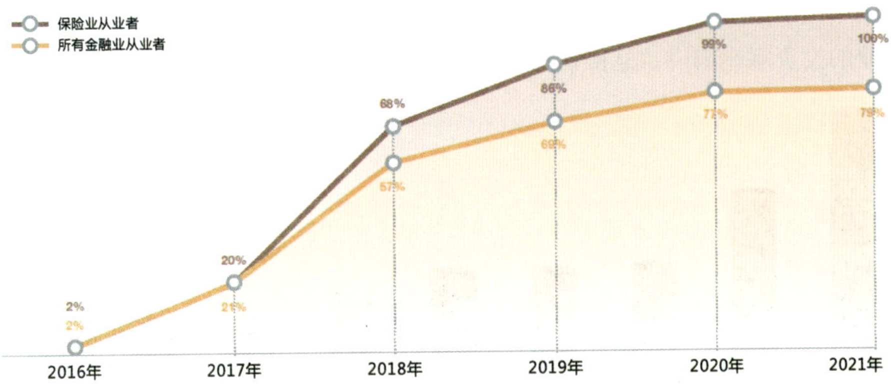

图 3－3－3　普华永道 2017 年全球金融科技调研报告中区块链应用计划统计

资料来源：普华永道 2017 年全球金融科技调研报告，金融保险业受访者。

受访者对区块链的关注与日俱增，他们渐渐意识到，该技术可以使新产品和服务设计得更透明、安全与高效，从而更具竞争优势。而在 2016 年的同类调查中，仅有 17% 的受访者将区块链视为重要的创新趋势。2017 年的调研则反馈，近半数受访者已经开始在公司内部探索应用该技术，或者正在参与和区块链相关的方案制定过程。

展望未来，68% 的受访者预计在 2018 年会将区块链作为实际业务的一部分或者应用于其中的某个流程，主要应用领域包括：

（1）实现自动理赔，降低成本的同时为客户提供便利；

（2）简化数据收集和支付的操作环节，从而让承保流程透明度更高、可控性更强；

（3）实现聚在风险或损失的聚合及分摊，从而更好地监控、理解敞口与理赔流程，同时使整个过程更为透明等。

在回答“未来 12 个月内，贵公司对以下新兴科技进行投资的倾向性有多大”这个问题时，受访者则呈现近乎相反的、相对很保守的态度。

如图 3 –3 –4 所示，相对于大数据分析、移动、人工智能等技术应用，调研结果显示区块链被排在投资选项的最后。这里普遍反映的问题是，其他技术的应用和实施范围主要局限于单个公司实体内部，落地实施相对可控、容易，而区块链技术首先要有清晰的业务场景，然后是多个独立实体之间的互信、合作、连接，无论从业务设计上，还是技术实现上，均具有很大的难度，因此从企业的投资意愿来讲，显得犹豫。

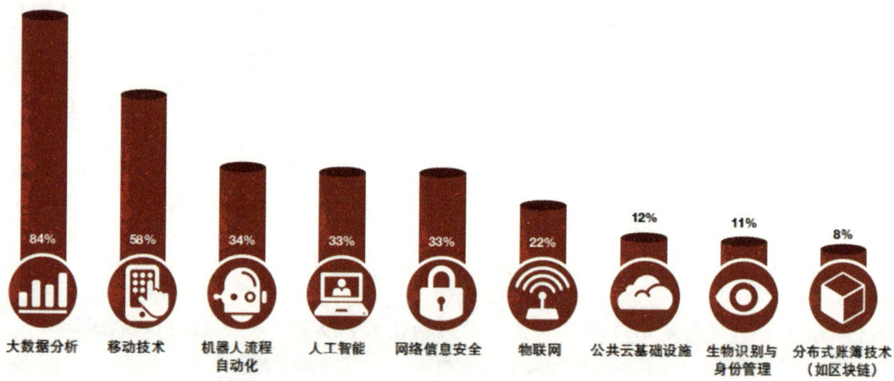

图 3 –3 –4　普华永道 2017 年全球金融科技调研报告中新科技投资倾向统计

资料来源：普华永道 2017 年全球金融科技调研报告，金融保险业受访者。

因此，要推广区块链技术向更广泛、更深入的应用方向发展，需要更灵活的方式，或者从更高的层面上形成行业统一的技术和业务对接标准。

需要清醒认识区块链技术虽然可能颠覆贸易、资本市场、智能合约、借贷、跨境支付等行业，但距离真正大规模商业化运行还有不小差距。

（一）业务动力不足

从调研结果来看，当前国内保险企业区块链应用主要聚焦于技术验证和技术储备、积累，对于区块链的投入效果，并无深入、全面的业务影响评估，来自于业务的驱动力不足（见图 3 –3 –5）。

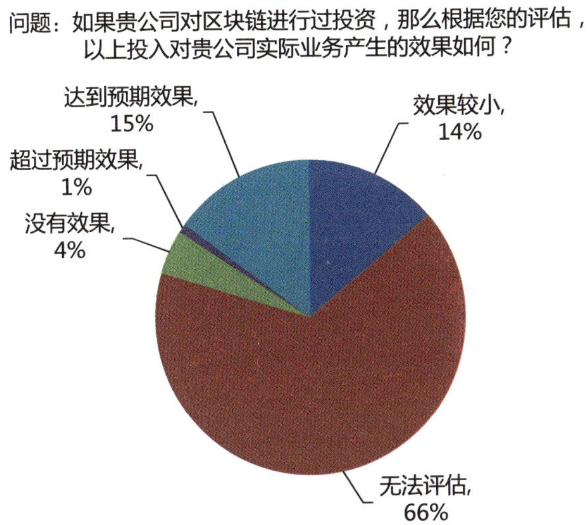

图 3－3－5　保险业受访者对于区块链投资的业务效果评估统计

资料来源：中国保险行业协会的2018年中国保险科技专题调研，保险业受访者。

（二）企业投资意愿低

中国保险行业协会也针对区块链进一步应用面临的问题进行了调研，在针对提出的10项有关区块链应用的挑战的问题回复中，并无特别明显的哪项的挑战更大。

从保险企业的反馈看，所面临的问题并无任何意外，同样聚焦于技术成熟度、应用场景的设计、技术团队的培养、合作伙伴或合作网络欠缺、同业成功案例较少等方面（见图3－3－6）。

可以看出，区块链的深化应用，与一般技术的不同在于，它是一项涉及整个商业、技术环境的全局性、系统性工程，单一企业面临区块链应用时难免有无从下手之感。

这与普华永道的研究——连锁反应：如何通过区块链技术实现保险转型显示的结果类似，尽管56%的保险公司认识到了区块链的重要性，但57%的保险公司仍然不知如何应对和利用这一机遇。

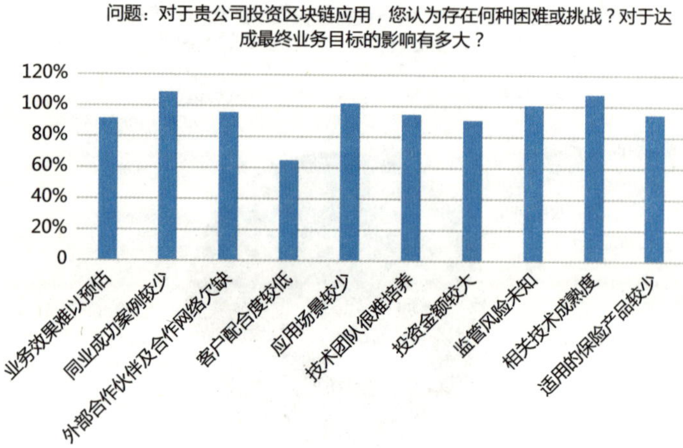

图 3 -3 -6 保险业受访者对于区块链应用面临的挑战的回复统计

资料来源：中国保险行业协会的 2018 年中国保险科技专题调研，保险业受访者。

（三）场景设计和落地困难

相对于很少或几乎没有的投资规模，业内普遍认识到区块链对于保险业务的深远影响。选择影响较大或颠覆性影响的问卷占比超过 50%，而只有约 16% 的回复认为没有影响或影响较小，31% 的回复认为无法评估（见图 3 -3 -7）。

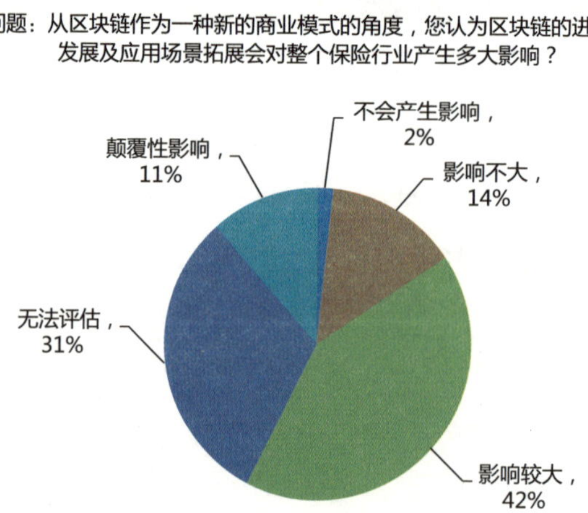

图 3 -3 -7 保险业受访者对于区块链应用影响的回复统计

资料来源：中国保险行业协会的 2018 年中国保险科技专题调研，保险业受访者。

也就是说，业内普遍对于区块链深入应用的业务价值有充分认识和了解。对于业务应用场景的重要性判断，则覆盖了从业务场景的拓展、产品规划与设计、客户经营管理、运营、风控与反欺诈等全业务链条（见图3－3－8）。

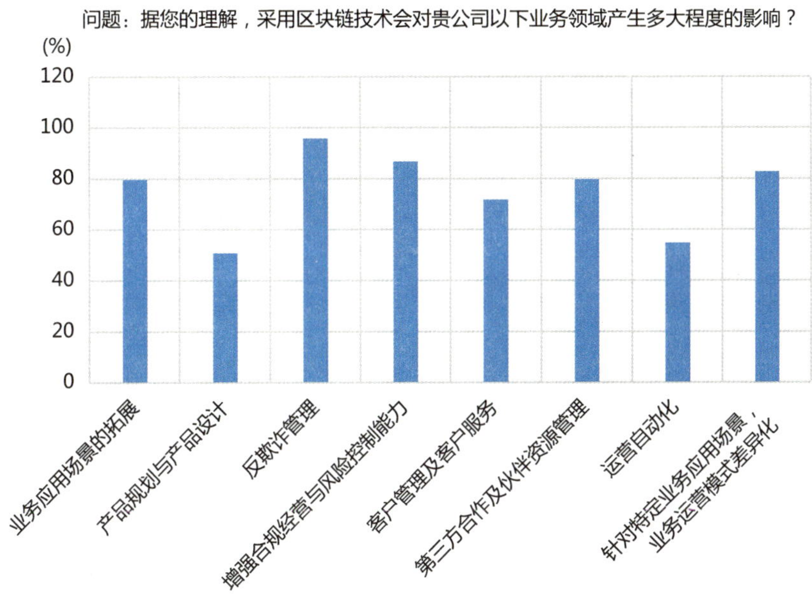

图3－3－8　保险业受访者对于区块链应用领域的回复统计

资料来源：中国保险行业协会的2018年中国保险科技专题调研，保险业受访者。

但是，从对于未来的投资意向的调研中，则反映出另外一个事实，即投资意愿反而不高（见图3－3－9）。

这显示出对于保险企业来讲，区块链应用的场景设计比较困难，或者无法从设计的场景中看出很明显的业务价值，导致在投资决策时，区块链应用不会作为首选。

相对于投资规模小、投资意向低以及对于业务影响的评估预期高所反映的矛盾，与普华永道2017年全球保险科技调研报告中反映出来的问题类似，即单个公司的力量在设计、应对、实施整个区块链应用时显得力不从心。

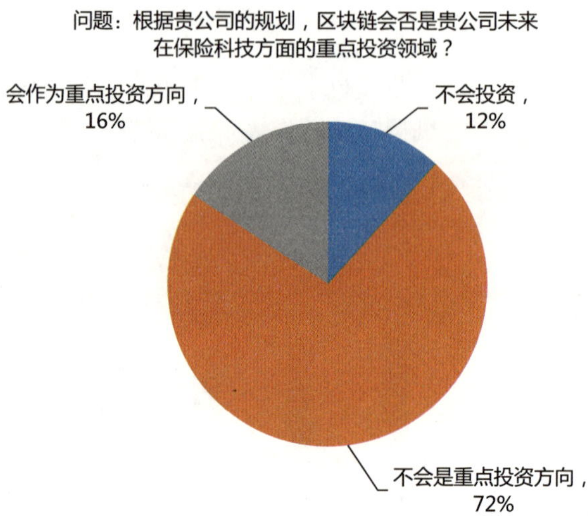

图 3-3-9 保险业受访者对于区块链是否是重点投资方向的回复统计

资料来源：中国保险行业协会的 2018 年中国保险科技专题调研，保险业受访者。

（四）缺少行业协调

在当前区块链的应用阶段，与中国保险行业发展的阶段相匹配，区块链总体应用尚缺少统一的、有价值的“中心”组织，没有这样的“中心”组织，区块链跨行业、跨单体企业应用的潜力就无法发挥。

从我国整个保险行业发展阶段来讲，相比国际巨头的全球化、全牌照金融布局，国内企业总体上业态较为单一，经营区域也绝大多数局限于国内市场，无论从企业内部单位之间的横向协作，还是跨区域的纵向整合，给区块链应用提供的空间都不大。

另外，我国保险行业也没有形成统一的区块链行业组织，不能在一定的共识原则下去共同推动区块链在整个行业的应用。

这显示了两个深层次的问题，（1）区块链数据安全的技术保障与社会心理担忧的矛盾。尽管区块链基于高可靠的加密算法、数据不可篡改、技术上可信，但是在实际应用中还是存在社会心理对信息安全的担忧，对数据资产强烈的占有欲和固有的保护意识，使企业还是不相信区块链的数据安全。因此，

“中心”的形成就比较困难。(2) 区块链去中心化的初衷与实际“中心”强化趋势的矛盾。区块链的由来是去中心化，在某些开发者眼里是去中介化、去央行化。但是，从区块链实践来看，恰恰是现实中处于中心化、中介化的企业、机构在热心推进区块链应用，区块链实际在某种程度上更加强化了“中心”的地位。

（五）面临监管和法律风险

区块链在应对监管方面的挑战，主要面临如下几个问题：

1. 区块链作为技术和金融的跨界，很多监管机构人员并不具备基本的背景了解，对于区块链的应用风险或评估过于严重、害怕新事物，或认识不足导致忽略严重问题。

2. 区块链可带来多业态的融合，包括金融行业的混业经营、金融行业与其他行业的融合等，现有的监管政策和法律框架是否支持需要进行评估。

3. 区块链的去中心化、自治的特点，淡化了国家监管的概念，一旦监管无法覆盖，则资本的逐利性会将区块链应用于非法领域，为黑色、灰色产业提供庇护工具和场所。

4. 区块链具有自治、自管的特质，但如果区块链出现故障，没有其他备份系统作为审计和错误纠正的必要补充，则可能导致该技术会受到错误和欺诈风险的影响。

随着区块链技术及其他新技术的应用及发展，可能会出现新的监管问题和法律风险。现有的法律和监管框架不完全适用于区块链网络，如何在区块链这一国际化网络中执法等问题需要进一步探索。

从当前我国整体监管环境来看，由于区块链应用的场景局限、业务影响较小，监管也尚处于鼓励、允许犯错的阶段，但未来一旦深入发展，需多加考虑监管因素。

要更深入应用区块链技术，很可能需要法律、监管环境做出进一步改变，但在当今法律和监管条件下，区块链参与者仍然要遵守现有法规约束，具体取决于所涉及的应用程序。与其他创新技术一样，虽然缺乏具体的法律法规，但现有的法律体系原则上为区块链的使用提供了一个框架。缺乏关于新技术的具体规定，并不意味着构成法律真空。

来自法国和欧盟的法律和监管实践可以为我们提供一定的参考和启示。

在法国，区块链的定义被写入了 2016 年 4 月 28 日颁布的有关存单的第 2016 – 520 号部级法规中。这一法规对《法国货币与金融法典》第 L223 – 12 条进行了修改，该条规定将区块链定义为“允许对在众筹平台上进行的特定证券交易（迷你债券）进行验证的共享电子记录系统”。第 L. 223 – 13 条规定：“迷你债券所有权的转让是由在第 L. 223 – 12 条中提到的共享电子记录系统中输入的销售信息而产生的，其取代了《法国民法典》第 1321 条和第 1322 条中的书面合约。”区块链上迷你债券的发行纪录被视为构成书面合约（如果交易不是无效的，则表示需要书面合约），因此对第三方具有约束力。

在考虑智能合约的法律效力时，特别容易出现法律问题，原因在于智能合约代表的是区块链的去中心化和自动化功能。“智能合约”这一术语具有误导性，与其说智能合约是合约，不如说它是 IT 协议，能触发自动执行预先设定的合同条件。从理论上讲，只要智能合约中所包含的协议满足确立电子合约的条件，那么该协议就构成双方之间的书面合约。具体而言，这意味着需对能证实接受特定报价的步骤进行编码，并得到各方明确确认，以使合约具有法律效力。然而，这种技术的不可更改性也会带来难题。例如，智能合约在执行期间如何处理意外事件?

旨在组织区块链治理的共识协议本身就是各方之间的协议。但是，关于区块链应该如何使用和管理的规则仍由编码器控制，而区块链的参与者只是被动接受这些规则。

鉴于使用智能合约的地区及相关缔约方各不相同，因此制定一系列国际标准化的技术规则有助于促进交易。从国际层面来看，区块链也可能要求对个人数据进行国际传输，且参与者需受特定法律约束。因此，管理参与者对个人数据使用的共识协议对于保证有关人员的权利和确保系统安全至关重要。

因为区块链上记录的信息会在全球共享的账本上显示，所以在没有数据保护法律的国家，人们可能会查阅这些信息。但是，自2018年5月25日开始生效的第2016/679号《欧盟数据保护条例》规定，不得将个人数据传输给未能提供足够的数据保护的国家，违规者可能会受到高达2 000万欧元的行政罚款，而对违规公司的最高罚款为其上一年全球收入的4%。

公有链的技术特征也可能会带来如何处理数据的相关人员的信息权、访问权、修改权或删除权（删除索引的权利或被遗忘权）等棘手问题。区块链共识协议还需要纳入事先取得相关各方同意这一机制。

对此，普华永道律师事务所律师兼总监Sandrine Cullaffroz - Jover表示，“在谈到区块链时，我们需要注意‘法律真空’这个词，因为尽管没有对这一技术做具体规定，但在初始阶段，有一些法律原则上可以促进创新以及新应用程序的开发。因此，像所有新技术一样，区块链也存在于法律框架内。事实上，为组织区块链治理而订立的共识协议已经构成了各方之间的协议。相反，我们应该谈论变革。真正的困难在于需要：（1）建立新的分类，并对区块链技术应用适当的法律框架，以便不对其可能的应用造成限制；（2）考虑到国际层面的因素”。

第四节 未来发展的机遇与挑战

就区块链技术发展而言，中国与其他国家发展趋于同步且在技术及市场应用层面可能更为活跃。2018年被称为区块链元年，区块链及相关行业应用加速发展，中国将领跑全球进入“区块链可信数字经济社会”，我们正面临区块链重大的产业机遇。

面对区块链技术在全球范围的广泛讨论及应用探索，其在中国保险行业未来应用和发展前景首先要看到推动区块链应用的积极因素，其次要正视当前应用中应该解决的关键性问题。

一、推动区块链深入发展的积极因素

推动区块链在保险行业深入发展的积极因素，除了前文已经讲过的国家政策和政府的积极支持、行业领导者面对区块链发展高定位的战略布局、以互联网巨头为代表的技术供应商的投入和推动之外，还包括以下两个方面的积极推动因素：

（一）各类数据技术融合使用形成互补

未来的科技应用，单纯依靠单一技术已经无法形成核心竞争力，需要多种技术的组合应用，取长补短，才能充分发挥各类技术的优势，未来区块链需要进一步与物联网（IoT）、人工智能（AI）、大数据、移动支付等技术结合，从而最大化发挥区块链技术的自身优势。

比如，区块链 + 物联网技术的组合场景：

传统的供应链物流需要经过多个主体，包括发货人、代理人、多家承运人（物流公司），同时还有保险机构等金融服务企业。这些主体之间的信息系统通常彼此独立、互不连通，相互之间的数据并不完全可信。因为存在数据造假的可能，同时信息数据的不连通，出现风险状况时，传统保险企业无法及时察觉并采取行动。

在新的物联网 + 区块链应用场景中，在供应链上的各个主体均部署区块链节点，将物联网传感器收集的数据写入区块链，成为无法篡改的电子证据，可以提高各方主体造假抵赖的成本，更进一步地厘清各方的责任边界。根据实时搜集的数据，保险企业可以借助实时的风险监察，采取必要的反应措施，如货车超速等，降低业务出险概率。

从另外一个角度讲，我们看中的区块链的核心能力是它解决信任问题的方式，即从以往的机构信任（信用评级机构、银行、公共服务机构、政府等）转到数字信任或机器信任，用技术特有的方式解决信任：分布式账本、一致性算法、链式存储不可篡改、智能合约等。但它目前还有个致命的缺陷就是数字领域的身份与现实身份无法严格保证做到统一，这个需要与基因工程、生物识别等技术结合。也就是区块链应用也需要其他新技术的补充，方能真正发挥其核心价值。

目前，无论从保险科技的角度，还是从互联网发展潮流趋势来看，各相关机构均在加大对技术融合应用能力的投入，这对区块链作用的进一步发挥具有特别大的意义。

（二）国际交流、合作的激发和影响

区块链的跨界、跨区域基于信用交易的特性，与保险业跨界、跨区域高度依赖信用的需求高度吻合。国际上各保险巨头以及 B3i 联盟组织及其附属公司，随着在区块链应用方面的不断深入、积累经验、拓展应用，也即将进入中国保险市场。

可能进入的方式包括，以其中国分支公司为依托，实验、推广区块链应用，以及与中国合作伙伴开展深入合作，共同推动区块链应用能力的提升，比如在再保险领域。

国际巨头及相关组织的进入，必将带入更多的国际先进实践经验，将激发、影响中国保险业对于相关应用的进一步应用探索。

据悉，B3i 公司计划在 2018 年下半年来到中国，与国内保险业展开更多的实质性合作。

二、需要直面并协调好几方面关系

中国保险业区块链技术发展应用的环境很好，驱动因素众多，但如何更好地推动区块链应用更深入、更快速见效，更快地占领国际区块链竞争的制高点，除了区块链自身技术发展中存在的问题有客观发展规律之外，我们也需要直面当前的问题，解决好两方面的关系：第一，官方还是企业组织谁来建立标准；第二，业务与技术谁来驱动。

（一）官方牵头企业组织共建技术标准

要回答由官方还是企业组织牵头建立区块链的国家标准这个问题，需要比较两者的各自优势。

官方的优势在于权威、公立、无特殊商业利益捆绑；劣势在于与产业应用距离较远，对实际问题的感受不如企业深刻。

企业组织的优势在于直面现实中的问题和挑战，建立的标准会更符合实际需求。劣势在于企业都有各自的商业利益和诉求，在建立标准时肯定以自身利益为先，无法顾全大局；同时，多家企业在有意见不一致时也很难达成共识。

因此，在建立标准时，应以官方组织牵头，协调具有行业影响力的相关企业组织积极参与，共同建立各方均可接受的技术标准。

以此标准为依托，尽快建立我国在区块链领域参与国际竞争的技术壁垒或优势，同时也指导、引领企业组织参照统一的技术标准进行更合理的投资。

（二）由业务部门主导推动区块链的深入应用

综合各方面的信息可以看出，当前国内保险业进行的各类区块链应用尝试，其主体推动力量为技术部门，业务部门虽有意愿，但驱动力不大。

在加快区块链发展应用的前提之下，业务部门应主动向前一步，积极从业务价值、产业链融合、客户服务、业务管理和运营等不同的角度，思考、设计区块链的应用场景。技术部门负责提供技术支持和落地实现。

只有真正由业务驱动，区块链在保险行业的应用才不会仅仅浮在表层，才能更深入发展，产生具有行业影响力、颠覆能力的新模式。

三、区块链在保险行业的应用趋势

在互联网、数字化时代，互联网以去中心化的形式演进，而区块链技术去中心化、不可篡改等特点，让人们对区块链重塑商业架构和场景充满想象，即使当前存有质疑，但区块链的前景依然可期。中国保险业总体是科技驱动、创新十足，包括平安集团、众安科技以及众多老牌具有实力的保险公司，在区块链应用方面的推动力十足。

区块链技术在保险行业的应用场景很丰富，利用区块链技术的创新，保险业将会产生巨大的价值。保险最大的特点是社会性，而区块链的一个最大的亮点是基于社会性的管理。区块链将使保险业拥有操作过程高效透明、大幅节约成本、数据高度安全等优势，给传统保险领域带来了巨大的变化和突破。

（一）助力反欺诈

区块链的不可篡改特性确保资金和信息安全。利用全新加密认证技术和全网共识机制，维护一个完整、分布式、不可篡改的连续账本数据库。这一账本系统和“时间戳机制”，具有很高的防伪追溯性能，能够查询每一笔保险交易记录（任何交易都会在区块链的所有参与者上保存记录），确保资金和信息安全，避免蓄意篡改行为的发生。这将会极大地改变现有保险的内容生态，让高质量内容获得更多的价值并得到更好的传播，尤其有望重构全新且精密的保险信用体系。

区块链具有参与方认可的、唯一的、可溯源的、不可篡改的信息源，因此在投保、承保、理赔、客服等价值链环节，能解决因信息不对称所造成的骗保、投保人客户信息流失被盗卖、篡改原始病历虚假理赔等长期存在的行业痼疾。

（二）便捷结算与交易

由于区块链参与方的去中心化信任机制，可以实现实时的保险交易结算和清算，实现保险“脱媒”机制，从而大幅度减少结算或清算的时间。在保险交易流程中有很多重复验证和操作流程，如重复对账、结算、清算等可以简化或消除，从而大幅度提升操作效率。

使用区块链技术进行保险交易，可以使用智能合约等方式，能够保证交易多方自动完成相应的义务，确保交易安全，从而降低交易对象的信用风险。同时，在保护客户隐私的前提下，能够帮助客户解决一些复杂的交易障碍。

智能合约的应用，将使保险公司实现自动理赔，提高理赔效率，使理赔的透明度大大增加，同时对集中式操作的需求会减少。并且，由于区块链上的智能合约全部是代码定义、自动强制执行，过程透明、索赔简洁、结果准确，避免了手工决策带来的主观决策和错误。

（三）优化数据多元整合

利用大数据，能够共享人身险业务、车险业务、养老金给付、信用保险方面的数据。如果将区块链技术引入健康档案和电子病例，医院、药店、养老、体检、互联网医疗和保险领域就可以自主分享和利用这些数据信息，为人身险，尤其是健康险创造巨大的可能。

（四）降低风控和推广成本

保险业目前为了防止单点故障和系统性风险，需要进行层层审计来控制风险，由此也产生高昂的内部成本。首先，区块链技术能够通过防篡改和高透明的方式，使整个保险系统极大地降低成本；其次，保险企业数据丰富，在现成的移动端后台添加区块链模块，可以降低价值传递成本；再次，保险产品大多是社群类型的产品，有许多成熟的产品和一定体量用户，与区块链更好地结合可使产品在后期推广时更容易传播；最后，区块链技术还可以助力建立更具成本效益的小额保险产品，可以灵活调整保险产品承保范围并定价，满足个性化、定制化、差异化和碎片化的产品需求。

（五）推动监管和审计方式变革

区块链技术的不可撤销、不可抵赖、不可篡改的留存方式，将推动监管机构的事前、事后监管，一旦保险公司将日常运营流程搬到区块链上，并向监管机构开放一个记账节点，监管机构就可以很方便地实时观察到保险公司的全部业务动向。包括所有交易、智能合约、资金流向和投资构成等，对任何一笔交易都可以实时追踪，可及时监测风险，无需等到事后申报。而且，也方便参与方实现自动化合规处理，从而提升透明度，避免欺诈行为，更高效地实现监管。

结合区块链在保险行业的应用探索实践来看，区块链在近中期可以在以下几个方面给保险行业带来较大价值。

1. 客户和风险管理方式的变革。基于区块链的客户信息数字化管理，可以简化用户的投保、理赔等流程，提高保险机构风控能力。

2. 对健康险变革的推动作用。随着可穿戴设备的出现，消费者开始意识到主动管理自己的健康、医疗及保险的重要性。运用区块链技术将运动、健身、保健、医疗及保险数据结合，在充分保护用户隐私的前提下，会对现有健康险的定价、理赔等流程带来重要影响。

3. 对再保险变革的推动作用。再保险仍存在很多手工、邮件处理的传统方式。普华永道的研究结果显示，再保险业采用区块链技术可以将大部分业务流程自动化，减少人为错误，节省劳动成本，为再保险业者节省 15%—20%的营运费用。

4. 互助保险变革的推动作用。互助保险的一个重要议题就是互助会员与互助保险机构的信任问题，而区块链的技术特性可以在解决多方交易信任问题方面发挥重要作用。用区块链技术配合监管政策可以推动互助保险的发展。

区块链在中国保险行业的长远发展，既要顺应当前整体的发展趋势和潮流，同时也要协调好区块链发展中需要直面的几个问题，方能使我国的区块链应用更好、更快地得到深入发展。

第四章

物联网

物联网是新一代信息技术的重要组成部分，其英文名称是：“Internet of Things（IoT）”。顾名思义，物联网就是物物相连的互联网。这里包含两层意思：其一，物联网的核心和基础仍然是互联网，是在互联网基础上延伸和扩展的网络；其二，其用户端延伸和扩展到了任何物品与物品之间，进行信息交换和通信，也就是物物相连。

物联网是互联网的应用拓展，与其说物联网是网络，不如说物联网是业务和应用，应用创新是物联网发展的核心。

国际电信联盟（ITU）对物联网做了如下定义：通过二维码识读设备、射频识别（RFID）装置、红外感应器、全球定位系统和激光扫描器等信息传感设备，按约定的协议，把任何物品与互联网相连接，进行信息交换和通信，以实现智能化识别、定位、跟踪、监控和管理的一种网络。

根据国际电信联盟（ITU）的定义，物联网主要解决物品与物品（Thing to Thing，T2T）、人与物品（Human to Thing，H2T）、人与人（Human to Human，H2H）之间的互联。但是与传统互联网不同的是：H2T 是指人利用通用装置与物品之间的连接，从而使得物品连接更加的简化，而 H2H 是指人之间不依赖于 PC 而进行的互联。因为互联网并没有考虑到对于任何物品连接的问题，所以我们使用物联网来解决这个传统意义上的问题。物联网顾名思义就是连接物品的网络，许多学者讨论物联网时，经常会引入一个 M2M 的概念，可以解释成为人到人（Man to Man）、人到机器（Man to Machine）、机器到机器。从本质上而言，人与机器、机器与机器之间的交互，大部分是为了实现人与人之间的信息交互。

物联网把新一代 IT 技术充分运用在各行各业之中，具体地说，就是把感应器嵌入和装备到电网、铁路、桥梁、隧道、公路、建筑、供水系统、大坝、油气管道等各种物体中，然后将物联网与现有的互联网整合起来，实现人类社会与物理系统的整合。在这个整合的网络中，存在能力超级强大的中心计算机群，能够对整合网络内的人员、机器、设备和基础设施实施实时的管理和控制。在此基础上，人类可以以更加精细和动态的方式管理生产和生活，达到“智慧”状态，提高资源利用率和生产力水平，改善人与自然间的关系。

物联网用途广泛，遍及智能交通、环境保护、政府工作、公共安全、平安家居、智能消防、工业监测、环境监测、路灯照明管控、景观照明管控、楼宇照明管控、广场照明管控、老人护理、个人健康、花卉栽培、水系监测、食品溯源等多个领域。

依据物联网收集的大量数据，对客户、承保标的、风险等进行实时分析、监控或者基于大数据进行研究、洞察，对于保险这一个特别看重数据的行业，无疑具有特别重大的意义。

在物联网所有的应用当中，针对保险行业最重要的两类承保标的为车辆和被保险人，因此车联网、可穿戴设备是行业讨论的热点。

传统的车联网定义是指装载在车辆上的电子标签通过无线射频等识别技术，实现在信息网络平台上对所有车辆的属性信息和静、动态信息进行提取和有效利用，并根据不同的功能需求对所有车辆的运行状态进行有效监管和提供综合服务的系统。

随着车联网技术与产业的发展，上述定义已经不能涵盖车联网的全部内容。根据车联网产业技术创新战略联盟的定义，车联网是以车内网、车际网和车载移动互联网为基础，按照约定的通信协议和数据交互标准，在车—X（X：车、路、行人及互联网等）之间，进行无线通信和信息交换的大系统网络，是能够实现智能化交通管理、智能动态信息服务和车辆智能化控制的一体化网络，是物联网技术在交通系统领域的典型应用。

可穿戴设备多以具备部分计算功能、可连接手机及各类终端的便携式配件形式存在，主流的产品形态包括以手腕为支撑的手表（Watch）类（包括手表和腕带等产品），以脚为支撑的鞋（Shoes）类（包括鞋、袜子或其他腿上佩戴产品），以头部为支撑的眼镜（Glass）类（包括眼镜、头盔、头带等），以及智能服装、书包、拐杖、配饰等各类非主流产品形态。

第一节 国际应用

Gartner 认为，各类企业致力于增加物联网终端种类，寻求更高的效益，同时发掘新的商机和盈利模式。由于这些因素的交互作用，企业需要不断增加先进技术资源以达到相应的成熟度、规模和商业价值。大规模物联网平台可以实现基础和高级的物联网方案与数字化商业操作。物联网平台以一个混合方式部署，它将与基于云的平台（无论是私人的还是公共的）、分布于终端和网关之间的本地软件合并。

越来越多的企业通过物联网和数字业务扩大了物联网平台的宣传力度，推动了供应商和用户对物联网平台与服务的投资。物联网项目部署的增加，人们对成本的预期和技术的低估（例如，设备配置、端到端的解决方案集成和足够的网络安全）形成挑战，推动物联网平台接近期望膨胀的高峰期，实践经验的积累将最终把它们变为主流的生产力，直到成熟。

分析国外物联网的应用状况可以发现，与其他众多新兴技术一样，物联网的成功应用，不仅限于保险企业本身，要有传感器厂商、网络服务商、产品供应商、物联网应用提供商等不同角色的协同配合，这需要一个自然发展、成熟的过程。因此，在保险业务上，其应用场景总体上是有局限性的，主要聚集于车险、农业保险、健康和意外险这三个核心领域。

一、车险

车联网在保险行业的应用，在国外主要集中于 UBI 保险，分为基于使用的保险（Usage Based Insurance）和用户行为保险（User Behavior Insurance）两类，其本质都是基于车联网记录的里程、行为等数据，进行保险产品设计、定价、服务等应用。UBI 能为车主节省 5% 到 50% 不等的保费，因此正逐渐被更多车主接受。

Metromile 公司是美国一家为低里程驾驶者提供按驾驶里程计费的车险产品的保险公司，通过提供“开多少公里，付多少保费”的车险业务满足了客户的差异化需求。

（一）业务策略

相关研究发现随着美国人驾车里程下滑的趋势，传统的保险定价方式已不能再适应新的变化，Metromile 公司通过开发一种基于用量的定价方式迎合了不同驾驶时长消费者的需求。传统上，缴纳保费的多少和开车里程无关，这让每个月只有几天在路上的低里程投保者感觉保费“白交了”。该公司正是看到了低里程驾驶者的这一“痛点”，提供了按驾驶里程计费的车险。

（二）用户装置

Metromile Pulse——免费的小型无线装置，插入车的 OBD - II 孔，它不会在意驾驶速度、突然转弯或是急刹车等驾驶行为，只会记录驾驶里程数。

（三）保费计算

自 2013 年针对 1 年驾驶里程数在 10 000 英里以下的车主推出 PAYD（Pay As You Drive）车险以来，Metromile 公司目前已在美国多个州开展业务。客户每月只需支付 15—60 美元的固定费用，剩下的保费按所开的英里数缴纳（2—6 美分每英里），每月缴纳的全部保费 150 美元封顶（其中华盛顿州 250 美元封顶）。

Metromile 公司提供的车险由基础费用和按里程变动费用两部分组成，其计算公式为：

每月保费总额 = 每月基础保费 + 每月行车里程 × 单位里程保费

保费会依据不同车型和车的使用年份等指标，对不同车主有所区分，固定保费是 15—40 美元/月，按里程计费的部分一般是 2 美分/英里—6 美分/英里。

（四）保费节省

对每年行驶里程 8 000 英里（约 12 000 公里）的车主来说，1 年大约可以省下 424 美元（约 2 600 元人民币），约 40% 的保费；多辆车一起购买保险还可以享受固定保费和里程保费的折扣（见图 3－4－1）。

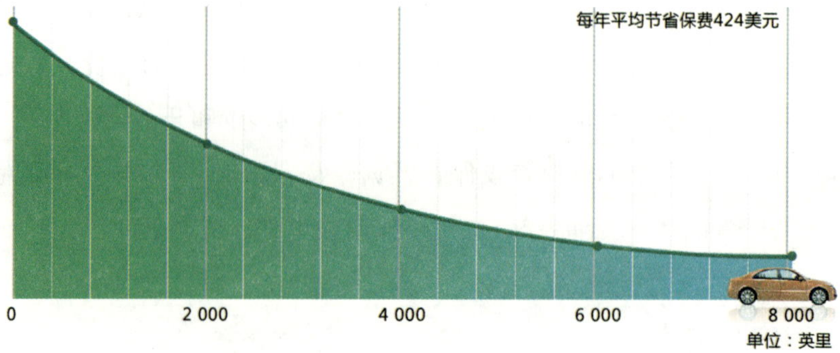

图 3－4－1　Metromile 公司 PAYD 车险保费节省情况

（五）技术支持及增值服务

Metromile 公司的 App 可以记录个人信息、车况、行程、已节省保费等，并提示车辆存在的风险。

1. 个人信息、车况、保费节省。获取有关车辆的主要信息，包括历史行程、车辆状况和预估已节省的保费。

2. 记录行程信息、提示停车地点。记录旅途中的速度变化、驾驶时间、油耗情况以及去往目的地的理想路径，对于停车地点有系统预警，提示可停车的区域以避免违法停车（个别城市）。

3. 车辆状况预警。预报车辆存在的问题，并标注发生时间和严重程度，可以通过 App 自动对接相关的技师进行问询（仅针对购买按里程付费保险的用户）。

（六）与 Uber 的合作模式

按量计费的模式具有更高的灵活性，使其更能适应一些新的应用场景，依靠其定价的灵活性，Metromile 公司与优步（Uber）开展合作切入共享经济的特定应用场景，开拓了新的业务领域。

如果私家车为 Uber 服务，其行车过程中可以分为几个不同的时段（见图 3－4－2）：

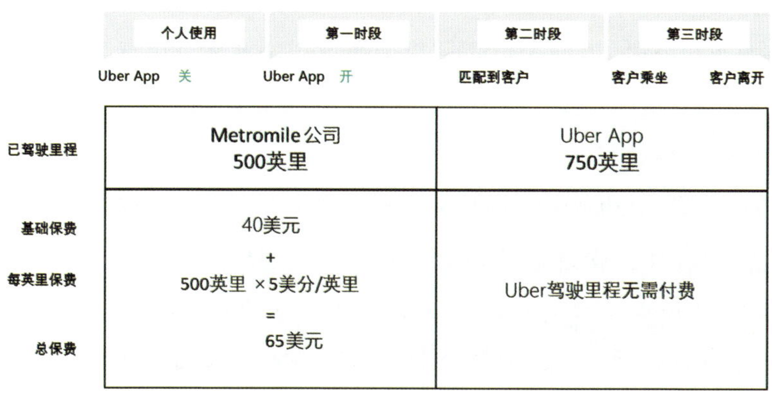

图 3－4－2　Metromile 公司与 Uber 合作的 App 界面

个人使用：车主关闭 Uber App，不为其服务的时间段；

第一时段：车主打开 Uber App，但还没有匹配到乘客的时间段；

第二时段：车主打开 Uber App，同时已经匹配到乘客的时间段；

第三时段：车主打开 Uber App，乘客上车以及到下车的时间段。

Uber 会为车主在第二时段和第三时段提供商业保险，而 Metromile 公司则利用其定价的灵活性主要针对个人和第一时段提供另外的保险服务。

这种精细化按量计费的保险可以与共享经济完美结合，因为一件物品在使用和闲置阶段，其风险是完全不同的，很难进行统一定价。而采用按量计费方式，根据不同使用状态下的用量分别测定保费，则可以解决保险定价的难题。

北美各大车险公司也都在 UBI 车险上投入大量精力，自 20 世纪 90 年代中期以来，前进保险公司（Progressive）的 Snapshot 就是美国领先的车联网保险产品。它提供免费的 OBD 设备以收集车辆行驶的里程、加速减速、转弯、驾驶时间等数据。通过对这些数据的分析，可以给客户最多 30% 的保费折扣，以奖励少开车、行车安全以及在安全时段驾驶的驾驶者。该公司收集了大量的驾驶数据，为公司可以更精准地对不同用户定价打下了坚实的数据基础。该公司在 UBI 领域具有相对领先的优势，利用车载 GPS 监测客户驾驶习惯，提供差异化费率，其按驾驶里程和驾驶行为计费的模式，成功吸引了大量安全驾驶者。截至 2014 年年底，Snapshot 产品总保费突破 25 亿美元，保单数量突破 250 万笔，如果 Snapshot 产品单独作为一家保险公司的产品，公司也将跻身美国前 15 大车险公司。Progressive 通过车联网收集驾驶者驾驶行为数据，分析其交通意外情况，为其定制车险产品，并可自动收集车辆损坏信息，在紧急情况下发出车辆预警提示。

好事达保险（Allstate）的 DriveWise，利宝互助（Liberty Mutual）的 On-board Advisor，州农业金融公司（State Farm）的 In – Drive 和旅行者保险（Travellers）的 IntelliDrive 也是车联网应用的典型案例。Travellers 同时也在与研究机构弗吉尼亚理工大学交通学院（The Virginia Tech Transportation Institute，VTTI）开展合作，并入股美国国家地面交通安全中心（NSTSCE），与 6 家以上远程信息处理服务供应商有合作关系。

位于加拿大的 The Co – operators Group Limited 公司在其 En – Route 汽车保险项目中使用车联网，获得 2015 年 Insurance – Canada. ca Technology Award① 技术大奖提名。该集团推出基于使用情况的保险产品，通过跟踪驾驶者驾驶的地点、时间和方式来奖励其驾驶行为。参与者可获得 5%—25% 的保费折扣。

在英国，年轻驾驶员的车险保费比熟龄驾驶员通常高出几倍。Insure The Box 针对这一情况，为 17—25 岁的年轻驾驶员提供安全驾驶奖励服务，激励客户提高驾驶能力，以帮助降低出险率。Insure The Box 为客户免费提供车联

① 加拿大保险网。

网设备 MetaSystems 以采集驾驶数据，对其综合里程和驾驶行为评分，对安全驾驶员进行里程奖励，但不会对不良驾驶行为进行惩罚。

凭借明确的客户定位和服务创新，Insure the Box 保单增速迅猛，2015 年其销售保单量约达 50 万笔，为 2012 年的 5 倍。

二、农业保险

传感器和遥感、高精确定位技术是农业保险的两项核心技术支撑。传感器和遥感技术通过远距离收集数据来评估土壤与农作物的健康状况（水分、养分、密度、作物疾病）。数据传感器可以安装在移动机器上。高精确定位系统通过导航与定位能力（例如 GPS），实现田地的精确耕种。

QBE NAU① 是美国一家技术领先的农业保险公司，该公司通过对地块的自动测量，实现对保单的可视化管理。

基于 GPS 定位数据展示可视化的地块，同时在保单上呈现耕种作物的信息、保单数据（包括保了多少亩地、粮食价格、责任范围、总保费、保费补贴、实际缴纳保费）、往年实际产量（近 5 年历史平均值）等，可以很方便、直接地进行保单管理。

另外一家保险创业公司 TCC（The Climate Corporation），2006 年成立于旧金山，于 2013 年 9 月被跨国农业生物技术公司孟山都（Monsanto）以约 9.3 亿美元的价格收购。该公司的核心竞争力就在于利用卫星数据、天气数据和其他农业监测相关数据，以及物联网、大数据等技术提供决策支持，优化对农业保险用户的保险定价和风险服务，为种植者与代理人提供服务。

TCC 基于气象数据、土壤及水分监测数据等，进行建模分析。基于此构建气候洞悉平台，提供天气监测、农业建模、气象模拟、土壤水分追踪、成长阶段追踪等服务；另外，提供保险代理及保险服务，代理销售气象参数保险、损失调整保险等农业保险产品，并为代理人、被保险人提供相应的保险服务，以

① 昆士兰保险（QBE）在 2010 年收购美国农作物保险服务商（NAU），称为 QBE NAU。

及时预警、处置业务风险。

该公司通过其数据监测及分析服务，为农业生产管理提供决策支持，提升种植利润并且降低风险。客户可以登录 TCC 的网站，确定特定时间段内需要投保的地区的气温或降雨量范围；公司收到订单后，就会在 100 毫秒内综合分析天气预报、近 30 年来的国家气象局数据以及用户所在地的地质调查数据，并根据气候变化，对分析结果进行微调；得到结果后，公司就会作为保险商，给用户开出保费；投保后，如果客户因为意外天气而受到损失，就能自动获得赔偿。

通过图形化的实时数据监测、风险提醒，帮助农业生产管理者实现产出最大化、收入最大化、降低成本、降低风险并节约时间。

另外，在保险业务代理端，则通过代理门户对业务效率进行管理，并为种植者提供风险管理建议，提升业务往来的便利性，提供可靠的建议与风险管理。

TCC 拥有超强的数据管理及分析能力，为了给保险产品定价，平台汇总了 250 万个地点的气象测量数据、基于各个主要气候模型的天气预报及超过1 500 亿个土壤观测记录，并对这些数据进行综合处理与分析。TCC 的平台可以同时管理 50 太字节的实时数据，提供多层次的业务模型，支撑 TCC 业务的核心运营。

三、健康和意外险

基于可穿戴设备以及其他监控技术，可以对以人为保险标的的业务进行实时的数据收集、分析及风险监控，拓展保险产品设计、定价及服务的空间。

南非健康险公司 Discovery 公司打造的健行天下（Vitality）健康管理计划，旨在通过建立科学的健康管理和激励体系，鼓励用户关注自身健康，培养健康生活的习惯，从而提高会员的健康程度。Vitality 计划打造了一个健康生活的生态圈，包括提供健康食品的餐厅和商店、健身房、体检中心、智能可穿戴设备等。它鼓励会员去健康场所，进行有利于自身健康的行为（如锻炼、定期体检、戒烟等)，同时 Vitality 计划通过在生态圈积累的数据，利用大数据分析去评估一个人的健康状态，对良好的健康状态给予旅游、购物甚至保费减免等奖励。

Vitality 计划取得了较为显著的成功，2015 年 Discovery 公司对 2011—2014 年参与 Vitality 计划的 80 万位会员进行调研分析，结果显示高度活跃的会员的健康相关支出减少了 37%。现在，Vitality 计划已经拓展到美国、英国、德国、法国、中国内地、新加坡、澳大利亚、中国香港特区等国家与地区，用户数量超过 500 万户。

基于穿戴设备进行产品创新，Discovery 借助穿戴设备传感器掌握了客户的生活习惯，提供基于“活力指数”的承保费率政策，同时鼓励健康生活习惯，降低理赔事故发生率。

澳大利亚保险集团（IAG）与医疗公司合作，获取病人电子病历，了解症状，精准定制和推广保险产品，对客户提供智慧桌面服务，远程监控病人身体状态，利用安全预警装置提供家庭安全保障服务，为客户创造价值，客户可以通过 facebook、Youtube 及官网的 Live Chat 与公司互动。

日本东京海上日动火灾保险株式会社（Tokio Marine）则基于自动定位等技术，与移动运营商合作在手机平台上提供一次性保险，开展“One Time Insurance”项目，针对运动休闲、高尔夫、旅游等活动，提供即时性的短期甚至一次性的保险产品和服务；该项目可以自动定位客户所处的区域，自动向用户推送手机短信推荐可能需要的保险产品，如旅游意外险、开车区域加保、健康险赔付地域加保等。保单的申请和支付都在手机上进行。利用手机短信推送的营销方式，对刺激这些一次性产品销售的效果明显，大部分的保单购买都在进行推送的当天或者第二天完成。

四、其他领域

慕尼黑再保险是世界领先的再保险公司之一，通过旗下风投机构 Munich Re/ HSB Ventures 对 Relayr、Helium、Slice 以及其他物联网和保险科技公司进行投资。它的设备保险子公司 Hartford Steam Boiler 投资了 Plug and Play（这是一个基于美国物联网的加速器项目）。Plug and Play IoT 将创业公司与大型企业、投资商和专家聚集起来，从而加快创业公司的业务发展。

慕尼黑再保险通过投资 IoT 创业公司和技术，希望能够更好地预测风险和发现新商机。慕尼黑再保险在新闻稿中表示，“物联网技术将会在设备可靠性、智能互连住宅与建筑、网络安全和机器人等应用中大显身手。……积极参与这些技术的开发将会加速产品创新，并帮助我们为最终用户提供专属利益和服务体验。”

为了研究未来物联网在不同场景中的责任风险，美国国际集团（AIG）与芝加哥大学法学院合作构建了物联网体系模型，重点关注无人机、工业控制系统、智能城市、自动驾驶等场景下新兴的责任风险。AIG 还在克莱姆森大学投入 400 万美元建立了风险工程与分析中心，开发创新技术工具以减小风险敞口，运用大数据技术做出关键决策等。中心的研究领域包括：建立灾难模型、研究供应链和物流风险、开发损失模型、建立风险预测模型等。

瑞士再保险与新加坡国立大学合作，开展利用大数据、商业分析和信息技术的联合活动，帮助瑞士再保险孵化创新型解决方案，解决由数字化、社会问题和城市化挑战带来的复杂风险——包括人口老龄化、医疗水平进步、由物联网带来的风险转变以及自然灾害风险。

第二节 国内应用

为了更清楚阐述、分析国内保险行业物联网的应用情况，本次调研针对国内保险行业在物联网应用方面的案例进行了典型案例分析、说明。同时，由中国保险行业协会牵头，在各家保险企业的配合下，进行了全行业的调研分析。

一、应用案例

国内保险市场采用物联网、车联网、可穿戴设备等技术进行保险业务创新的包括3类：（1）传统保险企业；（2）拥有物联网资源优势的产业资本；（3）互联网企业。

（一）传统保险企业的探索

1. 车联网应用。在我国，终端厂商和互联网企业对车联网热情高涨，纷纷进行车联网技术的开发和商业模式布局，但车联网保险还处于探索起步阶段，几家大型的保险公司正在积极研究和试点，在此领域进行投资、合作，尚未进入真正的推广、深化应用阶段，广大中小保险公司对此还在关注之中。但是，随着车联网技术的不断成熟和深化应用，从车辆保险的发展的角度看，车联网保险是大势所趋。

人保财险与腾讯路宝、嘉实多等开展合作，人保财险向车主销售车险，车主安装路宝盒子。车主在线下指定服务网点接受嘉实多机油保养服务并付费后可通过路宝 App 获得补贴，该优惠 1 年内有效且不限次数。路宝 App 结合路宝盒子，可以记录驾驶情况。

人保财险还与车辆流通企业广汇汽车进行合作，车主在 4S 店购买汽车并购买保险公司的车险后会获得车载 OBD 设备，客户通过使用 OBD 累积积分，可获得 4S 店提供的维修服务优惠，同时驾驶行为较好的客户还会获得保险公司提供的保费优惠。

国寿财险、阳光财险则与车联网公司车网互联开展合作，车主购买保险公司的车险后可免费获得车联网公司的车载 OBD。OBD 记录了驾驶员在驾驶过程中的数据，车联网企业对数据进行分析，保险公司根据分析结果，确定车主保险费率，驾驶习惯好的司机会得到保费优惠。

平安产险则与百度进行合作，由百度提供互联网入口、App 和大数据分析解决方案，OBD 企业元征科技提供车载诊断和保养服务，保险公司提供车险理赔服务。百度与元征科技联合推出 golo（百度地图版），对驾驶行为进行记录，并为保险公司提供驾驶者的定价方案。平安产险根据风险定价方案确定不同类别客户的车险费率。

这些探索尝试已经进行了几年，业务影响尚未呈现。主要受限于中国保险市场，尤其是车险市场，仍然属于高度监管的状态，车险定价自主权仍然没有彻底放开。

随着车险市场监管逐渐放开，费率可以灵活调整，车载 OBD 以及配套 App 使驾驶行为监测、路况监测、定位、防盗、危险预警和通信方面的性能不断优化，UBI 车险定价参数选择和算法模型将更加精准，UBI 车险必将为客户提供更加合理的车险，也让保险公司分享到红利。

2. 可穿戴设备。中国平安则采用可穿戴设备，通过运动监测设备采集客户步数和其他数据，通过“步步夺金计划”，提升了客户的忠诚度。

中国平安通过手机陀螺仪、手环、心跳检测芯片等作为传感器，以 LTE 或 WIFI 传输，实现数据采集。

在数据使用上，则基于客户每日走步数量，推出客户步数排名，并可在客户间共享健康生活方式以及结合大数据的其他使用。

在这项应用上面临的一个核心问题是：如何全面真实地收集客户的健康数据并留存客户使用 App，为大健康生态服务？中国平安采用的解决方案包括如下要点：

（1）将 App 用户和平安壹账通账户共用，带来更高的客户黏性；

（2）通过移动设备收集客户基本运动量，并进行排名展示，通过社交提升参与度；

（3）通过奖励金兑换来鼓励客户持续运动，提供激励；

（4）引入健康助手、专业医生等提供健康咨询，提供增值服务（见图 3－4－3）。

中国平安的可穿戴设备设计方案，主要面向个人客户，服务于其整体的大健康战略，其有益探索具有积极意义。

图 3－4－3　中国平安基于可穿戴设备的健康增值服务示例

（二）产业资本的探索

产业资本利用其在物联网领域的雄厚积累进入保险行业，在国内保险业的典型案例即为三一集团成立的久隆保险。

三一集团的设备已经实现物联，其物联网平台 ECC 具备了初步后台数据集成的能力，该平台已经聚集了近 30 万台设备的物联数据，将成为物联网创新的重要基础条件，可以作为保险产品服务创新的基础。

其业务设想包括以下几个方面：

1. 产品风险定价：应用三一集团的设备物联数据，进行风险定价模型开发，开展基于设备物联的大数据应用；对久隆保险来说，在定价的时候可以考虑这种模式，根据设备的开工时长来设定相应的保费，闲置时间收取较低费用或不收取费用；通过定价的优势切入更多的应用场景。

2. 创新产品开发：应用物联设备数据，进行客户特征分群，进行设备 UBI

保险产品的开发，主要是基于提供碎片化产品的应用。

3. 定制化产品开发：利用设备物联和第三方数据，基于大数据分析洞察和多样化应用场景，为客户提供定制化和差异化的创新保险产品和服务。

4. 索赔预防缓解：在高频或高赔付的业务领域，应用设备物联数据，进行风险预警和行为干预，降低赔付成本。

5. 跨界增值服务：基于物联网数据，打造物联网创新应用开发，提供跨界增值服务，实现其相对于其他传统保险企业的差异化竞争力。

凭借大股东三一集团在物联网领域十余年积累的海量装备情况和风险数据资源，久隆保险设计了一系列富有创新性的物联网装备保险，包括设备开工不足损失保险、设备延保、UBI 保险等产品，在开业初期即在业内成为热点。

根据挖掘机设备的历史工时，久隆保险开发出基于此的 UBI 保险；根据设备的实际工时，以及基于历史工时对未来工时的预测，久隆保险开发出开工不足损失保险；基于三一集团设备维修的历史数据，以及对当前设备运行状况和时间的监测，久隆保险开发出延保产品。

通过物联网大数据，久隆保险得以掌握装备风险状况以及客户的风险偏好和行为特征，清晰刻画客户的风险图谱，实现了更精确的风险识别和风险定价。

久隆保险宣称："依托物联网数据，别人不能做的保险，我们能做，别人能做的，我们能够以更精准的数据，更低的成本来做。"据久隆保险测算，总体来看，采用 UBI 产品，客户的保费支出将比当前降低 20%。

久隆保险希望在该细分产业里深入下去，并不盲目扩大规模，做到小而美，能够做到在一个细分领域的成为创新者和领先者。做深垂直领域的关键是沿着客户在购买和使用工程机械中的价值链来研发产品，从客户购买、使用、再融资、销售旧机、产品退出、再购买各个环节的需求，设计不同的产品，形成贯穿客户价值链的产品生态，满足客户需求。

当前久隆保险的业务模式尚在探索当中，物联网资源的实际落地产生效果尚待时日。

（三）互联网企业的探索

互联网企业近几年在物联网、车联网领域有众多投资，腾讯路宝是其中一个典型代表。腾讯路宝是腾讯公司 2014 年推出的首款关注行车安全及绿色出行的驾驶伴侣 App。其可以提供驾驶行为评测、油耗评估、拥堵、执法、管制、事故、实时路况、智能路线规划、省油路线推荐、免费语音导航等全方位的出行服务。同时，还加入社交等元素，可以满足用户更多需求。

2014 年在北京召开的“全球移动互联网大会”（GMIC）上，腾讯地图推出腾讯路宝 2.0 和首款车联网落地产品腾讯路宝盒子，帮助用户对用车进行安全检查。路宝 App 结合路宝盒子，可以实现智能瞬时油耗分析、油费展现、历史行程花费分析、随车诊断汽车故障信息等功能。

借助腾讯路宝与路宝盒子，腾讯与众多保险公司开展保险业务合作，助推保险公司车联网应用的落地。

另外一家互联网公司南京人人保网络技术有限公司于 2015 年 10 月则直接研发了一个车险按驾驶里程付费的手机 App 里程保。

里程保是一个基于 UBI 车险的第三方车险平台，里程保通过和多家中小保险公司合作，根据客户对车的使用量、使用行为进行车险定价，每个车主的驾车时间不同、驾车习惯不同，每人缴纳的车险费用也不同。

具体来说，里程保利用大数据技术和智能硬件（OBD），通过数据和技术对每位车主的驾驶行为进行风险识别，让开车少的车主支付更少的保费，并得到优质的车险服务。

每次驾驶后，开车少、开车好的用户，可以得到更多优惠和奖励，而通过 App 车主可以看到自己每一段驾驶里程所花费的汽车保险费。

另外，里程保还支持删除轨迹的功能，同时车主可按需选择里程套餐，并可以按里程续费，App 上可以显示保单，计费明细。

在支付方式上，里程保将保费计算方式从“按年计费”变成了“按每个人的驾驶里程付费”，支持两种模式的按里程付费：一种是依靠硬件 OBD 自动识别里程，车主可通过里程保购买 1 年行驶 10 000 公里、15 000 公里、20 000 公里的车险套餐；另一种是直接用手机 UBI 识别里程加车主每月自助拍照里程表，对当月未行驶到 1 000 公里的剩余里程，申请现金提现，根据车型不同每公里提现的金额不同。比如，1 公里费用约 1 毛钱，1 年驾驶 1 万公里保费约是 999 块。

两种模式都是由保险公司提供保单的，保险公司包括中国平安、太平洋保险、阳光保险等。

里程保定向向保险公司推荐驾驶行为好的车主，这些车主通常经过了连续 30—60 天的驾驶行为观察，在 10 个驾驶模型及纬度中被“标签化”，然后里程保再把不同的保险公司及折扣推荐给他们。

从盈利模式上说，与传统的保险中介代理不同的是，里程保会与保险公司基于推荐的车主质量进行“约定赔付率”，当车主的整体赔付率低于双方约定的数值时，保险公司将与里程保做好车主奖励。传统的中介代理只拿一笔手续费，里程保会有两笔：一笔是 UBI 技术服务费；另一笔是基于车主质量的奖励。

据里程保公开的消息，其用户中的“年轻化、职业化、互联网化”非常明显，85.6% 的里程保用户是“80 后”和“90 后”，职业广泛分布在政府公务员、大学老师、艺术工作者和建筑设计师，等等。

据里程保公开的消息，其 2016 年成交超过 10 000 笔 UBI 车险，贡献的 3 000多万元保费，除了已经结算的首笔收入外，这些订单在未来 1 年还将根据赔付率情况，最多为里程保贡献近 1 000 万元的收入。

二、应用现状分析

为了更深入了解并分析国内保险行业物联网的应用情况，中国保险行业协会在各家保险企业的配合下，进行了调研分析。

本次调研主要针对国内财产险、寿险公司，依据调研反馈的结果进行分析，总体上从以下几方面揭示了国内的应用现状。

（一）总体投资规模尚小

针对保险企业在过去数年中是否对物联网领域进行过投资以及投资规模的问题的反馈显示，超过73%的企业未进行过投资，投资还可以的仅仅占4%，另外23%的公司的投资规模都较小（见图3－4－4）。

问题：过去数年贵公司在物联网领域，包括车联网、可穿戴设备、工业智能监控等方面，是否进行过投资？投资规模相对整个保险科技的投资占比如何？

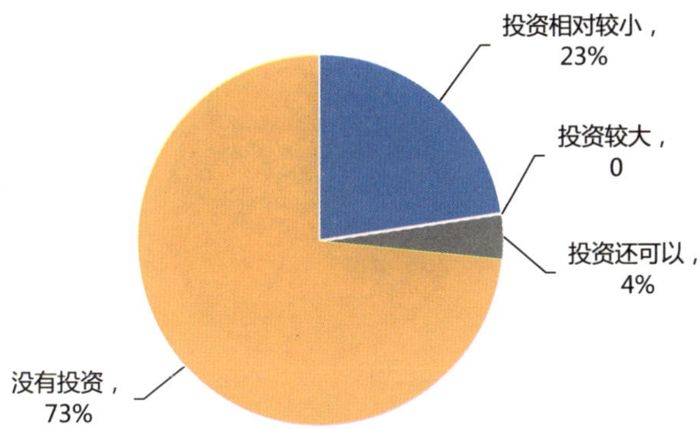

图3－4－4　物联网投资情况统计

资料来源：中国保险行业协会的2018年中国保险科技专题调研，保险行业参与者。

对造成这种现状的原因进行分析，可以得出跟中国保险行业的特色以及未在关键业务领域取得明显效果有关。

行业特色主要是中国财产保险市场的主要险种车险总体上属于行业统一规范条款下的产品，保险公司在自主产品设计、自主定价方面的空间极其有限，因此在推广车联网应用，比如UBI保险方面的积极性不高。

在可穿戴设备方面，则在于行业应用场景不属于关键场景，不会涉及客户的风险识别、风险管控以及产品设计、差异化定价等关键内容，主要还集中在保险服务、营销活动层面，没涉及保险的核心内容。

至于工业智能监控设备等，则在于中国保险市场的不成熟，保险企业的风险主动防控认识不高，同时物联网应用的技术也不够成熟，在企业端也未能形成积极的推动力。

（二）业务效果不明显

针对已对物联网进行过投资的企业的业务效果进行评估，绝大部分企业认为效果较小、没有效果或者无法评估，达到预期或超过预期效果的反馈占比仅为 20%（见图 3 –4 –5）。

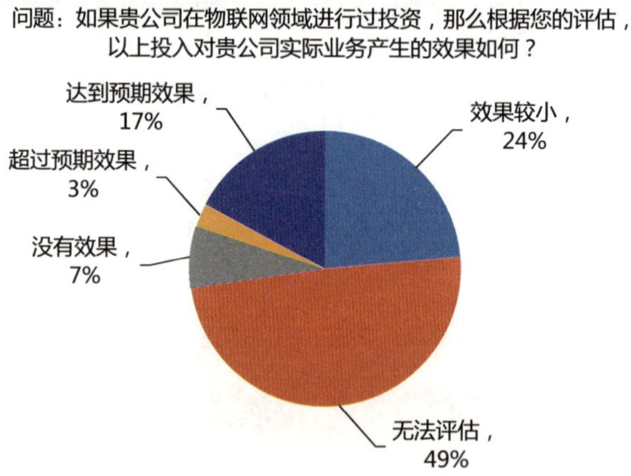

图 3 –4 –5 物联网投资业务效果反馈结果统计

资料来源：中国保险行业协会 2018 年中国保险科技专题调研，保险行业参与者。

造成这种现状的原因初步推测可能包括：应用场景并非核心业务场景，影响面本身就较小，业务设计之初并未抱太大期望；企业也并无设计严格的评价标准，对于业务效果的评价不够科学、全面；所设计的物联网应用在保险企业内可能也仅仅作为试点，并未全面、大规模推广。

第三节 存在的问题

物联网在国内保险行业尚未大规模开展应用，业务影响尚处在萌芽阶段，造成这种状况的原因既有技术本身的原因，也有行业发展阶段和监管的原因。

一、技术成熟度低

从技术成熟度的角度，在保险行业物联网相关技术的应用尚未完全成熟。

单纯就物联网技术的基础研究而言，还存在待攻克的技术难题：

1. 物联网依赖于众多传感器通过网络连接，进行数据交互，最后形成整个物联网体系，因此准确地说物联网本质上是一种传感器网络、自组织及多跳网络（wireless sensor network，ad - hoc network，wireless multi - hop network）。

但是，想要实现一个分布式传感器采集网络，并不是想象中那么容易的事情。传统的无线网络如蜂窝、局域网等，在高速移动的情况下通过优化路由和带宽分配策略可以达到较好的通信智联。但是，这种方案在传感器网络上是有缺陷的，首先受限于能源的供给，目前只能采取电池或者太阳能进行供电，无法直接提供能量，因此当前传感器设计的重点在于保证功能完整情况下最大化地节能和增加网络的生存周期。

无线模块的发射距离和发射功率正相关，但是当通信节点之间距离大于最大发射距离时该如何解决？最后当无线节点没电时又要怎么解决？这是目前无线传感网络研究中最核心的基本问题，几乎所有的研究都是围绕这几个难关开展的。如果这几个问题不解决，那么无线传感网络就无从谈起，更别提物联网的深度、大规模商业化。

2. 需求端总体疲软，物联网的应用除了商用或工业用途之外，在个人消费领域的需求并非刚性，助推力不足，这也导致了物联网的发展进程得不到爆发式的推进。

3. 标准未统一，物联网无线连接技术标准有 NB - IOT、LoRa、ECGSM、eMTC 等，无法统一标准，使得物联网硬件成本始终居高不下。除了硬件之外，软件生态建设更是艰难，目前的物联网企业甚至要把软件与硬件通过打包进行一条龙服务。

4. 随着技术的发展，物联网数据大量产生，这些数据的安全性该如何保障，以及随之而来的关于采集用户隐私数据的法律问题，都限制了物联网的发展。

物联网发展至今已经演变成了一个日益复杂的生态系统，物联网的巨大机会也已成为共识。然而，物联网的爆炸性增长带来了多样化的物联网种类和解决方案。例如，在当前物联网传感、存储、信息处理和通信等方面并没有公认的通用模型能确保系统整体对于用户是安全稳定的。如何保证在具体应用场景下不同种类和多样化的物联设备对于用户而言是安全可靠的，已经成为物联网发展的一个关键问题。

物联网安全面临的最大挑战来自当前物联网系统的架构。当前主流的物联网系统是基于服务器/客户端模式的中心化架构，即所有物联设备都通过云实现验证、连接和智能应用。虽然物联网的发展有朝着边缘计算方向发展的趋势，所谓边缘计算通俗讲就是在设备连接不上云的时候，通过局部数据就可以实现物联设备的智能控制，但由于物联网大数据资源的巨大价值，制造商并没有动力去改变中心化的服务器/客户端物联架构模式。在大数据本身就是资产的时代，基于物联设备的云计算控制和数据收集只会更加频繁而不会减少。

这种服务器/客户端物联网架构模式存在3个方面的问题。一是计算成本和计算压力，例如，在家庭应用场景下，两个家电相距不到1米，但也需要通过云端进行连接；二是中心化的数据收集和服务方式，无法从根本上向用户保证数据会合法使用、用户个人隐私不会泄露；三是中心化物联生态系统中，1个设备被攻陷，所有的设备都会受到影响，如《麻省理工科技评论》2017年所指出的僵尸物联网，可以通过感染并控制摄像头、监视器等物联设备，造成大规模网络瘫痪。

二、应用场景分散

如前所述，物联网在保险行业的应用场景极为分散，这种分散的场景，给保险业务的运营带来极大的压力。例如，针对某一场景，要配置硬件、进行通信、记录存储并分析数据、设计对应的业务流程等，投资大，但业务收益无法准确预估。这是影响保险业对于物联网投资的一个核心原因。

三、投资金额较大

物联网应用投资涉及硬件、软件两类。对于保险行业来讲，如果要应用物联网技术，则势必要对每一个客户都进行投资，这个投资规模与客户规模正相关，并且不会形成规模优势。

另外，物联网的广泛应用，要与保险业务的各个不同种类的产品、应用场景紧密相关。保险产品多种多样，保险标的也多种多样，每种保险产品、保险标的对于物联网应用的需求都不一样，即需求极为分散。针对这种分散的需求，分别开发对应的硬件、软件资源，成本投入不是一般的保险企业可以承受的。

相对其他保险产品、保险标的，物联网和可穿戴设备相对发展迅速，应得益于其对应的车险、人身险产品的标的单一、规模庞大，具有极大的应用和投资潜力。

四、业务效果评估难

物联网的有关应用，在国外还是集中在车联网领域，以 UBI 保险的形式。虽然主流市场各保险公司都已开展此项业务，有相对成熟的经验，但其还不是市场主流。

在国内车联网应用发展不过 3 年，在相关的技术供应商、合作伙伴、业务模式设计、市场接受度等方面均存在问题。

从已开展的车联网实践来看，尚未有哪家保险公司在技术应用或者商业应用上取得明显进展或效果的。

可穿戴设备面向普通大众，以最普及的智能手表、手环为例，在此应用领域，也没有见到哪家保险公司结合此类设备取得明显的业务效果，都还处于摸索阶段。

因此，对于物联网投资能够在保险业取得何种效果，目前尚没有明确可以让人信服的预估、预测数据或标准。国内保险业在当前阶段处于蓄势待发，但不会做真正大规模的投入。

五、客户配合度低

物联网的应用需要保险客户的积极配合，从风险保障的角度，物联网确实有助于客户防范风险，并提供其他收益。但是，中国保险市场客户风险意识较差，总认为交了保费，就应该受到保险保障，而不会主动通过物联网加强风险的事前防范。

如果要客户配合，保险公司势必要让客户看到现实收益，比如积分、保费返还、奖励等，这也会影响保险公司对此投资的积极性。

六、行业态度谨慎

在针对保险公司对物联网投资存在的主要问题和挑战这个调研问题的回复中，排名前5位的问题包括（见图3－4－6）：

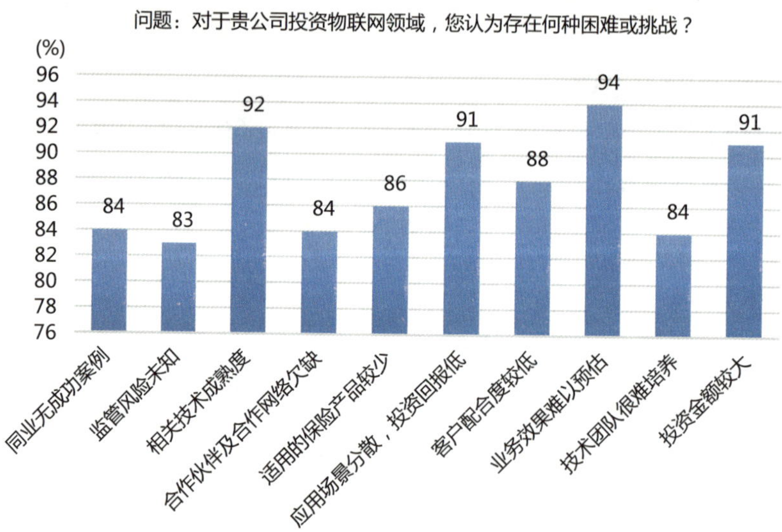

图3－4－6 物联网投资面临的困难或挑战的反馈结果统计

资料来源：中国保险行业协会2018中国保险科技专题调研，保险行业参与者。

（1）业务效果难以预估；

（2）相关技术成熟度；

（3）投资金额较大；

（4）应用场景分散，投资回报低；

（5）客户配合度较低。

以上 5 项挑战和困难，除监管因素之外，可以认为是保险行业进行物联网应用当前所面临的主要问题。

七、法律和监管影响大

对于当前的物联网中国法律尚未有明确的、有针对性的规定，但客户数据的收集、使用，涉及个人隐私如何处理，存在潜在的法律风险。监管部门对此也尚未给出明确的指导意见。

对于车险方面的物联网应用，受监管影响更大，虽然商车费改逐渐放开，但并非全面放开，车联网在车险领域的深入应用尚待进一步观察。

第四节
未来发展趋势

未来物联网产业的全面发展，以及在保险行业当中的深入应用、产生预期的业务价值，需要整体社会各参与方的积极投入，夯实物联网发展的基础环境和技术、应用支撑能力；另外，需要保险公司在此基础上，结合业务实际场景，与合作伙伴共同构建生态圈或者形成业务同盟，并与其他新科技融合应用，方能在保险业务端产生最大的价值。

一、国家政策长期支持

物联网技术的发展得到国家政策长期以来的一贯支持，2009 年 11 月，温家宝总理在发表的题为《让科技引领中国可持续发展》的重要讲话中，就把物联网列为国家五大新兴战略性产业之一。要求“着力突破传感网、物联网关键技术，早部署后 IP 时代相关技术研发，使信息网络产业成为推动产业升级、迈向信息社会的发动机”。此后，每年都会有相关政策文件出台。

2016 年 7 月，党的十八届五中全会通过了《中共中央关于制定国民经济和社会发展第十三个五年规划的建议》。“十三五”规划将全面落地，助力物联网行业加速发展。物联网智能化已经不再局限于小型设备阶段，而是要进入到完整的智能工业化领域。另外，还有起支撑作用的大数据、云计算、虚拟现实等多方位技术也一同助力支撑整个大生态环境物联网化的变革。

2017 年 1 月，工业和信息化部发布的《物联网“十三五”规划》，明确了物联网产业“十三五”的发展目标：完善技术创新体系，构建完善标准体系，推动物联网规模应用，完善公共服务体系，提升安全保障能力等具体任务。

2017 年 6 月 6 日，工业和信息化部办公厅发布《工业和信息化部办公厅关于全面推进移动物联网（NB－IoT）建设发展的通知》。

在国务院和各部委带动下，各地方政府也积极营造物联网产业发展的有利环境，以多层次、全方位的政策措施推动地方物联网发展。一是加强统筹协调，广州等城市依托科技和信息化领导小组统筹协调政策、资金、人才等资源，并成立专项小组推进物联网产业发展。二是加大财税政策支持，各地方政府积极争取国家、省市财政资金对物联网项目的支持，并进一步设立地方物联网产业发展专项资金。三是鼓励拓宽投融资渠道，成都等城市制定政策支持物联网企业的债券融资和上市融资，并对成功融资的企业给予资金奖励。四是重点支持物联网科技攻关，各地方政府积极推动联合实验室等创新载体发展，加快创新公共服务体系建设。五是加强人才培养，物联网专项人才成为各地方政府人才战略的重要对象。

二、产业体系更趋完善

从产业体系来看，中国已形成包括芯片、元器件、设备、软件、系统集成、运营、应用服务在内的较为完整的物联网产业链，各关键环节的发展也取得重大进展。M2M 服务、中高频 RFID、二维码等环节产业链业已成熟，国内市场份额不断扩大，具备一定领先优势；基础芯片设计、高端传感器制造、智能信息处理等相对薄弱环节与国外差距不断缩小，尤其是光纤传感器在高温传感器和光纤光栅传感器方面取得重大突破；物联网第三方运营平台不断整合各种要素形成有序的发展局面，平台化、服务化的发展模式逐渐明朗，成为中国物联网产业发展的一大亮点。

从产业集聚发展情况来看，全国已初步形成分别以北京、上海、深圳、重庆为核心的环渤海、“长三角”、“珠三角”、中西部地区四大物联网产业集聚区的空间格局。其中，环渤海区域借助产学研资源和总部优势，成为中国物联网产业研发、设计、运营和公共服务平台的龙头区域；“长三角”区域以上海、无锡双核发展为带动，整体发展比较均衡，在技术研发与产业化、应用推广方面发挥了引领示范作用；“珠三角”区域依托自身优势成长为物联网产品制造、软件研发和系统集成的重要基地；中西部地区在软件、信息服务、传感器等领域发展迅猛，成为第四大产业基地。

物联网的发展随着互联设备的普及和客户需求的成熟，已成为下一个“蓝海”，可参见以下调查和预测数据①：

（1）到2020年，互联设备将会增长到240亿台；

（2）61%的消费者希望购买可以自我监控的设备；

（3）67%的消费者希望可以远程监控；

（4）50%的消费者愿意付出更多的代价让家里有更多的互联设备；

（5）77%的消费者希望在家里有互联的医疗设备；

（6）78%的消费者在家里有Wi-Fi；

（7）81%的消费者希望购买互联网电视；

（8）72%的消费者希望为家里购置可以远程控制的能源设备。

物联网未来几年的发展潜力是可以预见的，这是整个保险行业应用物联网的一个大的积极环境。

---

① 资料来源：1 Gartner，2 Consumer Survey by IBM Institute for Business Value，3 Fortinet，4 Forbes，5 Telecompetitor.

三、标准体系加快建立

在传感器领域，光纤传感器、红外传感器技术达到国际先进水平，MEMS传感器实现批量生产。在 RFID 领域，中高频 RFID 技术逐渐具备国际领先优势，超高频 RFID 和微波无源 RFID 技术水平大幅提升。在信息传输领域，中国 5G 技术研发试验于 2016 年 1 月正式启动，NB - IoT 商用进入部署和推进阶段。在其他领域，北斗芯片、网络架构、物联网中间件平台、多功能便捷式智能终端等技术研发均取得重大突破。

从标准化进展情况来看，全国加快建立物联网标准体系，并且不断强化国际标准制定的影响力。在国内，物联网基础共性和重点应用国家标准立项已超过 200 项，M2M 统一平台、M2M 无线连接技术、网络架构等成为标准化重点。地方政府积极地、实质性地推进物联网标准，各标准化组织、研究院所、企业联合高校也在积极部署和参加相关标准化工作，标准化成效基本显现。在国际上，中国成为 ITU 和 ISO 相应物联网工作组的主导国之一，牵头制定多项物联网国际标准，其中包括首个国际物联网总体标准——《物联网概览》。

四、传统行业应用迈向深入

当前，物联网以泛在感知、精益控制、数据决策等能力要素集聚的形式向传统行业的上下游各个环节加速渗透、多维融合，促进产业升级和结构优化，推动新兴业态不断涌现。

在工业制造领域，物联网在供应链管理、生产过程工艺优化、产品设备监控管理、环保监测及能源管理、工业安全生产管理等环节得到广泛应用。以工程机械行业为例，三一重工、徐州重工、中联重科等大型企业都通过采用传感技术和 M2M 等物联网技术，实现了机械设备生产状况的实时感知。2016 年 2 月，首批由 100 多家企事业单位、科研院所共同参与的“工业互联网产业联盟”正式成立，将有力推动物联网在工业制造领域的深度应用。

在农业领域，物联网应用有效推动了大田耕种精准化、园艺种植智能化、畜禽养殖高效化，促进了现代农业经营方式和组织形态的形成。根据部分省市的统计测算，有效应用物联网系统可降低作物种植人员成本约 50%，提高总体经济效益约 10%；借助传感自调节实现设施内高精度环境控制，培育面向高端人群的高品质农产品，可使单位产品增值近 10 倍。

在能源领域，物联网在数字油田和智能电网等方面的应用已相对成熟。中国石油天然气集团有限公司等行业巨头积极推进物联网示范工程建设，采用基于物联网技术的集成应用平台，提升油气采、炼、储、输、供各个环节的精细化管理能力。国家电网有限公司已开展输变电设备状态监测系统的建设，实现对各类输变电设备运行状态的实时感知、监视预警、分析诊断和评估预测；在用户层面，2015 年全国智能电表安装量已达 3.1 亿只，累计实现用电信息采集 3.17 亿户，较 2010 年提升 5 倍。

在交通运输领域，物联网应用有效地推动了资源优化和效率提升。近几年来，中国智能交通市场规模保持稳步增长，在智能公交、电子车牌、交通疏导、交通信息发布等典型应用方面已经开展积极实践。截至 2014 年年底，中国 ETC 联网区域 14 个省份覆盖范围已达 5.2 万公里高速公路，用户规模达到 909 万个，公路收费站拥堵问题得到有效改善。此外，中国已有 5 个示范机场依托 RFID 等技术，实现了航空运输行李全生命周期的可视化跟踪与精确化定位，使工人劳动强度降低 20%，分拣效率提高 15% 以上。

作为中国家电制造业的代表企业，海尔集团把物联网作为其未来发展的战略之一。这家全球规模最大、增长最快的家电公司一直走在科技革新的前面。如今，在传感器和人工智能的时代，海尔集团又在改变它的经营方式。

海尔集团董事局主席、首席执行官张瑞敏说："自 2000 年起我就意识到网络给大公司商业模式带来的压力。那一年，我参加了在达沃斯举办的世界经济论坛年会。其中一项重要的讨论议题是互联网引发的新经济。像那时的许多其他人一样，我意识到工业社会将面临一个巨大的转折点——正在转型为互联网为基础的经济。商业领袖们只有改变思维模式才能赶上新时代。今天，世界经济已经到达这个转折点。成功的公司不再通过品牌进行竞争。相反，它们通过平台进行竞争。或者换句话说，企业可以通过彼此协作技术和创新型关系形成同盟。未来，将会出现由物联网引发的新型经济类型。物联网是一个将人工和技术活动连接起来的网络，内置传感器、机器人技术和人工智能。当物联网全面到位时，企业的竞争就会演变成为生态圈的竞争。”

在其他许多公司还在追赶互联网经济时，海尔集团在为下一个经济形态——物联网经济做准备。张瑞敏观察到，其他大多数企业都将研究和投资集中在产品传感器的开发上。产品传感器内置于公司销售的每一样设备或产品之中。然而，海尔集团则专注于开发用户传感器。用户传感器是一种不论是否集成在产品中，都能从各种有利位置观察用户行为的设备。通过它，海尔集团能够迅速对收集到的客户数据进行响应。例如，海尔集团通过一个名为 COSMOPlat 的大规模定制平台将供应商联系在一起，该平台将生产的每一步自动化——在这种情况下，云熙二代洗衣机于 2017 年 10 月推出（云熙的意思是智能和安静）。供应商包括大连东方显示器公司、Diehl Controls（电脑控制器生产商）、Rold（门锁制造商）和杭州的 Kambayashi Electronics（电磁阀生产商）。这个自动化流程接收客户的订单，设计细节，从供应商处调用适当组件，在零件到达时（无仓库）制造机器，将其交付给最终用户，并安排监控其使用情况。

海尔集团的物联网应用聚焦于通过物联网收集到的数据，分析客户需求，设计适应客户需求的产品。这是海尔集团作为制造企业的根本要求。那么，这种物联网与保险企业能够产生什么样的关联呢？

如果保险公司与海尔集团形成同盟或合作关系，利用海尔集团的物联网终端设备共享收集的数据，进行用户行为分析及风险预测、预警、处置等，这无疑会对保险公司的客户经营、客户服务、产品设计、风险管控等方面产生巨大的影响，可以对家财险、意外险等产品的经营带来巨大帮助。

五、互联网企业积极投入

依托强大的数据汇聚与处理能力和长期积淀的用户黏性，中国互联网巨头纷纷以产品、服务、投资、战略合作等多种手段进军物联网市场，在多个领域积极布局和拓展业务，成为中国物联网发展的一大亮点。

基于“服务平台化+硬件智能化”模式，互联网企业有力地推动了物联网应用的规模化发展。一方面，智能硬件成为互联网企业抢滩物联网产业的突破口。百度、阿里、腾讯、360和小米等互联网企业积极打造以智能路由器为核心的智能家居生态圈，相继推出电视盒子、智能灯泡、智能插座、智能摄像头等智能家居周边设备；在智能可穿戴设备领域，小米以20%的市场份额位居全球第二，360等公司推出的儿童安全类可穿戴产品也取得了不错反响。另一方面，互联网企业积极推进云平台建设和操作系统研发，以互联网服务模式抢占物联网产业的核心。百度和京东合作创建的创新硬件开放平台、阿里推出的Alink物联网平台、腾讯微信平台均取得快速发展，其中微信以公众号绑定形式实现智能设备之间、智能设备与数亿微信用户之间的连接，设备激活量已达2 500万台；阿里云OS在2015年的用户数已达到4 000万个，并进一步推出YunOS for Work、YunOS for Wear、YunOS for Car等进军物联网市场。

互联网企业积极与传统行业企业结盟，以创新服务拓展双边市场。近年来，“物联网即服务”已成共识，产品“软”化已成为产业附加值最集中的部分。传统行业企业发展物联网业务必然的成本“阵痛”、寻找成本附加和收入增益间的最佳平衡点、规避前端智能化投入激增，已成为物联网创新融合是否成功的关键。互联网企业以其平台效应、创新能力和人才、资本优势与传统行业企业合作，成为解此难题的成功之选。在智能家居领域，阿里与美的集团合作，共同构建基于阿里云的物联网开放平台，以实现家电产品的连接对话和远程控制；在车联网领域，腾讯携手中国人保、壳牌共同成立“i车生活平台”，打造一站式汽车生活服务；在智慧物流领域，百度与太原铁路局将共建“智慧物流云平台”，以促进物流的有效供给。

阿里已将物联网上升至与电商、金融等同样高度的第五大战略。天猫宣布设立物联网团队，将与阿里云、达摩院人工智能实验室三位一体，共同推动物联网战略落地，同时还推出了与多家家电企业合作的一系列物联网产品。

物联网以其良好的市场前景吸引了众多科技公司布局，已经成为近几年科技领域最热门的关键词之一：微软宣布了4年投资50亿美元的物联网发展计划，谷歌、亚马逊推出了计划连接数十亿设备的物联网平台。国内三大电信运营商近日纷纷推出 eSIM 卡，将给智能家居、智能仪表等各类物联网终端带来便利。

六、各类新科技协同融合

（一）5G 通信技术助推物联网发展

5G 通信技术的速度和接入能力更加强大，将跳出移动互联网让万物相连，城市生活包括交通、安防、教育、旅游等各个方面都将变得更加智慧。5G 的速度和接入能力足以满足未来汽车、无人机、机器人等智能终端的需要，是未来万物互联的重要基础。

高速仅仅是 5G 的一项主要特征，5G 还具备毫秒级时延和超高密度连接两个重要特性。低延迟，意味着不仅上行下行会更快，等待数据传输开始的响应时间也会大幅缩短。超高密度连接，则将解决当前移动网络标准存在的最严重的问题：严重缺乏带宽。

5G 连接数密度可达 100 万个/平方公里，有效支持海量物联网设备接入；流量密度可达 10 兆比特每秒/平方米，支持未来千倍以上移动业务流量增长。

5G 技术很快就会商用，5G 技术的真正成熟无疑是物联网应用的最大利好。

（二）AI 与物联网的混合应用

作为 AI 人工智能领域的重要概念之一，数字孪生体是一种虚拟模型，用于物理或心理系统的详细分析和监测。数字孪生体的概念起源于工业界，广泛用于分析和监测诸如风电场或工业系统等。现在，通过使用基于智能体的建模（用于模拟自动智能体的行为和交互的计算模型）和系统动态学（计算机辅助的策略分析和设计方法）等，数字孪生体被广泛应用于非物理对象和流程管控中，例如，预测客户行为等。

数字孪生体可以帮助促进物联网的发展和更广泛的应用，为预测性诊断和维护物联网系统提供了一种方法。

（三）区块链与物联网的混合应用

通过采用区块链技术实现车联网合作价值链的信息准确共享，可以助推车联网应用的更进一步发展。车联网基于网络连接、车载传感器等进行数据收集，配合服务端的设备管理及大数据分析等技术，并融合多种应用创新而形成的一种综合性技术。这些技术和应用的不断融合和积累，使得汽车的经营维护模式逐步实现了巨大转变，由最初单产品服务到现在的多方协同维护，再到可预见的未来的生态化价值链。

在发展过程中，越来越多的经营实体加入围绕着车辆完整生命周期服务的链条中来，并且互相之间形成越来越密切的关系。目前在这些相互配合中，信息散落在各个环节且形式各异，交互过程只依赖于双方的信用和人工保证，也就是在信息完整性、一致性、可靠性及交互效率等方面存在一定的限制，这些限制阻碍了更多经营实体、第三方应用加入到这个价值链中来。

车辆网存在数据来源广、参与方众多、利益不一致且无单一可信方、取证需客观、大量的交互流程等特点。

利用区块链技术，可以通过数据防篡改和可追溯的统一账本来记录车辆整个生命周期内的信息，该账本在各参与方之间共享，实现去中心化，提高数据信息的可信度。结合智能合约等技术可实现整个价值链上各种流程的自动化，进一步提升效率。如基于车辆生命周期的信息可以考虑将区块链用于出厂、维修、改装、维护、事故责任界定、保险理赔、二手车况取证等场景。

（四）物联网与云计算的混合应用

物联网的智能处理依靠先进的信息处理技术，如云计算、模式识别等技术，云计算可以从两个方面促进物联网的实现：首先，云计算是实现物联网的核心；其次，云计算促进物联网和互联网的智能融合。

（五）物联网与移动互联混合应用

物联网的应用在与移动互联相结合后，会发挥巨大的作用。物联网借鉴移动互联网的技术、模式和渠道，开始从保险行业领域向家居、安全、医疗健康、养老等民生领域渗透，基于移动智能终端的融合应用不断涌现。在家居领域，移动 App 发挥数据汇聚中心和控制中心作用，华为等众多企业已推出以智能手机为核心的智能家居解决方案。在安全领域，儿童防丢设备具有蓝牙防走散、安全区域报警、四重定位等功能，360 儿童卫士 3 个月销售已达 50 万台。在养老领域，移动 App 具备老人定位、报警、日常健康检测及大数据分析功能，帮助养老机构解决找人难、老人遇险报警难、遇到问题追溯难等问题，目前已在部分养老机构开展示范。此外，基于可穿戴设备的个人健康管理、运动统计等融合应用引发的流量占比越来越大。

第五节
物联网对保险业的影响

一、物联网扩大保险业务空间

进行物联网在保险行业发展趋势的分析之前，先看一下来自于对保险同业的调查反馈结果。

在针对物联网会对保险各相关业务领域产生多大程度的影响的问题的回复中，影响较大的统计数据见图 3－4－7。

从图 3－4－7 可知，业界对于物联网对保险行业的作用预期较高，涉及业务领域的各个方面，其中最重要、最看重的几个领域包括：

（1）大数据积累及数据分析；

（2）客户画像及精准营销；

（3）客户服务及客户体验提升；

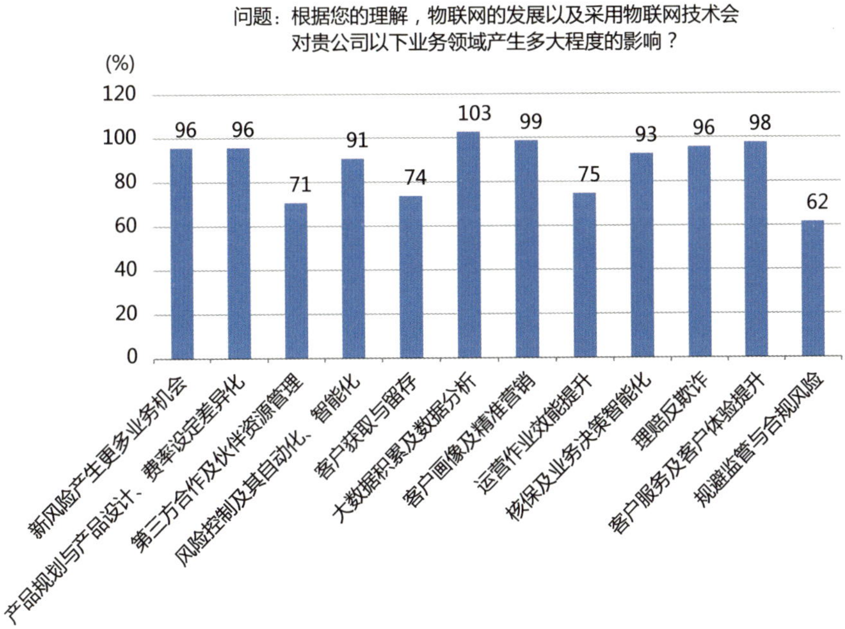

图 3－4－7　物联网业务影响预测反馈结果统计

资料来源：中国保险行业协会 2018 年中国保险科技专题调研，保险行业参与者。

（4）新风险产生更多业务机会；

（5）产品规划与产品设计、费率设定差异化；

（6）理赔反欺诈；

（7）核保及业务决策智能化；

（8）风险控制及其自动化、智能化等。

以上回应正是看重物联网所能带来的大数据，以及基于数据可以产生的业务价值。从针对拟投资领域的调查结果看，车联网、可穿戴设备是投资的重点，这与保险行业的主要标的车辆、人员直接相关（见图 3－4－8）。

从针对业务效果的预期来讲，总体行业保持乐观，但已经经过过渡预期的顶峰，回归理性。这显示行业总体对于物联网已经经过长期讨论和探索，对于应用场景和业务潜力已经有充分认识，在当前以及未来一段时间内，物联网的应用主要是针对传统业务的补充和提升，并不会带来颠覆性的影响（见图 3－4－9）。

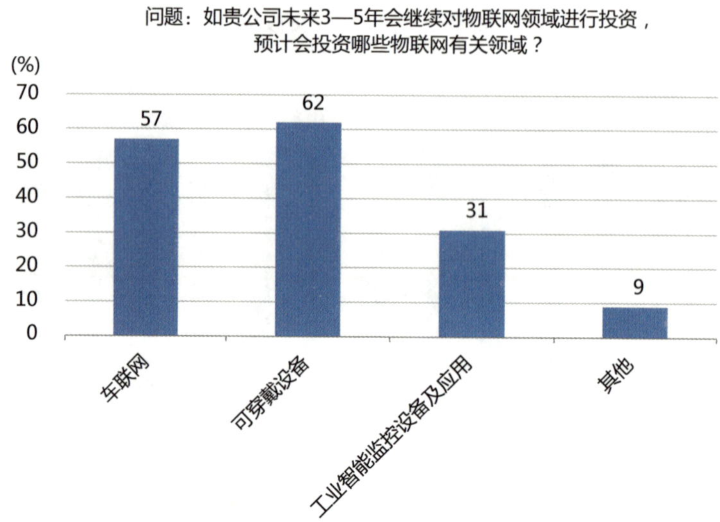

图3-4-8 物联网投资领域预测反馈结果统计

资料来源：中国保险行业协会2018年中国保险科技专题调研，保险行业参与者。

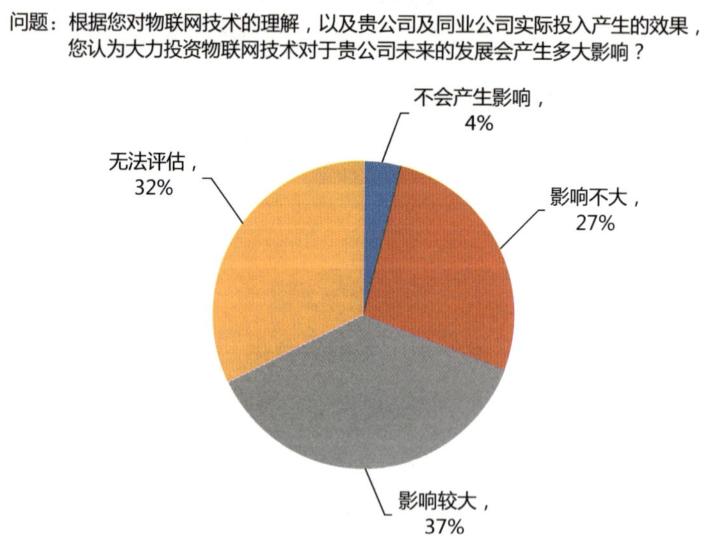

图3-4-9 物联网投资业务影响预测反馈结果统计

资料来源：中国保险行业协会2018年中国保险科技专题调研，保险行业参与者。

二、车联网推动车险深远变革

车联网是通过先进的通信、传感、控制和智能技术，实现车与车、车与人、车与路的互通与协同，对数据进行采集、分析、学习、提取、分享和决策，实现智能化交通管理、智能动态信息服务和车辆智能化控制。车联网是信息技术与汽车融合的结果，是物联网在汽车和交通领域的深度集成应用。随着物联网、大数据、移动互联网和汽车相关技术的快速发展和不断融合，车联网发展迅猛。在我国，汽车厂商、IT 企业、网络运营商、应用服务提供商等纷纷进军车联网领域，车联网技术和产品不断创新，并已形成小规模应用，市场化和产业化步伐加快。

车联网对车辆保险的发展有着重要价值。通过对人、车、路、环境信息的采集与分析，可以降低骗保率，提高承保收益，并可创造新的收益。通过对车辆及驾乘人员信息的分析和处理，保险公司对风险事故可以由被动应对转为主动管理，降低事故发生率和理赔成本。通过实时信息交互和综合服务，可以提升客户服务水平，提高续保率。特别是车联网带来了车辆保险定价模式的改变，基于使用的保险（UBI）产品应运而生，有望突破传统“静态”的定价模式的局限。

随着商业车险费率改革在全国推开，高度市场化的车险费率形成机制将成为常态，保险公司拥有高度自主的定价权，消费者有自主的产品选择权，以车联网为基础的 UBI 产品将兴起，并将逐步成为车险市场的主流，进而带来车险模式变革，并有望引发车险市场的格局变化。

据普华永道思略特发布的对 2020 年车险市场进行展望的系列报告，UBI 车险将成为我国车险的重要变革因素。预计到 2020 年，整个车险市场规模约为 9 420 亿元。若车险费率市场化完全放开，同时伴随着车联网 50% 的新车渗透率预期，保守估计 UBI 车险的渗透率在 2020 年可以达到 10%—15%，UBI 车险将有望达到 1 400 亿元的市场规模。

总结而言，对于用户以及保险公司来说双赢的 UBI 车险，正在成为未来数年中国保险市场车险发展的新趋势，会有越来越多的保险公司进入，UBI 车险发展的前奏已然开始。

三、物联网深刻影响健康管理

一般来说，健康管理是指对个体或全体健康状态以及危险因素进行全面监测、分析、评估，提供咨询和指导以及对健康危险因素进行干预的全过程。健康管理的目的是使人不生病、少生病、迟生病、带病延年并提高生存质量，以降低疾病发病率、复发率，进而降低医疗费用。健康管理具有“防患于未然”“未病先治”的特点。健康保险是健康管理的发源地，健康管理与健康保险关系密切。一方面，健康管理可以减少参加者疾病发生机会，降低医疗费用，对保险公司来说，可以降低赔付率和经营风险，因此健康保险对健康管理有着内在的需求；另一方面，健康管理需要健康保险来保障，同时健康保险为健康管理带来市场和利润空间，促进健康管理产业的发展。

由于受道德风险和逆向选择、医疗机构管控手段不足、药品和医疗器械价格过高等因素影响，在全球范围内健康保险的经营管理都是一个难题，即使发达国家一些非常优秀的保险公司，在医疗保险上的经营业绩也并不是很理想。我国人口数量众多，健康保险市场需求巨大，但我国健康保险发展相对滞后，专业化水平低。随着我国经济发展水平不断提升、人口老龄化速度加快以及新医改及医保制度的不断完善，我国医疗保险正迎来难得的发展机遇。随着可穿戴设备、移动互联网、健康管理和医疗技术的发展，通过物联网进行更为高效、便捷的健康管理和医疗服务成为可能，这将改变健康保险的经营模式和发展方式。

1. 通过智能眼镜、智能手环、智能手表、智能衣服、智能手套、智能鞋等从头到脚的可穿戴设备，实时感应和监测个人的身体状况，促使使用者自我管理和加强锻炼，提升其身体健康状况。

2. 通过一系列体征传感器采集使用者的体征数据，如心率、脉搏、体温、血压、血糖等，并与正常的生理和健康指标进行对比，监测和评估使用者的身体健康状况，帮助使用者动态管理自身健康。

3. 随着手机技术和移动应用程序的不断创新发展，手机将演化为功能丰富的健康管理工具。一是将手机 App 与可穿戴设备结合，对身体进行实时监控和动态管理，实现“移动健康管理”；二是在手机中嵌入一定的检测、感应模块，并与医学传感辅助设备配合使用，将有望实现准确、全面的身体健康状况检测；三是随着手机技术水平和功能的不断提升，手机有望应用在辅助诊断、特殊人员监护等方面。

4. 随着物联网技术、现代医学技术和其他信息技术的不断融合，原来只有在医院才能进行的专业检测和诊断有望通过远程的方式实现，面对面的诊疗将被自助、远程、虚拟的物联网系统代替。通过视频、感应终端、便携式专业检测设备等，可以对个人主要健康指标进行监测并实现远程专家会诊，提出有针对性的运动、康复和治疗方案。

5. 通过物联网系统对个人健康指标进行监测评估后，健康专家和医生可通过文字、音频、视频等方式为客户提供直接的健康咨询、指导，以及个性化和有针对性的健康管理解决方案。

对保险公司来说，通过物联网驱动健康管理，可以准确确定被保险人的健康管理目标，根据目标制定个性化的健康管理方案，促进被保险人达成健康管理目标并改善健康状况，不仅降低了风险，而且通过健康大数据优化健康保险产品，提升客户服务质量。这将带来健康保险模式的变革，推动健康保险由事后补偿向预防补偿发展，由单一医疗支付向全面健康管理转变。

在健康险领域，利用生物识别数据（穿戴设备产生的数据），掌握客户健康及生活方式信息，提供产品创新及增值服务，助力实现差异化承保和风险防范（见图 3－4－10）。

相关的物联网应用设备包括：运动和健康辅助的 Jawbone Up、Nike + Fuelband、Fitbit Flex 以及国内的咕咚手环、大麦计步器等；不依附于智能手机的独立智能设备 iWatch；作为互联网辅助产品的 Google Glass、百度 Eye 类产品；与物联网密切相关的体感设备 MYO 等。

物联网在工伤管理方面也有巨大应用空间，根据《2017 年自由互助工作

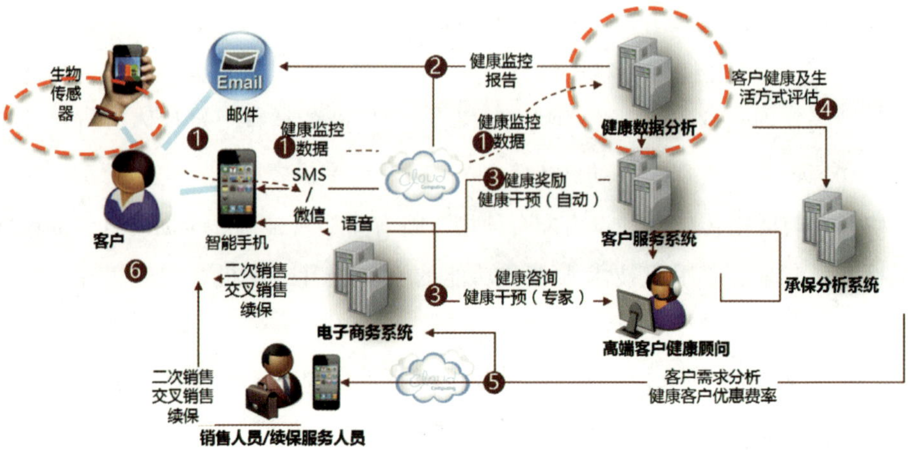

图3-4-10 利用物联网实现主动式健康管理

场所安全指数》报告，由于工人工伤事故导致美国雇主损失近600亿美元，该损失数额凸显了工伤保险在工人康复期间的医疗费用和工资支出的巨大成本。

物联网可为雇主提供一种可穿戴设备来防止这些代价巨大的伤害发生。可穿戴设备用来监测工作人员疲劳与否或重复动作过多的状况（研究机构将过度劳累列为工伤的主要原因，每年造成公司直接损失138亿美元）。因为过度疲劳往往会导致伤害事件发生，所以当员工需要休息或者休息时间到了时，可穿戴设备就会“嗡嗡”作响以示提醒。

四、物联网实现主动式风险管控

利用物联网、人工智能、大数据等技术，用于事前风险识别，如调查打假、第三方验真、高风险人员识别等，优化现有规则，识别渗漏和欺诈行为，实现主动式风险管控（见图3-4-11）。

物联网的普及也会将保险行业从传统的风险分摊管理转变为风险主动保护：

（1）GPS定位信息用于锁定车辆位置；

（2）车载感应信息用来跟踪驾驶行为；

（3）基于驾驶员行驶路径与里程的数据；

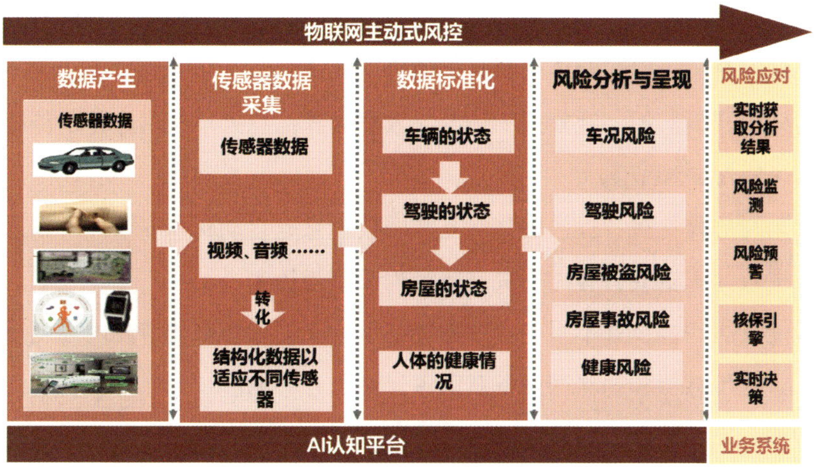

图 3-4-11　利用物联网实现主动式风险管控

（4）家用感应器用于监测火警与水警；

（5）门窗感应器用来检查房屋安全；

（6）场地摄像头用于通知意外或闯入事件；

（7）身体传感器规律性检查顾客的健康状况，等等。

例如，在家庭财产保险领域，可以基于智能家居实现对于家庭风险的实时监测，及时防范风险事故的发生（见图 3-4-12）。

图 3-4-12　智能家居基础设施示意图

家庭远程信息处理技术通过对家用电器和家庭活动设备的集中管理来优化居家生活，此类远程连接的家庭目前具备三大类能力，并可基于此提升风险防控能力。

家庭自动化：通过物联网，可以对家居设备与家用电器进行监测与控制，如照明控制，温度、空气流通、空气调节的控制，水浸监测和紧急堵水功能。

家庭安全：可以控制传感器与摄像机，允许用户和服务提供商全天不间断通过传感与视频监控、观察家中情况。家庭远程信息处理技术弥补了传统警报产品的一些薄弱环节。

移动与远程连接：提供的移动互联网技术家庭自动化和安全性可以通过网页端、平板计算机或者智能手机进行远程监测与控制。

智能家居的普及并不限于房主需要最新物联网设备来调节屋内温度或能源消耗，家庭传感器和物联网设备对房屋保险也有影响。

例如，安装了水监测设备的家庭，可以在漏水变大之前发现问题，同时保险公司通过电子邮件或短信提醒房主即将发生水患灾难，从而避免房主的高额索赔风险。

同样，安全摄像头和动作触发传感器可以阻止小偷闯入。据《保卫世界》报道，在没有安全系统的情况下，入室盗窃的概率将增加 300%。

火灾探测器可以向房主和当地消防部门发出火灾警报信息，以便在整个房屋烧毁之前迅速扑灭大火，从而减少保险索赔支出。商业研究机构 BI Intelligence 估计，平均一个装有自动烟雾报警器的家庭可以让保险公司减少 35 000 美元的保险支出。

五、物联网变革灾害预警和管控方式

我国是一个灾害频发的国家，近 20 年来发生过多起特大洪灾、特大暴雪灾害、大地震等灾害。同时，由于安全意识薄弱、安全防范不够和管理不善，我国安全事故发生频率也很高，重大事故和特大事故时有发生，尤其是化工厂爆炸事故发生较多。这些灾害事故给人民生命财产造成了重大损失，也导致保险公司的巨额赔偿。比如，天津滨海新区瑞海公司危险品仓库爆炸事故保险赔偿金额预估超过 50 亿元。通过物联网技术，可对灾害事故进行识别、预警、定位、追踪、监测，进而对灾害事故进行预防、处置，减少灾害事故及灾害事故造成的损失。对保险行业来说，物联网技术的应用不仅可防灾减灾，减少赔偿支出，更重要的是将对灾害保险、财产保险、农业保险、事故责任保险等带来深远影响，从定价模式到承保、理赔服务模式等都将发生改变。

灾害风险与常规风险有很大不同，传统的保险精算技术很难对相关保险进行费率厘定。通过各种传感器，利用物理、化学、力学、电学、磁学、声学、光学、机械等原理，采集气候和环境参数，如温度、湿度、降水量、振动、位移、下沉、倾斜、地质构造、土壤含水量等，形成大数据积累，能更加科学地对灾害风险进行评估，更好地确定巨灾保险、农业保险的价格。

灾害事故发生后，造成的财产损失一般都很大，而且查勘定损成本也很高，因此需要借助先进的科技手段，其中物联网将是最重要的技术之一。基于物联网监测数据，可对灾害事故原因和责任进行快速、准确的判断。通过物联网技术进行检测，同时结合遥感、无人机等技术，可以对灾害事故现场进行非人力的精细查勘，并对财物损失进行评估，进而提高查勘定损精度，减少查勘定损时间，节约理赔成本，创新理赔服务模式。

更重要的是，通过物联网技术的引入，将灾害事故风险管理理念引入灾害事故管理中，推动风险管理与灾害事故管理相结合，进而将为灾害事故相关的保险模式带来变革。比如，对巨灾保险来说，利用物联网技术对自然灾害进行监测、预测、预警、实时预报、应急救助，从保险风险管理和灾后赔付向防灾减灾方向转变，减少损失和赔付支出；对环境污染责任险、企业财产险等涉及事故赔偿的保险来说，通过物联网技术加强安全事故预防和管理，并将保险的风险管理内化为事故管理，最大限度降低安全事故发生概率。对于没有采取完善的预防预警措施的投保人，事故带来的损失将免赔，这将促进投保企业利用物联网加强事故风险管控。也就是说，通过积极应用物联网技术进行灾害事故预防预警，将推动相关保险模式向灾害事故管理方向发展，由以前的“损失赔付”向“不发生赔付”或“少赔付”转变。

虽然中国保险行业的物联网应用正处在探索尝试阶段，但随着相关的一系列技术、硬件软件应用、5G 通信以及车险费改的放开，物联网将在车辆保险、人身健康保险等领域发挥重要作用，为中国保险业带来新的内涵和巨大变化。

第五章

基因科技

自脱氧核糖核酸（DNA）双螺旋结构发现以来，“基因”一直是引领生命科学的最主要的前沿，不仅催生了“人类基因组计划”这样的大科学计划，而且使生命科学、医药、农业等相关领域发生了翻天覆地的变化，更催生了现代生物技术及产业，为解决资源、环境、健康等人类面临的一系列重大挑战提供了最有希望的解决手段。

随着测序技术和平台的发展，基因科技逐渐走向“产业化”和“平民化”。20世纪90年代末到21世纪初期，6个国家的科学家用13年时间，花费30亿美元完成了“人类基因组计划”，而截至目前，1个人的基因组只需要600美元，24小时完成检测。测序技术的发展，测序成本的下降速度超过摩尔定律（见图3-5-1）。相比传统的检测方法，高通量测序技术以其速度快、准确率高、成本低等优点给临床检测和诊断带来了深刻的影响。如今基因检测在临床中的应用越来越广泛，贯穿人的全生命周期。目前，临床应用较广泛的基因检测有无创产前基因检测、肿瘤基因检测等。

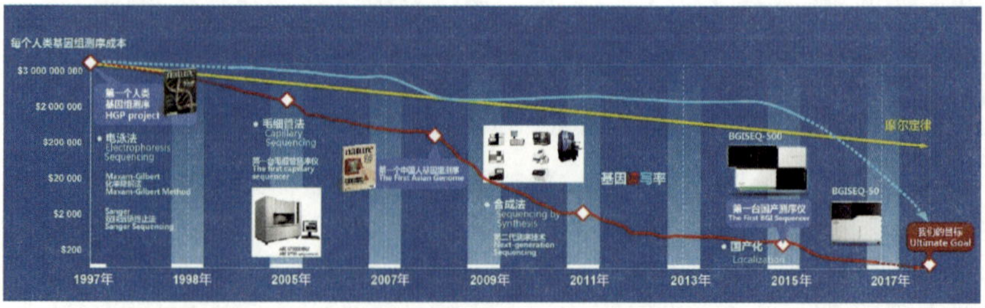

图3-5-1 测序成本的下降速度超过摩尔定律

为维护国家生物信息安全，提高生命科学研究和生物产业发展水平，目前欧盟、美国和日本都拥有世界级基因库。我国唯一一个获批筹建的国家基因库，于2016年9月22日在深圳正式启动运营，是目前全世界最大的综合基因库。目前，已初步建成了“三库两平台”的功能和结构，包括生物样本资源库、生物信息数据库、生物活体库以及数字化平台、合成与编辑平台，实现对生物资源和信息的“读、写、存”，其规模、结构、布局和内容不仅具有世界领先性，更具有唯一性（见图3-5-2）。

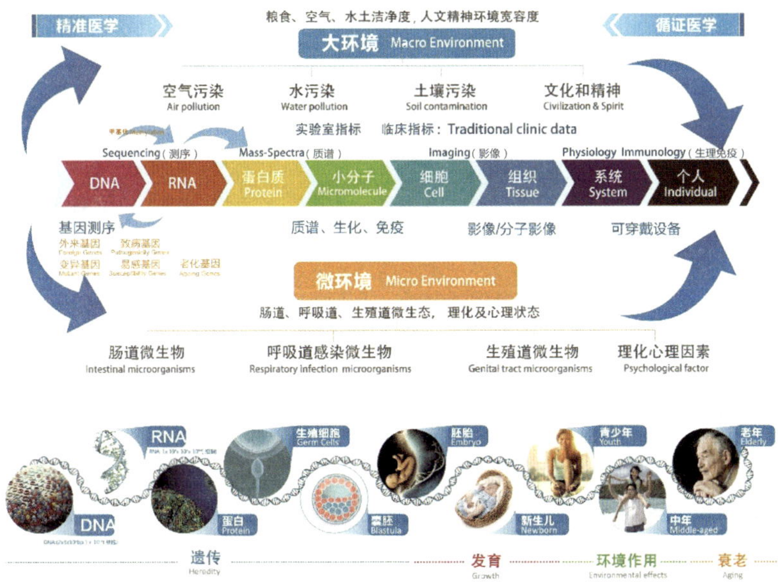

图3-5-2 生命中心法则与生命“读”“写”“存”

——生命的“读”，就是对生命从孕育到消亡，从微观分子到宏观个体，从基因组学的DNA分子，到蛋白组学、代谢组学、影像组学，从结构到功能，生命全过程、全方位和全周期的系统解读。

——生命的“写”，是与“读”相对应的，包括转基因、基因编辑、基因治疗、基因合成等。细胞水平上的“写”，包括干细胞工程、免疫治疗，3D组织再生等。

——生命的“存”，包括基因、细胞乃至生命个体的实物存储、生物信息的存储、活体物种的保护与繁衍三大内容。

第一节
基因与保险

随着技术的进步与成熟、科研的前进与发展，基因与各种疾病之间的复杂关系将逐步被披露，外来基因的鉴别与清除，自身基因的遗传与变异、基因的易感与老化及其损伤修复能力，人们的多种疾病风险、健康风险也将日渐清晰，基因科技将帮助人们更清楚地看到自己的风险管理需求、保险需求，同时也使疾病早筛早诊、健康管理体现其真正的、强大的价值。目前，比较成熟的技术主要体现在以下几个方面：（1）在出生缺陷防控上，如无创产前基因检测，是基因技术在临床上的最广泛应用。目前，全球已有超过千万名孕妇接受此检测。（2）在恶性肿瘤的精准诊疗上，包括遗传性肿瘤（如乳腺癌、卵巢癌、结直肠癌、前列腺癌等）以及散发性肿瘤（如肺癌、肝癌等），通过基因检测致病基因，了解罹患风险，进行预防、干预；协助肿瘤患者确定个体化精准诊疗方案、用药；现阶段早发现早治疗是最能提升癌症患者生存率和生存质量的手段。（3）在传、感染的精准诊疗上，如艾滋病、结核病的精准诊疗，临床不同症候群的病原体快速、精准鉴别和耐药鉴定，以及在公共卫生项目应用上，如包虫病等人畜共患病的检测，通过基因技术可以有效提升检测的准确性，大幅降低后续诊疗的实施难度，进而更为合理地防控。（4）在心脑血管疾病的精准防控上，通过基因检测避免先天性猝死因素，通过生化指标和影像学的联合应用进行动态提醒，可大幅度降低心脑血管意外的发生，从而提升人均预期寿命和生存质量。

基于以上的技术应用，我们从保险产品开发与设计、定价核保、理赔管理、健康管理几个角度具体分析基因科技对保险发挥的作用和影响。

一、产品开发与设计

（一）重大疾病保险

利用基因科技在肿瘤预防、早筛、诊疗、术后和药后效果监测等方面的精准防控作用，将最新的科技成果引入客户重疾防控保险产品和服务中，减少患病人群，提高带病生存率，改变目前重大疾病保险多以单纯财务保障为主、缺乏健康科技支持的状况（见图3－5－3）。例如：（1）女性宫颈癌保险：高危型人类乳头瘤病毒（HPV）病毒持续感染是导致宫颈癌的主要原因，从高危型 HPV 持续感染到宫颈癌的发生，一般需要 10—20 年。在没有发生病变之前，传统的（细胞学）检查无法观察到人体是否感染 HPV。通过 HPV 基因检测，能检测出是否感染 HPV，进行早期干预治疗可有效避免由于感染 HPV 病毒导致宫颈癌的发生。该保险产品对感染 HPV 导致宫颈癌发生承担保险赔偿责任，并承担对早期病毒感染进行干预治疗的费用。（2）遗传性肿瘤防控保险：通过基因检测致病基因，了解罹患风险，进行预防、干预，对保障范围内确诊的遗传性肿瘤承担保障责任。（3）肿瘤防控保险：对遗传性肿瘤以外的散发性肿瘤发生承担保险赔偿责任，并协助肿瘤患者确定个体化精准诊疗方案、用药。目前，大多数的散发性肿瘤尚没有明确科学证据证明具有遗传性，基因突变的来源主要是自发突变和（环境）诱发突变，通过基因检测检测与肿瘤发生发展相关的基因位点，了解客户实时的肿瘤罹患风险，实现肿瘤的早发现、早诊查、早治疗。

	预防	早诊	诊疗	监测
传统方法	疫苗（宫颈癌疫苗，乙肝疫苗） 生物制剂（胸腺肽、卡介菌多糖）	自检 血清学（CEA、CA199） 影像学（X片、B超、CT） 内窥镜（胃肠镜）	病理诊断 手术 放疗 化疗 靶向治疗	血清学（CEA、CA199） 影像学（X片、B超、CT） 内窥镜（胃肠镜）
基因科技	遗传性肿瘤基因检测	无创 肿瘤早筛	基于基因突变的精准检测及个体化用药方案	根据肿瘤基因变异及免疫组库情况，进行病情监测并及时调整治疗方案

图3－5－3　传统的方法治疗肿瘤和基因科技精准医疗助力

（二）出生缺陷防控保险

利用基因科技在新生儿唐氏综合征、耳聋、地中海贫血等生育缺陷方面的精准防控作用，将疾病预防关口前移，构建“健康教育 + 基因筛查 + 精准干预 + 科学随访 + 健康保险”为一体的生育缺陷防控保险模式，降低我国新生儿的出生缺陷率，减轻家庭和社会负担。例如：（1）唐氏综合征保险：通过结合无创产前基因检测等技术，预防染色体非整倍体等各种出生缺陷，对于技术局限性导致的无法检测出的出生缺陷给予保险保障。如，2010 年开始中国人民健康保险股份有限公司（深圳）与华大基因合作开发了市场上第一款出生缺陷防控保险；目前，该技术与部分地区的社保、生育保险有不同程度的结合。（2）地中海贫血保险：通过孕前常见遗传病基因检测，普及并提高孕前安全保障水平，降低重症地中海贫血人群发病率，并在新生儿疾病确诊后给予后期治疗费用等保险保障。（3）耳聋保险：通过常见耳聋基因、药物基因、遗传疾病基因检测，实现早发现、早干预，避免遗传和药物性耳聋发生，并对保障范围内耳聋的发生给予保险保障。（4）新生儿代谢病保险：对新生儿代谢情况进行筛查，发现遗传代谢病携带风险，实现疾病早发现、早干预，并对保障范围内代谢病的发生给予保险保障。

（三）特定人群疾病防控保险

基因科技有助于提高健康保险产品的针对性，细分客户需求，细化保险责任，为客户提供更多更好的选择。例如：（1）女性健康保险：预防“两癌”——乳腺癌、卵巢癌的保险。（2）儿童健康保险：预防白血病、药物性耳聋保险。（3）中老年健康保险：预防神经系统疾病保险，中老年神经系统遗传病是与衰老相关的神经退行性疾病，其发病率随着年龄的增长而增加，常见疾病包括阿尔茨海默症（俗称老年痴呆症）、帕金森病等。（4）运动保险：针对特定人群，特别是运动人群的保险，适用于有家族心脏病史或家族成员发生过心源性猝死者，有不明原因晕厥史或疑似症状者，喜爱极限运动、马拉松、橄榄球等剧烈运动或长期从事高强度工作者；通过心源性猝死基因检测，对检出遗传性心律失常早期的客户，辅以健康运动指导，减少猝死事件发生。（5）细胞存储保险：客户通过缴纳保费形式存储年轻时健康的细胞组织，用于未来患病时治疗的费用保障。

（四）长期护理保险

在传统的疾病治疗体系外，在精准医疗、精准营养、健康管理与促进等方面紧密衔接，探索为失能人群建立有效的康复护理服务体系，提高医疗费用的使用效率，提升客户病后康复率和重病生存率。在个性化精确评估监测上，包括构建健康档案，基因、代谢、免疫、微生态、生理生化、影像等贯穿组学评估档案，实时监测；在精准营养上，基因信息为精准营养提供指导，通过精准营养进行防病、治病，可以从根本上消除病根，减少并发症、后遗症；在精准运动上，利用科学的运动方法，根据个性化的先天评估和现实健康恢复水平，制定因人而异的运动康复方案；在肿瘤康复上，个性化定制的跨组学监测管理助力构建有效的康复护理，整体上，推动长期护理保险从经济财务补偿转变为精准的医疗服务补偿，解决客户“痛点”，提升体验价值。

二、定价核保

近年来，人类基因组计划催生的高通量测序仪，结合质谱仪、高分辨率影像系统等生命组学工具的日益成熟，人们不仅可以将对生命的解读从微米、纳克的尺度推进到纳米、道尔顿的分子和原子级别的微观观察极限，更可以遵从生命中心法则，从基因组到蛋白组到多组学贯穿，实现从微观到宏观、从生到死的跨尺度、多维度、多模态、全方位全周期的海量全景式生命大数据的解读和研究，因此以基因组学为基础的个人生命跨组学大数据将迎来爆发式增长。以全基因组测序为例，1 个人的全基因组包含 30 多亿个碱基对（b），折算成测序数据量至少需要 100Gb，如果考虑跨组学数据，预估未来每人每年的数据量将达到 1Tb，终生数据量将超过 10Tb。生命大数据的复杂性，需要百万的大人群的数据积累和比较才能总结出规律和导出可靠认知，70 亿人的跨组学数据将形成最庞大的数据资源。从健康医疗大数据角度看，IDC 预测到 2020 年，数据量将达到 40 万亿 Gb，是 2010 年的 30 倍。现在保险公司产品定价是基于传统的生命表、重大疾病经验发生率表，基本上是全国各种疾病发病率和保险公司理赔实际出险率等经验数据的统计，借助对生命大数据分析，结合新的医疗技术和健康风险干预，健康风险的精细分类、动态评估、精准定价将助力新型保险产品的研发，如将疾病健康风险按群体分类、计算不同地区的发病率水平等。

三、理赔管理

基因科技有助于理赔服务的重心从事后赔付向前端的预防和干预转移，从而更好地服务于被保险人健康状况的改善，有效降低赔付率、提高客户感受、提升理赔价值。预防干预上，通过用户健康教育、早筛基因检测，指导生活方式干预，积极监测护理等多种路径提升用户健康状况；诊断治疗上，通过基因检测获取个体的遗传信息和肿瘤细胞的突变信息，确认治疗靶点，选择针对性药物，实现对恶性肿瘤的早筛、早诊和精准治疗，避免当前试错治疗模式下的无效开支，提高疾病诊治与预防效益；业务价值上，保险公司把后端的赔付成本有效地降低，然后将这个成本里相当大的一部分前置做健康干预，健康促进、健康咨询、健康指导、指导用药、改变生活习惯甚至精准医疗和精准治疗，等等，最终形成一个后端赔付率下降、前端的服务成本略有上升的双赢局面。

四、客户服务

健康管理是健康保险发展的重要领域，也是健康保险专业化经营的新增长点。健康受个体基因、生活环境、生活方式、行为习惯等多种因素的影响，而且人体疾病种类繁多，风险特点差异性大，对健康管理服务的要求很高，结合前沿的基因检测等健康技术深度介入疾病预防、早诊早筛、诊疗和营养康复，为消费者提供个性化、全生命周期的健康服务。

第二节
国内外应用案例

近年来，国内外不断地有各种基因与保险的结合创新与合作的尝试出现。美国保险业 Humana 和 Anthem 等巨头都曾与基因检测服务公司合作，探索基因科技与保险结合的新模式。2016 年年初，美国规模最大的保险公司 United Healthcare 更是宣布将与专业测序公司 Paradigm 合作，将肿瘤基因检测纳入保险中。除了这些将基因科技作为服务与保险结合的模式以外，美国寿险公司 GWG Life 还在 2017 年 3 月宣布即将致力于将一项利用表观遗传学特征预测人们寿命的技术应用到保险产品的设计当中。近年来，广受关注的来自肿瘤的 DNA（circulating tumor DNA，ctDNA）技术，通过检测肿瘤患者血液中游离的 ctDNA 含量去监测肿瘤发生的情况，纳斯达克上市的一家专攻精准医疗的公司 Trovagene 已经就这项技术与保险公司达成合作协议，共同开发新的产品。与此同时，我国也不断地传出保险公司与生物产业相关公司合作的消息，如华大基因与国寿寿险合作的美丽人生女性防癌计划，光大永明人寿与博奥颐和合作的光因保，华大基因与泰康养老保险、长生树健康联合推出的新型防癌险产品——泰康健康关爱特定疾病保险，各种日渐成熟的基因科技都展现着它们巨大的潜力，实现与保险的结合。

在国外，以 HMO 经典模式为代表的美国凯撒医疗集团，其利用基因技术对其保险客户进行较全面的检测，整合保险和医疗为一体，而后根据检测结果对客户的健康医疗服务进行个性化的调整，在提高客户的医疗效果的同时，降低保费支出。同时，凯撒医疗集团旗下的 Kaiser Permanente Research Bank 在布局精准医疗大数据建库建设，整合用户的健康调查问卷、电子病历和 DNA 等数据，尝试发现一些从根本上影响用户健康的关键因素，并通过实施精准医疗大大降低无效医疗开支，凯撒医疗集团认为，把这些数据整合在一起会引起疾病诊断、治疗和预防领域的重大突破。目前的研究内容主要包括：癌症、产前和药物响应。另外，其临床研究的一大重点就是基于人群的流行病学调研，以获得更好的预防效果，通过结合医疗和健康维护数据，布局精准医疗并持续研究发现新的疾病诊疗以及预防的方法。从凯撒医疗集团的案例可以看出，保险公司能在掌握大量资金、支付方式、医疗数据和消费者的情况下，利用包括基因技术在内的生物和信息技术，真正地推动医疗健康服务效率的提升，达到降低保费支出，获得更大利润的目的——对消费者和保险公司双方而言，这是一个双赢的局面。

在国内，新的技术发展离不开保险的支持，无创产前 DNA 检测与保险的结合就是典型的“基因 + 保险”的案例。产前基因检测现作为一种近似于诊断水平的产前筛查新技术，该技术主要是用于胎儿患唐氏综合征的风险筛查，通过孕期母体的外周血（5 毫升），提取游离 DNA，对其中的游离 DNA（含有胎儿来源的 DNA）进行测序，检测仅针对 21 三体综合征、18 三体综合征和 13 三体综合征 3 种常见胎儿染色体非整倍体异常。若基因测序检查结果为高风险，孕妇必须接受羊水穿刺检查。相对于传统唐氏综合征早期介入手段，基因测序只需要抽取孕妇的外周血（属于无创检测）即可判断患病风险，方便、安全了许多；相对于抽血而言，传统的穿刺方式有颇多风险，可能造成感染甚至流产的风险。任何的技术都不是完美的，针对因科学局限性无法检出的患病胎儿给予 40 万元补偿，对检出提示高风险的胎儿报销医疗费用约 2 500 元。该模式已在行业内广泛应用，是一款非常成熟的“基因 + 保险”的应用案例。需要特别关注的是，瑞士从 2015 年开始已将无创产前基因检测纳入国家级健康保险系统，为符合要求的高风险孕妇提供强制性医疗保险（OKP），报销无创产前染色体非整倍体（染色体三体异常）筛查的相关费用；在中国，2017 年深圳也将无创产前基因检测（NITP）纳入生育保险，并作为孕妇常规筛查项目写入《深圳市母婴保健手册》。

同样，保险的发展过程中也开创“保险 + 基因”的创新模式。2017 年 5 月 18 日，华大基因联手泰康养老保险、长生树健康在上海推出了一款“基因检测 + 健康管理 + 保险保障”的新型防癌险产品——泰康健康关爱特定疾病保险，产品保障范围包括了男性 7 种、女性 9 种发病率最高的肿瘤，提供了健康档案建立、家庭医生匹配、基因检测及基础检查服务提供等前期健康管理服务，专科医院检查安排、优先转诊、入院治疗安排、院后随访等疾病诊疗服务，以及最后的医疗费用支出保障，以“早发现、早诊断、早治疗”为核心特点，涵盖“健康管理＋保险保障”的全流程服务。在华大基因与泰康养老保险本次联手的合作中，基因检测结果的意义与使用已不再局限于相关肿瘤的咨询与筛查，而是依托上海已有的分级诊疗体系和家庭医生制度，通过精准介入医疗过程，满足个性化的健康需求，提供“早筛查、早发现、优治疗、享保障”的一站式预防癌症解决方案，实现了由理赔服务向健康服务的转变，真正变保险为保健。

第三节
存在问题

基因科技的发展日新月异，目前面临的主要问题有两个方面：（1）目前规范保险业对于基因技术运用的法律法规滞后于基因科技发展的速度；（2）大众对于基因科技的教育认知脱节。

在法律法规上，发达国家颁布了相应的法律法规，如美国 10 年前颁布的《反基因歧视法》（Genetic Information Nondiscrimination Act）便对基因科技的运用进行了立法规范，其中重要内容之一便是规范了基因与遗传信息在健康保险中运用，禁止了健康保险承保、核保对于基因与遗传信息的使用；美国《患者保护与平价医疗法》（The Patient Protection and Affordable Care Act）则规定医疗保险公司应考虑患者遗传信息的个体差异，承担临床治疗必需的基因检测及咨询费用。而在我国，中国保监会在 2017 年发布的《健康险管理办法（征求意见稿）》中明确了基因与遗传信息的隐私性、禁止将其用于保费调整、客户承保等。国内外立法的出现，说明基因科技正为立法机关及监管机关所重视，但尚未充分考虑基因科技快速进步下带来的检测成本降低、信息不对称逆转、疾病风险预判、新型基因医疗方法等多维度因素。

在公众认知上，当前基因和生命产业发展的最大限制因素是科普和教育滞后带来的认知受限。之于保险业，基因技术普及和运用规范的缺失让保险业对市场上不同基因公司参差不齐的技术水平、产品认识不足，导致在服务选择和合作开展上无所适从。从更广的角度看，因社会公众认知不足及其背后的对于个人信息安全的担忧，在运用基因科技环节上，保险业还面临着诸如做好基因信息隐私保护、避免基因歧视等挑战。

第四节 未来趋势

未来基因科技与保险业一定是互融互通的关系，保险将加速基因科技与产业的融合运用，基因科技可服务于保险业的产业升级。具体来说：

一方面，未来保险更多地涉足大健康产业链，这将加快生命健康领域的创新步伐，保险业和基因科技产业互动融合，探索健康产业和健康保障融合发展的新型模式，构建共同服务全民健康的平台，更好地服务和保障全民健康。另一方面，基因科技更多地服务临床，随着基因科技的发展，人类对自身健康风险的识别与认识将日渐加深，健康管理与临床治疗上的精准干预手段也将日益丰富、普及，与疾病相关的基因检测和分析逐步从科研走向临床，为疾病的诊断提供科学的依据；基因科技的发展使数据化健康成为可能，基因科技的发展提供海量的、不同人群基因维度的健康检测、疾病发生率和疾病治疗等数据，用于健康保险更精准的定价和客户健康管理；基因科技的发展将使对人类基因遗传疾病的预测、干预和治疗变得更为精准，使得传统不可保的遗传疾病逐步变得可保，极大地扩展健康保险的保障领域，更加凸显保险的社会价值。甚至于，基因科技将影响目前保险业的经验定价体系、数据体系及产品逻辑，重新定义健康保险的可保边界、重新构建与精准保险相适应的精算模型、重新评价健康保险的业务形态和商业模式及未来健康保险的深度与广度。

基因科技与保险的结合宗旨在于促进最新的基因及生命科学技术运用于保险发展和创新之中，不断提升保险价值，发掘创新的保险运营模式与产品，持续提升人们的健康水平和保障水平。

第六章

无人驾驶

无人驾驶抑或自动驾驶技术，是指汽车依靠车内以计算机系统为主的智能驾驶仪在无需人类干预的情景下，根据周围道路及交通状况做出判断并自动完成所有驾驶操作的技术。自动驾驶技术的实现并非一蹴而就，而是根据当前技术发展的水平逐级提升汽车的智能化水平。根据美国汽车工程师协会制定的标准，汽车的自动化程度可以分为6个级别：

（1）0级（传统车辆）：当前的车辆，即完全有人来控制车辆的行使（可包含预警或干预系统）。

（2）1级（安装先进驾驶辅助系统的车辆）：车辆的转向或制动/加速由驾驶员辅助系统增强，但所有剩余动态驾驶工作将由人完成（如自适应巡航控制系统、紧急制动、车道控制）。

（3）2级（安装先进驾驶辅助系统的车辆）：车辆的转向和制动/加速由驾驶员辅助系统完成，但所有剩余动态驾驶工作将由人完成。

（4）3级（部分无人驾驶车辆）：在特定情况（如低速交通堵塞）下自动执行驾驶任务，但需要驾驶员（即响应干预请求）。

（5）4级（部分无人驾驶车辆）：在特定情况（如低速交通堵塞和市区行驶）下自动执行驾驶任务，即使在驾驶员对需求并未做出应对的时候也如此。

（6）5级（完全无人驾驶车辆）：完全由自动驾驶仪在所有道路和环境中驾驶车辆。人类仅作为乘客，无需人类驾驶员对车辆进行操作。

通过对市场的观察，我们认为当前大部分的汽车正处于L1和L2的阶段，部分由科技公司主导研发的车辆可达到 L3 甚至 L4 的水平，如特斯拉的部分车型或谷歌正在测试中的无人驾驶汽车，完全自主的无人驾驶技术尚未成熟。

第一节 多方力量助推，无人驾驶技术进入快车道

虽然完全自动的无人驾驶车辆尚未出现，但自动驾驶作为人工智能最快有望落地的一项应用，已经成为不可阻挡的科技趋势。各国政府的战略重视和政策支持、消费者对于无人驾驶技术的需求以及各类市场参与者在研发上的大力投入是主要驱动因素。

一、潜在社会效益显著，政府重点推动

作为一种具有颠覆性的出行模式，无人驾驶汽车因在交通改善和环境治理方面具有巨大的潜在社会效益而受到各国政府的重视。我们认为无人驾驶汽车主要能够从减少事故发生，缓解城市停车压力及降低尾气排放量 3 个方面为城市管理者及消费者带来益处。

首先，无人驾驶能够帮助减少甚至完全避免因人为操作失误而导致的交通事故的发生。当前整车厂已经通过在新车中加入先进的驾驶辅助系统来减少碰撞概率，而随着无人驾驶汽车智能化水平的提高（从 L0 到 L5 级别），碰撞概率将随着更多先进的智能辅助功能在汽车上的运用而进一步减小。根据 BCG 的预测，L5 级别的无人驾驶车辆，当所有的驾驶系统实现自动化后，其碰撞概率相比 L0 级别的传统车辆可下降 95%（见图 3－6－1）。同时，交通事故的减少也会有效缓解交通拥堵，避免因事故的发生而造成道路堵塞。

其次，无人驾驶汽车对城市的另外一个重大影响就是解决停车位不足的问题。传统汽车离不开人类的驾驶操作，这也决定了人们出行时必须把车停在目的地附近。因此，城市中大量人口集聚的区域（如商场、写字楼及居民区）总是面临停车位供给不足的情况。当前如 Uber 和滴滴在内的共享出行服务已

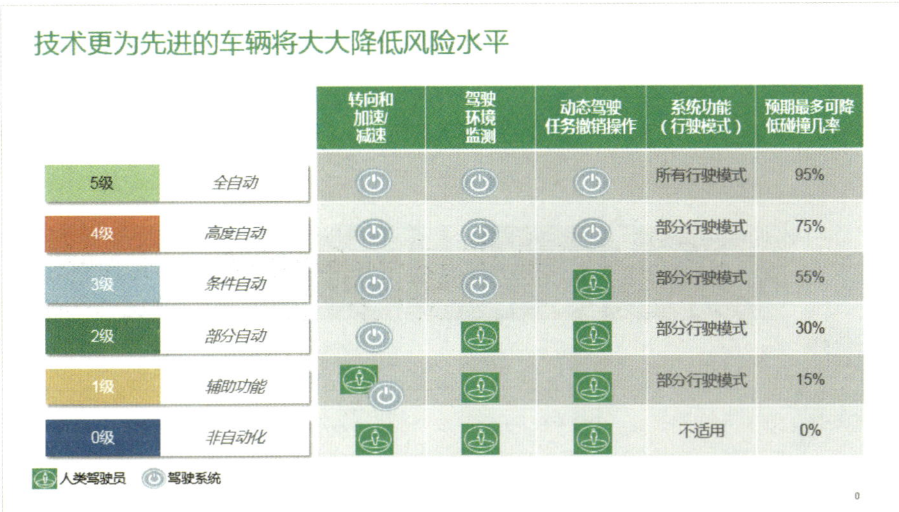

注：测算基于具有特殊动态驾驶任务要求的驾驶场景（例如：高速公路并道、高速巡航、低速交通堵塞、封锁场地操作等）。

图 3－6－1　不同等级的自动驾驶技术预期可降低的碰撞概率

资料来源：SAE（汽车工程师协会）；波士顿咨询公司分析报告。

经在一定程度上减少了居民对停车位的需求，然而无人驾驶汽车将会进一步推动这个趋势，因为这种新型的汽车将会模糊私有车辆和公共运输车辆之间的界限。比如，无人驾驶汽车在人们到达目的之后可自动前往搭载其他乘客或寻找闲置停车场，从而彻底改革现有的出行方式和停车需求。未来，无人驾驶与共享出行有可能深度融合，即大部分无人驾驶汽车都是可以共享的。在此情景下，居民不再需要拥有自己的私人汽车，甚至大部分公共交通都可以被取代。届时私人车辆保有量和停车位需求都将大幅下降。

最后，无人驾驶汽车还能帮助改善环境，比如通过减少私人汽车的使用量来降低汽车尾气的排放量。另外，无人驾驶汽车在加速、制动以及变速等方面都进行了优化，从而提高了燃油效率、减少温室气体排放。

BCG 对无人驾驶汽车可以为城市带来的效益进行了测算，我们模拟了未来城市①可能出现的4种出行场景（见图3－6－2），并计算了在每1种出行场景下无人驾驶对气体排放量、停车位数量及事故数量的影响（见图3－6－3）。

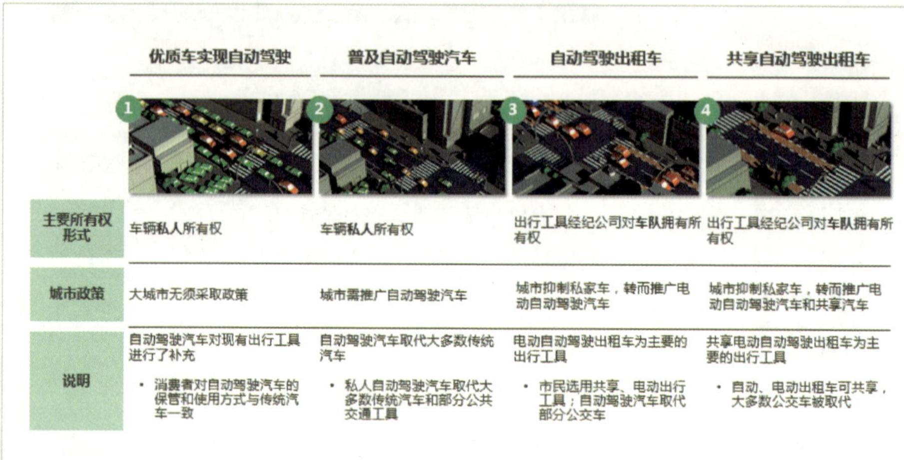

图3－6－2　未来城市的出行方式及对城市的影响

资料来源：《世界经济论坛》；波士顿咨询公司分析。

场景一：城市中仅少部分高端车辆实现了自动驾驶功能，大部分居民的出行工具仍以传统汽车为主，而政策制定者也没有采取任何措施推广自动驾驶汽车。在此情景下自动驾驶汽车能够带来的益处相当有限，仅帮助降低了一定的事故发生率。

场景二：私人自动驾驶汽车已取代传统汽车和部分公共交通工具，城市汽车保有量因此下降8%左右。同时，政府积极推广自动驾驶汽车的应用。在此情景下自动驾驶汽车能够帮助减少23%的气体排放和5%的停车位需求，发生的汽车事故数量也将下降超过一半。

场景三：城市开始抑制私家车，转而推广电动自动驾驶汽车。由出行经纪公司所有的电动自动驾驶出租车为主要的出行工具，居民已较少拥有自己的私

① 基于未来10年具有潮汐交通特点的示范城市，大约500万名居民和134万辆出租车和私家车，得出的10年后的计算结果；同时，假设私家车及出租车逐渐变为采用混合动力的车型。

家车，城市汽车保有量因此下降46%。在此情景下，汽车废气排放量和事故发生数量将大幅下降81%和86%。同时，39%的停车位将不再被需要。

场景四：共享出行模式和自动驾驶汽车深度融合，自动、电动出租车可共享。私人汽车及大部分公交车被取代，城市汽车保有量因此大幅下降59%。同时，城市与居民的益处达到最大化，汽车废气排放量和事故发生数量将大幅下降85%和87%，超过一半的停车位将消失。

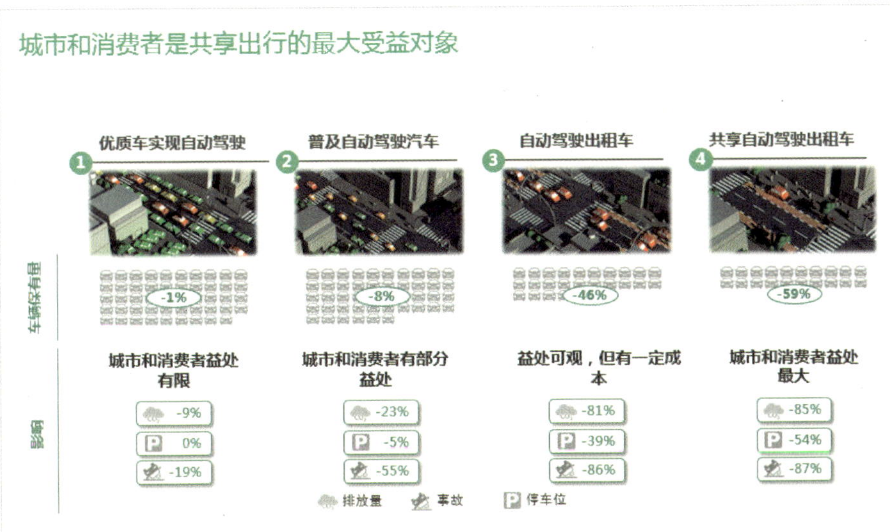

注：本图数据基于未来10年具有潮汐交通特点的示范城市，大约500万名居民和134万辆出租车和私家车，得出的10余年的计算结果；采用混合动力车取代私家车和出租车。

图3-6-3　共享出行为消费者带来益处最大化

资料来源：《世界经济论坛》；波士顿咨询公司分析。

正是看到了自动驾驶汽车所能带来的巨大益处，当前多个国家均将其视为未来战略发展的重点，相继进行立法或出台政策鼓励技术的研发。包括中国在内的部分国家已对该技术的发展进行了科学的规划，并设立了相应的进度表（见图3-6-4）。

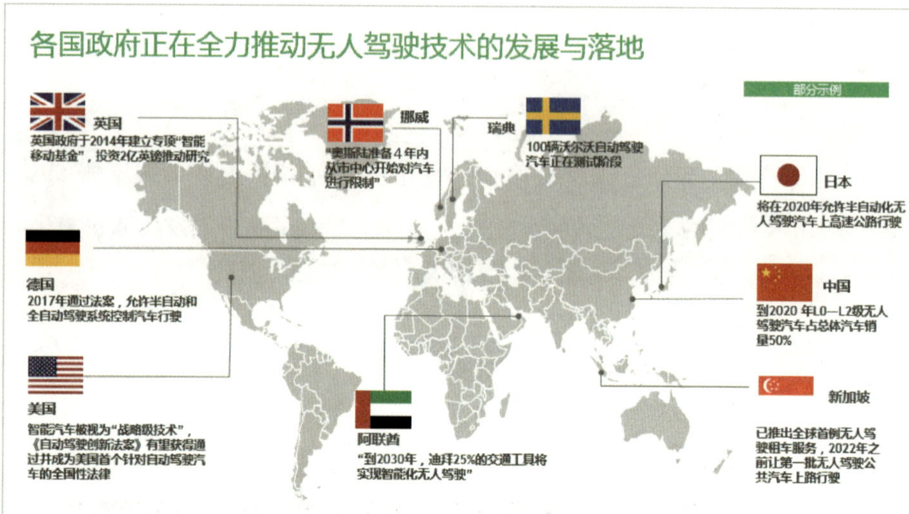

图 3-6-4　部分国家自动驾驶技术的推动政策

资料来源：新闻检索；BCG 分析。

（一）在美国，智能汽车被视为“战略级技术”

美国交通运输部于 2015 年发布《美国智能交通系统战略规划（2015—2019）》，将汽车的智能化、网联化上升至国家战略计划的核心。2016 年颁布的《联邦自动驾驶汽车政策》作为首份自动驾驶汽车联邦政策，为自动驾驶技术提供制度保障。2017 年，《自动驾驶创新法案》在众议院获得通过，有望成为美国首个针对自动驾驶汽车的全国性法律，为无人驾驶技术的发展进一步扫清了障碍。

（二）在英国，政府重金支持无人驾驶技术研究

英国政府于 2014 年建立专项“智能移动基金”，投资 2 亿英镑（1 亿英镑来自政府、1 亿英镑来自行业），推行自动驾驶相关的研究、开发、演示与部署。2017 年英国运输部联合其他政府部门为无人驾驶中所涉及的信息安全问题制定了一套新的网络安全原则，确保数据存储与传输安全、可控。另外，英国政府 2017 年 4 月表示将向宝马、福特、捷豹路虎等投资 1.1 亿英镑，涵盖

38 个项目以推动低排放及自动驾驶技术发展。

（三）在日本，设立技术发展路线图引导发展

2016 年，日本 IT 综合战略本部制定的自动驾驶普及路线图指出，自动驾驶汽车（有司机）将在 2020 年允许上高速公路行驶。当前，日本政府正在着手修订《道路交通法》和《道路运输车辆法》等相关法规，并展开事故赔偿机制的讨论。

（四）在新加坡，政府积极布局，加快无人驾驶汽车的落地

由于国土面积狭小且自然资源稀缺，人口密集而劳力不足，新加坡政府在公共交通发展和环保方面承受着较大压力。而无人驾驶车则有望帮助缓解这些难题，因此新加坡政府一直积极发展无人驾驶技术，2014 年便成立了专门委员会管理无人驾驶汽车。同时，积极地和多家无人驾驶公司展开合作，进行各类无人驾驶车辆的测试。

得益于完善的基础设施，高速网络的建设及政府的积极投入，新加坡已成为全球无人驾驶技术中的领跑者。自 2016 年 8 月开始，无人驾驶初创企业 NuTonomy 上路测试无人驾驶出租车，甚至允许受邀用户进行预约体验，这是全球第一个面向公众开放的无人驾驶测试项目。另外，交通部长在 2017 年 11 月宣布，政府计划在 2022 年之前让第一批无人驾驶公共汽车上路行驶。

（五）在中国，将发展无人驾驶汽车作为国家战略核心

2017 年工业和信息化部表示，发展无人驾驶汽车是包括“中国制造 2025”“互联网 +”和“汽车产业中长期发展规划”在内的国家战略核心，并设定了到 2020 年 L0—L2 级无人驾驶汽车占总体汽车销量 50% 及网联汽车占比 10% 的明确目标。于 2017 年下半年开始加速推进无人驾驶汽车相关立法。

目前，国内已有部分企业开始进行无人驾驶的道路测试。例如，2016 年，长安汽车的两辆 L3 级别的无人驾驶汽车上路测试，从重庆出发，途经四川、

陕西、河南、河北后抵达北京，行程近 2 000 公里。百度与雄安政府于 2017 年 10 月签署合作协议，将在雄安新区建立无人驾驶高新产业示范区，并将旗下自动驾驶项目 Apollo 落户雄安；同年 12 月百度无人驾驶汽车首次在雄安新区获得试车许可，未来将进行更大规模的无人驾驶汽车上路测试。

整体来看，各国在相关法规标准制定上的侧重各有不同，但都着重在定义、分级、技术开发、汽车制造以及各项安全法规和道路交通规则等基本层面，由此可见对无人驾驶技术的监管和立法尚在探索阶段，距离成熟法律和监管条例的出台仍需一段时间。

二、消费者持开放态度，乐于接受无人驾驶汽车

消费者的态度对无人驾驶的发展至关重要，获得消费者的接受和认可是无人驾驶汽车最终能够实现商业化并盈利的前提，也是刺激政府及各类公司不断投资研发该技术的条件。幸运的是，BCG 通过对全球 10 个国家的 5 500 名消费者展开调研，发现消费者大多对无人驾驶汽车持开放态度。

（一）大部分消费者愿意驾驶和拥有自动驾驶汽车，主要因为安全

在调查中有一半以上（58%）的消费者表示他们愿意乘坐一辆无人驾驶汽车或考虑购买一辆这样的汽车，只有 22% 的受访者反对使用自动驾驶汽车，27% 反对拥有自动驾驶汽车（在这两种情况下，其余受访者要么积极表示愿意接受这种技术，要么保持中立）。消费者愿意购买无人驾驶汽车主要因为他们认为无人驾驶汽车较非无人驾驶汽车更加安全。

消费者对安全的重视从他们对当前汽车安全配置的要求即可体现出来，调查显示，大约 80% 的消费者愿意付费购买事故预防技术，不管该技术会使事故减少 20% 还是 50%，愿意付费的比例没有太大差别。75% 的消费者甚至会将该功能视为加快他们实施购买计划的因素。由此可见，安全与否是决定消费者是否购买一辆新车的重要条件。我们还发现，大多数消费者愿意多花费 5 000 美元购买自动驾驶汽车。

（二）解决停车问题和解放双手也是消费者青睐无人驾驶汽车的主要原因

除了安全之外，消费者也非常注重无人驾驶汽车能为他们带来的其他益处，自动泊车和解放双手是他们最常提及的另外两个因素。32% 的消费者将无人驾驶汽车可以自动停车，自己因而不用为停车费尽心神作为购买的原因之一。如前文的情景假设中所述，在当前人口向大城市集中，城市空间不断压缩的情况下，寻找车位是每个城市司机经常面临的难题。无人驾驶汽车在送达乘客后会自动寻找闲置停车位，或是在共享的形式下，前往搭载下一位乘客，因此可以非常有效地解决停车难的问题。

同时，也有相同数量的消费者认为无人驾驶汽车可以帮助他们从驾驶行为中解放出来。特别是对于那些并不享受开车体验的驾驶员来说，无人驾驶汽车对于他们最大的诱惑就是不必再紧紧抓住方向盘不放，而是可以利用出行的时间去放松或执行其他工作，从而也就让出行变得更有成效。特别是在遇到交通堵塞时，大多数司机希望这时能将汽车转换成无人驾驶模式，避免重复单调的驾驶动作并节约出时间来休息或完成其他工作。

安全、自动泊车及解放双手是消费者愿意购买无人驾驶汽车的主要理由。但是，他们愿意为无人驾驶技术支付多少金额？调查显示，有 43% 的消费者愿意花费更多钱购买有无人驾驶功能的车。而在这之中，有 62% 的回答者表示，愿意额外花费超过 5 000 美元来购买无人驾驶汽车。

（三）无人驾驶汽车也被视为是不安全的，具体情况因人而异

如前文提到的，对于那些愿意使用自动驾驶汽车的受访者而言，安全是主要原因。然而，当被问及是否会让自己的孩子单独乘坐无人驾驶汽车的问题时，只有 35% 的家长表示愿意，表明消费者对无人驾驶汽车的安全性仍存疑虑。另外，自动驾驶汽车反对者之所以不愿意拥有自动驾驶汽车，主要也是担心安全。对于这些消费者来说，完全放弃对车辆的控制权会让他们感到不安。

消费者对无人驾驶汽车的其他顾虑还包括，担心无人驾驶汽车的系统可能会被入侵，以及个人隐私信息的泄露，等等。

我们还发现，在现阶段，消费者对无人驾驶技术的态度非常容易受到独立事件的影响，如特斯拉无人驾驶汽车事故的新闻报道很容易对消费者造成无人驾驶技术不够安全的观感。因此，尽管这些是不可避免的，但通向无人驾驶汽车的道路可能并非一帆风顺。

（四）多数城市驾驶员认为他们会在 10 年内拥有无人驾驶汽车

在我们所调查的国家中，新兴国家的消费者预计比发达经济体的消费者先开始使用自动驾驶汽车技术。其中，巴西和中国的消费者对于无人驾驶技术的完全成熟抱有最为乐观的态度，在两个国家中分别有 64% 和 65% 的消费者认为他们会在 10 年之内拥有自动驾驶汽车。与之相对，发达国家的消费者则显得更为保守，比如在美国，仅 33% 的消费者认为完全无人驾驶汽车技术会在 10 年之内实现。

三、传统整车厂和新兴科技企业争先实现无人驾驶技术

有了政府的支持和消费者的青睐，无人驾驶汽车已经显示出了巨大的商业潜力，也吸引了以传统整车厂和科技公司为主的各类企业对该技术进行持续的投入。整车厂与那些来自科技领域的市场进入者也正在展开一场竞赛，竭力尽早实现无人驾驶。但是，两者在无人技术发展的方向上，采取了两种不同的策略。

作为汽车市场最主要的参与者，整车厂倾向于温和渐进的策略，通过对现有车型进行升级和更新，加入更多的安全保护和驾驶辅助系统，逐步提高汽车的安全性和智能化水平。整车厂也选择首先在高端车型上配备自动驾驶模块。科技公司则选择一种截然不同的道路，与科技企业快速迭代的文化相同，大多数公司都希望尽快实现较高级别的无人驾驶技术。他们选择直接对高级技术进行研发和测试，并运用测试结果迅速改进技术，争取较早落地。科技公司也更倾

向于和第三方进行合作，比如与市政府、出租车行业或者那些需要提供班车服务的企业（如教育机构）合作在小范围内测试他们开发的产品（见图 3 -6 -5）。

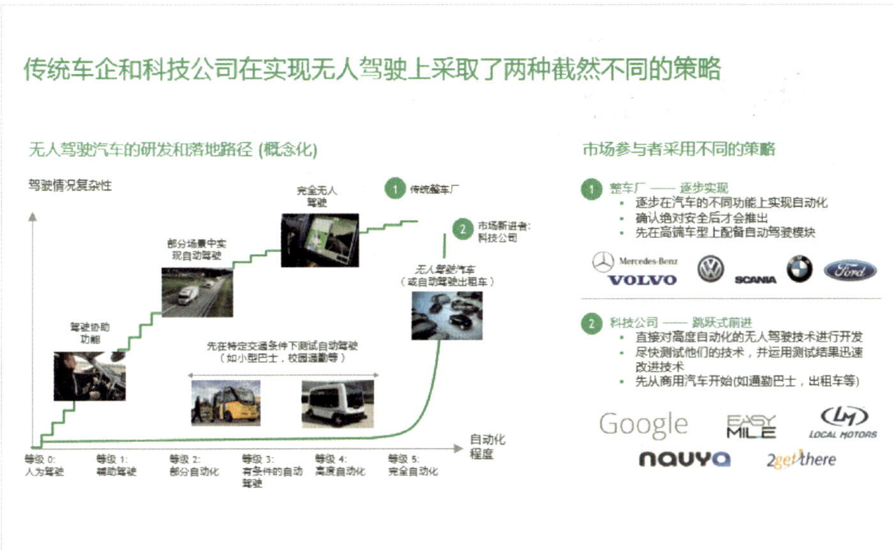

图 3 -6 -5　传统车企和科技公司在实现无人驾驶上采取的不同策略

近年来随着消费者和监管机构对于汽车安全性能的重视不断提高，对新车通常有强制性的安全性能要求。在欧洲，新车需要安装一定的事故预防和减轻功能才能获得新车评估测试的 5 星评级。因此，整车厂在生产新车时也更加注重添置更多安全辅助功能来提升对消费者的吸引力及满足监管机构的规定。当前领先的整车厂已经开始通过给汽车装载安全装置和泊车辅助系统来提升整体的安全性能和智能化水平。例如，梅赛德斯奔驰轿车装载标准的防撞辅助系统（包括盲点辅助和车道偏离报警）及疲劳检测系统（见图 3 -6 -6）。

各整车厂也加大投入开发自动化水平更高的无人驾驶汽车。虽然对于完全成熟的无人驾驶汽车（L5 级别）何时可以落地目前并没有一个统一的时间点，但我们注意到大部分整车厂都有计划在 2020 年左右推出自动化水平较高（L3 或 L4 级别）的无人驾驶汽车（参见图 3 -6 -5）。

注：疲劳检测系统指奔驰 S－550 装载标准防撞辅助系统和疲劳检测系统。

图 3－6－6　梅赛德斯奔驰汽车配置的智能驾驶系统及辅助驾驶功能

资料来源：梅赛德斯网站、BCG 调查、汽车新闻。

（1）福特：自 2015 年宣布开发无人驾驶汽车技术后，先后收购人工智能企 Argo AI 及计算机视觉和机器学习公司 SAIPS 进行相关技术的开发。目前，公司自行研制的完全无人驾驶汽车在迈阿密街道上进行了测试。计划在 2020 年左右在全系车型中普及包括自动刹车在内的主动安全技术。

（2）通用：2016 年年初以 10 亿美元收购无人驾驶技术创业公司 Cruise Automation，全力进军无人驾驶领域。2018 年 1 月宣布旗下具备 L4 级自动驾驶的无人车 Cruise AV 可在 2019 年底投放量产。

（3）宝马：携手软件公司英特尔共同开发无人驾驶技术，并在 2017 年投入约 40 辆轿车在欧洲和美国进行路面测试，计划在 2020 年左右推出 L3 级别的自动驾驶汽车，并最终在 2030 年推出完全无需人为操作的自动驾驶汽车。

（4）丰田：2015 年底，丰田宣布将投入至少 10 亿美元，在硅谷建立无人驾驶和机器人研发中心。随后与包括英伟达在内的多家科技企业合作共同开发无人驾驶技术。计划在 2020 年推出能实现在高速路上自动驾驶的汽车。

新的创新者也在加入市场，科技公司和共享出行服务公司都在运营无人驾驶汽车项目。相比传统整车厂在完全无人驾驶技术实现的时间上较为谨慎的态度，科技公司在技术成熟的时间上显得更有信心。例如：

（1）谷歌：2018 年 3 月谷歌旗下的无人驾驶公司 Waymo 宣布，其无人车测试里程已达 805 万公里，并在接下来的几个月部署第一批完全不配备安全员的无人驾驶汽车进行测试。其无人车计划到 2020 年实现广泛应用。

（2）特斯拉：2017 年其创始人马斯克宣布，特斯拉汽车将在 2020 年之前实现完全自动驾驶。

（3）百度：2018 年 6 月在亚洲消费电子展（CES Asia）中展示了可量产的无人驾驶小巴（Apollo Pilot），预计 2019 年推出无人汽车。

（4）优步：正在对自动驾驶汽车进行公路测试。

（5）苹果：虽未正式发布无人驾驶计划，但据媒体报道苹果公司计划在 2019 年推出无人驾驶汽车，其管理层强调汽车行业将实现的改变，并聘请汽车专家。另外，2015 年苹果公司同加利福尼亚车辆管理局官员会面，并就无人驾驶车辆进行了讨论。

四、预计完全无人驾驶汽车将在未来 10 年内落地

有了政府的大力推动、消费者的认可及各大企业的持续投入，无人驾驶汽车似乎已触手可及，但关于何时能实现真正的无人驾驶尚存诸多争论。我们认为，这个问题的答案主要取决于各整车厂及科技公司的计划。作为无人驾驶市场的主要参与者，他们的产品研发进度将直接决定消费者能何时享受到无人驾驶所带来的便利。根据整理当前整车厂及科技公司已公布的计划我们观察到，2020 年及 2025 年可能是无人驾驶技术发展的两个关键时间节点。首先，如前文所述，整车厂在发展无人驾驶技术上倾向于温和渐进的策略，通过在旗下车型上逐步配备和升级自动驾驶模块来实现无人驾驶技术。当前大部分整车厂都有计划在 2020 年左右推出自动化水平较高（L3 级别或 L4 级别）的无人驾驶汽车，并在 2025 年左右实现家用汽车的完全自动化驾驶。科技公司虽然相比整车厂要更为激进，但至少宣布也在 2020 左右才能推出完全无人驾驶的汽车，谷歌旗下的无人驾驶公司 Waymo 也认为 L5 级别的无人驾驶汽车落地尚需一段

时间。目前来看，大部分企业选择 2020 年作为一个时间点来推出他们 L3 级别或 L4 级别的无人驾驶汽车，部分企业如福特则有望推出商用的成熟的无人驾驶汽车。而面向普通消费者的家用 L5 级别的无人驾驶汽车则最快可能在 2025 年左右落地（见图 3－6－7）。

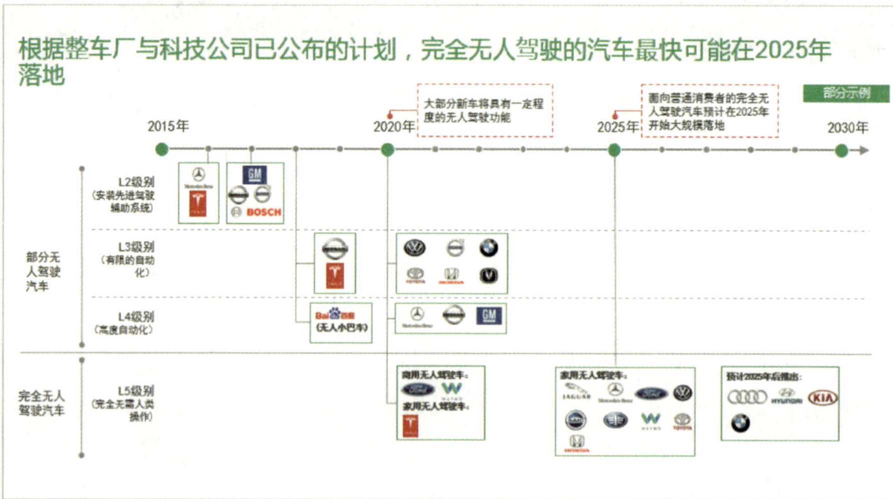

图 3－6－7　整车厂商已公布的无人驾驶汽车生产计划

资料来源：新闻检索，BCG 分析。

对保险企业的调研发现，大部分的保险企业认为虽然无人驾驶技术带来的颠覆不会立即发生，但完全自动驾驶技术的成熟也并不需要等待太久。调查显示，接近 60% 的受访保险企业预计最高级别的完全自动驾驶技术将在未来 6—10 年之内成熟。另外，我们预测最初阶段无人驾驶汽车的应用会比较缓慢，但之后会高速增长。当前大部分消费者已经拥有了 L1 级别安全功能的新车，可是具备 L3 级别或以上安全功能的车辆很少。但是，我们估计无人驾驶汽车的渗透率将不断增长（见图 3－6－8）。

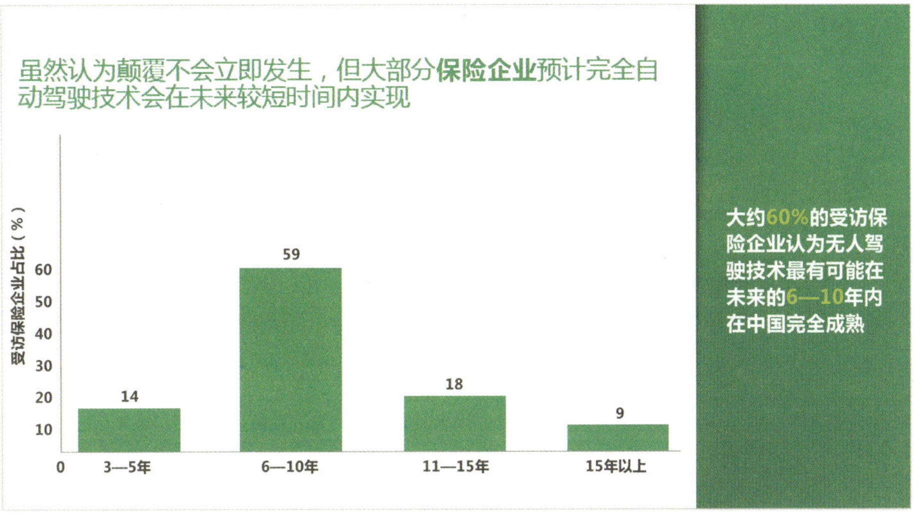

图 3-6-8　保险企业对完全自动驾驶技术实现时间的预计

资料来源：中国保险业协会针对保险科技进行的调查问卷，调研范围为各类型中国保险公司共计 130 家，该问题共收集 128 份有效回答。

第二节 无人驾驶技术是车险行业的潜在颠覆者

一、市场规模：短期有助于盈利提升，长期风险池减小

简单来说，我们认为无人驾驶技术的进步对车险的影响可以分为短期和长期两类。短期来看，汽车安全性能的提升会减少碰撞事故的发生，车险客户的理赔频率将显著下降，理赔费用的增长也将放缓。同时，大数据分析、车联网技术的应用及“联网汽车”的出现将使得保险公司对驾驶数据有更加全面地掌握和分析，进一步提高了保险公司的定价能力。另外，也会加速如 UBI（基于使用的保险）等基于车联网技术的保险产品的发展。相对应的，市场上车险公司的盈利能力和保费增长将在短期内得到提振。然而从长期来看，保费池的规模有可能因为安全技术的提高而大幅度地缩小，同时预计剩余的风险池也

将与当前非常不同，我们将在后文进行详细讨论。

（一）事故的减少让保险公司的盈利情况短期内得到提升

如前文提到，安全是消费者看好无人驾驶技术最主要的因素之一，技术的进步所带来的驾驶安全的提升将在短期内帮助提升车险公司的效益。首先，大约90%的事故是由人为失误造成的，而整车厂对各类辅助驾驶及安全系统的使用会逐渐减少驾驶中的人为操作，从而大大降低事故的发生频率。我们预计，L5 级别的无人驾驶车辆的出现能够将碰撞概率降低 95% 左右。另外，更多“联网汽车”的出现使得驾驶数据的采集和分析更加简便、全面，事故的分析也越来越准确并且保险欺诈事件也会得到控制，进而提升保险公司的效益。虽然各类车载智能设备和技术的应用会推高受损汽车的维修费用，但是我们认为其影响将会很小，因为随着碰撞发生的概率降低，赔付额度较高的人身伤害损失随之减少，较高的高级汽车维修成本可被抵消。

事实上，这样的影响并非只有到最终 L5 级别的无人驾驶汽车落地时才能被察觉到，保险公司现在已经可以感受到安全辅助驾驶技术的进步为他们带来的影响。随着越来越多的车载安全功能和自动汽车的出现以及外部技术的应用，当前汽车事故的发生率已显著下降。

（二）无人驾驶远期会导致保险风险池的大幅缩小

尽管短期之内保险公司会从无人驾驶的广泛应用中得到益处，但从长期来看，无人驾驶技术则可能对汽车保险市场产生颠覆性影响。主要体现在保费池的规模将会大幅度地缩小，同时剩余风险池将会与当前非常不同。同时，因为产品责任的增加、团体汽车保险的大量购买和新出行模式的出现，所以剩余风险池并非全部都是传统参与者可以触达的。

我们认为，长期来看无人驾驶技术对车险可保风险池的影响将分为 3 个阶段：

初始阶段（浪潮 1，当前）：共享出行的普及率低，预计不会对汽车保有量产生重大影响。有 L1 级别和 L2 级别车辆上路，车联网技术开始流行，数据得到更好地利用，数字化也正在进行中。

过渡阶段（浪潮2）：新的出行方式开始对汽车数量和产品产生更大的影响。L1级别和L2级别车辆的普及率上升，L3级别和L4级别车辆被引进，大大降低了事故发生频率。理赔费用会随着高级车辆维修费用的增加而增加，但由于碰撞发生的速度放缓，人身伤害赔偿成本可能会降低。

深度重塑的市场（浪潮3）：大部分里程是通过共享出行完成的，先进的L5级别无人驾驶技术的引进大幅度缩小了可保风险池（假设碰撞频率降低95%）。剩下的汽车保险市场，将由销售给个人客户的零售车险产品向销售给出行公司的团体汽车保险转型。同时，有机会发展因无人驾驶汽车故障而发生事故前的产品责任险。

BCG和摩根士丹利就无人驾驶技术对车险市场规模的影响进行了测算，我们假设了两种场景，“有限颠覆”和“巨大颠覆”。在“有限颠覆”的场景中，我们预计市场将平稳、顺利地过渡到更高级的自动驾驶汽车，而对总体保险费产生的即时影响是有限的。而在“巨大颠覆”的场景中，由于政策或监管的催化，各方将更快地采用无人驾驶技术。根据测算结果，在“有限颠覆”的场景下，我们预计到2040年，成熟经济体中保险市场规模将比2015年的规模萎缩15%—72%。在“巨大颠覆”的情景中，由于技术、监管和社会因素的结合加速了汽车保险市场的转变，对车险保费的影响也更为深刻，预计到2040年市场规模将减少54%—84%。例如，在“巨大颠覆”的情景下，到2040年，日本的车险保费将比2015年降低84%，英国将降低74%，美国将降低66%，法国将降低54%。另外，相比于发达市场，发展中市场受到的冲击可能相对较小，虽然随着时间的推移，更安全的汽车开始上路后，每公里的保费可能下降，但是汽车保有量和总行驶里程仍会增长，对应增长的保费将足以弥补单位保费下降造成的差额。例如，我们测算中国车险市场在2015—2040年将上涨3倍。主要是因为中国的人均里程数及汽车保有量的增速相比于发达市场快得多，这将在市场层面上抵消每公里保费的减少①。另外，发展中市场

---

① 详细的测算方法及针对不同国家在“有限颠覆”及“巨大颠覆”情景下，无人驾驶对车险保费的详细影响分析，请参见波士顿咨询与摩根士丹利联合发布的《车险2.0报告》。

的高级无人驾驶技术的普及速度可能稍慢于成熟市场，这在一定程度上也会减缓对车险保费的影响。

通过对保险企业的调研，我们发现当前大部分保险企业都已意识到了无人驾驶技术将会对车险保费造成较大程度的影响。但是，仍有少量保险企业沉浸于一种“虚假的安全感”中，认为无人驾驶技术对车险保费无影响或影响较小。另外，有1/3的险企虽然认识到了无人驾驶可能带来威胁，但无法判断具体的影响程度（见图3－6－9）。针对将要到来的巨大改变，我们认为国内的保险公司应该予以足够的重视并立即行动，通过积极的变革来适应科技所带来的新形势和挑战。

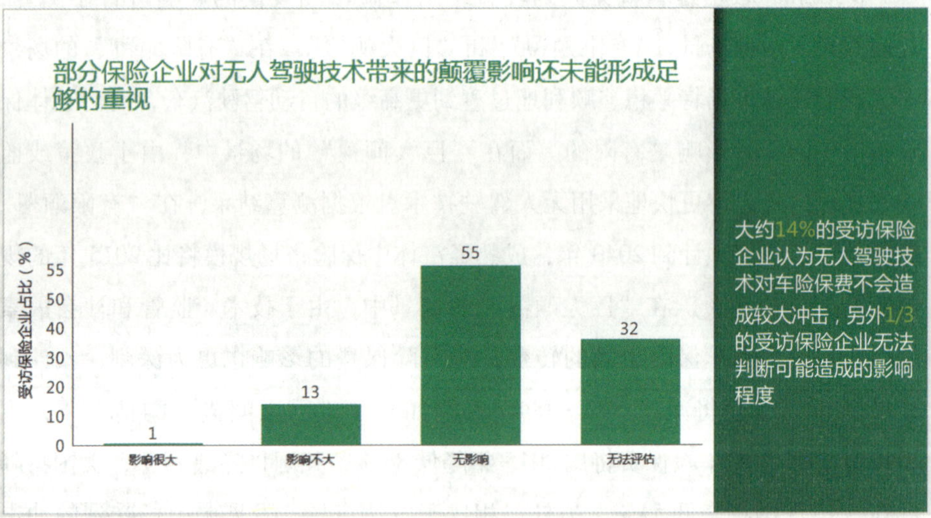

图3－6－9　保险企业预计自动驾驶技术会对车险保费造成的影响程度

资料来源：中国保险业协会针对保险科技进行的调查问卷，调研范围为各类型中国保险公司共计130家，该问题共收集128份有效回答。

二、保险产品的创新：如基于使用的保险及新的责任险种

实现完全无人驾驶首先需要对汽车和驾驶数据进行整合与联通，机器通过对各类驾驶和路况信息的分析和学习，最终实现对人类的模拟来操控汽车。随

着汽车智能化水平的提高，越来越多的智能设备被内嵌于新开发的车型，在显著提升驾驶安全水平的同时，也能够提供更加全面和翔实的驾驶数据。根据市场上已公布的整车厂计划，我们预计到2020年所有的汽车都将进行联网，无论是通过车载设备还是借助智能手机等移动设备（见图3－6－10）。同时，社交媒体网络的不断扩大、物联网技术的发展和应用、电子商务和数字服务的成熟，来自第三方的数据交易量也呈指数级别的增长。保险公司将因此而受益，因为有更多的数据可用来对保险进行定价和定制。

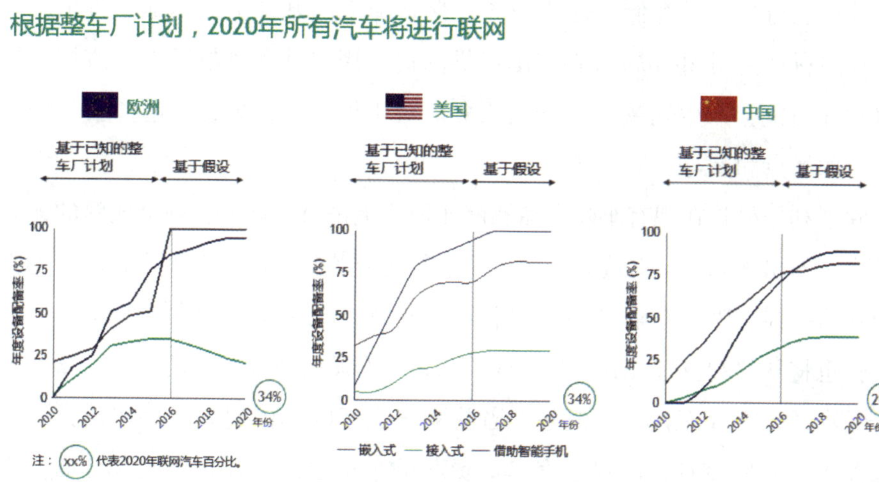

图3－6－10　预计各地区至2020年联网汽车所占百分比

资料来源：SBD全球终端用户调查，BCG分析。

其中，UBI（基于使用的保险）是目前较为常见的利用车联网技术进行数据收集和分析的保险产品之一。其原理是根据司机的驾驶行为、用车频次和所在地点等信息来拟定保单价格。当前UBI保险的渗透率增长缓慢且在各市场间差异较大。例如，在英国和意大利，车联网保单越来越受欢迎，这主要是由于传统汽车保单价格高昂，对年轻司机而言更是不堪重负。在部分新兴市场如波兰，由于保单价格本就不高，车联网保单没有多大吸引力。但是，联网汽车可能会加快这类保险的发展，主要是因为智能设备的使用和汽车的联通有效地提高了数据的可得性和准确性，有利于保险公司更精确地定价和增加对汽车保险成本的控制。而消费者也乐于分享与汽车保险相关的驾驶数据以换取较低的保费。当前已有多个保险公司在市场上推出了这类保险。例如，韩国东部保险公司与 SK 电讯（SK Telecom）导航系统（Tmap）合作，于 2016 年 4 月推出了基于用量的保单。在行驶里程超过 500 公里后，该系统会启动，司机有资格获得价格更低的保险。若司机的驾驶评分大于 61%，则可以享受 5% 的优惠购买韩国东部保险公司的保险。

另外，车联网还可用来提供增值服务。增值服务可包括驾驶辅助、燃油经济性建议、行程数据存储，这些服务在保费降低的基础上又增加了价值。例如，保险科技公司 Metromile 在美国提供的提醒用户其车辆附近将要清扫的街道（停车可能会产生罚款）的增值服务。对于保险公司来说，这些服务增加了客户的触点和参与。

除了利用科技在现有车险产品和商业模式上进行创新外，完全成熟的无人驾驶汽车的出现则可能对现有车险产品进行完全革新。由于无人驾驶汽车不再需要人为操控，因此车辆（而非驾驶员）将逐步成为事故的主要来源，事故的责任也将从驾驶员转移到产品。简单来说，车险有可能完全消失，而新的车辆产品责任险将取而代之。但是，当前关于责任的具体划分还存在较大的争议，关于“谁应该对自动驾驶汽车负责”的争论也从未停止。立法方面，当前各国对于无人驾驶的责任划分也尚无明确的立法。2017 年 2 月，英国出台《汽车技术与航空法案》，陈述了当涉及自动驾驶汽车发生事故时的责任分配问题，以及影响责任判定的因素。该法案规定，保险公司将直接对涉及无人驾驶的事故中的无辜的受害者进行补偿，但假如事故是由于汽车制造商的技术问题或车主的个人操作问题造成的，保险公司也能够从汽车制造商或车主处重新获得赔偿。然而，当前该法案只适用于部分受到英国政府认可的无人驾驶车辆，且在具体施行中还面临诸多问题。

另外，当前我们已经看到有保险公司开发新的责任险种来解决无人驾驶车辆相关的产品责任问题。例如，英国汽车保险公司 Adrian Flux 于 2016 年 6 月推出了无人驾驶汽车保单，针对两类司机，即已有具自动驾驶功能的汽车的或正考虑购买具无人驾驶/自动驾驶功能的新车的。该保单承保与自动驾驶汽车技术相关的特定技术风险，如网络黑客导致的损失或损坏、软件在发布24小时内未能更新导致的风险、卫星/导航失败、发生软件或机械故障时司机使用手动操作避免碰撞或事故但未能成功、其他制造商软件或授权车内软件故障。除承保上述风险以外，该保单也同时提供标准车险。

三、新竞争者加入：利用数据优势抢占市场份额

在面临车险市场萎缩的同时，保险公司还要担心新的市场进入者利用自身的数据优势来抢占市场份额。主要是因为新技术带来的全新的数据维度和数据获取渠道颠覆了传统保险公司的竞争优势。过去，传统保险公司拥有司机或有关部门报告的事故信息专有数据，而且还拥有（有限的）个人信息，这是没有丰富历史数据的新从业机构进入市场的壁垒。现在，从诸如联网汽车、智能手机、政府数据和驾驶协会等新来源可实时获取数据，但这些来源的数据在很大程度上属于他方。例如，整车厂、软件或硬件供应商、电信公司和科技巨头也将获得比保险公司以传统方式获得的更为详细的驾驶和非驾驶行为信息。我们认为未来主要有3类新的市场进入者将会对传统保险公司发起挑战，竞争者分别是整车厂、科技巨头及电信公司，下文中将分别对这3类潜在市场颠覆者进行讨论。

（一）整车厂

整车厂作为无人驾驶技术最主要的参与者，未来可以通过自己品牌下的无人驾驶汽车积累大量的驾驶数据，而保险业务无疑是整车厂将数据变现的重大机会。事实上，整车厂以自有的汽车业务为桥梁涉足相邻的金融业务早有先例。很多整车厂通过其高度成熟的自营汽车融资/租赁业务，已建立大型金融服务业务部门。例如，宝马金融服务业务的资产占整个集团资产的70%左右，其金融业务对资产负债表的影响远高于制造业务。

随着嵌入式车联网技术和互联数据的发展，并结合数据保护政策环境来看，整车厂和汽车司机可能是所有数据的最终所有者，而非保险公司。一种潜

在的场景是，未来整车厂将拥有与风险定价相关的大部分数据，而保险公司则不得不花钱从整车厂购买风险定价所需的数据。另外，车联网和大数据分析等技术的发展也将使定价变得简单和精确。未来，仅依据车联网数据进行风险定价的结果，其准确性可能相当于通过传统精算方法进行的定价。另外，联网汽车让整车厂在车险客户的触达方面也较保险公司更有优势，比如整车厂可以利用智能汽车仪表盘向客户推送特定保险产品。因此，未来传统整车厂完全有可能利用自身的数据和客户接触点优势来开发和销售相关车险产品，从而将传统保险公司挤出这个市场。

由于保险业务与其他汽车金融服务在价值链各环节上的不同，整车厂接管整个保险价值链可能尚需时日。但是，随着整车厂越来越了解保险知识及其业务成熟度越来越高，最终整车厂将拥有自己的保险客户。当前已经有一部分整车厂开始推出保险服务，比如特斯拉计划向消费者推出了一体化套餐服务，即用户为特斯拉电动汽车支付一次性保险保养费用，覆盖汽车的整个生命周期，所有费用都包括在了汽车的购买价格之中。特斯拉表示当前他们仍考虑与保险公司合作来推出这套服务，但不排除将来完全依靠自己来推出保险产品。

（二）科技公司

与整车厂类似，科技公司与保险公司相比在数据获取、客户互动频率和参与深度方面具有较大优势。但是，不同于整车厂已建立了大型金融业务服务部门，科技公司在涉足金融领域时较为谨慎，尽量避免被当作金融机构而受到更为严厉的监管。因此，科技公司更有可能会优先在保险价值链中利润丰厚（且轻资产）的分销环节进行布局。比如之前谷歌上线的Google Compare（已停运的保险比价网站），以及我国的科技巨头腾讯和阿里在自己移动端上线的保险代销功能就是这种思路的体现。

另外，科技公司对客户洞察的深度，尤其是在涉及与汽车保险定价相关的数据的分析上对保险公司也具有一定的威胁性。而这将有助于科技巨头向客户提供具有竞争力、定制化的保险产品。国内科技公司在利用培育和发展保险科技方面较国外公司更加活跃，如阿里成立保险大数据实验室，对大数据分析在保险行业的运用进行深度探索。腾讯则选择与中英人寿进行战略合作，成立“腾讯金融云—中英人寿大数据实验室”，在大数据方面进行全面的实验合作与业务落地，涉及精准营销、核保、风控、人脸核身、生物特征认证、双录质检等方面。因为对业务的熟悉尚需一段时间，科技公司可能最初会选择与保险公司合作提供保险产品。但是，随着时间的推移，这种经济关系带来的收益将明显偏向科技公司，科技公司将拥有客户并能提供风险定价所需的大部分数据。

科技公司所拥有的另外一个优势在于客户的触达能力，特别是通过移动端向客户推荐和销售保险产品。据估计，截止到 2017 年年底，全球智能手机用户数量已达到 23.9 亿人，为科技公司提供了庞大的潜在客户基础及数据源。同时，客户也并不排斥通过移动手机端购买保险产品。这些因素无疑都为科技巨头进入保险产业提供了良好的条件。

（三）电信公司

电信公司是第 3 类潜在的颠覆性威胁，有潜力利用强大的司机渠道和数据洞察来销售汽车保险。我们认为在这 3 类颠覆性威胁中，电信公司的潜在威胁最低，因为当前电信公司还未能充分将物联网技术变现。但是，我们发现电信公司可能会在这一领域变得更为活跃。

与科技巨头颠覆模式类似，智能手机将是电信公司获取客户的关键工具。未来，电信公司会将多种类型的新设备与移动服务合同绑定，主要针对通话服务和数据传输。但是，我们看到一些电信公司已与车联网技术提供商合作打造相关服务，而这些服务可以用于保险目的。例如，电信公司 Vodafone 于 2014 年收购了车联网技术公司 Cobra，以强化其联网汽车的能力和服务。Vodafone 通过在汽车上安装类似黑匣子的装置收集实时司机行为数据以用于风险定价，黑匣子还可用于跟踪被盗车辆和提供定位服务。当前该服务的客户包括奥迪、宾利、兰博基尼和雷诺等整车厂以及保险公司。未来，电信公司可利用从应用程序收集的司机行为数据有针对性地向客户推送保险产品。

虽然有进军保险行业的潜力和可能，但截至目前，电信公司仍然主要是依靠向用户提供通话和数据传输服务为主，仅有极少部分的电信公司开始尝试通过手机端来分销保险（如英国电信公司 O_2 或发展中国家的小额保险平台）。另外，尽管电信公司有大量关于司机的个人信息数据，但这些数据并不都与汽车保险风险定价相关，这也使得电信公司很难像整车厂那样具有独立开发车险产品的能力。

第三节 车险企业的应对之道

无论接受与否，无人驾驶带来的挑战都已近在眼前。虽然短期内行业颠覆的可能性不大，但考虑到未来颠覆的剧烈程度，保险公司应尽快从根本上重新考虑其运作模式的各个方面并迅速调整以适应将来的挑战。我们认为保险公司可以主要利用 3 个“抓手”：数字化转型、建立合作伙伴关系、进入临近的业务市场。

一、数字化转型：打造以科技为核心的价值链

为了应对科技进步所带来的挑战，保险公司首先应该提高自身的数字化和科技水平。要保持竞争力，保险公司必须在产业链的各环节加大技术的运用，改善数据采集、分析和风险管理能力并实现卓越的成本效率。

在前端，保险公司可以通过优化自身的线上及移动端平台来提升客户的数字化体验，包括通过技术简化购买流程和提供更加个性化的产品来获得效益。同时，通过建立线上直销的渠道，保险公司可以有效地化解来自第三方如科技公司的比价平台的威胁。另外，保险公司可以利用手机应用程序，积极地提高与客户互动的频率，增加客户的留存率。手机应用程序还可以集成黑匣子功

能，帮助保险公司收集客户数据进而提供驾驶诊断。我们认为未来可能出现的一种趋势是，保险公司的应用程序不是独立的，而是与市面上流行的移动应用程序及平台整合，在宣传安全驾驶行为和保险产品时增加一些游戏元素和趣味性。例如，Maif 在法国推出了“Maif & Go”，使用者需在汽车上安装应用程序和车联网远端接收盒，与其他用户竞争，赢取安全驾驶行为点数。在印度尼西亚，保险的渗透率较低，法国安盛集团推出了“The Crazy Crash”游戏，向大众介绍保险产品。据数字培训学院（Digital Training Academy）统计，法国安盛集团在推出游戏后的第一个月获得了 3 万名独立用户，游戏次数超过 55 000 次，网页浏览量达 335 000 次。

在中后台，保险公司可以通过提升科技水平，实现保单管理、服务流程和理赔的自动化，以及通过大数据技术改进欺诈检测技术，减少因欺诈而引起的损失，实现卓越的成本效益运营。在外部，保险公司还可以通过建立数据工厂以及投资和孵化科技企业等手段来提升自己的科技水平。

二、战略合作：建立保险数字生态系统

如前文提到的，汽车保险业的新数据挑战了传统保险公司的竞争优势，未来大部分的车险数据将掌握在第三方如整车厂以及科技公司手中。这无疑对保险公司的运营带来了挑战，因此保险公司有必要尽早确保获取数据的渠道。我们认为保险公司可通过与整车厂或其他第三方机构建立战略合作伙伴关系来获取新的专有数据。例如，爱和谊日生同和保险与丰田和微软合作组建合资企业，以出售基于实时数据和司机习惯的模型保险计划。该合资企业将针对美国保险公司，以约 8% 的保费价格提供保险保单模型。另外，雷诺与日产汽车公司与车联网技术公司 The Floow 建立合作伙伴关系，使用“源”车联网技术分析雷诺与日产汽车公司在当前和未来产生的数据。

另外，我们认为建立更广泛的生态系统也是有意义的，这有利于承保、分销和理赔环节。生态系统可以优化价值链中承保、分配和理赔环节，我们认为保险公司需要策划或加入生态系统，以最大限度地从这些服务中获益。在承保

阶段，保险公司可以利用新数据源（如连接设备）获得洞察。在分销阶段，生态系统模式可能会引发向非传统渠道的转变，推动更深层次的客户参与。例如，保险公司可以与整车厂合作，提供“一站式服务”。在理赔管理阶段，我们认为生态系统模式有利于控制和尽可能降低风险敞口，并能促进保险公司与服务提供商（如修理公司）合作，以提供更好的理赔体验。同时，与潜在颠覆者合作建立生态系统，可以防止潜在颠覆者进入市场。

三、探索邻近领域：寻找新的业务增长点

保险公司还可以借由科技向与出行相关的邻近领域扩张，从而弥补收入损失、提高消费者参与度、收集更多数据并促进未来增长。例如，推出汽车安全功能、汽车维修、道路救援相关服务、新的出行解决方案等来进一步提高消费者参与度和收集更多数据并促进未来增长。当前可以观察到有保险公司探索邻近领域增加收入的机会。例如，在美国 StateFarm 保险公司推出了一款移动应用程序，提供包括道路救援在内的各种保险相关服务。人保财险、腾讯和嘉实多推出了“i－maintenance”服务，为人保财险客户提供无限次免费汽车维修服务。

此外，保险公司可与其他行业的从业者建立合作伙伴关系以推出并分销新产品。通过这种形式，保险公司和其他行业的从业者能交叉销售全新和现有产品，并且能从彼此的品牌中获益。在法国，车险公司 Maif 与 P2P 汽车共享出行初创公司 Koolicar 和标致雪铁龙合作，为汽车配备互联接线盒。该装置可传输里程、租赁时间和地理位置等数据，这有助于车险产品的定价和定制。

总结而言，虽然距离完全无人驾驶技术的成熟尚需一段时间，但该技术所带来的挑战却是不容忽视的。同时，机会与挑战共存，关键是保险企业如何提前布局，积极转变，抓住机遇完成产品及服务的升级。未来发展的道路虽然曲折且充满挑战，但相信保险企业只要能够基于自身规模、全球布局和业务组合来选择正确的战略，一定可以找到适合自身的破局之法。

第七章

大数据在保险行业的运用实践

在刚刚过去的2017年，大数据从政策层面受到广泛关注。党的十九大报告提出“推动互联网、大数据、人工智能和实体经济深度融合”。习近平总书记主持中共中央政治局第二次集体学习，就我国大数据战略的实施提出五个方面的要求，为大数据在我国的发展指明方向。作为现代经济的核心，敏锐的金融业正在积极拥抱大数据，引起行业内各个系统广泛而深远的变革，保险业本身就是基于数据与信息的产业，必然会在这一波改革大潮中展露自己的风采。

第一节 大数据及其运用概况

一、大数据“岂止于大”

随着计算机技术和互联网的发展，大量音频、视频、文本、图片等非结构化和半结构化数据不断涌现，传统数据处理技术已经难以应对，大数据在这种背景下应运而生①。

国际上尚无有关大数据概念的统一界定，国内学者也对大数据的定义众说

① 何平平、车云月编著：《大数据金融与征信》，清华大学出版社2017年版。

纷纭（见表3－7－1）。现阶段，我们很难以一个确定的描述性定义或量化性定义廓清其内涵。但是有一点可以肯定，大数据中的“大”绝对不仅是对数据体量的要求，还应包括数据类型、数据处理技术、数据分析应用在内，是一个提供决策洞察力的复杂过程。

表3－7－1　大数据的多版本定义

	定义主体	定义内容
国际上对大数据概念的理解	维基百科	一个数量巨大、结构复杂，难以用常规数据库管理工具处理的数据集合
	麦肯锡全球研究院	大数据是一个数量极其庞大，超出常规数据库软件工具捕捉、存储、管理、分析能力的数据集
	研究机构 Gartner	大数据是一种海量、高速、多样化的信息资产，需要创新数据处理模式，才能具有更强的决策力、洞察力和流程优化能力
国内对大数据概念的理解	中国工程院院士李国杰	大数据是无法在可容忍的时间内用传统信息技术和软硬件工具对其进行感知、获取、管理、处理和服务的数据集合
	中国科学院计算机研究所研究员程学旗及其团队	大数据是将物理世界、信息空间和人类社会融合在一起的纽带。物理世界通过互联网、物联网等技术，有了信息空间中的大数据反映，人类社会则借助人机界面、移动互联等手段在信息空间建构自己的大数据映像

在关于大数据内涵的讨论中，人们无一例外地将“3Vs”（大量、高速、多样）作为对数据本身特征的描述①（见图3－7－1）。国际数据公司（IDC）在“3Vs”特征的基础上，给出大数据的第四个特征——价值（Value）。有人曾形象地指出，大数据如同贫矿，价值密度很低，尽管蕴含着大价值，但是这些价值并非显而易见，只有通过深加工以后，才能显现出来并升值。就此而

① James R. Kalyvas, Michael R. Overly. Big Data: A Business and Legal Guide. CRC Press, 2015: 2－5.

言，大数据追求的就是“沙里淘金”①。

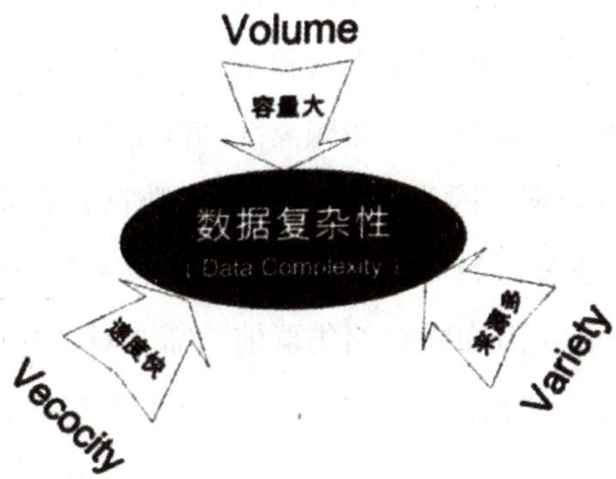

图 3-7-1　大数据的 3V 特征

随着时间的推移和人们思考的进一步完善，又有若干针对大数据的“V”字头特征被提出，其中社会认可度较高的是准确（Veracity）和易变（Variability）。前者强调数据分析和输出结果的正确程度和可信度；后者指伴随数据的快速性，不稳定的数据流会出现周期性峰值波动变化②。

总之，当数量庞大、实时高速传输、种类繁多的“全量”数据通过技术手段得到充分利用，创造出商业价值，甚至推动商业模式的变革时，大数据才真正诞生③。

二、大数据技术的运用和发展

（一）大数据处理的一般流程

业界将大数据全生命周期分为数据产生、采集、传输、存储、处理、分析、应用等阶段。相应地，大数据处理流程可以归纳为 5 个步骤（见图 3-7-2）。

---

① 张玉宏：《品味大数据》，北京大学出版社 2016 年版。

② 张玉宏：《品味大数据》，北京大学出版社 2016 年版。

③ 波士顿咨询公司、中国保险行业协会：《互联网+时代，大数据改良与改革中国保险业》，2015 年，hybg. cebnet. com. cn/upload/dsjybx. pdf.

第一步是数据采集。在确定用户目标的基础上，对范围内的所有结构化、半结构化、非结构化数据的瞬时值和某时段内的特征值进行采集。针对不同来源的数据，单独或综合使用系统日志和网络数据采集方法，产生了 Sqoop、Kafka、Flume 等一系列开源技术，兼顾离线和线上实时数据的采集与传输①。

第二步是数据预处理。因为前期收集到的数据存在不完整、不一致的问题，无法直接导入数据库进行后续处理，所以在将来自前端的原始数据存储到一个集中的大型数据库或分布式存储集群前，需要对数据进行预处理，以节约空间和时间，同时提升数据挖掘的效果。这个步骤包括数据清理、集成、交换、归约 4 个过程。

第三步是数据存储。来源众多的数据，格式各异、结构化程度不同，无法适应大量庞杂数据的存储要求。通过分布式文件系统（DFS）、分布式数据库、云存储等新型数据存储方式，可以有效应对上述难题。在存储层，HDFS、GFS、Ceph 已经成为大数据磁盘存储的事实标准。针对关系型以外的数据模型，也形成了键值存储（Key Value）、列存储（Column）、图存储（Graph）、文档存储（Document）4 类 NoSQL 数据库体系。

第四步是数据分析挖掘。数据分析挖掘即根据业务目标和具体需求，运用合适的工具软件和数据挖掘方法对数据库中的数据信息进行处理，找寻特定的数据规律或数据模式，得出有价值的信息和知识。数据挖掘涉及的技术方法很多，有多种分类方法，常用的如分类分析、回归分析、聚类分析、关联规则、因子分析、主成分分析、神经网络方法、Web 数据挖掘等。相关研究正着重从数据挖掘算法、预测性分析、语义引擎、机器学习这些方面进行突破。

最后是面向用户的数据诠释，即通过数据可视化技术、人机交互技术等方法，将大数据挖掘和分析的结果在显示终端以友好、形象、易于理解的形式呈现给各类用户。在数据可视化领域，敏捷 BI 分析工具 Tableau、Qlikview 通过简单拖拽实现数据复杂展示，是目前最受欢迎的可视化展现方式②。用户可以

① 中国信息通讯研究院：《大数据白皮书（2018 年）》，2018 年，中央网信办官网。
② 中国信息通讯研究院：《大数据白皮书（2018 年）》，2018 年，中央网信办官网。

从不同维度和粒度观察数据，对数据处理后的结果形成深入理解。人机交互技术则是一种双向信息传递过程，能够使大数据分析结果更好地被解释给用户。

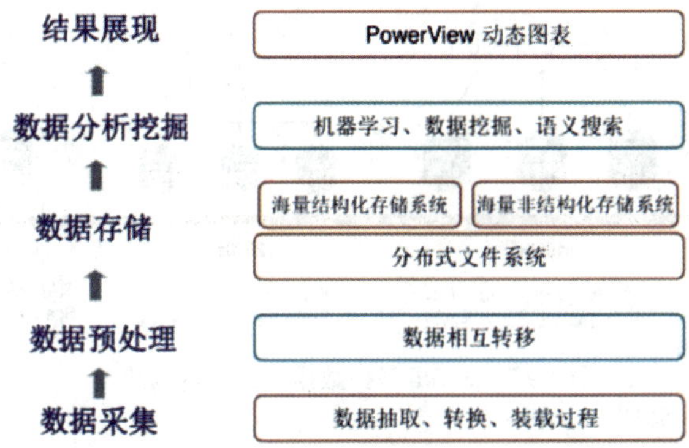

图 3－7－2　大数据处理流程简析

资料来源：Hugedata 网络科技。

（二）大数据技术的创新发展

移动互联网的发展使得智能终端的数量出现爆炸式增长。以金融业为代表，终端直接交易模式已经超越传统柜台交易模式，成为金融消费者的首选。海量、高频的线上小额资金支付行为使以银行业为代表的生产业务系统面临大规模并发事务处理要求的挑战。在事务处理技术方面，集中式数据库模式开始向分布式架构转变。

传统事务处理技术模式以集中式数据库的单点架构为主，通过提高单台计算机的性能上限适应业务扩展需要。但是，随着摩尔定律的失效，单机性能扩展模式走到尽头，数据规模的指数式增长迫使数据库系统必须具备应对大规模并发事务处理的能力。大数据分析系统经过多年实践，已经积累了丰富的分布式架构经验。根据《大数据白皮书（2018）》的总结，可将大数据分析系统类型化分为基于原有单机事务处理关系数据库的分布式架构改造、基于新型分布式事务数据库的工程设计思路的突破和基于新型分布式关系数据库模型理论的突破[1]（图3－7－3）。

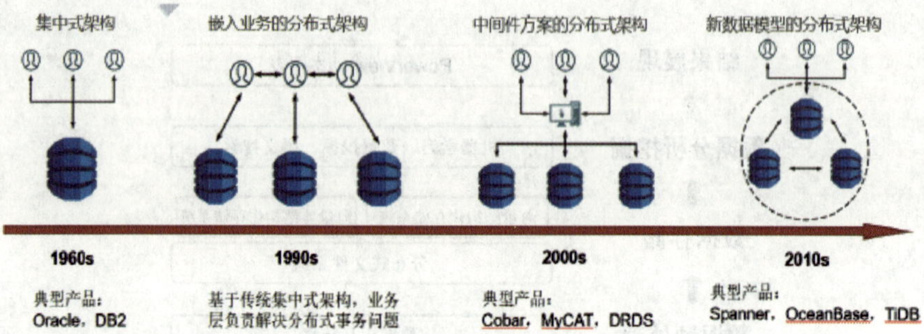

图3－7－3 事务型数据库架构的演进

资料来源：《大数据白皮书（2018）》。

另一个值得关注的技术创新集中表现为数据流通技术。数据流通是释放数据价值的关键环节。原则上，基础数据流通只存在数据供需双方，但是出于数据权属和安全的考虑，操作时不能简单地将数据直接进行传递，实现传送数据的同时，还要完成数据确权、控制信息计算、个性化安全加密等一系列信息生产和再造活动（见表3－7－2）。安全多方计算和区块链就是近年来使用度较高的两种技术框架。前一种围绕数据安全计算，将数据需方与数据本身相隔离，使其在不碰触数据的前提下完成对数据的加工和分析，解决了一组互不信任的参与方之间隐私保护的协同计算问题。区块链则是通过多个计算节点的共同参与和记录，相互验证信息的有效性，进行数据防伪的同时，为数据流通提供可追溯路径。除此之外，《数据流通关键技术白皮书（1.0版）》还提到其他一些数据流通工具，如同态加密、零知识证明、环签名、群签名、差分隐私等，这些技术手段意在突破制约数据流通的权属、质量、合规、安全等瓶颈[2]。

---

① 中国信息通讯研究院：《大数据白皮书（2018年）》，2018年，中央网信办官网。

② 大数据发展促进委员会：《数据流通关键技术白皮书（1.0版）》，2018年。https：//www.databench.cn/static－file/media/2018/05/03/89cf1e566556e7e5c9119491c3b62dee.pdf.

表 3－7－2　　数据流通技术工具比较

技术工具/对比项	基本原理	技术特点	作用领域
同态加密	对原始数据加密，使加密数据和原始数据进行相同处理时，结果相同	可以在不解密的情况下计算和分析密文	云计算、电子商务、物联网等
零知识证明	证明者向验证者证明一项声明的有效性，而不会泄露有效性以外的信息	证明者无需任何事件相关数据便能向验证者证明事件的真实可靠	电子商务、银行、电子货币、金融等
环签名	一种简化的群签名，只有环成员，没有管理者，无需环成员的合作	不用分配指定密钥，不能撤销签名者的匿名性	云存储、电子货币等
群签名	允许群体中的任意成员以匿名方式代表整个群体对消息进行签名，并可公开验证	能为签名者提供较好的匿名效果，必要时通过可信管理方追溯签署者身份	电子商务、金融、公共资源管理等
差分隐私	通过添加噪音达到隐私保护目的	具有严谨的统计学模型，能提供可量化的隐私保证	电子商务、物联网等

资料来源：《数据流通关键技术白皮书（1.0版）》。

三、大数据与实体经济的初步融合

（一）大数据的主要应用领域与应用现状

党的十九大报告强调要加快大数据与实体经济的深度融合。经过几年的发展，绝大多数行业已经认识到大数据应用的重要性，只是囿于各方面因素的综合作用，不同行业领域的大数据应用水平还有较大差异。

总的来说，当前我国在大数据与实体经济融合方面还显初级，具体表现[①]为：一是业务类型不均衡。大数据应用主要集中于外围业务，侧重营销分析、客户分析、内部运营管理等业务领域；核心业务方面渗透度十分有限，大数据分析在产品设计、产品生产、企业供应链管理方面的应用比例有待提高。二是地域分布不均衡。受限于经济发达状况、人才聚集程度和技术发展水平，大数据应用的产学研力量仍然集中在北、上、广、深、浙等少数传统经济优势地区。中西部地区虽然市场需求旺盛，但是大数据整体融合应用的发展速度和程度明显滞后[②]。三是行业分布不均衡。大数据在商业、通信、电信、能源、医疗、金融等领域的融合效果较好，在其他众多行业的应用有待深化。相比之下，互联网企业、电信运营商、大型商业银行的大数据业务进展速度相对更快，因为这些行业有着较强的精细化经营诉求，尤其是具有后发优势的互联网行业，将数据平台直接与业务对接，无论是精准广告投放、个性化内容推荐、风险控制，还是面向用户的洞察、细分和画像，都高度依赖大数据分析体系的支撑。

需要明确的是，即使是在大数据融合应用效果良好的领域，分属不同行业的企业展现的实际应用情况也不尽相同。从技术架构的角度看，企业级数据仓库建设较早的行业大多经历了从传统数据库到 MPP 数据库，再到 Hadoop 的转型过程。如，中国工商银行早在 2000 年便开始搭建自己的数据库平台。数据库建设启动较晚的行业则直接使用 MPP 数据库或 Hadoop 数据分析技术。从数据管理的角度看，大型商业银行、电信运营商是最早形成统一数据标准和数据模式的行业。从业务自身特点出发，所属行业的数据建模、数据治理和数据标准化的实践难度极大，有很多可资借鉴的宝贵经验。从组织架构的情况看，企业级数据库的构建需要大量专业技术人员和数据管理团队的“保驾护航”。对比大型商业银行（见图 3－7－4）、电信运营商和众多互联网公司，能源类企

① 中国信息通讯研究院：《大数据白皮书（2018 年）》，2018 年，中央网信办官网。

② 工业和信息化部信息化和软件服务业司、中国电子信息产业发展研究院：《中国大数据产业发展评估报告（2018 年）》，2018 年，www.ccidwise.com/uploads/soft/180413/1－1P413160018.pdf.

业的数据库建设起步较晚。如，中石化一直没有专门的数据管理部门，而中国工商银行在1996年就成立了软件开发中心专司电子化建设。

图3-7-4 大型商业银行较早形成统一数据标准和数据模式

资料来源：华为FusionInsight大数据案例集。

（二）大数据引发金融业的重大变革

大数据开启了一次重大的时代转型，撼动着世界的方方面面。在所有行业中，那些对数据依赖程度较高，又能够获得大量基础数据支持的行业面临的“改革”最具颠覆性，金融业便是其中之一。如今，已经有越来越多的金融机构利用大数据技术和大数据平台开展金融活动和金融服务，对行业积累的数据以及外部数据进行云计算等信息化处理，结合传统金融优势开展资金融通、创新金融服务。

与传统金融相比，大数据金融具有以下明显优势。第一，在客户营销方面，金融机构利用大数据收集和掌握更为广泛的客户信息。这些信息不仅包括结构化数据，还可以扩展至客户在电子商务、社交媒体、多终端媒介等渠道产生的各种格式的非结构化数据。基于这些数据，为客户描绘全方位、立体的画像，并周期性地进行模型学习，同步更新用户画像数据。只有这样，才能第一时间获知客户行为、洞察客户情绪、预测客户期待，组织好匹配度高的产品和个性化服务，快速响应客户需求。第二，在风险管理方面，金融机构借助大数据采集并量化互联网上的各类信息，再将这些信息通过模型计算客户的信用情况和违约概率，突破传统金融仅以财务信息作为评价要素的做法。交易行为、客户评价、公用事业缴费记录等多维度、不同层次的关联信息将以数据的方式真实呈现。以大数据思维构建的新型信用评价体系将更精确、更有效地评价客户，提高融资效率的同时降低融资风险。第三，在产品创新和资源配置方面，大数据能够帮助金融机构及时、深入地了解自身的运营情况，辅助改造和优化业务管理流程，提高产品创新速度、改善内部机构运行效率，以便更有效地开展绩效管理和资源配置。可以预见，那些善于高效运用海量数据资源的金融机构必定会在未来的市场竞争中脱颖而出，大数据应用水平也将成为培育差异化竞争优势的重要支柱（见图 3 -7 -5）。

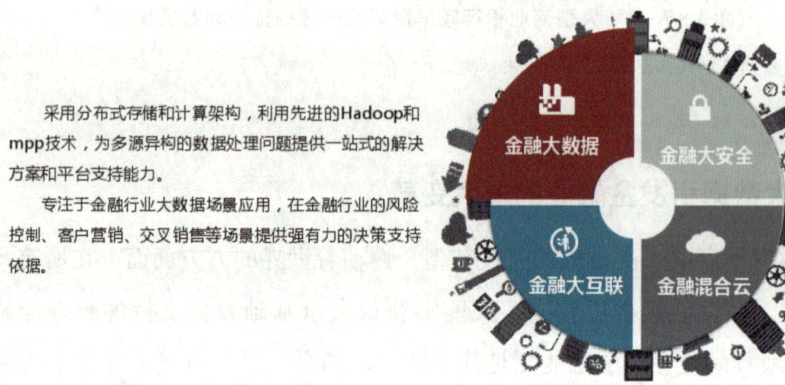

图 3 -7 -5　新华三集团（H3C）金融业解决方案——金融大数据

资料来源：H3C 保险业解决方案 PPT。

商业保险作为现代金融业的重要组成部分，与大数据有着天然的关联性（见图 3 -7 -6）。随着智能化时代的到来，大数据逐渐渗透于保险经营的各个环节，深刻影响着行业的管理和运营思维。本章将在后续内容中结合案例详细介绍国内外保险业的大数据运用状况，并在我国法律和监管政策框架下进行前瞻性地大数据运用探索和行业监管展望。

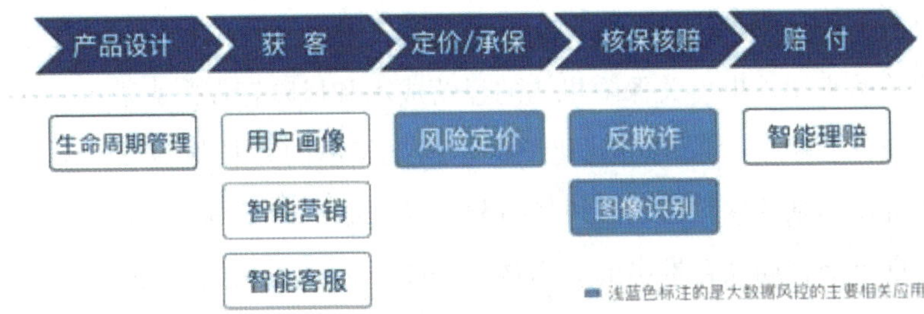

图 3 -7 -6　大数据服务保险业务价值链的各个方面

资料来源：http：//tech. qq. com/a/20180502/029458. htm。

四、大数据运用对保险业未来发展的作用和意义

在政策推动和技术革新的共同作用下，中国保险行业迎来“黄金发展期”，大数据引领的思维变革将极大地扩宽保险业的发展空间。展望未来，保险业的大数据最有可能在以下领域取得突破性佳绩。

第一，扩大保险机构的承保范围。受保险传统理论和承保技术的限制，过去被归为不可保范畴的风险在大数据时代可能成为可保风险。大数据技术的运用可以重塑可保风险的判断标准，打破可保与不可保风险的既有边界，使保险产品更加多元化；同时激发消费者潜在的、全新的保险需求，拓宽商业保险的保障范围，已开展的运费退货险、古董车保险，酝酿中的云保险等就是很好的例证①。

第二，协助保险机构进行个性化定价。在大数法则下，保险产品定价主要基于样本数据的分析结果。大数据的出现使保险机构可以掌握更多的内外部数据，在无限接近“样本 = 总体”的程度上进行数据分析和挖掘，开发出针对不同群体客户的具体产品，甚至可以做到每个客户都有个性化的风险管理和保障方案，个性化的保险费率和最优产品定价不再只是一种可能，保险机构之间的同质化竞争亦可破除。

---

① 刘绪光、王田一：“大数据在保险业的应用及其对保险监管的影响”，《保险理论与实践》，2016 年第 11 期，第 98 页。

第三，优化保险机构的核保理赔服务。高效、便捷的核保和理赔服务与客户体验关系密切，也事关保险机构的经营成本和风险管控。大数据分析建模有助于实现保险申请阶段的自动化核保。腾讯旗下的“核保通”产品已经为多家存在合作关系的保险公司提供了有效的核保服务，获得普遍好评。北京保监局和北京市交管局联合推出的“事故 e 理赔”App、腾讯公司的“理赔通”均在不同程度上利用 AI 和微信的便捷性，于理赔环节帮助保险公司节省成本、提高效率，提升加用户满意度。

第四，提升保险机构的风险管控水平。保险机构的风险管控涵盖很多方面，其中保险反欺诈之于保险经营的意义尤为重大。根据大数据技术本身的特点和保险公司欺诈事件的发生特性，已经有保险机构在核保和理赔环节应用大数据技术开展反欺诈检测（见图 3－7－7）。不仅如此，通过大数据技术对客户”画像”，“追踪”客户行为，保险机构可以更加了解客户，降低保险事故的发生概率，降低保险标的风险，在整个承保期间发挥更加积极主动的作用。

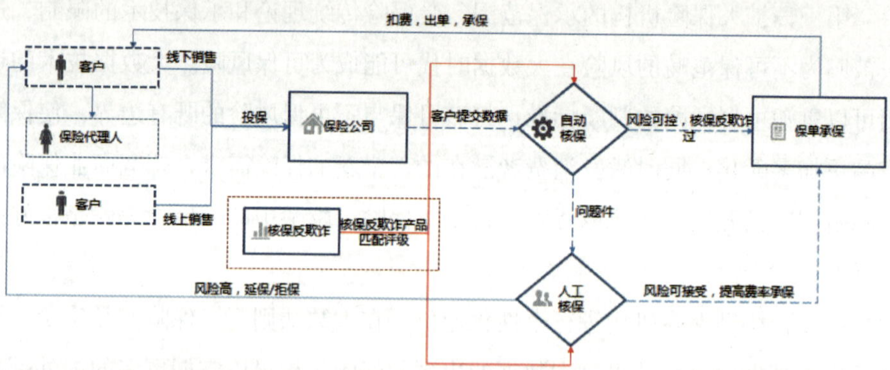

图 3－7－7　核保反欺诈应用场景

第五，提高保险机构的运营效率。随着大数据技术的成熟，保险机构将其嵌入相关运营环节。在销售运营方面，大数据的分析和预测模型被用于展开精准营销。业务流程方面，通过大数据在存储和处理方面的优势，信息传递的中间环节被大大压缩，业务流程得到简化，保险机构的效率空间有所提升。资金需求方面，大数据也有用武之地。借助大数据构建起的资金需求预测模型，保险机构可以实现对资金需求的有效预算，提高整个机构资金周转的效率①。

第二节
国外保险行业大数据运用现状

一、大数据时代国际保险行业发展态势

（一）物联网（IoT）、先进传感器和新型数据源的保险应用

物联网是一个节点或设备网络，主要通过互联网实现数据的收集、监测和共享。这些联网设备又称“智能设备”，可以涵盖车载远程信息处理系统、家庭安全系统、可穿戴健康监测装置、厨房电器、能源和交通基础设施等所有可以实现“互联”的设备。未来，随着传感器、微芯片、云计算成本的下降，以及全球在线连接和计算机处理性能的扩展，IoT 设备的数量将成倍增长，预计到 2020 年，全球会有约 208 亿台联网设备（见图 3－7－8）。

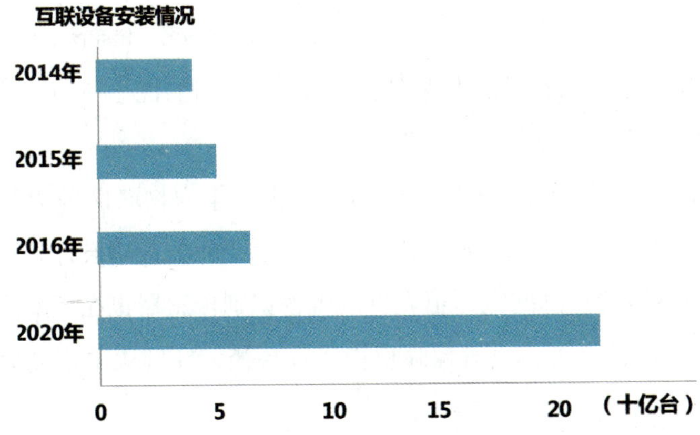

图 3－7－8　联网设备增长态势

资料来源：Gartner。

① 何平平、车云月编著：《大数据金融与征信》，清华大学出版社 2017 年版。

保险市场是最容易与物联网连接的行业之一。越来越多的联网设备与数据分析软件的结合使得保险机构能够获得更多关于投保人行为的信息，不断提升他们对于风险个体的认知水平，这一趋势将对家庭、健康、工伤、汽车等领域的保险经营产生深远影响。

1. 智能家居新形态在财产保险中的应用。在物联网与保险市场的相关应用中，联网住宅类保险是较为突出的一种。通过前端感应模块、通信传输模块、数据处理模块对住宅中的联网家电、电子设备、控制系统、计算机等进行远程监控，可及时发现并降低承保风险，降低理赔成本，提高投保客户的消费体验。除了人们熟知的触发式喷水装置、智能烟雾报警器等智能家居监测系统，新的智能家居形态已经被用于商业保险实践。

总部位于美国洛杉矶的初创公司 Ring 打造了一款可以有效阻止入室盗窃的高清视频门铃（见图 3－7－9）。用户通过这款与网络互联的门铃，可以在世界的任何角落用手机看到家门口的情况并与来访者交流。这款智能门铃还具备夜视功能、动作检测功能，以及用视频记录住宅门前各种活动的能力，可以通过云端共享记录。Ring 公司首席执行官 Jamie Siminoff 表示，公司数据显示联网门铃的使用“大大降低了入室盗窃的可能性”。在保险应用层面，Ring 公司的投资者之一，美国家庭保险公司（American Family Insurance）通过提供 30 美元的保险产品折扣和可能在保单上节省 5% 费用的优惠措施，激发潜在客户安装这款智能设备的动力①。

2. 可穿戴式装置在工伤保险中的初步尝试。作为物联网健康管理的重要感应终端，可穿戴式装置已经走入普通人的生活，相关应用设计日趋成熟，各类可穿戴式设备装置相继问世，更先进的生物识别传感器也在开发之中或者开始进入市场②。除此之外，也有保险机构另辟蹊径，在健康险市场之外寻找可穿戴式装置新的应用场景。

---

① See Institute of International Finance, Innovation in Insurance: How Technology is Changing the Industry, September, 2016: 7.

② Google 已与总部位于瑞士的全球医疗保健公司 Novartis 合作开发一种智能隐形眼镜。这款眼镜既可以矫正视力，又可以监测血糖水平，这可能会拯救很多糖尿病患者的生命。

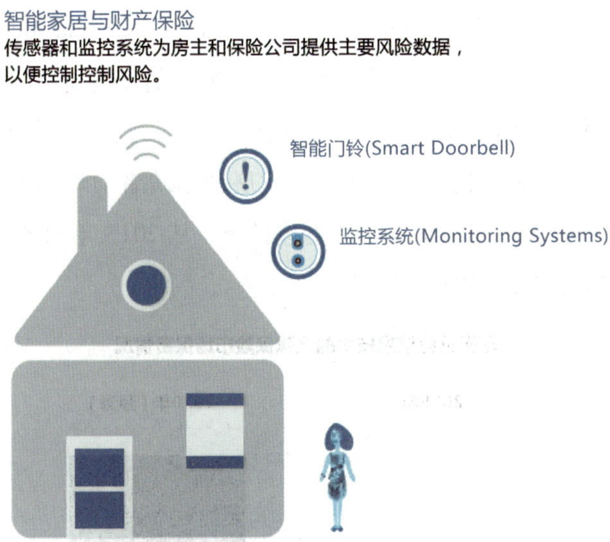

图 3-7-9 智能家居新形态

资料来源：Institute of International Finance, Innovation in Insurance: How Technology is Changing the Industry, September, 2016。

美国美亚保险公司（AIG）作为北美洲最大的保险集团，自 2012 年着手以数据和新科技为导向的数字化转型。2016 年，AIG 投资了 Human Condition Safty（HCS）公司的可穿戴设备系统。这套设备被安置在传统的工程作业安全背心中，当工人即将进入危险的工作环境、触碰危险的机械设备，或者承载了太多重型物料时，可穿戴设备都会及时识别并给出提示。HCS 将可穿戴技术与人工智能和建筑信息建模结合，为工程作业场所的高危风险提供了有效的解决方案。AIG 作为 HCS 的独家保险合作伙伴，利用其贡献的数据解决方案与自身物联网搭建相连接，为工伤保险客户近 1 000 万名员工的安全提供保障的同时，也使索赔率大幅下降①。

3. 远程信息处理在汽车保险中的运用升级。因为远程信息处理可以实时传输海量有价值的数据用于评估个人的风险状况，所以汽车保险成为另一个由

① 清华大学五道口金融学院、中国保险与养老金研究中心：《2018 全球保险科技报告》，清华大学出版社 2018 年版。

联网设备实现变革的领域。根据市场研究公司 Markets and Markets 的一份报告，“保险机构和汽车公司正在迅速部署保险远程信息解决方案，以便监控驾驶员的行为、简化道路援助，有效管理车险索赔、提高保险数据的安全性，实现竞争优势”。报告解释说，由于 IoT 的发展和消费者对车内联网的热情，相关保险市场保费收入将在未来 5 年内迅速扩张，从 2015 年的 8.57 亿美元攀升至 2020 年的 22 亿美元（见图 3－7－10）。

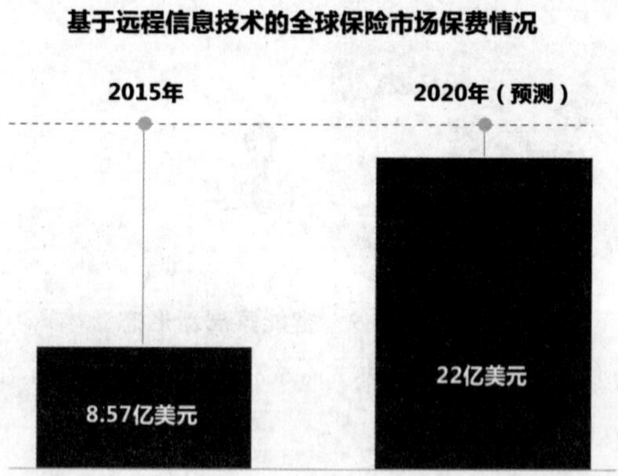

图 3－7－10　远程信息处理系统在车险市场的发展前景

资料来源：Markets and Markets。

在全球范围内，“OBD + UBI” 车险一直保持稳步增长，许多保险机构已经开始提供基于智能遥感勘测和远程信息处理的汽车保险套餐。法国安盛保险公司（AXA）在此基础上于 2017 年推出新型 UBI 车险产品 DriveCheck，实现了远程信息处理在汽车保险中的运用升级，通过 App 收集用户数据，为用户提供高达 30% 的保费折扣。为了获取保费上的优惠资格，用户必须提供总行使距离超过 600 公里、40 次 3 公里以上的数据集合。这款 App 利用智能手机的 GPS 和加速度计，可以根据天气、交通条件、车辆位置和 4 个速度计算子指标（加速度、制定、转弯、速度）分析用户的驾驶风格和习惯，并给出相应的保费折扣比例①。

---

① 清华大学五道口金融学院、中国保险与养老金研究中心：《2018 全球保险科技报告》，清华大学出版社 2018 年版。

（二）移动技术激发创新型数字保险平台的产生和普及

另一项促成保险业重塑的关键创新是移动技术的普及和进步。截至 2016 年 9 月，全球智能手机的渗透率已经接近 60%，预计到 2020 年该比例将达到 75%。如果将移动电话也纳入其中，数据会高得惊人（见图 3 -7 -11）。

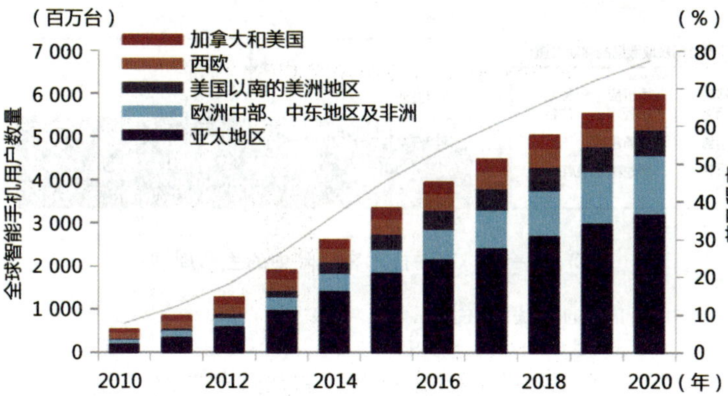

图 3 -7 -11 全球智能手机用户数量和普及度

资料来源：United Nation，Ericsson，GSMA intelligence，IIF。

智能手机的互联网接入和 Apps 的开发推动了创新型数字保险平台的普及，这些平台为保险经营提供了比传统渠道更好的信息源、用户体验、透明度、便捷性、保险费率和定制化服务。得益于各类分析软件带来的较低启动成本和行业内的商机，大多数创新型保险平台由新兴的市场进入者运营，他们希望对共享经济、客户需求等互联网背景下的新问题给出应对之策。

移动技术在保险中的生命周期如图 3 -7 -12 所示。

1. 移动技术促进按需定制型保险平台。按需保险作为一种新的保险形式最先在美国、欧洲等发达保险市场兴起，投保人可以根据保障需求的时间和地点决定保险生效的时间和地点。相应地，保险机构可以承保某一特定时刻客户面临的风险，如按次计付保费或者基于特定期间的保险产品。这些保险产品主要适用于在线服务，可以在电子商务营销的同时直接实现交叉销售。

按需定制型平台从用户的实际需求出发，通过移动端实现产品定价、产品

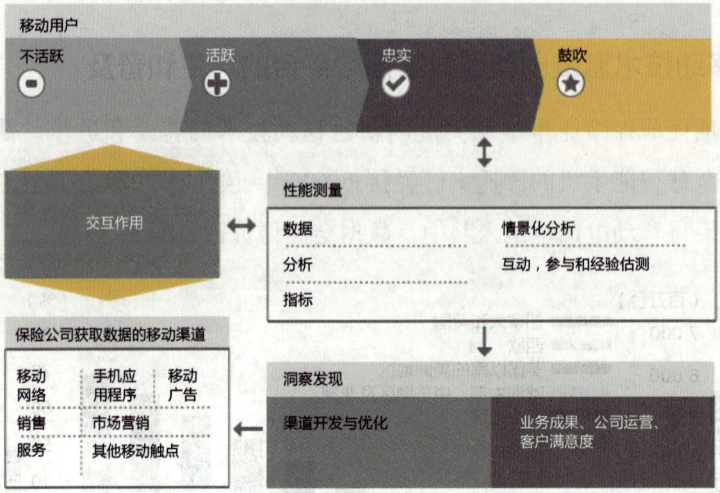

图3-7-12　移动技术在保险中的生命周期

资料来源：EY，Mobile Technology in Insurance。

购买、条款定制、出险索赔等全方位服务，与传统保险产品相比，具有即时、便捷、快速、低价等特点。共享经济的发展和消费数字化需求的旺盛促进了按需保险的发展，大数据、AI等技术的应用也使保险机构能以多样化的方式满足客户的个性化需求。

Sure是一家美国按需保险平台，借助移动网络为客户提供旅行、生活、财产、宠物、行李保险等保险产品。公司的应用程序由人工智能驱动，用户可以在自己需要保障的时段购买保险，如某段航程期间的保险。公司创办人之一兼首席执行官Wayne Slavin表示，“通过新的智能经纪人技术，我们创建了世界上第一个人工智能保险平台，为全球客户带来了前所未有的服务水平和个性化体验——让他们能够就自己的保险需求做出明智决策”。

2. 移动技术拉近保险机构与客户的距离。除了获取有价值的用户数据外，移动技术也可以不同的方式为InsurTech服务。基于移动网络的状况和智能手机的类型，保险机构可以随时与客户沟通，了解其需求，鼓励更多的业务参与，与客户建立起更加牢固的产品与服务关系。这一点对于那些保险渗透率较低、分销网络不健全的新兴保险市场来说尤为重要。

中国香港的保险科技平台公司 Seasonalife 将注意力集中于加强财务顾问与保险客户之间的互动与联系，为保险消费者提供良好的财务计划。平台在设计上紧紧围绕财务计划制定中的诸多复杂性问题，利用大数据和先进的数据科学，收集、分析全港保险市场所有寿险产品信息，方便财务顾问和客户及时了解与客户当前或未来一段时期的财务需求契合度最高的保险产品和服务，并实时更新保险产品的变化信息及其对客户影响程度的预判。由于新兴技术的出现，前述过程不再是机械枯燥的表格填充，而被设计成一个流畅的数据化交互流程，便于财务顾问与客户沟通。支持平台运行的是集大数据、自动推理和机器学习于一体的“场景游戏化”工具，该应用有助于财务顾问发掘客户真正的保险需求（见图 3 -7 -13）。

游戏化经营的成效

消费者驱动下的游戏化经营在2011年控制了90%以上的市场份额（M2 Research）	截至2014年，超过70%的G2000旗下公司部署了至少一款游戏化应用程序（Gartner Analysts Conf.,5月12日）	在企业垂直产业链上，实行游戏化经营的供应商获得的收入已经占到所有供应商的1/4（M2 Research）

图 3 -7 -13　游戏化在非游戏环境中的闪光点

资料来源：Hurali H, Camification in Insurance: For Insurance Technology Professionals, HCL Technologies White Paper, January, 2014。

（三）人工智能带给保险行业的连锁反应

人工智能的发展与大数据的发展紧密相关，大数据的获取与应用是人工智能深入发展的基础。特别是在移动互联网、大数据、超级计算、传感网、脑科学等新技术以及经济社会发展强烈需求的共同驱动下，人工智能加速发展，呈现深度学习、跨界融合、人机协同、群智开放、自主操控等新特征。对于保险行业而言，人工智能可以帮助保险机构提高自动化程度、降低承保风险和保险费用，更好、更快地形成保险决策。根据 Accenture 咨询公司研究，全球 82% 的保险机构有意向引入由人工智能驱动的自动化系统，预计到 2020 年内人工智能将无缝嵌入保险业务价值链的各个方面。现阶段，除智能保险顾问及客服和智能理赔服务两大落地应用，人工智能对保险业务开展的影响尚显间接，集中体现在医疗健康和交通运输领域。

1. 医疗应用人工智能市场对生命健康险的间接影响。人工智能突出的学习和认知优势极大地提高了收集、分析结构化和非结构化数据的能力，便于人们从中找到有价值的关系模式和连接，如今已经在医疗健康领域发挥积极作用。克里费兰（Cleveland）医学中心、耶鲁癌症中心等几家医学机构启动与沃森健康（Watson Health）的合作，对癌症患者进行诊断和治疗。越来越多的公司也开始尝试将人工智能用于医疗目的，包括圣地亚哥的 Pathway Genomics 和新泽西的 Hindsait。具有认知能力的人工智能设备通过检视大量的病患数据（包括病史、医学检查记录、医学图像，以及年龄、基因组成、已有疾病等风险因素）可以形成一个简明的潜在疾病诊断清单，辅助医生完成疾病诊断。这项技术还可以被个人使用，经过个性化的认知学习，在监测、治疗糖尿病等慢性疾病方面发挥良好的助推作用（见图 3 – 7 – 14）。IBM 公司表示，到 2020 年，医疗数据将以每 73 天翻一番的速度高速增长，人工智能在医疗健康领域的地位会更加稳固。

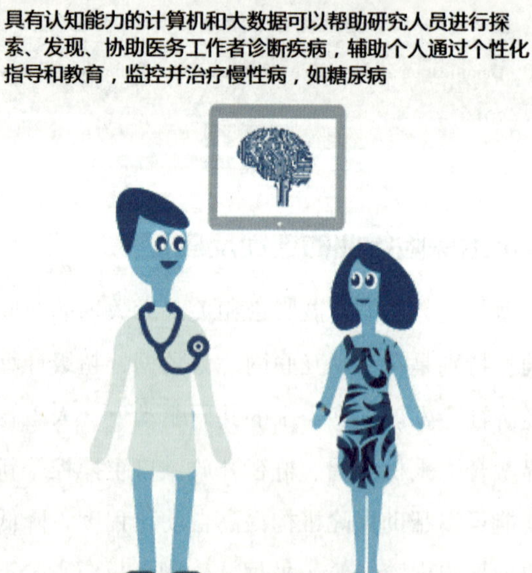

图 3 – 7 – 14　AI 与生命健康险

对于保险行业而言，生命健康险一直都是业务经营的“重要阵地”。随着疾病预防、诊疗技术的改善，人类将变得更加健康、长寿，医疗健康领域的保险也会因之重塑转型。

2. 自动驾驶汽车对汽车保险的间接影响。同样具有变革意义的是将人工智能与先进的汽车传感器、GPS、机械视觉、雷达、激光等技术结合，使自动驾驶汽车成为现实。波士顿咨询公司的数据显示，到2025年半自动和全自动驾驶汽车有望创造420亿美元的市场价值，到2035年，此类汽车将占到全球新车销售量的25%。这一趋势将对交通运输业产生巨大影响，并间接关系到汽车保险的经营和全球经济的发展。依据行业的专业说法，虽然现实世界中在公共道路上广泛使用自动驾驶汽车还要10年到20年的时间，但是因为Google、Nu Tonomy、Tesla、Uber等公司引人注目的研发举措，自动驾驶汽车正在取得重大技术进步。这种曾经不可思议的创新可能导致保险行业必须重新定义汽车保险的种类、承保范围等经营要素（见图3－7－15）。

图3－7－15 自动驾驶汽车与汽车保险

有研究表明，人为操作失误是车祸发生的首要原因。美国交通部2015年的一篇文章显示，约有94%的撞车事故可归因于驾驶员的失误。通过将人为因素排除在驾驶方式之外，自动驾驶汽车有望消除绝大多数交通事故，使交通运输变得更加安全，交通事故索赔的频率和严重程度也会因此大比例下降。这对全球汽车保险市场的影响不容小觑。

虽然向全自动驾驶汽车转型还需要一个渐进的过程，但是已经有汽车制造商在公共道路上部署了半自动驾驶汽车，包括特斯拉汽车（Tesla）的自动驾驶系统、斯巴鲁汽车（Subaru）的自动刹车装置、沃尔沃汽车（Volvo）的保持车道和安全距离模式。Liberty 相互保险公司已经开始为带有增强安全性能的人工智能辅助系统的车辆提供折扣保费，这一举措很快会得到其他保险同行的效仿。

（四）区块链、分布式账本技术（DLT）与保险业的“初级碰撞”

区块链（比特币的底层技术和基础架构）是一种特殊的数据存储方式，具有很多颠覆传统的重要特征，如去中心化、透明性、隐私保护、难以篡改、高可用性、自治性、智能化等。在区块链的应用过程中，保险无疑是一个“典型场景”，行业观察人士表示，他们相信新型 DLT 的引入可以为保险行业带来多样化的改进。

1. 区块链变革保险交易处理方式。尽管区块链仍是一个发展中的技术，甚至在某种意义上它只是一种“技术雏形”，却有可能变革交易的处理方式，这一技术浪潮将对保险市场产生影响。

据美国联邦调查局（FBI）统计，美国每年有 5%—10% 的保险理赔属于保险欺诈范畴，给保险公司造成的经济损失超过 400 亿美元，保险欺诈一度成为行业痼疾。区块链技术却可以“通过提供分布式数据存储对客户、保单、索赔申请的准确性展开独立认证，以消除错误、疏忽并检测是否存在欺诈”。加之区块链上所有交易活动都有时间戳，很难被篡改，数据的可信度非常高，因此保险欺诈也更容易被识别。

智能合约也为互联网保险创新提供技术支持。智能合约是区块链的重要基石，它让法律的“集体共识”和契约的“意思表示”得以“自动”和刚性地执行，为改善客户体验、简化合同执行提供了全新的视角。安联 Risk Transfer 和 ILS 基金经理 Nephilia Capital 尝试着将区块链智能合约用于自然灾害互换交易，用来解决保险公司和投保者之间的交易和结算问题。这项技术可以简化并加强合同管理：在开放式共享基础设施之上，每个经过验证的契约都含有该契约所固有的数据和自动执行代码，一旦触发事件发生，只要满足约定条件，智能合约将获取所有参与者的预定义数据源，而后自动激活并确定支付①。

2. 区块链催生“再保险 2.0”时代的到来。再保险是基于原保险的保险，本质上是一种“再合约”的分散风险过程。从金融创新的实践看，风险证券化是其主要形式，“点对点”是重要路径——此时的风险分散已不局限于传统保险的思维逻辑，新的风险分散机制呼之欲出，却遭遇互联网环境下信用、安全、效率的困扰。区块链的横空出世给破解这些金融创新难题以希望，成为解决“最后一公里”问题的“利器”②。

保险公司与再保险公司正在合力探索 DLT 的潜力，通过精简（再）保险合同的书面工作和审核负担，加速信息和资金的流动。B3i 区块链 保险联盟由全球保险集团（Aegon）、安联与慕尼黑再保险、瑞士再保险、苏黎世再保险公司共同开发，旨在探索区块链技术在保险业中的应用潜力，已有 15 个成员，超过国际再保险市场 50% 的份额。2017 年 B3i 联盟推出第一款产品——财产巨灾超额赔偿再保险合约区块链原型，以 DLT 驱动的再保险交易平台。该平台尝试使用匿名交易信息和匿名量化数据的可行性，利用区块链技术实现节点间数据交互的概念验证，以减轻再保险交易各方之间的重复对账工作，减少保险公司和再保险机构对中介的依赖③。2018 年 3 月，B3i 联盟在瑞士成立 B3i Service AG 作为独立的法人实体，从联盟到独立公司的过渡被业界视为实现区块链在保险业中巨大潜力的具体步骤。

二、大数据给保险监管带来的挑战

大数据、人工智能与保险经营的深入结合促使国际社会展开了关于伦理、

---

① OECD：Technology and Innovation in the Insurance Sector，2017：19.

② http：//www. weiyangx. com/212957. html.

③ 一项研究预测，对于再保险行业来说，动用区块链解决方案将显著提高数据处理效率、减少索赔欺诈，可以为保险机构下调 15%—25% 的再保险费率（占通常保费的 5%—10%）。参见 OECD，Technology and Innovation in the Insurance Sector，2017：20.

个人隐私、公共利益等话题的激烈讨论。话题主要涉及下列有待突破的监管重点。

(一)基于大数据的"区别对待"是否造成"保险歧视"

进入大数据时代以后,整个保险机构的数据能力大为提升,无论是获取数据的类型还是数量都比小数据时代有了质的变化。这意味着,保险机构可以对交易标的进行更加准确的风险特征描述,提高风险分类体系的区分度,使保险定价与承保风险形成高匹配度的对价关系。但是,从效率的角度看,风险分类并非越细越好,除了过度分类本身会产生不合理的成本,极致的分类也可能挑战保险的基本原则,还会产生一个更容易引发关注的问题——保险歧视(见图3-7-16)。

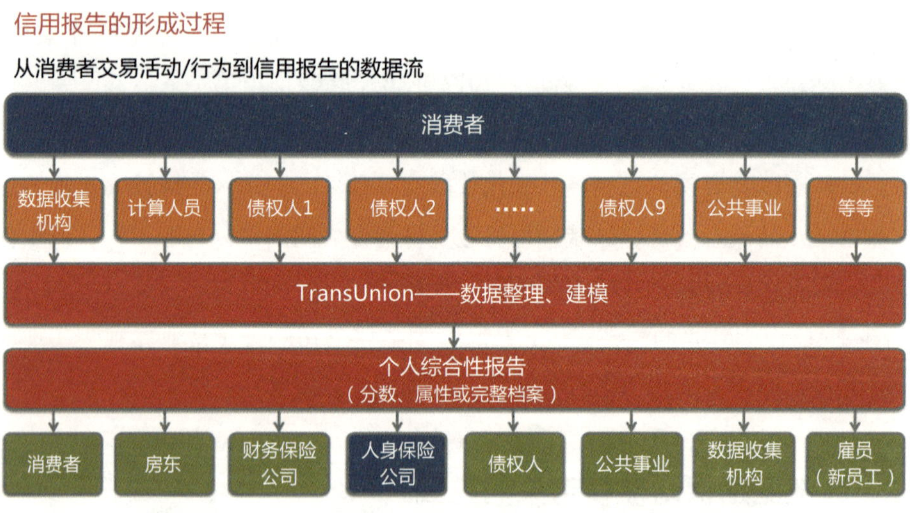

图3-7-16 基于消费者交易行为信用报告得出信用分数

资料来源:RGA TransUnion。

通常情况下,保险机构在核保时会依照交易标的风险情况进行分类:对于相同或相似的风险单位采用相同的保险费率,不同的风险单位采用不同的风险费率,损失发生率极高的"劣质风险"直接拒绝承保。这种"区别对待"体现了保险经营的“对价平衡”，也是商业保险公平的应有之义。问题是哪些风险因素可以纳入风险评估范畴，才能确保区别对待的公平性而不会产生歧视？对于传统保险，国际社会在评价风险分类是否合理时，首先会考虑分类要素是否具有统计学或保险精算上的依据，原则上允许具有充分精算依据的风险分类行为，限制或禁止只是例外。在例外情形中，美国的保险立法和理论研究特别强调风险要素的控制程度，以及风险要素与保险事故之间的因果关系，很多州保险法因此排除种族、性别、基因等因素在全部或部分险种中的使用。更多国家和地区则是出于对社会公众价值观念的尊重，将保险以外的社会政策目标引入法律规制领域。

在大数据背景下，上述问题会更加复杂化。英国和美国的科学家进行过一系列调研，发现仅仅根据对某个著名社交网站上点赞内容的分析，电脑就可以准确刻画出一个人的方方面面，了解程度不亚于亲朋和伴侣①。类似情形在大数据时代随处可见，通过采集、分析、挖掘社交数据、出行数据、网络购物数据、地理位置数据等个人生活信息，大数据可以深入了解用户并对他们的想法做出准确回应。这些数据和分析结果能否用作核保？那些看似中性的数据选择标准和规定是否会使个人处于与他人相比特别不利的地位，从而造成间接性歧视？随着大数据在整个保险行业的广泛应用，上述问题将成为各国保险监管机构的关注焦点。

（二）保险机构通过大数据取得个人信息是否涉嫌侵害隐私

保险业大数据运用会因为涉及个人信息而引发侵害隐私的担忧，尽管不是所有数据都包含个人信息，但是经由大数据处理之后一定可以追溯到个人（见图 3－7－17）。当前，不同保险市场对于谁拥有数据、哪些数据可以使用，以及这些数据可以与谁分享等存在不同看法，涉及不同国家和地区关于隐私保护和商业利用之间的权衡。

---

① http：//www. docin. com/p－1211676047. html.

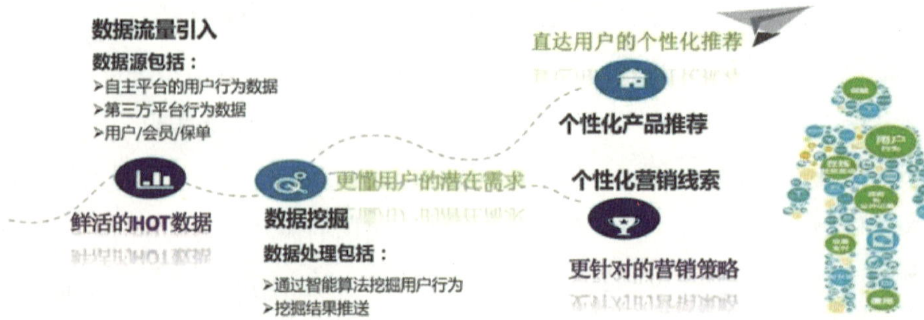

图 3-7-17 保险展业对个人数据信息的渴求

资料来源：《保险科技的应用与实践》，https：//www.jianshu.com/p/94a1b0f8ec3c。

2018 年 5 月 25 日正式实施的《欧盟通用数据保护条例》（以下简称《条例》）秉承欧洲诸国一贯严苛的个人隐私保护立场，增加了“数据主体被遗忘权”和“删除权”两项内容，引入数据泄露强制通知、专设数据保护官等条款，同时配以更加严厉的违规处罚。《条例》对全欧洲保险机构的影响是深远的，迫使它们不得不在改善公司数据治理、数据保护等方面投入更多。全球展业的保险机构也需要遵循《条例》重视个人隐私权利的大方向。《条例》对非欧盟成员国的公司同样具有一定约束力。然而，绝大多数国家都认为，极端的个人主义本位妨碍社会经济发展，个人数据如果要充分发挥价值，就必须自由流动。过度强调个人数据控制权只会导致企业减少对创新的投资，不利于产业和经济的发展。欧盟网络经济落后于美国、中国等国的事实也印证了这种判断。即便如此，数据的安全性和数据保护依然是国际保险业的头等大事，特别是当网络攻击威胁变得愈发突出之时，保险消费者的个人信息和隐私必须受到合理保护（见图 3-7-18）。

数据的爆炸性增长使得传统三大隐私保护策略——知情与同意、模糊化和匿名化失去了原有效果①。大数据时代需要建立的是一个不同于以往的隐私保

---

① 数据的“二次使用”无处不在，数据使用者很难在采集时就明确、详尽地告知用户所采集内容未来确切的用途。动用技术手段保护隐私对个人信息进行模糊化处理有时会适得其反，匿名化方法在数据足够充分的情况下也难以实现真正的“匿名”。

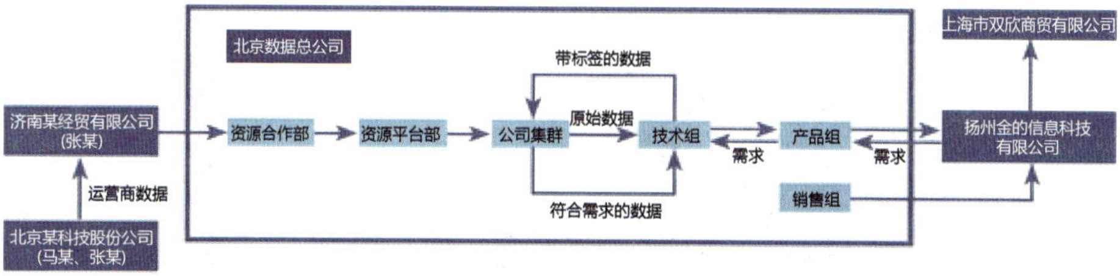

图 3－7－18　“数据堂”案中公民个人信息数据流向

资料来源：根据《财经》记者根据采访和司法资料整理，制图人颜斌。

护模式，这个模式应当侧重数据使用者的责任承担，因为他们比任何人都清楚数据用途。这样一来，保险机构需要强化内部数据治理，对于涉及个人数据再利用的行为及其可能造成的影响进行合理评估，并根据评测结果采取相应的保护措施。为了正确引导数据使用者的评测行为，保险监管机构可以对一些危险性较大的项目设立法律规范，明确数据使用者应当如何预估风险、如何规避或减轻可能对数据主体造成的伤害。如果数据使用者不能正视自己的行为，再启动监管机制加以干预，平衡隐私保护和数据再利用之间的冲突。

（三）保险机构是否存在过度依赖大数据结果输出的风险

在大数据出现之前，计算机系统做出决策的方式是基于程序明确设定所需遵循的规则，错误决策可以通过结果回溯找到原因，但是对于大数据和人工智能的分析和预测来说，这种追踪变得十分困难，因为大数据运作完全超出普通人的理解范围，算法“黑箱”问题由此产生（见图 3－7－19）。保险领域也存在类似情况，如核保时保险机构将若干风险因素纳入精算体系，基于特定算法模型算出一个保险分数，再依照对应的分数区间决定是否承保，以及以什么样的保险费率承保。因为透明度的缺失，预测结果背后的原因极具挑战性。

科学发展到今天，还没有证据足以证明任何大数据和人工智能可以完全取代人的知识和判断。人类智识在算法和数据科学无法胜任的复杂情况下依然起着重要的决断作用。一是因为输入错误、数据遗漏、应用软件等问题，数据本身的可靠性和准确性难以保证。在物联网世界中，仪器设备会发生故障，生成

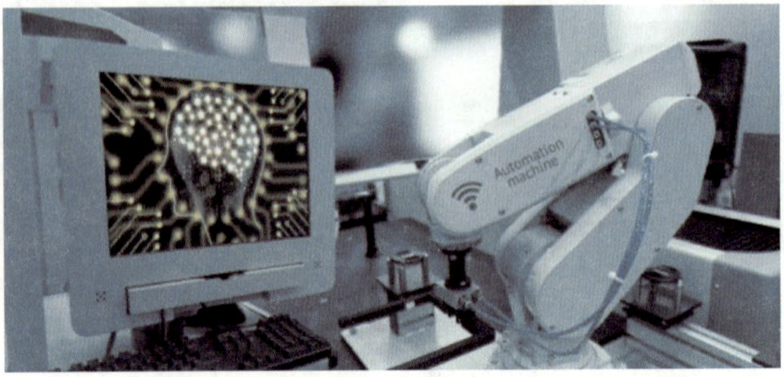

机器学习是人工智能的一种途径或子集，它强调“学习”而不是计算机程序，一个系统可以通过从自身的错误中学习来提高它的模式识别能力。

图 3-7-19 人工智能的算法“黑箱”

资料来源：张吉豫：《打破人工智能算法黑箱》，载《腾云》63 期精选。

错误数据并传输，保险机构对由此生成并提供给客户的核保结果或财务规划建议负有责任。如果客户有意或无意误用了智能设备，或者将投保车辆交给家庭成员或合作伙伴共同使用，大数据的个性化判断结果也会受到影响。其二，即使大数据的输出结果事后被证实是正确的，保险机构在向客户提供建议或反馈信息时也要保持谨慎，否则可能遭遇下列问题。一是客户无法理解保险机构给出的见解或建议，导致行为不适当，从而增加风险暴露程度。二是客户基于保险机构的信息实施不当行为，保险人面临责任承担。例如，因为保险机构提供的健康干预意见有误，客户遭受不良影响。三是保险机构反馈的信息可能是客户最不想知道的情况，客户有可能对机构本身，乃至整个保险行业产生反感。如舞蹈症是一种绝症，具有舞蹈症基因的人最终会罹患这种疾病。如果客户不知道自己的健康状况，可能会愉快地生活，直至病发，但若因为保险大数据的介入使得客户提早知晓自己未来的命运，情况恐怕将发生根本逆转。

为了防止出现上述情况，保险大数据需要被监测并保持必要的透明度，这需要新型专业技术和机构的大力支持，也不能缺少保险监管部门的参与。唯有如此，才能确保大数据的预判结果并能够为被其错误引导的人们提供补救方法。美国的算法申报就是一个不错的选择，由保险机构或第三方代表保险机构向所在州的监管部门申报，获得申报的算法模型亦享受商业秘密的保护。

三、国际保险业大数据应用前景

大数据给保险业的转型发展带来振奋人心的巨大机遇，更为精准的风险分析和预测、更加美好的客户体验将对社会福利产生积极影响。未来的2—3年内，国际保险业会在大数据技术运用与保险经营原则之间寻求适度平衡，并呈现以下态势。

其一，远程信息处理技术的进一步发展使车载信息处理系统的普及度大幅度增加，保险机构得以准确评估客户的风险状况，为驾驶员提供更公平的保险费率，鼓励人们养成安全驾驶的习惯，对于节能减排、降低维修费用、预防盗窃等亦有帮助。但是，对于汽车保险而言，更具变革意义的还是人工智能引领下自动驾驶汽车的出现（见图3－7－20）。

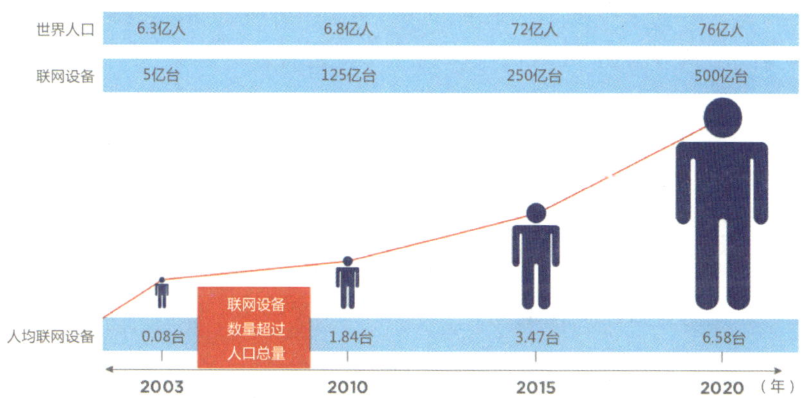

图3－7－20　移动互联网设备数量超过世界人口

资料来源：Equinix，Challenge to Change the Impact of Technology。

其二，按需保险的重要性逐渐显现。越来越多的客户可以从更符合个人需求的定制化承保范围中获益。例如，Airbnb房主可以仅购买晚间时段的保险、Uber司机可以小时为单位选择所需的保险保障。按需保险能够准确地反映个人在特定时间点或时间段的风险状况，所以未来商业保险的可保性将得到一定程度的扩大，那些负担不起传统保险市场较高保费的风险个体，可能在网络环境下的按需保险中找到适合自己的产品。

其三，P2PI 的发展势头强劲。最近世界各地的保险市场崛起了很多初创公司，包括 Bought By Many（英国）、Darwinsurance（意大利）、Inspeer（法国）、Peer Cover（新西兰）。未来，将会有更多的 P2PI 在线经营模式出现，因为它们使保险机构能够以成本低廉的有效方式筹集尽可能多的运营资金，投资者可以在一个独立于证券市场的资产类别中进行多样化投资，对于投保人来说，以降低索赔频率和额度的方式削减不必要的保费开支也很有吸引力。

其四，人工智能和机器学习可以帮助保险机构尽可能多地识别风险模式（见图 3－7－21），降低承保风险，同时也给保险经营带来了一系列新问题。以无人驾驶汽车为例：首先，全自动汽车有望大幅度提高公共道路的安全系数，但也可能引发新的风险，如自动驾驶软件故障、系统软件遭遇黑客攻击，这些失败的风险防范示例亟待保险机构提供风险保障。其次，大数据和人工智能技术的发展使得与此相关的责任风险问题浮出水面。交通事故责任是否由车主转移至汽车制造商和/或软件供应商？车主是否自行购买汽车保险，还是要求汽车制造商为他们出售的每一辆汽车投保？最后，在当前技术条件和道路交通状况之下，半自动汽车会越来越多地进入普通人的生活，汽车保险将因此变得愈发复杂，因为在某些紧急情况下车辆在公共道路上行使仍然需要驾驶员的主动干预，自动驾驶软件和司机在车辆操纵过程中都扮演了重要角色，保险机构很难确定他们各自的责任范围。

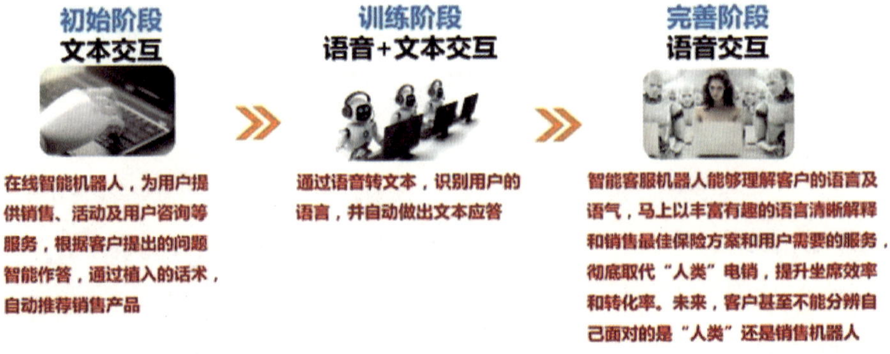

图 3－7－21　虚拟智能机器人

资料来源：《保险科技的应用与实践》，https：//www.jianshu.com/p/94a1b0f8ec3c。

其五，区块链与保险业的结合虽然仍然处于发展的初级阶段，但是几家资深保险公司已经开始探索这一领域。友邦保险（AIA）和平安保险新近加入的R3是一个总部位于纽约市的区块链联盟，成立以来发展势头迅猛。安联（Allianz）与专注再保险和天气风险的投资界“领头羊”Nephila合作，成功地将区块链智能合约技术嵌入自然灾害互换交易。总部在法国的Caisse des Depots于2016年3月与17家合作伙伴共同发起区块链市场倡议，其中包括4家保险公司和共同保险公司——Aviva、安盛（AXA）、CNP Assurances和MAIF。联盟的目标是在保险、银行和其他金融行业确定和推广区块链解决方案。在大数据等新技术的支持下，越来越多的保险机构会进入这个领域，共同探索防范保险欺诈的区块链解决方案。

第三节 我国保险行业大数据运用状况

一、我国保险业的大数据运用状况

作为大数据的生产者和使用者，国内保险行业也在大数据应用方面深耕细作，应用领域集中于大数据营销、大数据反欺诈和大数据新产品几个保险价值链环节。

（一）大数据与保险营销

在我国保险业的发展过程中，营销一直是困扰行业持续发展的瓶颈问题，原因有很多，其中最关键的因素是缺乏对现代营销理念的深刻认识和理解，更缺少与之相匹配的技术和能力[①]。大数据时代的到来为保险精准营销提供了契机。

---

① 王和：《大数据时代保险变革》，中国金融出版社2014年版。

1. 倾听用户数据声音实现保险类资产配置千人千面①。理财通是腾讯“互联网+”中的金融桥梁，用来连接亿万微信、QQ 用户和各类专业金融机构，也为客户提供保险类资产配置。腾讯公司通过大数据发现，在理财通 8 000 多万名用户里面，工薪阶层用户有 5 300 万名左右，30 岁以上用户有 2 100 万名左右，他们都是有养老资产配置需求的人群，但实际上拥有养老保险产品的群体只有 280 万人左右（不到 6%），营销空间巨大。

理财通从两方面着手，不断增强产品与用户的适配性。首先，通过一套完整的筛选机制，从金融机构里面筛选最合适、最有能力、最稳健的“佼佼者”进入理财通体系；然后在具体产品中穿透底层，看清每个资产代表的内容，经过对上千支资产的筛选，最后只将少量质量过硬的保险产品推送给用户。理赔通已经接纳了 6 家养成资产上线，希望成为便捷的第三方养老支付通道，随着国家的政策推进，在商业养老、税延险等领域做到精准用户画像与精准用户需求的对应。

2. 内外部齐发力结合场景精准用户推荐②。“水滴保”的大数据精准营销分为内外两部分。在内部，“水滴保”借助微信公众平台以千人千面的方式触达用户。一个在“水滴筹”（水滴公司的三大业务板块之一）上频繁关注白血病患儿医治内容的母亲收到的推送和一个已过而立之年的家庭支柱收到的消息是截然不同的。借助大数据技术，“水滴保”可以在精准场景下给用户推荐契合度更高的保险产品。

在外部，“水滴保”发现，传统保险公司选择与互联网保险公司合作时往往更想接近行业巨头，而不愿与中型企业对接。行业巨头通常会有自己的风险控制和定价系统，风险更容易界定；中型企业本身缺乏更多的技术支持，传统保险公核算风险模型的难度较大。针对这样的行业和企业“痛点”，“水滴保”

---

① 参考腾讯支付基础平台与金融应用线副总裁、腾讯理财产品部负责人闫敏在“互联网保险立法前沿热点问题研讨会”上的主体演讲《理财通保险产品——普惠金融的探索》。

② 清华大学五道口金融学院、中国保险与养老金研究中心：《2018 全球保险科技报告》，清华大学出版社 2018 年版。

在传统保险公司和互联网初创企业之间定制场景化保险，为他们搭建平台，通过平台提供的技术解决前述问题，达到精准营销的目的。

3. 强化保险参与各方间的匹配度提高电销准确率①。为了让保险参与各方之间的匹配更加舒服、高效，“十一贝”给保险从业人员配备了移动端智能化营销工具，借助短信、网页、网络电话等方式，方便保险业务人员与客户直接沟通，让保险产品直面消费者，提前为客户“选出”更契合的产品和更优秀的服务人员。“十一贝”的智能营销提高了保险营销环节的效率（见图 3－7－22），保险产品与用户需求的匹配度上升 60%，销售额取得 1.5 倍的增长；从业人员每天的工作时长缩短约 25%，他们可以将更多的有效时间用在了解客户、熟悉产品、提高业务水平上面。

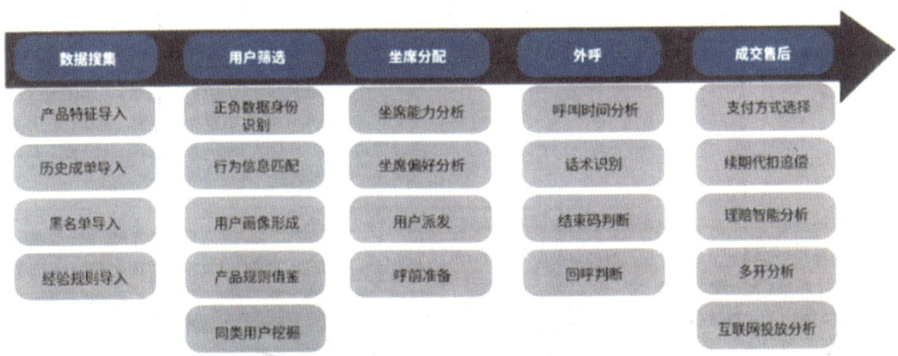

图 3－7－22　“十一贝”的电销业务路径

资料来源：《2018 全球保险科技报告》。

（二）大数据与保险反欺诈

保险是基于风险本身发生的交易，因为交易对象具有特殊性，保险经营基本上围绕风险管理而展开，集中体现在核保和理赔两个阶段，保险机构需要判断客户是否存在逆向选择或者索赔欺诈，以便采取相应的风险控制和反欺诈措

① 清华大学五道口金融学院、中国保险与养老金研究中心：《2018 全球保险科技报告》，清华大学出版社 2018 年版。

施。由于保险欺诈具有专业性和隐蔽性，行业内部主张将大数据应用于欺诈识别工作的呼声日渐高涨，部分保险机构已经开始进行大数据反欺诈实践。

1. 核保阶段的反欺诈实践。长期以来，保险行业在风险控制上面临的考验十分严峻。“核保方式单一”“欺诈行为专业化”等问题促使腾讯金融云发布了反欺诈“神器”——核保通（见图 3－7－23 至图 3－7－26）。这款产品主要面向保险业售前风险排查，包含反薅羊毛、高风险客户识别、反欺诈团伙检测和自动化建模 4 项性能。

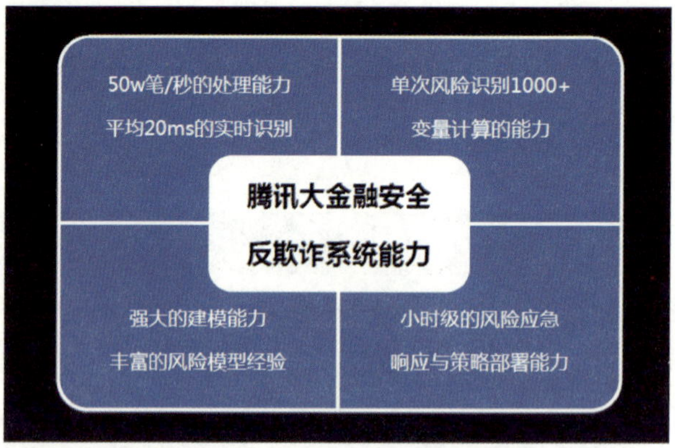

图 3－7－23　金融级智能安全防控平台

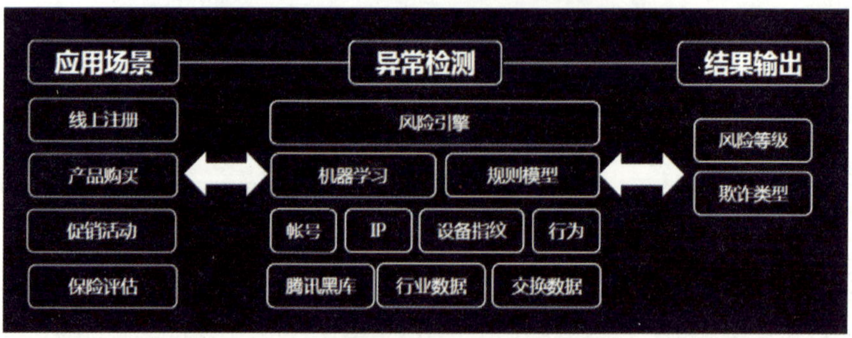

图 3－7－24　核保通保险风控系统之反薅羊毛

核保通在车险反欺诈领域与保险机构展开合作，针对车险市场上的行业“痛点”（保险公司内部数据割裂，诈骗团伙跨地域作案难以识别；保险公司之间数据割裂，诈骗团伙跨公司作案难以识别；车险数据更新容易，诈骗团伙

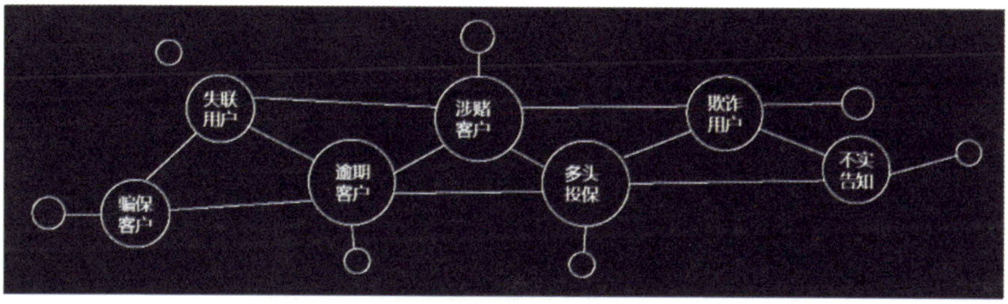

图 3 -7 -25　核保通保险风控系统之高风险客户识别

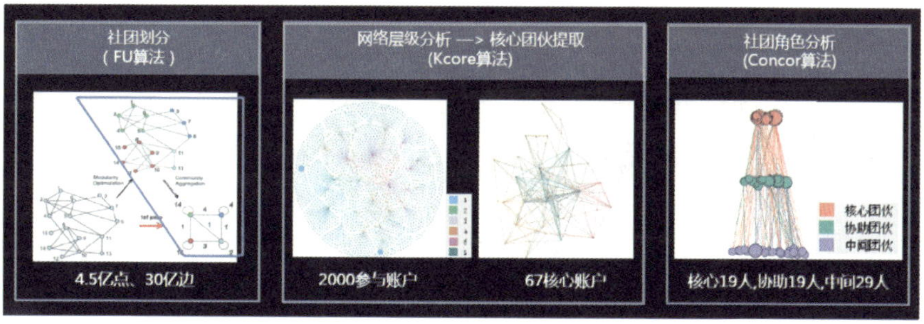

图 3 -7 -26　核保通的团伙欺诈识别能力

替换道具车辆难以识别；诈骗团伙趋向严格的分工合作，欺诈行为难以觉察）和车险欺诈的严重性（车险报案量 6 000 万笔/年，约有 1 000 万单存在欺诈行为），与中国保险信息技术管理有限责任公司联合搭建车险反欺诈模型，通过稳定的社交图谱识别车险欺诈案件，打造车险行业欺诈识别统一平台，首次实现全行业信息共享。未来，核保通还将继续强化反欺诈识别服务，在寿险和财产险方面进一步深化模型建设（见图 3 -7 -27 和图 3 -7 -28）。

凭借自身技术和算法优势，同盾科技在信贷风控和反欺诈的不同场景中发挥积极作用，搭建了从客户价值挖掘、贷前反欺诈、信用风险评估、贷中检测到贷后管理全生命周期的服务体系——风控云平台，同时也为差异化的场景客户提供定制服务（见图 3 -7 -29）。例如，同盾科技引入风控云平台为某财产险公司的信用保证保险进行风险筛查，形成欺诈分析报告，帮助保险公司适时调整保险审批策略，恶意欺诈得到初步遏制。

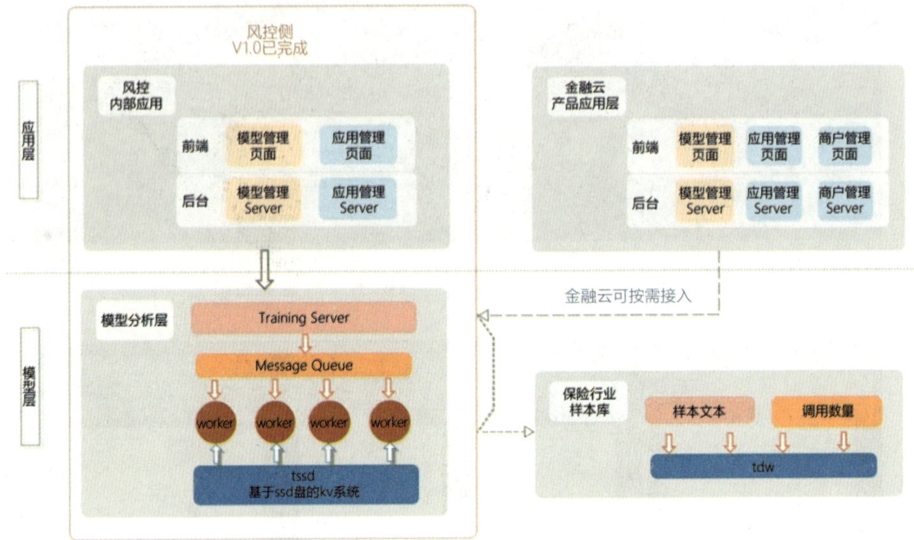

图3-7-27　核保通自动化建模平台

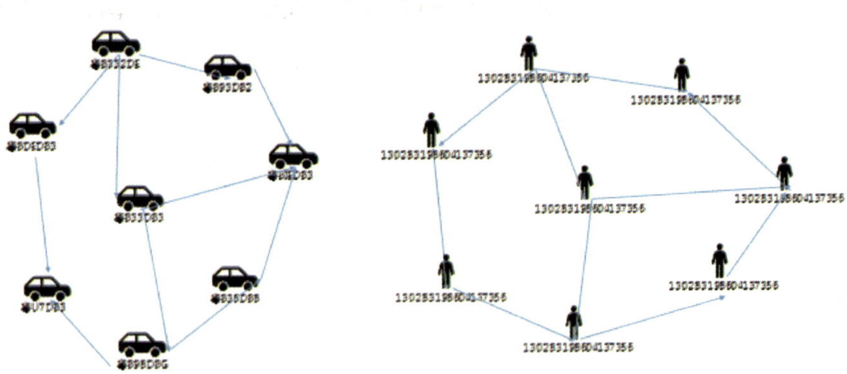

图3-7-28　车险核保反欺诈模型

资料来源：腾讯金融云合作工作PPT。

2. 理赔阶段的反欺诈工作。理赔阶段的反欺诈工作始于保险金权利人的索赔，或者由某些具有感知能力的信息系统发出实时警报代替索赔人的申请。保险机构收到相关申请后自动进入审核环节，即利用大数据对其掌握的与被保险人或保险标的有关的基础数据、通过智能勘查系统及时反馈的与出险状况相关的实时数据进行比对、分析和处理，判断识别引起保险事故发生的主要因素；然后，再将前述大数据分析的结果接入智能欺诈评估系统，对单个理赔案件的欺诈风险进

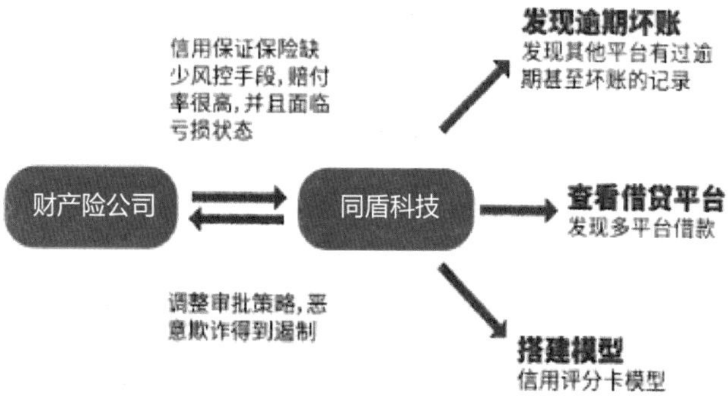

图 3－7－29　信用保险场景下的反欺诈

资料来源：《2018 全球保险科技报告》。

行估值，如果评分较高，直接做出理赔决策；反之，交由核赔人员进一步审核，从而形成更加准确的决策（见图 3－7－30）。在上述过程中，智能勘查系统可以为保险机构提供视觉化的信息和各项指标数据，帮助其揭示潜在欺诈意图，协助核赔人员发现高风险索赔并及时采取有效的应对措施。

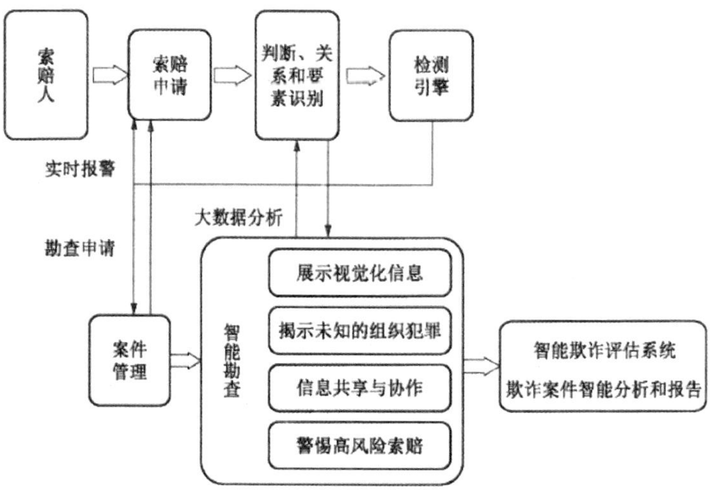

图 3－7－30　理赔阶段大数据反欺诈基本流程

资料来源：《大数据金融与征信》，清华大学出版社 2017 年版。

车险在中国是一个非常大的市场，每年保费收入有 7 000 亿元到 8 000 亿元的体量，但同时也面临保险理赔欺诈的“黑洞”，大约 20% 的保费被骗保客户领走。如果保险机构能够提升这方面的风控能力，就可以帮助消费者甚至整个行业节省很多资金，并最终反馈给保险客户。华为 Fusion Insight 与太平洋保险合作推出的“车险打假通”，半年内累计为保险公司减少经济损失高达 1 500 万元（见图 3－7－31）。

图 3－7－31　华为与太平洋保险在车险理赔反欺诈领域的合作

资料来源：华为 FusionInsight 大数据案例集。

（三）大数据与保险产品创新

互联网时代，用户的消费行为和消费状态极易在短期内发生变化，大数据技术使“全量”、多样、实时数据的获取和快速分析成为可能，保险机构可以动态地了解客户的真实需求，通过场景与技术的深度融合不断推出新型保险产品和服务，为保险创新带来全新的机会与广阔空间。

1. “步步保”的产品升级与优化。众安保险是首家获得互联网保险牌照的保险公司，主要凭借技术开发以不同消费场景和生态系统为导向的保险产品，提供解决方案。成立以来，该公司已经构建了五大金融生态场景（健康管理、车险生态、生活消费、消费金融和交通出行），又在每个场景之下开发出不同的保险产品。

在健康管理领域，众安保险率先推出国内首款基于智能设备的运动大数据健康保障计划——步步保，实现了千人千面的保险定价。2017 年，这款产品再次升级，通过更加全面的用户健康数据（饮食作息、身体特征、运动健身、疾病史等）分析，个性化地提供包括保险在内的综合健康保障服务，力求将用户健康数据和保费、服务动态关联，帮助用户更有效地开展个人健康管理。

2. 微医保——创新型保险产品。2017 年底，泰康在线与腾讯微保合作，推出首款面向微信用户的新型保险产品——微医保。微医保承诺向投保用户提供押金垫付服务，用户可以申请全国 36 个省会和直辖市二级以上（含二级）医院的住院押金垫付（基于泰康在线的业务范围和后台数据，要在其指定的 526 家网络上申请垫付服务），缓解用户住院资金压力。在承保范围上，微医保将产品覆盖面扩充至百余种重大疾病，突破了中端医疗市场受制于公立医院保障范围的限制。

3. 车险视频理赔服务——理赔通。车险理赔市场一直存在保险公司运营成本高、报案车主理赔体验差等问题。对此，腾讯金融云推出了让保险公司和用户双赢的产品——理赔通。这款产品包含视频理赔和图片定损两大“利器”，通过微信小程序用户可以在出险后迅速现场识别事故车辆的破损程度，线上一键解决理赔问题，高效完成车险报案理赔。这种极速理赔模式不仅有利于防范核赔环节的欺诈行为，还为用户省去了传统保险理赔中烦琐的流程化工作（前往定损点定损—到修理厂修车—柜台交单），切实提高用户的理赔服务体验（见图 3 –7 –32）。

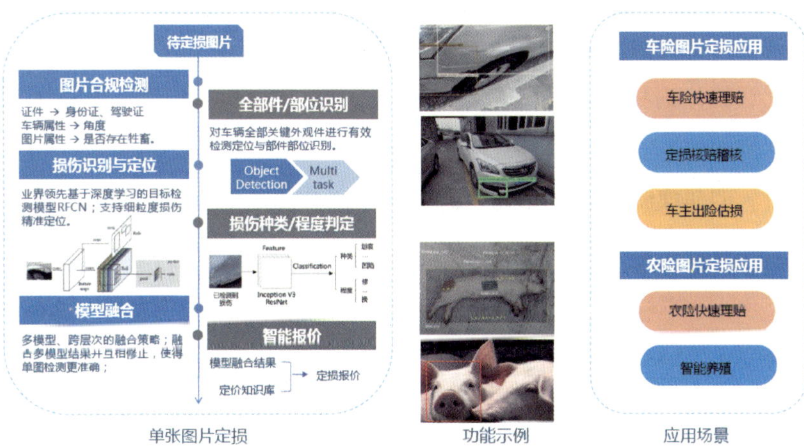

图 3 –7 –32　腾讯保险理赔图片定损产品

二、大数据运用存在的问题

国内保险业虽然已经在大数据战略布局等方面进行了积极探索，但是相比金融行业的其他领域，保险业的大数据战略规划起步较晚，整体上处在大数据应用的初级“内部循环”阶段，外延拓展和全面应用还需要相当一段时间。当前存在的主要问题可作如下归纳：一是主观认识不足，拥抱大时代、掌握主动权的观念比较淡薄，缺少专门能力建设和必要的大数据人才储备，业务经营的思维方式亟待转变。二是基础设施建设薄弱，数据积累非常有限，外部数据相对缺乏，系统和平台建设均没有跟上①。

造成上述情形的原因有三。从保险机构自身来看，制约保险业大数据价值发挥的重要瓶颈之一是数据连接。无论保险机构内部数据共享，还是保险行业内外部数据的有效整合，都绕不开数据连接问题，影响数据连接的障碍则是如何实现数据价值评估。目前还没有公认的方法和工具足以让连接双方均认可对方数据的价值，从而对连接工作进行计价。因此，在过去几年间，仅有中国人寿、中国平安、PICC、太平洋保险、中国太平等少数几家综合型保险集团相继完成统一客户信息系统的建设，实现了系统内部客户数据在技术层面的集中与共享②。

从大数据产业的整体情况看，“信息孤岛”依然深刻影响大数据行业的发展。大量有价值的政府公共数据和行业公共数据尚未实现共享和对外开放。这种有意无意的分割和垄断不仅造成大量信息的闲置和重复统计，也在无形中增加了保险机构数据获取的成本，加之国家和行业层面数据交易法律和行业标准尚未推出，即便保险行业搭建起相对统一的信息共享平台，也很难实现有效的数据流通和数据交易。

---

① 浙江保监局统研处课题组：《大数据时代保险业创新发展与监管研究》，2014 年，CNKI。

② 波士顿咨询公司、中国保险行业协会：《互联网 + 时代，大数据改良与改革中国保险业》，2015 年，hybg. cebnet. com. cn/upload/dsjybx. pdf.

从金融信息安全的角度看，保险机构面临数据共享“红利”和个人信息安全的矛盾。金融交易信息具有相当的敏感性，既涉及客户个人隐私，也与客户的财产安全关系密切。伴随法律、伦理、道德等方面的争议，不少保险机构担心大规模的数据采集、信息挖掘和交叉销售会侵害客户隐私权，引起客户反感，特别是影响中高端客户的用户体验。此外，由于互联网的开放性，保险机构在进行内外部系统数据交换时也存在来自网络黑客攻击、病毒入侵等安全隐患。

第四节
保险业大数据运用的能力建设

国内保险行业虽然高度重视大数据的研究应用，也取得了一些成果，但是毕竟起步较晚，专业能力上还有诸多短板亟待修补和完善，才能驾驭大数据时代的创新要求。

一、提高保险机构的数据规模

体量大是大数据的表层特征，也是最基本特征，任何领域的大数据运用都脱离不了海量数据的支持，保险经营尤为如此。首先，通过内部数据共享信息是保险机构进行数据采集的首选途径，它对保险机构整体数据管控能力提出新的要求。保险机构需要整合统一的客户接触点，进行新老业务板块数据库之间的转换和迁移，完成客户数据的互联互通，再以此为基础搭建大数据管理平台。集中管理内部数据的同时，保险机构不能忘记形成数据隔离机制，确保在未经授权的情况下跨公司、跨部门机构无权共享客户信息。为了避免不同业务部门、不同法人单位之间因为利益切分与冲突影响数据共享的效果，保险机构应当根据自身业务所需建立内部数据共享的利益分配机制，明确参与各方的绩效核算标准和利润分配方案。

其次，对于客户的数据来源保险机构必须多加重视。鉴于行为能够传递数据信息，除了通常意义上由投保人在保险申请时提供的与交易标的有关的信息，保险机构可以从客户的行为中得到大量数据。在日常展业过程中，保险机构应当致力于增加与客户的接触点和互动频率，着力提升产品质量与售后服务体验，以便获得更多真实、完整的个性化数据。

最后，保险公司的第三大数据源是保险机构和客户以外的第三方。理论上，行业平台是非常经济、高效、权威的选择。通过平台共享的行业内数据，保险机构可以知悉自身与同行的差距，监管部门也可以了解行业的整体情况；通过平台共享的行业外数据，保险机构可以获得大量业务经营所需的支撑数据和辅助数据，有效降低单独取得此类数据的成本。但是，行业平台的搭建非一朝一夕，仍然面临技术、制度、法律、利益等诸多挑战。针对这种情况，一些数据基础较好的保险机构已经开始尝试与腾讯、阿里、百度等互联网企业合作，打造垂直平台生态圈，共享客户和交易信息，使客户的核心需求和衍生需求在一个生态圈中得到最大限度的满足①。在行业平台成功搭建之前，保险机构从第三方生态系统获取数据不失为一种可行办法。

二、提升保险机构的数据质量

小数据时代，数据质量不过关直接影响数据分析的结果。在大数据背景下，基于海量数据的简单算法允许个体数据不精确，这在一定程度上放松了容错标准。尽管如此，保险业的大数据应用仍然要与各种混乱做斗争，降低数据“噪声”，保证数据的质量②。

随着数据量的快速攀升，错误率也会相应增加。为此，保险机构首先要在数据采集阶段“去伪存真”，尽量排除虚假信息的干扰，增强数据匹配的准确

---

① 波士顿咨询公司、中国保险行业协会：《互联网+时代，大数据改良与改革中国保险业》，2015年，hybg. cebnet. com. cn/upload/dsjybx. pdf.

② ［英］维克托·迈尔-舍恩伯格、肯尼思·库克耶：《大数据时代——生活、工作与思维的大变革》，盛杨燕、周涛译，浙江人民出版社2013年版。

性①，重点解决针对大数据源的智能识别、感知、适配、传输、接入等技术问题，突破高速数据解析、转换、装载等数据整合技术，做到统一客户的识别和信息关联。然后是数据处理阶段的"过滤"和"去噪"。在数据"清洗"过程中，保险机构要在质与量之间进行适度权衡，粒度过粗或过细都不能达到真正的清理效果。将多个数据源中的数据结合起来统一存储，建立基于 NoSQL 的数据仓库，可以很好地解决数据的分布性和异构性问题，消除多维数据在时间、空间、属性、精度等特征表现上的差异，在保持数据原貌的前提下，最大限度地精简数据规模、提升数据质量（见图 3－7－33）。

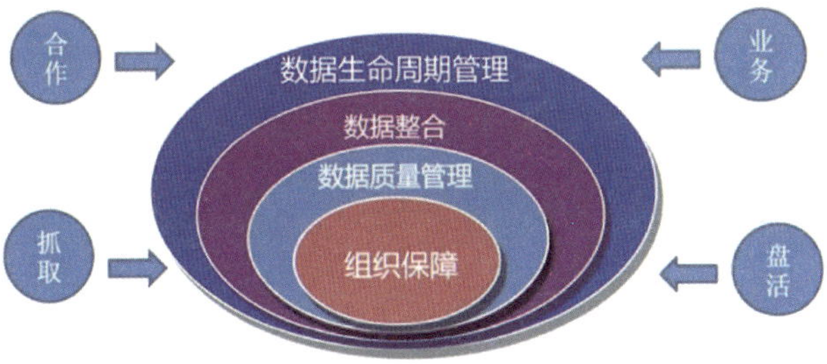

图 3－7－33　大数据实施的关键：数据来源与数据整合

资料来源：《保险科技的应用与实践》https：//www. jianshu. com/p/94a1b0f8ec3c.

当然，数据质量的提升少不了保险机构数据管理的配合。近年来，数据治理和数据资产管理的重要性逐渐凸显，数据作为一种资产的观念已经深入人心。未来，每个保险机构都将成为数据驱动型企业，数据管理这样的基础性操作应当早日完成。

三、加强大数据基础设施建设

大数据运用是一项复杂的系统性工程，需要配置科学、高效、完备的 IT 基础设施，形成支持大数据项目的架构模型，一般包括软硬件设备，一系列技

① 这里的虚假是指与客户或潜在客户无关的数据信息，如保险客户将可穿戴设备放在宠物身上，记录的就不是客户的健康数据。

术标准和数据采集、存储、处理、保密等管理配套机制①。

理论上，有3种可供选择的基础设施配建方案：云端模式、本地模式和混合模式。保险机构需要根据自身信息基础建设的情况进行抉择②。在云端模式下，保险机构虽然可以利用云服务供应商提供的基础设施和架构组件弥补IT基础薄弱的短板，但也要在公共云和私有云之间做出选择，面临着风险控制与成本效率的平衡问题（见表3－7－3）。以内部基础设施为基础，本地模式强调运用商业化的硬件或设备解决方案。对于那些IT基础较好的大型保险机构而言，该模式可以物尽其用，避免重复建设。混合模式是云端模式和本地模式结合后的产物，建设难度和需要考虑的因素为3种方案之首，所以较少用于实践。对比来看，保险机构通过完善内部基础设施构建自己的特色数据仓库和数据集市是更具优势的选择，但是因为机构个体技术水平参差不齐，在尚未完成内部大数据架构建设之前，云端模式或者依靠专业数据公司可能是众多保险机构不得不采取的方案。

表3－7－3　云计算是发展CBA的基础

对比项/3类云产品	公有云	私有云	混合云
产品描述	企业通过自己的基础设施直接向外部用户提供服务，外部用户通过互联网访问服务	为单一用户专门构建并服务，用户拥有该基础设施，可以根据自身需求部署应用程序	用户的云架构中同时包含公有云和私有云，两者之间相互连通并可自由迁移
客户需求	全面、丰富的产品线； 安全性和稳定性； 可灵活采购、快速调配	产品定制化； 提供运维支持； 数据的安全性	公有云和私有云之间数据的便捷迁移； 兼顾系统的安全性和经济性

① 王和：《大数据时代保险变革》，中国金融出版社2014年版。

② 波士顿咨询公司、中国保险行业协会：《互联网＋时代，大数据改良与改革中国保险业》，2015年，hybg. cebnet. com. cn/upload/dsjybx. pdf.

续表

对比项/3类云产品	公有云	私有云	混合云
核心壁垒	技术要求高； 资本投入大； 运营能力强	客户资源丰富； 销售能力强	数据同步和迁移技术； 以公有云为切入点
马太效应	强	弱	中
竞争格局	国外市场已经呈现寡头垄断格局，国内巨头先发优势已经显现	行业较为分散，竞争者众多，包括传统IDC、硬件厂商等均在该市场混战	市场主要由公有云企业领导，未来将呈现寡头垄断格局
发展趋势	前期以中小企业和科技类企业为主，未来大型企业和传统企业将逐步迁移至公有云，发展空间巨大	国内独特的IT投入结构导致私有云规模较大，部分私有云未来将向公有云迁移或改采混合云	一方面是公有云企业吸引私有云用户迁移的市场策略，另一方面也是符合国情的一种云模式，具有较大的市场空间，未来将由公有云企业领导
典型公司	亚马逊、阿里云、华为、天翼云、UCloud	EasyStack、华为、中科曙光、浪潮	亚马逊、阿里云、天翼云、UCloud、浪潮

资料来源：周伟、张健等：《金融科技》，中信出版社2017年版。

需要注意的是，大数据基础设施建设所面临的并不是单纯的技术问题，也涉及数据管理。大数据的生命周期要求保险机构的IT架构对新的技术要求进行全链条接纳，在此过程中，保险机构必须在基础设施建设初期就协同内部不同业务部门达成一致的数据库存储和应用标准制度，避免出现不同部门因为业务差异而不断复制原始数据造成数据混淆、应用混乱的问题①。

四、重视与保险关联行业的合作

大数据的发展使得产业边界趋于模糊，保险行业的生态环境面临重大挑

---

① 波士顿咨询公司、中国保险行业协会：《互联网+时代，大数据改良与改革中国保险业》，2015年，hybg. cebnet. com. cn/upload/dsjybx. pdf.

战。一方面，保险业受到来自非金融行业的竞争。随着互联网和金融的深度融合，具有数据资源优势、掌握关键技术的互联网企业不断挤压部分传统领域的保险。另一方面，在金融行业内，保险业面临着来自银行、证券等行业的竞争。大数据打破原有的金融边界并使之不断延伸，金融机构不再单纯锁定为金融牌照公司，更多竞争将表现为行业内企业与大数据渗透公司的竞争，以及行业内公司在数据平台搭建和使用上的竞争①。

面对日益激烈的外部竞争，保险业应当以一种积极的心态正视竞争，通过合作加强与竞争对手的联系，从而化解冲突、实现共赢。常见的合作方式有两种形态。一种是跨界合作，集中在保险产品、保险服务、保险营销几个领域。其中，保险公司、互联网科技企业和保险中介平台是重要的参与者，3 类市场主体各有优势，又各自存在业务经营的“盲点”。融合三方进行有益的探索可以突破行业壁垒、形成优势互补，为保险机构打开传统保险产品的外部市场，开发出更符合用户核心或者细分需求的碎片场景式保险产品。另一种是通过资本融合优化整合资源。依托强有力的资本，保险机构可以成立子公司，参与综合金融生态圈的打造，避开金融体系的制约，也可以直接入股互联网企业或者以创投基金的方式投资与其主营业务密切相关的领域，还可以与互联网企业强强联手，共同发起设立专司保险业务的互联网企业，但无论保险机构选用哪种合作方式，首先都要完成机构内部核心平台的构建工作。通过该平台连接客户和生态系统中的不同参与者，才能协同应对行业内外的竞争、渗透和挤压。

五、深化大数据人才资源培养

当某个特定领域变得复杂和专门化后，就会催生出对运用新技术专门人才的渴求。诚然，国内保险机构已经意识到大数据人才培养的重要性，但是目前高端新型技术人才的储备依然不足，绝大多数保险公司在大数据人才建设方面尚处于起步阶段，数据团队建设有待完善（见图 3－7－34）。

---

① 浙江保监局统研处课题组：《大数据时代保险业创新发展与监管研究》，2014 年，CNKI。

图 3-7-34　大数据实施的关键：人才资源

资料来源：《保险科技的应用与实践》，https：//www. jianshu. com/p/94a1b0f8ec3c.

宏观上，要强化管理层对大数据战略意义的认识。当前仍有相当一部分保险机构管理层的大数据认知尚未达到战略高度，没有意识到大数据将从根本上改变行业和企业的未来。由于管理层重视不足，这些保险机构缺乏对大数据时代的能力建设必要资源的投入，包括专业人员的培养和引进。为了组建一支高素质、专业化的大数据人才队伍，保险业应重视对现有人员的培养，大力开展系统性教育培训，加强全行业对大数据的认知和理解。管理者则要提升对大数据重要应用价值的认识，加快顶层设计，制定本保险机构的大数据战略规划，出台有竞争力的人才激励机制。

微观上，积极培育和引进专业技术人才和复合型人才。数据科学是一门交叉科学，保险领域的大数据运用需要各学科、各领域的专业知识和技能人才，也离不开擅长数据资源规划、进行基于大数据的商业模式设计、大数据应用、项目管理等复合型人才。这种“两栖型”或“多栖型”人才是保险业大数据发展进程中必不可少的要素。对于刚刚引入大数据概念的我国保险业而言，短期内无法彻底解决人才缺口问题。为了应对燃眉之急，保险机构可以采取长期外包、与其他人才渠道合作共享等方式暂时填补人才缺口。与此同时，基于长期性和战略性视角，应尽快建立起面向大数据人才市场的市场化激励机制，集结各种知识和经验背景的人才，形成自己的人才梯队。

参考文献

1. 波士顿咨询公司，《保险科技，中国保险业的变革新动力》专题报告，2018 年 4 月。

2. 波士顿咨询公司与中国发展研究基金会联合发布，《取代还是解放：人工智能对金融业劳动力市场的影响》专题报告，2018 年 3 月。

3. 中国电子学会，《新一代人工智能发展白皮书 2017》专题报告，2018 年 3 月。

4. 波士顿咨询公司，《保险业数字化转型》专题报告，2017 年 11 月。

5. 波士顿咨询公司联合阿里研究院、百度发展研究院、滴滴政策研究中心共同发布，《解读中国互联网特色》专题报告，2017 年 9 月。

6. 波士顿咨询公司与云栖智库联合发布，《人工智能：未来制胜之道》专题报告，2016 年 10 月。

7. 波士顿咨询公司，《回归“价值”本源：金融机构如何驾驭大数据》专题报告，2015 年 2 月。

8. 中国保险行业协会针对国内保险企业展开的 2018 年保险科技问卷调研。

9. 波士顿咨询公司与摩根士丹利公司联合发布，《汽车保险 2.0》专题报告，2017 年 9 月。

10. 波士顿咨询公司，《驾驶座上的革命：通往自动驾驶之路》专题报告，(Revolution in the Driver's Seat：The Road to Autonomous Vehicles)，2016 年 11 月。

11. 波士顿咨询公司，《自动驾驶汽车，智能的士和城市出行方式变革》

专题报告，（Self－driving vehicles，robo－taxis and the urban mobility revolution），2016 年 7 月。

12. 波士顿咨询公司，《变革与监管：自动驾驶汽车的成败关键》专题报告，2015 年 10 月。

13. 中国保险行业协会针对国内保险企业展开的 2018 年保险科技问卷调研结果。

14. 华大基因研究报告，《基因组学》，2016 年 9 月 9 日。